PROCESSO TRIBUTÁRIO ANALÍTICO

Estudos em comemoração aos 25 anos do grupo de pesquisa

CIP-BRASIL. CATALOGAÇÃO NA PUBLICAÇÃO
SINDICATO NACIONAL DOS EDITORES DE LIVROS, RJ

P883L

Processo tributário analítico : estudos em comemoração aos 25 anos do grupo de pesquisa / coordenação Camila Campos Vergueiro, Paulo Cesar Conrado, Rodrigo Dalla Pria. – São Paulo : Editora Noeses, 2024.

520 p. ; 23 cm.
Vários autores.
ISBN 978-85-8310-181-9

1. Artigos - Coletâneas 2. Direito tributário - Brasil 3. Processo tributário - Brasil I. Vergueiro, Camila Campos. II. Conrado, Paulo Cesar. III. Pria, Rodrigo Dalla.

23-180922 CDU-34:336.2(81)

Eliane de Freitas Leite - Bibliotecária - CRB 8/8415

COORDENADORES
Camila Campos Vergueiro
Paulo Cesar Conrado
Rodrigo Dalla Pria

PROCESSO TRIBUTÁRIO ANALÍTICO

Estudos em comemoração aos 25 anos do grupo de pesquisa

Uma jornada de construção e aplicação prática da instrumentalidade do Processo no Direito Tributário em 115 artigos

2024

editora e livraria
NOESES

Copyright © Editora Noeses 2024
Fundador e Editor-chefe: Paulo de Barros Carvalho
Gerente de Produção Editorial: Rosangela Santos
Arte e Diagramação: Microart
Revisão: Microart
Designer de Capa: Aliá3 - Marcos Duarte

Data de atualização: 09.11.2023

2024

editora e livraria
NOESES

Editora Noeses Ltda.
Tel/fax: 55 11 3666 6055
www.editoranoeses.com.br

AUTORES

ALANA GOMES DE MEDEIROS

Advogada em Teresina. Mestre pelo IBET. Especialista pelo IBET. Professora do curso de Direito da Faculdade Pitágoras ICF (Instituto Camilo Filho), do Instituto de Ensino Superior iCEV e da Faculdade CESVALE.

CAMILA CAMPOS VERGUEIRO

Advogada em São Paulo. Doutora pela Unimar. Mestre em Direito Tributário pela PUC-SP. Professora do curso de especialização do IBET, da PUC-COGEAE, da Fundação Getúlio Vargas (FGV LAW), do Complexo Educacional Damásio de Jesus da APET e da EPD. Professora e Coordenadora do curso de Extensão Processo Tributário Analítico do IBET. Coordenadora do grupo de estudos Processo Tributário Analítico do IBET.

CARLA DE LOURDES GONÇALVES

Advogada em São Paulo. Doutora e Mestre pela PUC-SP. Professora do curso de especialização do IBET e da PUC-COGEAE. Professora do curso de Extensão Processo Tributário Analítico do IBET. Pesquisadora do Grupo de Estudos Processo Tributário Analítico do IBET.

CÉSAR CHINAGLIA MENESES

Advogado em São Paulo. Mestre pela FGV Direito SP. Especializado em Direito Tributário pela FGV Law. Professor da Pós-graduação *lato sensu* do IBDT.

DANIEL DE PAIVA GOMES

Advogado em São Paulo. Doutorando pela PUC. Mestre pela FGV Direito-SP. *Msc.* em *blockchain* e *digital currency* pela University of Nicosia. Especialista em Direito Tributário pela PUC-COGEAE e Direito Tributário internacional pelo IBDT. Professor do curso de especialização do IBET. Professor do curso de Extensão Processo Tributário Analítico do IBET. Pesquisador do grupo de estudos Processo Tributário Analítico do IBET.

DANILO MONTEIRO DE CASTRO

Advogado em São Paulo. Doutor e Mestre pela PUC-SP. Juiz do Tribunal de Impostos e Taxas de São Paulo. Professor do curso de especialização do IBET. Integrante do grupo de trabalho do IBDP de Direito Processual Tributário. Professor do curso de Extensão Processo tributário analítico do IBET. Pesquisador do grupo de estudos Processo Tributário Analítico do IBET.

DÉBORA MARIA TEIXEIRA AUGUSTO LIMA

Advogada em São Paulo. Mestre pelo IBET. Especialista em Direito Tributário pela FGV-Rio. Especialista em Planejamento Tributário pela PUC-Rio. Coordenadora do Grupo de Estudos Tributários da OAB-CE. Pesquisadora do grupo de estudos Processo Tributário Analítico do IBET.

DIEGO DINIZ RIBEIRO

Advogado em São Paulo. Doutor em Processo Civil pela USP-SP. Mestre pela PUC-SP. Ex-conselheiro titular do Conselho Administrativo de Recursos Fiscais. Pesquisador do Núcleo de Estudos Fiscais da FGV-SP. Professor do curso de especialização do IBET e da APET. Professor do curso de Extensão Processo Tributário Analítico do IBET. Pesquisador do grupo de estudos Processo Tributário Analítico do IBET.

EDUARDO DE PAIVA GOMES

Advogado em São Paulo. Doutorando pela PUC. Mestre pela FGV Direito-SP. *Msc.* em *blockchain* e *digital currency* pela University of Nicosia. Conselheiro do Conselho Municipal Tributário de São Paulo. Professor do curso de Extensão Processo Tributário Analítico do IBET. Pesquisador do grupo de estudos Processo Tributário Analítico do IBET.

ERMELINDA MARQUES MULLER

Auditora fiscal da Secretaria Especial da Receita Federal do Brasil. Mestranda pelo IBET. Especialista em Direito Tributário pelo IBET. Especialista em Auditoria Fiscal e Direito Tributário pela Universidade Católica de Brasília (UCB). MBA em Mercado Financeiro pela FIA.

ESDRAS BOCATTO

Procurador da Fazenda Nacional. Mestre e Doutor pela USP-SP. Professor do curso de Extensão Processo Tributário Analítico do IBET. Pesquisador do grupo de estudos de Processo Tributário Analítico do IBET.

FERNANDA DONNABELLA CAMANO

Advogada em São Paulo. Pós-Doutora pela USP-SP. Professora do curso de especialização do IBET. Professora do curso de Extensão Processo Tributário Analítico do IBET. Pesquisadora do Grupo de Estudos Processo Tributário Analítico do IBET.

GALDERISE FERNANDES TELES

Advogado em São Paulo. Mestre e doutor pela PUC-SP. Professor do curso de especialização do IBET e da PUC-COGEAE. Coordenador do Curso de Extensão Advocacia no Contencioso Administrativo Tributário. Juiz do Tribunal de Impostos e Taxas de São Paulo.

ÍRIS VÂNIA SANTOS ROSA

Advogada em São Paulo. Doutora e Mestre pela PUC-SP. Professora do Mestrado do IBET. Professora do curso de especialização do IBET e da PUC-COGEAE. Professora de Direito Tributário e Processo Tributário do Curso de Graduação da Fundação Santo André (FSA). Professora do curso de Extensão Processo Tributário Analítico do IBET. Pesquisadora do Grupo de Estudos Processo Tributário Analítico do IBET.

JULIANA FURTADO COSTA ARAUJO

Procuradora da Fazenda Nacional. Procuradora-chefe da Defesa na PRFN/3ª Região. Doutora pela PUC-SP. Professora do curso de especialização do IBET. Professora do programa de Mestrado profissional da FGV Direito SP. Professora do curso de Extensão Processo Tributário Analítico do IBET. Pesquisadora do grupo de estudos Processo Tributário Analítico do IBET.

LÁZARO REIS PINHEIRO SILVA

Procurador do estado de Goiás em Brasília. Mestre pela PUC-SP. Ex-Assessor de Ministro do Superior Tribunal de Justiça. Professor do curso de especialização do IBET. Professor do curso de Extensão Processo Tributário Analítico do IBET. Pesquisador do grupo de estudos Processo Tributário Analítico do IBET.

LUCAS SILVA FLORES

Advogado em São Paulo. Especializado em Direito Tributário pela FGV Law. Graduado em Direito pela UFBA. Aluno do curso de extensão de Processo Tributário Analítico do IBET.

LUIS CLAUDIO FERREIRA CANTANHEDE

Procurador do estado de São Paulo. Doutor e Mestre pela PUC-SP. Professor de Direito Tributário na Escola Superior da Procuradoria Geral do estado de São Paulo. Professor do curso de especialização do IBET. Professor do curso de Extensão Processo Tributário Analítico do IBET. Pesquisador do grupo de estudos Processo Tributário Analítico do IBET.

LUIZ CLÁUDIO NOGUEIRA DE SOUZA

Auditor fiscal da Sefaz-ES. Mestre em filosofia pela Universidade Federal do Espírito Santo. Mestre pelo IBET. Pós-graduado em direito tributário pela Universidade Anhanguera (Uniderp) e em Gestão Executiva de Petróleo e Gás Natural pela Coppe/UFRJ.

LUIS FELIPE FONTES RODRIGUES DE SOUZA

Procurador do estado do Maranhão. Especialista em Direito Tributário pelo IBET. Especialista em Direito Empresarial pela FGV. Aluno do curso de extensão Processo Tributário Analítico do IBET.

MARCIO ABBONDANZA MORAD

Advogado em São Paulo. Mestre pela FGV Direito SP. Especialista em Direito Tributário pela USP-São Paulo. Membro Efetivo da Comissão Especial de Direito Tributário da OAB/SP.

MARCUS PAULO JADON

Advogado em São Paulo. Especialista em Direito Tributário, Direito Civil e Processo Civil pela Universidade São Judas Tadeu. Pesquisador do grupo de estudos Processo Tributário Analítico do IBET.

MARIANA CASTELO BRANCO FABIETTI

Advogada em São Paulo. Mestre pelo IBET. LLM em Direito do Comércio Internacional e Economia pela Universidade de Berna, Suíça.

MARIANE TARGA DE MORAES TENÓRIO

Advogada em São Paulo. Mestre pelo IBET. Especialista em Direito Tributário pelo IBET.

MARINA JÚLIA TÓFOLI

Advogada em Marília. Mestranda pelo IBET. Especialista em Direito Tributário pelo IBET.

MARIO JABUR NETO

Advogado em São Paulo. Especialista em Direito Tributário. Pesquisador do grupo de estudos Processo Tributário Analítico do IBET.

MILENA MARTINELLI

Advogada em Sorocaba. Mestranda pelo IBET. Especialista em Direito Tributário pelo IBET e em Direito Processual Civil pela Fadi/Sorocaba.

NATHALIA VERÔNICA PIRES DE SOUZA

Advogada no Espírito Santo. Especialista em Direito Tributário pela PUC-MG. Aluna do curso de extensão Processo Tributário Analítico do IBET. Graduada em Direito pela Faculdade de Direito do Vale do Rio Doce (Fadivale).

PAULA FRÓES MACHADO

Advogada em São Paulo. Especialista em Direito Tributário pela FGV LAW. Graduada pela Universidade Federal da Bahia.

PAULO CESAR CONRADO

Juiz Federal em São Paulo da Vara de Execuções Federais. Doutor e Mestre pela PUC/SP. Professor do curso de especialização do IBET. Professor e Coordenador do curso de Extensão Processo Tributário Analítico do IBET. Professor do programa de mestrado profissional da FGV Direito SP. Coordenador do grupo de estudos Processo Tributário Analítico do IBET.

RAMON LEANDRO FREITAS ARNONI

Auditor fiscal da Receita Estadual de São Paulo. Juiz do Tribunal de Impostos e Taxas-SP. Mestrando pelo IBET. Especialista em Direito Tributário pelo IBET. Especialista em Gestão Pública pela Universidade Federal de São Carlos. Especialista em Direito Público, Direito da Seguridade Social RGPS e RPPS, Direito Empresarial, Direito do Consumidor, Ciências Criminais, Prevenção e Repressão à Corrupção, Direito Constitucional.

RICARDO BERSOZA SALIBA

Advogado em São Paulo e Brasília. Mestre pela PUC-SP. Ex-Assessor de Ministro do Superior Tribunal de Justiça. Pós-graduado em Direito Tributário pela Universidade de Salamanca/Espanha. Especialista em Direito Processual Tributário pela PUC/SP. Professor nos cursos da APET e da EPD. Professor convidado da Faculdade de Direito de São Bernardo do Campo. Professor do curso de Extensão Processo Tributário Analítico do IBET. Pesquisador do grupo de estudos Processo Tributário Analítico do IBET.

RODRIGO DALLA PRIA

Advogado em São Paulo. Doutor e Mestre pela PUC-SP. Professor do Mestrado do IBET. Professor do curso de especialização do IBET e da PUC-COGEAE. Coordenador do curso de especialização do IBET – Unidades: Sorocaba e Presidente Prudente. Coordenador do Curso de Extensão de Contabilidade Tributária do IBET. Integrante do grupo de trabalho do IBDP de Direito Processual Tributário. Professor e Coordenador do curso de Extensão Processo Tributário Analítico do IBET. Coordenador do grupo de estudos Processo Tributário Analítico do IBET.

RODRIGO G. N. MASSUD

Advogado em São Paulo. Doutorando e Mestre pela PUC-SP. Professor do curso de especialização do IBET e da PUC-COGEAE. Professor do curso de Extensão Processo Tributário Analítico do IBET. Pesquisador do grupo de estudos Processo Tributário Analítico do IBET.

RODRIGO OCTAVIO FRANCO MORGERO

Advogado em Santos. Gerente jurídico cível da Autoridade Portuária de Santos. Mestre pelo IBET. Especialista em Direito Tributário pelo IBET. Presidente da Comissão de Direito Tributário da OAB/Santos (biênios 2019/2021 e 2022/2024)

VANESSA DAMASCENO ROSA SPINA

Advogada em São Paulo. Mestranda pela FGV-SP – Programa de Mestrado Profissional. L.L.M. em Direito Empresarial pelo CEU. Professora do curso de Extensão Processo Tributário Analítico do IBET. Pesquisadora do Grupo de Estudos Processo Tributário Analítico do IBET.

APRESENTAÇÃO

"A repetição gera o novo", afirma o Professor Paulo de Barros Carvalho.

No presente contexto (o de um Livro), esta frase projeta-se como expressão da importância da continuidade quando a intenção é materializar estudos com seriedade.

De maneira nenhuma a referência é a uma repetição mecânica, irrefletida; mas a uma repetição ativa, crítica, cuidadosa, que se precipita no tempo.

Começamos com ela por dois motivos.

O primeiro, relacionado à pessoa que a enuncia: o Professor Paulo de Barros Carvalho. A partir de suas lições, construímos o pilar intelectual dos estudos promovidos no Grupo de Estudos do Processo Tributário Analítico.

O segundo, relacionado à temporalidade deduzida do sentido que se atribui às palavras da frase, já que o Grupo de Estudos do Processo Tributário Analítico reúne-se há vinte e cinco anos, movendo o debate sobre um específico âmbito, o do direito tributário em conflito.

Referimo-nos ao Grupo, figura que encarnamos nesta Apresentação, porque, além de composto por mais de quatro pessoas (hoje vinte e oito membros), somos ligados por um fim. Arrebatados pelo comum interesse em processo e direito tributário, e cientes de sua função instrumental, o Grupo se reúne para discutir e buscar soluções aos problemas enfrentados no contencioso tributário.

O esforço sempre foi, e continua sendo, portanto, pragmático, mas, para atingir essa finalidade, necessariamente, teve que firmar as bases sobre as quais o discurso seria (foi e é) promovido. Socorremo-nos, para tanto, do processo de positivação da obrigação tributária e a ele retornamos ao pensar o processo como instrumento.

Mantínhamos uma dinâmica de encontros presenciais semanais, alterados apenas com a chegada da pandemia de Covid em 2020, quando o mundo virtual evitou solução de continuidade de nossas reuniões. Não paramos nem nesse período! Ao contrário, nossos encontros revelaram-se ainda mais importantes: por uma hora e meia (nosso *timing* sempre) desligávamos, relaxávamos em nossas tergiversações, brincadeiras e risadas. Nesta ocasião, o Grupo se confirmou como porto seguro, escancarou o elo pessoal construído entre cada um de seus membros e com isso se cristalizou.

Esse momento histórico, embora doloroso, permitiu uma ampliação geográfica do Grupo, agora composto por pessoas de diferentes cidades do País. Não há como deixar de reconhecer que o *on line* democratizou o Grupo. Desde então, mantemos reuniões quinzenais, revezando o meio presencial com o virtual.

Durante esses vinte e cinco anos, os debates sempre foram conduzidos com elegância. Cada um manifestando sua opinião, sempre ouvida pelo outro atentamente. Divergências trazidas e debatidas com cordialidade. Tudo conduzido num ambiente de respeito mútuo, intelectual e pessoalmente.

Do oral para o escrito foi um salto rápido, o primeiro livro do Grupo foi publicado em 2003, intitulado *Processo tributário analítico*. A partir dele criamos uma "coleção". Com o apoio do Instituto Brasileiro de Estudos Tributários (nosso

IBET), em especial de seu Presidente, o Professor Paulo de Barros Carvalho e de sua Coordenadora Nacional, Professora Priscila de Souza, bem como da Editora Noeses, já publicamos quatro volumes do *Processo tributário analítico* – alguns já reeditados –, nos quais estão expostas nossas ideias.

Ainda como fruto do Grupo e o apoio incondicional do IBET, formatamos um Curso. Iniciamos em 2010 com o Curso "Teoria e Prática do Processo Tributário – Extensão Acadêmica", e desde então não paramos. Em 2014, o Curso de Extensão passou a ter o nome do Grupo: "Processo Tributário Analítico". Na modalidade presencial, além de São Paulo, levamos o Curso a Sorocaba, Goiânia, Uberlândia e Belém. Já conduzimos quinze turmas. Com a Covid, movemos o Curso para o mundo virtual e, novamente, redimensionamos a democratização no acesso. Tem sido um sucesso!

Em março de 2021 nos surpreendemos com um novo e desafiante projeto: produzir material semanalmente para uma coluna no *site* de notícias jurídicas *on line* – o Conjur. Desde então, vimos produzindo artigos sobre nossa temática central, o direito tributário em conflito. Contamos, agora, com artigos não só de membros do Grupo, mas de alunos e alunas do Mestrado do IBET e do Curso de Extensão do Processo Tributário Analítico do IBET – efeito do processo de expansão democrática de ideias que promovemos.

O presente livro é resultado da coleção de 115 desses artigos, distribuídos em 10 Capítulos e organizados segundo os temas que tratam. Mais um passo no projeto do Grupo. Cada um desses textos foi cuidadosamente produzido. Quem os ler notará a força gravitacional que os norteia. Diversas mentes expondo ideias, estilos de escrita distintos, uma coesão intelectual indisputável. A harmonia de uma sinfonia.

Aos autores e autoras de cada um dos artigos, em nome do Grupo, agradecemos por sua valiosa contribuição. Parabéns pela coragem de expor suas ideias!

Aos que, neste momento histórico, compõem o PTA, Carlinha, Íris, Van, Massud, Danilão, Luix, Diniz, Marião, Dani, Edu, Deb'rinha, Esdras, Camano, Gabi, Florencia, Ju, Julião, Lázaro, Marcus Paulo, Léti, Saliba, Rafael, Carlos Eduardo, Tamara e Laura, o nosso agradecimento por tamanha dedicação. Sigamos juntos!

Aos que auxiliaram na construção da nossa jornada, Julio Maria de Oliveira, Maria Rita Lunardelli, Eurico Marcos Diniz de Santi, Ana Clarissa Masuko dos Santos Araújo, Jonathan Barros Vita, Leandro Martinho Leite e Thathyanny Peria, estando afeitos a outras tarefas no momento, nossa idêntica gratidão.

São Paulo, 31 de outubro de 2023.

Camila Campos Vergueiro

Paulo Cesar Conrado

Rodrigo Dalla Pria

SUMÁRIO

CAPÍTULO 1
PROCESSO TRIBUTÁRIO ANALÍTICO: INTRODUÇÃO

1.1 Processo tributário e instrumentalidade

Paulo Cesar Conrado

Se as relações processuais são instrumentais, é no seu antecedente material que encontramos a razão de sua existência.

A despeito do tom aparentemente teórico de que se reveste, essa premissa vai muito além dos academicismos: a visão instrumental do processo seleciona o modo de abordagem dos problemas do mundo real.

E assim é sobretudo no Direito Tributário, ramo que carece de normativo processual próprio – no Brasil, sabe-se, não temos um "Código de Processo Tributário" – e que, justamente por isso, tem de se socorrer da legislação geral, nem sempre apta a compor os problemas concretos que o contencioso fiscal revela.

A realidade viva nos dá inúmeros exemplos sobre quão relevante se mostra esse "dever de adaptação" da legislação geral às peculiaridades do direito de fundo (tributário). Pense-se, nesse sentido, nas ações ditas declaratórias de inexistência de relação jurídica tributária, figuras vinculadas à ideia de preventividade; fossem tratadas como "declaratórias comuns" (aquelas usadas no ambiente da processualística geral para obter o reconhecimento da existência ou inexistência de certos vínculos), o efeito que delas se recolheria seria retroativo, o inverso do que se identifica na realidade tributária – essas demandas são propostas com o olhar para o futuro jurídico, servindo ao contribuinte que deseja se ver livre da incidência veiculada por regra matriz ilegítima.

Firmes nesse exemplo, pensemos: quantos e quantos são os casos em que a eficácia da sentença declaratória tributária (prospectiva, não retrospectiva como sucede na processualística comum) é posta em xeque? Quantos e quantos são os casos em que se debatem os limites da coisa julgada exarada em tais demandas?

Colocamos essas perguntas sabendo, obviamente, da resposta: inúmeros! Um verdadeiro ciclo gerador de contenciosidade: a ação é julgada, mas dada a incompreensão dos efeitos tributários que dela derivam, sobrevêm nova(s) demanda(s).

Não temos dúvida de que parte expressiva do gigantesco contencioso tributário brasileiro resulta dessa indesejável tomada do Direito Processual (geral) sem os ajustes práticos que a noção de instrumentalidade determina. Falamos muito sobre princípios (inclusive o da instrumentalidade), mas não os praticamos – não pelo menos com a recorrência que o Direito Tributário nos imporia.

Imagine-se, para que não fiquemos num só exemplo, nas demandas anulatórias, ações tributárias repressivas, que, em algumas situações, podem vir guarnecidas de causa suspensiva de exigibilidade.

Se essa ideia (a de suspensão da exigibilidade do crédito tributário) não dialogar com o plano processual, influenciando-o positivamente, corremos o risco de repristinar situação até bem pouco tempo recorrente: a de ver associada à anulatória uma outra demanda, a execução fiscal do mesmo crédito, seguida de outra ação, agora a de embargos, cujo conteúdo pode ser mera repetição da anulatória originalmente proposta – uma circuitaria de redundâncias. Ao final, podemos nos perguntar: quantos créditos estão sendo discutidos? Resposta: um único. E quantas são as demandas? Resposta: três.

Quando falamos em "processo tributário analítico" o fazemos na intenção de propor, em reforço, um olhar cirúrgico quanto ao plano material, nada mais do que a ideia de instrumentalidade desde sempre nos anunciou, mas aplicada, pragmatizada, efetivada, enfim.

Se daí, desse olhar, derivará a produção de legislação própria – o tal "Código de Processo Tributário" de que falamos de início – não sabemos, embora creiamos que esse pode vir a ser o final (feliz) de uma já longa história de desacertos.

Até que esse final chegue, porém, é nossa tarefa, como intérpretes-aplicadores do Direito Tributário, detectar no que a litigiosidade verificada nesse campo se diferencia, de modo a calibrar o sentido das normas processuais disponíveis, maximizando sua eficiência.

1.2 Processo de positivação, ações e conflitos tributários

Rodrigo Dalla Pria

Atos (condutas) violadores de direitos subjetivos constituem o núcleo daquilo que se costuma denominar "fenômeno jurídico-conflituoso". No plano tributário não é diferente: conflitos dessa ordem materializam-se, essencialmente, sob a forma de lesões ou ameaça de lesões a direitos subjetivos tributários – naturalmente titularizados por fisco e contribuintes.

Direitos subjetivos cuja violação é afirmada pelo fisco derivam, em suma, da frustação de suas pretensões arrecadatórias; os que são invocados pelos contribuintes, por sua vez, relacionam-se ao afirmado exercício abusivo da atividade tributante.

Esse cenário, simples em princípio, amplia-se quando olhamos especificamente para as demandas geradas pelos contribuintes, à medida que não existe, nessa peculiar gaveta, uma única forma de manifestação dos conflitos.

Essa constatação é crucial em termos práticos: o contribuinte que suscita o aparelhamento de um conflito de natureza fiscal precisa escolher o canal a ser utilizado – nem todos os caminhos o levarão à Roma por ele desejada.

A atividade de seleção do instrumento processual adequado é facilitada por um recurso de apelo aparentemente teórico, mas que, em rigor, tem sua razão de ser assentada na "vida real". Esse recurso, reiteradamente chamado de "processo de positivação", permite reconhecer que, a depender da etapa que se encontra o ciclo de concretização das competências normativo-tributárias, diferentes formas processuais surgirão.

A conflituosidade que se estabelece por ocasião da iminência da aplicação de regra tributária inconstitucional, levada a termo pela via da ação declaratória de inexistência de relação jurídico-tributária, é, em tudo e por tudo, diferente daquela que se materializa após a efetiva formalização do crédito tributário, a ser atacada por intermédio de ação anulatória de débito fiscal. Enquanto no primeiro caso teremos um conflito alinhavado sob a forma de ameaça de lesão a direito do contribuinte, no segundo, o que se apresenta é um ato concreto de violação, posto sob a forma de lançamento efetivo.

O mesmo pode ser dito acerca da conflituosidade que se estabelece por ocasião do pagamento tido por indevido, hipótese em que o direito (tido por lesado) deve ser tratado em termos de recomposição e, por isso, pleiteado por intermédio de ação de cunho eminentemente condenatório, *in casu*, a ação de repetição do indébito tributário.

Isso nos leva à reafirmação do que já sugerimos: se o conflito tributário se define como uma patologia que impede o direito (material) tributário de se realizar do modo desejado, é preciso selecionar, entre os mecanismos disponibilizados pelo sistema jurídico para remediar o indigitado estado patológico, a via apropriada.

Não é a processualística comum, em suma, que nos dirá quando e qual veículo processual deve ser usado na prática tributária: um enfoque minimamente analítico do problema nos faz concluir que é cada uma das diferentes formas de manifestação do fenômeno conflituoso tributário que indica o remédio devido, aquele que permitirá, com a eficiência aspirada, a realização do direito subjetivo violado.

Significa dizer, mas agora por outros termos, que para cada etapa do processo de positivação do Direito Tributário corresponde uma específica ação apta a desencadear o processo judicial que resultará na produção da tutela adequada.

Possível perceber, e assim fechamos nosso raciocínio, que as relações do Direito Tributário com a dinâmica processual vão muito além do que a processualística comum permitiria construir.

1.3 Medidas exacionais e antiexacionais: muito além das conveniências classificatórias

Paulo Cesar Conrado

A compreensão da dicotomia "medidas processuais exacionais" e "medidas processuais antiexacionais" vai muito além das categorizações academicistas. Ousaríamos dizer, aliás, que nem mesmo a ideia de que "classificações não são certas nem erradas, senão úteis ou inúteis" nos seria de interesse.

O reconhecimento de que o processo tributário, em inafastável perspectiva instrumental, serve à composição de dissídios em torno da exigibilidade de obrigações daquele timbre (o tributário) nos dá conta de que duas seriam, em suma, as manifestações litigiosas nesse campo. Nada relacionado a classificações de conveniência, mas, sim, um retrato do efetivo campo de possibilidades que a processualidade tributária desafia.

As manifestações exacionais, primeira dessas possibilidades, são as demandadas por provocação do fisco, partindo da premissa de que crédito posto não foi adimplido. Falamos de dissídio fincado na ideia de inadimplemento (usássemos o vocabulário da processualística comum, diríamos: a causa de pedir próxima nessas medidas seria o estado de inadimplemento afirmado pelo fisco). E, se assim as coisas andam, não se há de duvidar que a tutela jurisdicional daí projetada tem um destino bem demarcado: promover o cumprimento, ainda que pelo uso da força estatal, da obrigação pendente.

As medidas antiexacionais, segunda (e derradeira) daquelas possibilidades, são as demandadas por iniciativa do sujeito passivo, operando em sentido bem diverso: tomam o tributo (posto, pressuposto ou pago) como algo juridicamente eivado de vício – a tal causa de pedir próxima, nessa hipótese, situar-se-ia justamente nesse ponto, a mácula afirmada pelo sujeito passivo, sendo a tutela respectiva afinada com o propósito de reconhecer, em síntese, a inexigibilidade da obrigação, posta (constituída), pressuposta (por constituir) ou já exaurida (extinta por pagamento, impondo-se a reversão financeira correlata).

Não estamos falando, vale repetir, de classificação marcada por conveniência ou utilitarismo teórico, senão do reconhecimento pragmático, estabelecido a partir do racional inerente ao sistema processual tributário, do campo de possibilidades que ele alcança. Um campo dicotômico, em que os dissídios tributários se revelam ou como "litígios de inadimplemento" ou como "litígios de inexigibilidade" – expressões que usamos para sintetizar as ideias há pouco expostas.

Paralelamente a tudo isso, lembremos que jurisdição, atividade desempenhada privativamente pelo Estado, tende, no campo tributário, a neutralizar as mencionadas patologias, sendo igualmente bidimensional: a jurisdição exacional, primeira possibilidade, serve para "corrigir" o estado inadimplemento; a jurisdição antiexacional, segunda possibilidade, cuida, a seu turno, da pretensa inexigibilidade, confirmando-a ou recusando-a.

O resultado material do exercício da jurisdição, todos sabem, não é suscetível de antecipada afirmação: se o adimplemento vai ser efetivamente alcançado na execução fiscal não se pode falar no presente; se o tributo combatido na medida antiexacional vai ser de fato degredado, da mesma forma, não se sabe de antemão. O esgotamento do ciclo processual e apenas ele nos dará conta do que ocorrerá, no fim do dia, com a obrigação tornada litigiosa por um daqueles meios.

A par disso, insistamos: os caminhos da processualidade tributária são aqueles – e apenas aqueles.

Pois é justamente esse racional que, mantido na memória, nos permite compreender o potencial alcance das hoje tão comentadas medidas alternativas de composição de litígios tributários, caso eloquente da transação de que trata a Lei federal 13.988/2020.

Se nos afastarmos da jurisdição e passarmos a perseguir caminho alternativo como o da transação, afastamos, por derivação, a incerteza do resultado da via jurisdicional – as próprias partes, fisco e sujeito passivo assumem a definição do enredo que reescreverá a história do litígio. Usando outros termos: da divergência a priori estabelecida, passam as partes, por seu próprio esforço, a caminhar na direção do consenso.

Seja como for, no entanto, as premissas sobre as quais nos dedicamos seguem intactas: o litígio tributário de que falamos ou será exacional ou será antiexacional, excluída uma terceira possibilidade.

É exatamente por isso que a Lei federal 13.988/2020 – usemos esse interessantíssimo exemplo de via alternativa – desdobra a transação por ela disciplinada em dois grandes escaninhos: o da denominada "transação na cobrança", modelo vinculado aos conflitos derivados do inadimplemento, e o da designada "transação no contencioso", modelo que se atrela aos litígios postos pelas mãos do contribuinte e que se inspiram na "suspeita" de inexigibilidade.

Percebamos quão interessante foi (e é) o caminhado percorrido pelo produtor do diploma referido: sensível às possibilidades racional e logicamente retiráveis do campo tributário, estabeleceu, de forma clara, o que e como transacionar questões suscitadas no plano exacional (da cobrança) – fazendo-o mediante a introdução de regras de pagamento consensualmente construídas (nada mais óbvio, pois se o litígio é exacional, o que se transaciona é a solução do inadimplemento, buscando o estado avesso, do adimplemento).

E o mesmo quanto às questões suscitadas no plano antiexacional (na lei identificado pela expressão "transação no contencioso"): atuou a lei, aqui, mediante a introdução de regras de detecção das teses, fáticas e/ou jurídicas, reconhecidas como disseminadas e relevantes e que, observadas certas premissas, podem vir a ser acertadas por via consensual, descartada, portanto, a produção da tutela jurisdicional inicialmente suscitada.

Não é nosso desejo, nesse momento, detalhar o modo de articulação desses instrumentos – pretensão que, levada a sério, demandaria o espaço de um livro –, mas chamar a atenção dos que nos acompanham nessa série de textos sobre a relevância do pressuposto que orienta nosso "processo tributário analítico", segundo o qual a processualidade tributária pode e deve ser identificada, antes de tudo, pelos efeitos materiais que tende a gerar – o que vale, está provado, tanto no plano jurisdicional como no plano das vias alternativas eventualmente reconhecidas pela legislação (caso da transação tributária federal recentemente inaugurada em nosso direito positivo).

1.4 Sobre o processo indiretamente tributário

Paulo Cesar Conrado

A definição do conceito de processo tributário decorre de uma operação redutora que toma a relação jurídica de fundo como referencial – assim vimos sustentando nos diversos textos veiculados nesta coluna.

Nenhuma novidade até aí: as diversas áreas do Direito operam com essa diretiva, sendo nossa intenção primordial, ao atrair a ideia para o campo de especulação a que nos dedicamos (o tributário), valorizar a importante (mas relativamente desprestigiada) noção de instrumentalidade do processo em relação ao direito material que lhe é correlato – o tributário, insistimos.

Aplicando esse racional, chegamos à obrigação tributária em seu sentido estrito, definível, em breves palavras, como vínculo jurídico que reúne fisco e contribuinte – um ativo, outro passivo, nessa ordem –, em torno do objeto a que se refere o art. 3º do Código Tributário Nacional.

Lembrando que essa obrigação, na processualidade brasileira (que prestigia, em igual medida, repressividade e preventividade), pode ser posta (constituída e/ou eventualmente exaurida, hipótese que nos leva à repetição de indébito), como pressuposta (caso em que entra em cena às medidas ditas "declaratórias"), acabamos por reduzir, numa espécie de contorno metodológico, o universo de complexidades que nos rodeia, de modo a chegar, no fim das contas, a um conjunto de instrumentos que servirão para confirmar ou infirmar a exigibilidade subjacente à obrigação tributária – posta ou pressuposta, reiteremos.

Todos sabemos, a par disso, que o mundo jurídico-tributário nacional não é feito só das obrigações em seu sentido estrito: é mais que abundante (até demasiada) nossa experiência no trato das chamadas obrigações acessórias (ou deveres instrumentais), um dos gargalos (justamente por sua exacerbação) de nosso sistema tributário, assim tanto em termos de operatividade como de custo.

Pois é sobre essas figuras que devemos nos reter, recordando, a partir delas, que o dissenso caracterizador do processo que nos interessa pode não estar domiciliado sobre a obrigação tributária em sentido estrito (e sua exigibilidade), mas sobre a execução de um dever instrumental – sempre observada, nesse contexto, a natural premissa de que o descumprimento de um dever jurídico, justamente porque jurídico, é fato gerador de sanção.

Nessas situações, note-se, a processualidade não seria estruturada para abordar a obrigação tributária em si mesma, fato que, quando menos em rigor classificatório, nos fa-z(ria) indagar: estamos falando, em tais casos, de processo propriamente tributário?

Essa questão ganha especial relevo quando nos deparamos, para além do debate sobre o cumprimento da obrigação acessória reputada indevida, com as chamadas "sanções políticas", aquelas que se propõem a punir, com imposição pecuniária ou com restrições de outra ordem, certas condutas indiretamente relacionadas com plano tributário.

É muito presente, na prática, a formulação de pretensão que, sem desacatar a obrigação tributária (ou, mais precisamente, sua exigibilidade), volta-se contra: (1) a exigência de determinado dever instrumental; (2) a pena pecuniária dela derivada; e/ou (3) a regularidade da imputação não pecuniária tida como indevida "sanção política".

Note-se que o pano de fundo, em todas as situações enumeradas, é remotamente tributário, muito embora a jurisdição convocada não o seja para tratar de obrigação tributária em seu sentido estrito. Noutras palavras: não se fala, aqui, de jurisdição tendente a reconhecer a (in)exigibilidade do crédito tributário, posto ou pressuposto, cingindo-se ao exame de elemento que lhe é periférico.

Podemos dizer, então, de que processo tributário estamos tratando?

A essa pergunta poderíamos lançar, de plano, uma objeção de ordem prática: faz diferença inserir essas categorias no espectro de interesse do processo dito tributário? Em resposta direta, devemos dizer: talvez não faça, à medida que operações classificatórias não se qualificam como corretas ou não, podendo ser reconhecidas quando muito como (in)oportunas, (in)convenientes, ou algo do gênero. Mas, cremos, a coisa não se prende (ou deve ser prender) ao nível da mera definição teórica: litígios tais quais os que descrevemos, conquanto remotamente relacionados ao campo tributário, nele não encontram seu núcleo, o que significaria que o racional de toda argumentação tecida (pelas partes e pelo julgador), nesses casos, não será tributário, senão administrativo *lato sensu.*

Vale dizer: se depositarmos essas demandas na gaveta do processo tributário, um paradoxo se interporá, à medida que a norma-sentença que dele, processo, brotará não tomará a relação tributária como antecedente.

Lembremos, de todo modo, de um outro dado relevante: o Direito Tributário é reconhecidamente um ramo ancilar do Administrativo, seguindo, em rigor, os mesmos padrões que o definem (ao direito administrativo). Não por outra razão, aliás, são tantas as regras que, embora autonomamente tratadas na seara tributária (legalidade, tipicidade, por exemplo), constituem um mero reflexo do que desde antes propõe o Direito Administrativo. Falar de Direito Tributário, nessa linha, significa falar, portanto, de Direito Administrativo, o que nos autorizaria a embrulhar todos os assuntos (os propriamente afetos à obrigação tributária e os outros de que vimos falando) num mesmo pacote, ao final.

Ressaltemos o tempo verbal, porém: "permitiria". A despeito de sua relação com o Administrativo, o Direito Tributário ganha independência metodológica em razão do viés finalístico de que se revestem os atos nele contemplados – todos voltados, em maior ou menor intensidade, à ideia de arrecadação.

Essa medida posta, teríamos de concluir – agora, sim, pondo fim ao raciocínio – que tributário em sentido próprio é o processo que, lidando com o debate sobre a obrigação tributária (ou melhor, sua exigibilidade), trata de confirmar ou infirmar a atividade arrecadatória, posta ou pressuposta, fazendo-o de forma direta.

Em contraponto, processos cujo conteúdo, embora remotamente relacionado a uma obrigação tributária, não viabilizem juízo sobre a (in)exigibilidade do crédito tributário – prendendo-se, por assim dizer, a efeitos que lhe são orbitais –, poderiam ser qualificados como "indiretamente" tributários, conclusão que os mantêm em nosso radar de interesse, mas sempre com a reserva de sua inconfundibilidade com o processo tributário em sentido próprio, direto e verdadeiramente instrumentalizador do particular ramo do Direito a que nos dedicamos.

1.5 O conceito de processo e o cumprimento de sentença: possíveis impactos

Paulo Cesar Conrado

Processo é palavra que, dentro e fora do Direito positivo, comporta inúmeros sentidos. Talvez o mais comum, ao menos no Direito, é de "relação que formaliza um conflito verificado no campo material, desenvolvendo-se na direção de sua solução". Seguimos, nesta coluna, essa acepção, ocupando-nos dos conflitos verificados no específico domínio tributário – daí falarmos em processo tributário.

Em tempos atuais, porém, é desejável (ou melhor, necessário) que, usando da proposta analítica que nos orienta, realcemos a existência de um aspecto subjacente àquele conceito, uma espécie de viés implícito (ou subconceito) – o de transição.

Essa ideia – a de transição, repita-se – nos persegue em diversos ambientes, não só no jurídico. Talvez por isso, de tão comum (simples até) deixou de ser percebida; mas é muito importante!

Estar em processo é estar em transição – de um estado migramos para outro.

Em Direito, o estado conflituoso, porque indesejado, deve ser reconduzido ao estado de harmonia – não no sentido íntimo, mas no dos comportamentos objetivos.

O processo instrumentaliza essa passagem. Como relação jurídica, exaure-se, portanto, quando há efetiva transposição daqueles estados.

Pensando o fenômeno processual a partir da ideia de instrumentalidade, o Código de Processo Civil/2015 nos provoca sobre essa face conceitual, como que a retirando da sombra das formalidades em que aparentava estar oculta. E o faz não por meio de enunciados teórico-abstratos, mas, muito melhor do que isso, por força de técnicas concretas, como a do cumprimento de sentença.

Reflitamos: se o processo é relação que serve ao Direito material em estado conflituoso, visando à sua eliminação, quando ele, processo, cumpre(iu) sua missão?

Essa é a pergunta que, segundo o peso que damos à ideia de instrumentalidade, nos desafia neste momento.

Em nossa tradição, trabalhamos com a figura da coisa julgada como marco terminativo do processo, uma verdade relativa no campo de especulação que tomamos (o tributário), pois nem toda sentença transitada em julgado esgota o conflito que originou a relação processual.

Pois vejam a mesma pergunta há pouco lançada ressurgindo (agora com um traço adicional de resposta aflorando): se a formação da coisa não esgota, em todos os casos, a transposição de estados a que vínhamos nos referindo – do "estado 1" (de conflito) para o "estado 2" (de solução) –, seria possível dizer que o processo se exauriu?

Parece que não, daí a opção deliberada no Código de Processo Civil/2015 pela figura do cumprimento de sentença também contra a fazenda.

Há, nesse contexto, uma mensagem direcionada aos operadores do Direito Tributário: sentença proferida contra a fazenda em matéria tributária, quando tornada definitiva, só exaure o processo quando, por si, nos coloca no estado de solução – gaveta em que se alojam, por exemplo, as sentenças anulatórias de lançamento. Quando assim não sucede, porém, é preciso mais.

Pois é justamente isso o que ocorre quando falamos de sentenças que reconhecem como indébito o pagamento de determinado tributo. Essas sentenças, na projeção do Código de Processo Civil/2015, devem ser cumpridas para que se esgote o conflito, momento em que a transição ínsita ao conceito de processo se perfectibilizará.

Assim sempre foi, podemos dizer, mesmo antes do Código de Processo Civil/2015. O que há de interessante na "nova" realidade positivada, no entanto, é a explicitação da ideia mediante a introdução da ferramenta prática do cumprimento. A sentença transitada deixa de ser marco terminativo do processo (à medida que a transição de estados não se operou) e passa a ser marco terminativo de uma fase do processo – que continua aceso, num claro reconhecimento do direito posto de que processo é figura instrumentalizadora de um estado de transição –, enquanto ela, transição, não se aperfeiçoar, o processo não se esgota.

Mais do que conceituais-acadêmicas, essas colocações são de importância vital em termos práticos, pois nos chamam a atenção sobre a (in)viabilidade do uso do trânsito em julgado como marco determinativo de certos efeitos jurídicos, mormente quando falamos de sentença transitada que reconhece o indébito e que precisa ser cumprida (e muitas vezes o é não judicial, mas administrativamente, caso já clássico, no Direito federal, da compensação).

Por uma questão de coerência sistêmica (e de segurança, por conseguinte), reconhecendo que a sentença transitada não é suficiente para a passagem de estados (do conflito para a solução), parece que o plano processual nos dá pistas claras, desde 2015, de que não é adequado ver o trânsito como fato gerador da incidência de efeitos jurídicos outros (inclusive tributários), a não ser por emprego de raciocínio ficcional, visto que ficcional seria, apenas com o trânsito, a passagem de estados aqui reiteradamente mencionada.

1.6 Cooperação entre processo judicial e administrativo tributários

Camila Campos Vergueiro

Uma vez que o conflito havido entre fisco e contribuinte se define como uma patologia que afeta o direito (material) tributário, para remediar esse indesejável estado é crucial identificar os mecanismos disponibilizados nesse sentido pelo sistema.

Desse ponto parte-se, porque reconhecemos no sistema processual vigente, concomitantemente aos instrumentos processuais judiciais, a possibilidade de instrumentalizar a sobredita solução em ambiente administrativo.[1] A referência aqui é ao processo administrativo tributário.

Processo compreende o conjunto de atos cujo fim é, justamente, solucionar o conflito de interesses, cabendo ao Estado-juiz, quando provocado, o dever de prestar a tutela

1. Constituição Federal:
"Art. 5º. [...]
LV – aos litigantes, em processo judicial ou administrativo, e aos acusados em geral são assegurados o contraditório e ampla defesa, com os meios e recursos a ela inerentes".

jurisdicional ou, por outras palavras, exercer a jurisdição, atribuição predominantemente exercida pelo Poder Judiciário, sem prejuízo do atípico exercício por órgãos julgadores integrantes da administração pública em quaisquer dos âmbitos federativos (federal, estadual, municipal e do Distrito Federal).[2] Reconhecemos, portanto, que no processo administrativo há exercício de jurisdição.

Fixadas essas premissas, passemos, então, ao objeto deste texto: a cooperação.

O Código de Processo Civil/2015 adota como um de seus pilares o princípio da cooperação[3]"que visa a organizar o papel das partes e do juiz na conformação do processo, estruturando-o como uma verdadeira comunidade de trabalho *(Arbeitsgemeinschaft)*, em que se privilegia o trabalho processual em conjunto do juiz e das partes *(prozessualen Zusammenarbeit)*".[4] Trata-se de ferramenta que, conectando os atores do processo, busca eliminar o conflito de maneira justa, em tempo razoável e dialógica, com ativa participação do órgão julgador e dos litigantes – é nítida, pelo que se vê, a ênfase dada à integração anímica dos sujeitos da relação processual (partes e julgadores).

---

2. Classificação essa pautada em lição de Paulo Cesar Conrado que a formalizou distinguindo a fonte ejetora da tutela jurisdicional – "foco ejetor", nos termos por ele aduzidos –, se do Judiciário advém a resposta ao conflito, diante de processo judicial tributário estamos, se provém da administração pública, de processo administrativo tributário se está diante (*Processo tributário*. 2. ed. São Paulo: Quartier Latin, 2007. p. 177-178).
No mesmo sentido afirma Rodrigo Dalla Pria: "o sistema processual tributário não está circunscrito às normas disciplinadoras da atividade jurisdicional típica, assim entendida como aquela desenvolvida pelos órgãos e autoridades que compõem o Poder Judiciário. Outro importante campo de manifestação da processualidade tributária diz respeito às normas disciplinadoras da atividade jurisdicional perpetrada, atipicamente, pelos órgãos judicantes da Administração Pública" (*Direito processual tributário*. São Paulo: Noeses, 2020. p. 41-42).

3. "Art. 6º Todos os sujeitos do processo devem cooperar entre si para que se obtenha, em tempo razoável, decisão de mérito justa e efetiva."

4. MITIDIERO, Daniel. Processo justo, colaboração e ônus da prova. *Rev. TST*, Brasília, v. 78, n. 1, p. 67-77, jan./mar. 2012.

Se por meio da cooperação pretende-se pavimentar um caminho menos tormentoso para a extinção do conflito de interesses havido no bojo de um dado processo, há de se reconhecer que, em se tratado de processo tributário, sua aplicação não deve ser suscitada exclusivamente em âmbito judicial, consagrando-se, também, no processo administrativo.[5] Assim, é dever subjetivo daqueles que atuam na solução de conflito no ambiente do processo administrativo tributário cooperar.

Contudo, não é apenas sob esse viés (subjetivo) que a cooperação se revela normativamente: o art. 67[6] do Código de Processo Civil/2015 estatui dever geral de cooperação intrainstitucionalmente (viés orgânico), isto é, entre os órgãos e instâncias jurisdicionais judiciais, tendo tonalidade transprocessual, portanto – para além da relação processual constituída para fins de resolver específico conflito.

Ainda que em sua literalidade o referido artigo estabeleça um dever de cooperação interno às estruturas do Poder Judiciário, tendo-se admitido que o processo tributário se desdobra em duas faces – a judicial e a administrativa –, a depender da via e do foco ejetor da decisão, podemos e devemos reconhecer que esse art. 67 é fundamento que assegura a cooperação entre órgãos jurisdicionais de diferentes espectros, assim entendidos os judiciais e os administrativos.

É a denominada cooperação interinstitucional, promovida entre entidades do Poder Judiciário e órgãos que,

---

5. PRIA, Rodrigo Dalla. *A transação da Lei n. 13.988/2020 analisada sob a perspectiva do Construtivismo Lógico Semântico*. Palestrantes: PRIA, Rodrigo Dalla; CONRADO, Paulo Cesar; VERGUEIRO, Camila. São Paulo: IBET, maio de 2020. 1 vídeo (101'19"). Transmitido ao vivo em 14 de maio de 2020 pelo canal IBET. Disponível em: https://www.youtube.com/watch?v=1rgoMaz3dbM. Acesso em: 10 abr. 2022.

6. "Art. 67. Aos órgãos do Poder Judiciário, estadual ou federal, especializado ou comum, em todas as instâncias e graus de jurisdição, inclusive aos tribunais superiores, incumbe o dever de recíproca cooperação, por meio de seus magistrados e servidores."

embora jurisdicionais, não compõem, formalmente, aquele Poder – talvez uma "novidade", pensando-se o contencioso tributário a partir de uma concepção "convencional", em que a independência das "instâncias" (e, consequente, incomunicabilidade) seria a tônica.

Assim nominada pela resolução da Comissão Nacional de Justiça 350, de 27.10.2020, objetiva, em linhas gerais, "criar condições para que o juiz possa proferir decisão de forma mais rente à realidade fática subjacente à causa" e "dar todo o rendimento possível a cada processo em si mesmo considerado", que nada mais é do que promover efetividade (solucionar conflito de interesse).[7-8]

Tal como na cooperação judiciária, essencial o registro da solicitação, estando ausente, contudo, a definição do específico instrumento para a formalização do pedido de cooperação (atipicidade do meio) ou do conteúdo (atipicidade do objeto).[9]

Cabível, portanto, a cooperação interinstitucional envolvendo a jurisdição judicial tributária, exacional ou antiexacional, e a jurisdição administrativa tributária, consagrada em qualquer etapa do ciclo de concretização da exigência tributária, para a prática de qualquer ato processual, como, por exemplo, troca de informações entre os

---

7. "Art. 16. A cooperação interinstitucional poderá ser realizada entre quaisquer instituições, do sistema de justiça ou fora dele, que possam contribuir para a execução da estratégia nacional do Poder Judiciário, promover o aprimoramento da administração da justiça, a celeridade e a efetividade da prestação jurisdicional, dentre as quais: [...] V – Administração Pública; [...]".

8. Passagem da exposição de motivos do CPC/2015: Disponível em: https://www2.senado.leg.br/bdsf/bitstream/handle/id/512422/001041135.pdf. Acesso em: 12 abr. 2022.

9. DIDDIER Jr., Fredie. *5 anos do CPC – Avanços e perspectivas*. Palestrantes: ALVIM, Teresa Arruda; DIDDIER Jr., Fredie; CABRAL, Antonio do Passo; DOTTI, Rogéria; ARAÚJO, Luciano Vianna; LUCON, Paulo; NOLASCO, Rita Dias. São Paulo: AASP, abril de 2021. 1 vídeo (231'30"). Transmitido ao vivo em 20 de abril de 2021 pelo canal da AASP. Disponível em: https://www.youtube.com/watch?v=-seo0RGdE_ys. Acesso em: 12 abr. 2022.

órgãos jurisdicionais relevantes à solução do processo (em um e outro âmbito) – respeitado o direito ao sigilo –, coleta de provas, investigação patrimonial, busca de bens para prática de atos de indisponibilidade ou penhora, adoção de providências no sentido da consensualidade da resolução dos conflitos etc.

Sem dúvida nenhuma, um rompimento de paradigma na gestão da jurisdição tributária, à medida que faz comunicáveis instâncias que ainda se apartam, como se constitutivas de sistemas autônomos.

CAPÍTULO 2

AÇÕES TRIBUTÁRIAS ANTIEXACIONAIS, PREVENTIVAS E REPRESSIVAS, E CONSIGNAÇÃO EM PAGAMENTO

2.1 Ações tributárias antiexacionais preventivas

Rodrigo Dalla Pria

No presente texto serão explorados alguns pontos que confirmam a ideia de que os instrumentos processuais ordinários utilizados pelo sujeito passivo tributário para interferir na atividade tributante possuem peculiaridades que os tornam singulares, especialmente quanto aos efeitos que estão vocacionados a produzir no plano da realidade social.

Tais singularidades não são atributos que emanam do próprio sistema processual, mas características que têm origem na particular natureza do conflito tributário que serve de pretexto ao manejo do instrumento processual.

Isso fica muito evidente quando investigamos a forma de atuação do sujeito passivo que, ao se valer da ação declaratória de inexistência de relação jurídico-tributária, o faz com objetivo de obstar, em caráter preventivo, a atuação do fisco.

Pois essa preventividade que caracteriza a demanda declaratória negativa tributária está intimamente relacionada à ausência do ato formalizador da obrigação tributária e, principalmente, ao risco iminente (ameaça de lesão) de que ele (ato) se materialize.

Não por outra razão, o interesse processual no manejo da declaratória negativa tributária tem como pressuposto material a demonstração do risco efetivo de que o fisco atue, o que pressupõe, para além de norma tributária vigente e eficaz – cuja aplicação se pretende evitar –, a possibilidade de materialização das circunstâncias fáticas que justificam o desencadeamento da atividade impositiva.

A linha que separa aquilo que se costuma chamar de "ação contra lei em tese" de uma típica (e viável) "ação declaratória de inexistência de relação jurídico-tributária" é tênue, não há dúvidas. O que as diferencia – esse, sim, o ponto fulcral da questão – é o substrato material que dá contornos à conflituosidade no caso da declaratória negativa, tal como deduzida em juízo, de cuja leitura (plano da asserção) é possível vislumbrar o efetivo risco de atuação do Fisco em situação de questionável legitimidade.

É o justificado receio de concretização indevida do ato constitutivo do crédito tributário, portanto, que caracteriza a ameaça de lesão que dá oportunidade ao ajuizamento da declaratória negativa.

Necessário observar, ainda, que esse "risco de concretização indevida do ato constitutivo do crédito tributário" a que nos referimos é uma decorrência direta da "divergência" entre os potenciais sujeitos de direito tributário (ativo e passivo) acerca da legitimidade da exigência fiscal em dada situação concreta.

A "divergência" a que nos referimos, por sua vez, nada mais é que a materialização da crise de incerteza que qualifica o estado de conflituosidade a que remete a ação declaratória negativa tributária, estado esse que, no mais das vezes, costuma ser identificado a partir de práticas reiteradas do Fisco em situações similares àquelas que são objeto da demanda ou, ainda, de interpretações fiscais oficiais objetivadas por meio de respostas a consultas tributárias.

Ao final, o que se pretende é que o Poder Judiciário emane tutela jurisdicional que seja capaz de, a pretexto de pôr fim à crise de incerteza instaurada entre os sujeitos de Direito Tributário, delimitar o regime jurídico-tributário aplicável aos fatos econômicos que deram origem à controvérsia.

Significa dizer que, acolhida a pretensão declaratória negativa, estará o *Fisco* impedido de exigir o tributo tido por indevido em relação a todo e qualquer fato econômico similar àquele que haja sido objeto da demanda, e que vier a ser, doravante, praticado pelo sujeito passivo no exercício de suas atividades.

Essa eficácia prospectiva (*ex nunc*), tão característica à tutela declaratória negativa em matéria tributária, ao evitar (prevenir) que insurgências fiscais ilegítimas sejam desencadeadas, tem por maior virtude a capacidade de estabilizar a relação entre os sujeitos de Direito Tributário, constituindo-se, assim, em típica tutela de segurança jurídico-tributária.

2.2 Ações tributárias declaratórias negativas: aspectos procedimentais

Rodrigo Dalla Pria

As ações tributárias antiexacionais que se submetem ao rito comum – ação declaratória negativa, ação anulatória de débito fiscal e ação de repetição do indébito tributário – constituem típicas demandas fundadas em direito pessoal.

Por conta disso, na vigência do Código de Processo Civil/1973, o foro competente para ajuizamento dessas ações era o do domicílio do réu, a teor do que dispunha a regra geral de competência de foro veiculada no art. 94,[10] então excetuada apenas para as demandas em que a União figurava como ré, cujo foro era definido – como de fato ainda é – segundo os critérios constantes na regra veiculada no art. 109, § 2º, da Constituição Federal/1988.[11]

Com o advento do Código de Processo Civil/2015, a regra constitucional foi reproduzida pelo art. 51, parágrafo único, e ampliada pelo subsequente art. 52, parágrafo

10. "Art. 94. A ação fundada em direito pessoal e a ação fundada em direito real sobre bens móveis serão propostas, em regra, no domicílio do réu."

11. "Art. 109. Aos juízes federais compete processar e julgar: [...]
§ 2º As causas intentadas contra a União poderão ser aforadas na seção judiciária em que for domiciliado o autor, naquela onde houver ocorrido o ato ou fato que deu origem à demanda ou onde esteja situada a coisa, ou, ainda, no Distrito Federal."

único, também do Código de Processo Civil/2015,[12] atribuindo ao sujeito passivo a faculdade de ajuizar as demandas antiexacionais processadas pelo rito comum no foro do próprio domicílio.

A despeito disso, para as demandas antiexacionais ajuizadas em face de exigências fiscais atribuídas à competência constitucional dos municípios, ante a ausência de norma específica, a regra geral de ajuizamento no foro do "domicílio do réu", agora veiculada no art. 46, *caput*, do Código de Processo Civil/2015, permanece plenamente vigente.

É sempre oportuno recordar que o agora denominado rito comum (chamado de "ordinário" no regime de 1973) caracteriza-se por ser composto por quatro fases procedimentais, a saber: a postulatória, a ordinatória, a instrutória e a decisória.

A par disso, tratando-se de ações declaratórias negativas, é muito comum que o *iter* procedimental acima descrito não transcorra em sua integralidade. E isso porque demandas desse jaez têm forte relação com a técnica do julgamento antecipado do mérito (art. 355, inciso I, do Código de Processo Civil), já que a característica principal de boa parte das discussões realizadas pela via declaratória negativa é eminentemente normativa, ou seja, vincula-se a teses jurídicas relativas à interpretação controvertida de preceitos legais e constitucionais e enquadramentos fiscais.

---

12. "Art. 51. É competente o foro de domicílio do réu para as causas em que seja autora a União.
Parágrafo único. Se a União for a demandada, a ação poderá ser proposta no foro de domicílio do autor, no de ocorrência do ato ou fato que originou a demanda, no de situação da coisa ou no Distrito Federal.
Art. 52. É competente o foro de domicílio do réu para as causas em que seja autor Estado ou o Distrito Federal.
Parágrafo único. Se Estado ou o Distrito Federal for o demandado, a ação poderá ser proposta no foro de domicílio do autor, no de ocorrência do ato ou fato que originou a demanda, no de situação da coisa ou na capital do respectivo ente federado".

O fato de a ação declaratória negativa ser manejada à revelia da instauração de qualquer procedimento fiscal anterior que envolva a efetiva apreciação de questões fáticas que demandem a produção probatória torna ainda mais marcante essa característica.

Essa regra, contudo, comporta exceções.

É que algumas discussões, mesmo passíveis de serem levadas à apreciação judicial em caráter preventivo, podem demandar a produção de prova técnico-pericial, o que tornará imprescindível a instauração da fase instrutória própria ao procedimento comum.

Parece ser o caso, por exemplo, das discussões atinentes ao enquadramento de situações fáticas a hipóteses normativas semanticamente abertas, tais como aquelas referentes à subsunção de bens e serviços ao conceito de insumo para fins de apropriação de créditos relativos a tributos não cumulativos, circunstância em que haverá de se estabelecer, segundo as peculiaridades do caso concreto, por meio de prova pericial, o modo pelo qual determinados bens e serviços são efetivamente utilizados em cada processo produtivo, para, somente então, concluir-se pela possibilidade de sujeição da situação concreta à hipótese normativa.

2.3 Os meios repressivos de controle processual da legalidade tributária

Rodrigo Dalla Pria

A edição do ato constitutivo do crédito tributário (lançamento em sentido *lato*) dá oportunidade à identificação de um tipo específico de conflituosidade que se materializa sob a forma de "crise de legalidade", instaurada em face da pretensão fiscal imputada, pelo ente político tributante, ao sujeito passivo tributário.

E falamos em crise de legalidade tendo em foco a circunstância de que todo e qualquer ato voltado à exigência de tributos deve ser, invariavelmente, submetido ao teste de (estrita) legalidade que é ínsito à atividade impositiva, controle este que poderá ser realizado internamente, mediante autocontrole a ser implementado por órgãos da própria administração tributária, ou externamente, a cargo do Poder Judiciário.

Diante disso, o sujeito passivo que estiver na contingência de ser cobrado de forma ilegítima poderá, em regra, adotar as seguintes providências: (1) impugnar administrativamente o débito; ou (2) se valer de medida judicial voltada à desconstituição da obrigação tributária. Em ambos os casos, o objetivo pretendido pelo sujeito passivo será o mesmo: restringir, total ou parcialmente, a eficácia do fato tributário formalizado pelo ato de lançamento, com o consequente afastamento (ou mitigação) da cobrança.

No que toca à mencionada duplicidade de meios de impugnação do débito tributário (administrativa e judicial), duas advertências merecem ser formuladas.

A primeira observação – que guarda relação direta com a noção de inafastabilidade da jurisdição (judicial) insculpida no art. 5º, inciso XXXV, da Constituição Federal/1988 – diz com a desnecessidade de esgotamento das instâncias administrativas para adoção das medidas judiciais. Poderá o sujeito passivo, à sua conveniência, abrir mão das instâncias administrativas para se valer, de pronto, dos instrumentos judiciais de controle dos atos impositivos.

A segunda advertência está vinculada à amplitude do controle realizado pelos dois meios de impugnação da obrigação tributária, sensivelmente maior no plano judicial. E isso porque o processo administrativo tributário se volta exclusivamente à revisão dos créditos tributários originados na forma do art. 142 do Código Tributário Nacional (lançamento de ofício), não havendo que se falar, portanto, em contencioso administrativo tributário desencadeado a pretexto de revisão de obrigações tributárias formalizadas no regime de autolançamento, tal como disciplinado no art. 150 do Código Tributário Nacional (nominado pelo código de lançamento por homologação).

Também sob o ponto de vista cognitivo, as instâncias contenciosas administrativas tendem a ser mais restritas que as judiciais, não sendo incomum a identificação de regras que expressamente vedam ao órgão administrativo judicante a apreciação de alegações concernentes à legalidade e à constitucionalidade do ato normativo que fundamenta a exigência. Aqui, precisamente, salta aos olhos uma grande contradição dos sistemas de contencioso administrativo tributário, tal como estruturados atualmente, e que se revela na circunstância de um órgão que é especialmente forjado para proceder ao controle da legalidade dos atos impositivos estar, por expressa prescrição normativa, proibido de fazê-lo com a amplitude desejada.

Em ambiente judicial, o sujeito passivo poderá se valer de dois instrumentos processuais capazes de produzir a desejada tutela desconstitutiva da obrigação tributária: (1) ordinariamente, o instrumento apto à dedução dessa específica pretensão é a ação anulatória de débito fiscal, cuja amplitude cognitiva e instrutória permite o manejo em face de créditos tributários formalizados diretamente pelo fisco (lançamentos de ofício) e, também, pelo próprio sujeito passivo (autolançamentos); (2) alternativamente, poderá o sujeito passivo lançar mão do mandado de segurança (repressivo), ocasião em que deverá se submeter às restrições ínsitas ao procedimento especial que lhe é próprio, incluídos aí a reduzida amplitude instrutória (direito líquido e certo) e a necessidade de que a obrigação tributária impugnada haja sido formalizada por típico "ato de autoridade", isto é, lançamento de ofício.

Ao fim e ao cabo, todos os instrumentos de impugnação do crédito tributário mencionados, administrativos e judiciais, cada qual a seu modo, têm em comum o mesmo pressuposto de atuação, isto é, a existência de obrigação tributária devidamente formalizada, comungando, também, dos objetivos a que se prestam, que é justamente o controle da legalidade do ato constitutivo do crédito tributário.

2.4 Possíveis relações entre as ações anulatória de débito e executiva fiscal

Rodrigo Dalla Pria

Ajuizada a ação anulatória de débito fiscal, não se verificando nenhuma das causas suspensivas de exigibilidade prescritas no art. 151 do Código Tributário Nacional, o questionamento judicial do crédito tributário poderá ocorrer em paralelo à prática de atos de cobrança, inclusive judiciais, tendentes à constrição e expropriação do patrimônio do sujeito passivo (art. 784,[13] § 1º, do Código de Processo Civil/2015).

Essa possibilidade tem repercussões importantes no plano processual, em especial no que diz com a relação que se estabelece entre as ações anulatória e executiva fiscal, influenciando diretamente a (re)definição do foro competente para ajuizamento e processamento das indigitadas demandas.

---

13. "Art. 784. São títulos executivos extrajudiciais:
[...]
§ 1º A propositura de qualquer ação relativa a débito constante de título executivo não inibe o credor de promover-lhe a execução."

Isso porque o § 2º do art. 55 do Código de Processo Civil/2015,[14] incorporando orientação jurisprudencial construída no âmbito do Superior Tribunal de Justiça, atribui os mesmos efeitos processuais da conexão (reunião dos processos para decisão conjunta) aos casos em que se verifique a tramitação simultânea de processos que, de um lado, questionem a legitimidade de débitos tributários regularmente inscritos em dívida ativa e, de outro, se prestem a exigi-lo.[15]

É esse, exatamente, o caso da ação anulatória que tenha por objeto débito tributário cobrado via execução fiscal proposta ulteriormente.

O reconhecimento da conexão e a reunião das ações anulatória e executiva para processamento e julgamento conjunto, no entanto, estão condicionados a dois requisitos expressamente prescritos na legislação processual, quais sejam: (1) que as competências para julgamento dos referidos processos sejam relativas (art. 54[16] do Código de

---

14. "Art. 55. Reputam-se conexas duas ou mais ações quando lhes for comum o pedido ou a causa de pedir.
§ 1º Os processos de ações conexas serão reunidos para decisão conjunta, salvo se um deles já houver sido sentenciado.
§ 2º Aplica-se o disposto no *caput*:
I – à execução de título extrajudicial e à ação de conhecimento relativa ao mesmo ato jurídico."

15. "Trata-se de regra que não estava no CPC/73. A possibilidade de reunião de execução e ação de conhecimento foi objeto de discussão, sob o argumento de que a reunião das ações não seria possível pois os procedimentos são distintos e não haveria julgamento conjunto. Defendia-se, assim, a reunião entre a ação de conhecimento e os embargos do executado (natureza de ação de conhecimento). Assim, se a execução tivesse sido proposta em primeiro lugar e estivesse embargada, sendo promovida ação de conhecimento relativa ao título que ensejou a execução, dar-se-ia a reunião para julgamento conjunto das duas ações de conhecimento.
Entretanto, o entendimento que vinha prevalecendo no STJ, antes do advento do CPC de 2015, era no sentido da reunião das ações quando elas tivessem a mesma origem, isto é, se fundamentasse em fatos comuns ou nas mesmas relações jurídicas" (PIZZOL, Patrícia. *Comentários ao Código de Processo Civil*, p. 380).

16. "Art. 54. A competência relativa poderá modificar-se pela conexão ou pela continência, observado o disposto nesta Seção."

Processo Civil/2015); e (2) que nenhum dos processos haja sido sentenciado (art. 55, § 1º, *in fine*, do Código de Processo Civil/2015).

Verificados os requisitos legais, a reunião dos autos para julgamento conjunto dar-se-á em favor do juízo prevento (art. 58 do Código de Processo Civil/2015)[17] – isto é, do juízo no qual o registro/distribuição da petição inicial haja sido efetuado em primeiro lugar (art. 59 do Código de Processo Civil/2015).[18]

Pois é no primeiro dos requisitos que devemos nos reter, visto que é extremamente comum, na vida forense, a instalação de varas especializadas em execução fiscal, unidades detentoras de competência absoluta para processar e julgar demandas desse jaez, o que inviabiliza o efeito fulcral da conexão: a modificação da competência.[19]

---

17. "Art. 58. A reunião das ações propostas em separado far-se-á no juízo prevento, onde serão decididas simultaneamente."

18. "Art. 59. O registro ou a distribuição da petição inicial torna prevento o juízo."

19. "PROCESSO CIVIL. CONFLITO DE COMPETÊNCIA. EXECUÇÃO FISCAL. AÇÃO ANULATÓRIA AJUIZADA ANTERIORMENTE. CONEXÃO. NORMA DE ORGANIZAÇÃO JUDICIÁRIA. EXISTÊNCIA DE VARA ESPECIALIZADA PARA JULGAR EXECUÇÕES FISCAIS. REUNIÃO DOS PROCESSOS. IMPOSSIBILIDADE. SUSPENSÃO DA EXECUÇÃO. GARANTIA DO JUÍZO. NECESSIDADE.
1) Cuida-se de conflito negativo de competência instaurado entre o juízo da 4ª Vara Federal de Santos/SP, suscitante, e o juízo da 1ª Vara Federal e Juizado Especial Cível de Foz do Iguaçu/PR, suscitado, nos autos de execução fiscal movida pela União Federal. Discute-se a possibilidade de serem reunidas execução fiscal e ação anulatória de débito precedentemente ajuizada, quando o juízo em que tramita esta última não é vara especializada em execução fiscal, nos termos consignados em norma de organização judiciária.
2) Em tese, é possível a conexão entre a ação anulatória e a execução fiscal, em virtude da relação de prejudicialidade existente entre tais demandas, recomendando-se o *simultaneus processus*. Precedentes.
3) Entretanto, nem sempre o reconhecimento da conexão resultará na reunião dos feitos. A modificação da competência pela conexão apenas será possível nos casos em que a competência for relativa e desde que observados os requisitos dos §§ 1º e 2º do art. 292 do CPC.
4) A existência de vara especializada em razão da matéria contempla hipótese de competência absoluta, sendo, portanto, improrrogável, nos termos do art. 91 c/c 102 do CPC. Dessarte, seja porque a conexão não possibilita a modificação da

A despeito disso, quer nos parecer que as regras processuais que fixam os critérios e, principalmente, os limites para a reunião dos processos de conhecimento (anulatória) e executivo (execução fiscal) para julgamento conjunto diferem a depender do momento em que cada uma das demandas (cognitiva e executiva) for proposta.

Com efeito, para os casos em que a propositura da ação anulatória precede a propositura da ação executiva fiscal, a limitação prescrita no art. 54 do Código de Processo Civil/2015, que restringe a modificação da competência à condição de ser ela relativa, é plenamente justificável, dada a impossibilidade de se processar a ação executiva fiscal em juízo diverso daquele tido por especializado.

A recíproca, todavia, não seria verdadeira: no caso de a demanda executiva fiscal preceder a propositura da ação anulatória de débito fiscal, a regra de prevenção a ser aplicada deverá ser, em nosso sentir, a prescrita no art. 61 do Código de Processo Civil/2015, dispositivo segundo o qual "a ação acessória será proposta no juízo competente para ação principal".[20]

---

competência absoluta, seja porque é vedada a cumulação em juízo incompetente para apreciar uma das demandas, não é possível a reunião dos feitos no caso em análise, devendo ambas as ações tramitarem separadamente.
5) Embora não seja permitida a reunião dos processos, havendo prejudicialidade entre a execução fiscal e a ação anulatória, cumpre ao juízo em que tramita o processo executivo decidir pela suspensão da execução, caso verifique que o débito está devidamente garantido, nos termos do art. 9º da Lei 6.830/80.
6) Conflito conhecido para declarar a competência do juízo suscitado" (CC 106.041/SP; 1ª Seção; relator Ministro Castro Meira; *DJe* 09.11.2009).

20. "Considera-se acessória a ação que guarda relação com outra ação, sendo esta considerada principal em relação a outra. Assim, para que se dê um melhor exercício da função jurisdicional, as duas devem ser processadas e julgadas no mesmo juízo. Pode-se afirmar que a reunião das ações propicia economia processual, pois as provas produzidas podem ser utilizadas para o julgamento das duas causas, e, especialmente, permite que as decisões sejam harmônicas. Assim pode-se afirmar que o órgão competente para a ação principal tem competência funcional (absoluta) para o julgamento da ação acessória. Se a ação principal já tiver sido ajuizada, a acessória será 'distribuída' por dependência ao juízo da principal; se a acessória for proposta antes, deverá sê-lo no juízo que será o competente para a principal" (PIZZOL, Patrícia. *Comentários ao Código de Processo Civil*, p. 386).

Nesse tocante, havemos de recordar que o pressuposto que subjaz à regra do art. 55, § 2º, inciso I, do Código de Processo Civil/2015, está relacionado à "identidade" entre os débitos que são,

simultaneamente, objeto da ação anulatória e da ação executiva, o que nos permite concluir que as "matérias" versadas em ambas as demandas são as mesmas, de sorte que, por essa razão, o juízo especializado não estaria tratando de matéria estranha à sua competência ao apreciar a pretensão anulatória.

Além disso, da análise dos precedentes que antecederam – e certamente inspiraram – a inovação advinda com a regra do art. 55, § 2º, inciso I, do Código de Processo Civil/2015 verifica-se que a ideia por detrás do instituto diz com o reconhecimento de que a ação anulatória, ao se voltar contra débito fiscal objeto de cobrança via ação executiva, assume a função de "embargos do devedor", fazendo-lhe as vezes.[21]

---

21. "PROCESSO CIVIL. EXECUÇÃO FISCAL E AÇÃO ANULATÓRIA DO DÉBITO. CONEXÃO.
1) Se é certo que a propositura de qualquer ação relativa ao débito constante do título não inibe o direito do credor de promover-lhe a execução (CPC, art. 585, § 1º), o inverso também é verdadeiro: o ajuizamento da ação executiva não impede que o devedor exerça o direito constitucional de ação para ver declarada a nulidade do título ou a inexistência da obrigação, seja por outra ação declaratória ou desconstitutiva. Nada impede, outrossim, que o devedor se antecipe à execução e promova, em caráter preventivo, pedido de nulidade do título ou declaração de inexistência da relação obrigacional.
2) Ações dessa espécie têm natureza idêntica à dos embargos do devedor, e quando os antecedem, podem até substituir tais embargos, já que repetir seus fundamentos e causa de pedir importaria litispendência.
3) Assim como os embargos, a ação anulatória ou desconstitutiva do título executivo representa forma de oposição do devedor aos atos de execução, razão pela qual quebraria a lógica do sistema dar-lhes curso perante juízos diferentes, comprometendo-se a unidade natural que existe entre pedido e defesa.
4) É certo, portanto, que entre ação de execução e outra ação que se oponha ou possa comprometer os atos executivos, há evidente laço de conexão (CPC, art. 103), a determinar, em nome da segurança jurídica e da economia processual, a reunião dos processos, prorrogando-se a competência do juiz que despachou em primeiro lugar (CPC, art. 106). Cumpre a ele, se for o caso, dar à ação declaratória ou anulatória anterior o tratamento que daria à ação de embargos com idêntica causa de pedir e pedido, inclusive, se garantido o juízo, com suspensão da execução" (CC 38.045/MA; relatora Ministra Eliana Calmon; 1ª Seção; *DJ* de 09.12.2003).

Ora, os embargos do devedor perfazem um dos exemplos mais comuns daquilo que a processualística denomina "ação acessória", assim se posicionando diante da ação executiva que se qualifica, nesse contexto, como "principal".[22] Sendo a ação anulatória, quando proposta ulteriormente à ação executiva fiscal, um sucedâneo dos embargos do devedor, deverá ser ela considerada verdadeira demanda acessória, atraindo para si a incidência da regra de prevenção veiculada no art. 61[23] do Código de Processo Civil/2015.

Por essa razão, entendemos que a ação anulatória de débito fiscal dirigida contra débito objeto de execução fiscal efetivamente proposta deverá ser distribuída por dependência ao juízo em que estiver sendo processado o executivo, independentemente de se tratar de vara especializada (competência absoluta).

2.5 Ação de consignação em pagamento tributária e depósito

Vanessa Damasceno Rosa Spina

A instrumentalidade do processo tributário, ponto de partida dos textos que temos produzido, é especialmente constatada quando estamos diante da ação de consignação

22. "PROCESSUAL – CONFLITO NEGATIVO DE COMPETÊNCIA – EXECUÇÃO FISCAL E AÇÃO ANULATÓRIA DE DÉBITO FISCAL – VARA DA FAZENDA E JUÍZO DO INTERIOR – COMPETÊNCIA DO ÚLTIMO – PRECEDENTES JURISPRUDENCIAIS.
A ação anulatória de débito fiscal sendo acessória à de execução fiscal, não desloca a competência do Juízo do domicílio do devedor. 'Tratando de conexão por acessoriedade, a competência do Juiz da ação principal existe, sendo irrelevante que a ação acessória seja ajuizada antes, durante ou depois de terminado a ação principal'" (TJ-SC – CC: 7288 SC 1996.000728-8; 1ª Câmara de Direito Comercial; relator Desembargador Amaral Silva; Julgamento de 20.08.1996).

23. "Art. 61. A ação acessória será proposta no juízo competente para a ação principal."

em pagamento, por se tratar de instrumento processual colocado à disposição do contribuinte para viabilizar a quitação do crédito tributário.

A necessidade de provocação judicial por essa específica ação, que consagra atitude corriqueira do dia a dia de um contribuinte – o pagamento – pode decorrer da recusa no recebimento do crédito tributário pela administração fazendária ou da dúvida para qual entre tributante pagar. Classificação essa construída a partir do disposto no art. 164[24] do Código Tributário Nacional, no qual são listados três incisos com as hipóteses de cabimento desse tipo de ação, resumíveis às duas classes referidas.

Situações muito peculiares dão ensejo ao manejo desse tipo de ação, ficando de fora a mera discussão acerca da exigibilidade do crédito tributário, ainda que a ação decorra do fato de mais de um ente tributante reputar-se competente para promover a exigência tributária, como ocorreu, por exemplo, na discussão acerca da exigência de imposto sobre serviços de qualquer natureza e/ou de imposto sobre a circulação de mercadorias e serviços sobre *software*, cuja questão foi recentemente solucionada pelo Supremo Tribunal Federal nas Ações Diretas de Inconstitucionalidade 5.659 e 1.945.[25]

---

24. "Art. 164. A importância de crédito tributário pode ser consignada judicialmente pelo sujeito passivo, nos casos:
I - de recusa de recebimento, ou subordinação deste ao pagamento de outro tributo ou de penalidade, ou ao cumprimento de obrigação acessória;
II - de subordinação do recebimento ao cumprimento de exigências administrativas sem fundamento legal;
III - de exigência, por mais de uma pessoa jurídica de direito público, de tributo idêntico sobre um mesmo fato gerador."

25. Apenas para conhecimento do leitor e da leitora, nesses julgados do STF a conclusão sobre a tributação do software foi a seguinte:
"[...] 6. Ação direta julgada parcialmente prejudicada, nos termos da fundamentação, e, quanto à parte subsistente, julgada procedente, dando-se ao art. 5º da Lei n. 6.763/75 e ao art. 1º, I e II, do Decreto n. 43.080/02, ambos do Estado de Minas Gerais, bem como ao art. 2º da Lei Complementar Federal n. 87/96, interpretação conforme à Constituição Federal, excluindo-se das hipóteses de incidência do ICMS

Em muitos casos a fronteira entre uma situação que dá ensejo ao ajuizamento de uma ação consignatória ou uma ação declaratória/anulatória é muito tênue, em especial quando estamos diante de caso cuja demanda é motivada pela dúvida para qual ente tributante se deve pagar. Aspecto esse que não pode colocá-la como um instrumento processual de menor importância para a defesa dos interesses dos contribuintes.

Todavia, não pode ser perdido de vista que, independentemente da hipótese de cabimento da ação consignatória, o seu uso se dá para a realização do pagamento, e não para discutir se o tributo é devido ou não.

Pode haver resistência ao recebimento do crédito tributário pelo ente tributante ou dúvida para quem pagar, mas não pode haver objeção sobre o dever de pagar, que, de fato, é pressuposto desse tipo de ação.

Não por outra razão que o art. 164 do Código Tributário Nacional determina que o crédito tributário objeto de discussão seja consignado, o que, em outras palavras, significa "depositado" no processo. Tal aspecto (o da necessidade do depósito) é confirmado ante o disposto no art. 539[26]do Código de Processo Civil de 2015 que outorga à quantia a ser consignada (depositada) nos autos o efeito de pagamento.

---

o licenciamento ou a cessão de direito de uso de programas de computador, tal como previsto no subitem 1.05 da lista de serviços anexa à Lei Complementar n. 116/03" (ADI 5.659, relator(a): Dias Toffoli, Tribunal Pleno, julgado em 24.02.2021, processo eletrônico *DJe*-096 divulg. 19-05-2021 public. 20.05.2021).

"[...] 7. Ação direta não conhecida no tocante aos arts. 2º, § 3º; 16, § 2º; e 22, parágrafo único, da Lei n. 7.098/98 do Estado de Mato Grosso; julgada prejudicada em relação ao art. 3º, § 3º, da mesma lei; e, no mérito, julgada parcialmente procedente, declarando-se a inconstitucionalidade (i) das expressões "adesão, acesso, disponibilização, ativação, habilitação, assinatura" e "ainda que preparatórios", constantes do art. 2º, § 2º, I, da Lei n. 7.098/98, com a redação dada pela Lei n. 9.226/09; (ii) da expressão "observados os demais critérios determinados pelo regulamento", presente no art. 13, § 4º, da Lei n. 7.098/98; (iii) dos arts. 2º, § 1º, VI; e 6º, § 6º, da mesma lei" (ADI 1945, relator(a): Cármen Lúcia, Relator(a) p/ Acórdão: Dias Toffoli, Tribunal Pleno, julgado em 24.02.2021, processo eletrônico *DJe*-096 divulg. 19.05.2021 public. 20.05.2021).

26. "Art. 539. Nos casos previstos em lei, poderá o devedor ou terceiro requerer, com efeito de pagamento, a consignação da quantia ou da coisa devida."

Duas conclusões podem ser obtidas da análise conjunta desses dispositivos legais do Código Tributário Nacional e do Código de Processo Civil/2015: (1) o depósito é condição para processamento da ação de consignação; e (2) sua finalidade é a de pagamento e não de suspensão da exigibilidade, ainda que esse efeito seja obtido imediatamente com a sua realização. Expliquemos.

Como se observa da redação do *caput* dos arts. 164 do Código Tributário Nacional e 539 do Código de Processo Civil/2015, aquele que ingressa com a ação de consignação deve consignar a quantia em discussão, o que se concretiza por meio do "depósito" judicial.

Embora os dispositivos utilizem o verbo "poder", em ambos os artigos a expressão não se refere à providência do depósito em si, mas às causas geradoras do direito de acionar o Judiciário para pagar, portanto, o verbo "poder" aponta para as hipóteses que justificam o cabimento da consignação por meio desse tipo de ação.

O que se está a afirmar é que, diante da necessidade de o contribuinte socorrer-se desse tipo de ação e sendo dela feito o uso, o depósito do valor controvertido é necessário. Nesse sentido explicita Rodrigo Dalla Pria que "o depósito, portanto, perfaz, a um só tempo, pressuposto de procedimentalidade da demanda consignatória e fato jurídico extintivo da obrigação tributária".[27]

E essa obrigatoriedade do depósito em consignação é compreensível diante da pretensão do contribuinte quando utiliza esse instrumento processual, que é o pagamento.

No ambiente da processualidade tributária, a dúvida que surge é se o depósito efetuado nos autos da consignação em pagamento somente produzirá o sobredito efeito extintivo ou se, durante sua tramitação, ele (depósito) de

27. PRIA, Rodrigo Dalla. Direito processual civil. São Paulo: Noeses, 2020. p. 304.

alguma forma impacta a exigibilidade do crédito tributário. Pensamos que sim.

Embora o depósito tenha o objetivo de extinção do crédito tributário, não podemos nos desviar do fato de que a extinção não se dá de forma imediata, pois a instauração da ação enseja a observância de todo o *iter* processual até que haja sua procedência e o trânsito em julgado.

Dessa forma, há que se reconhecer que, nesse ínterim, o depósito tem o condão de manter suspensa a exigibilidade do crédito tributário, nos termos do art. 151, II, do Código Tributário Nacional, pois impede a cobrança do crédito tributário depositado – nesse sentido já há inclusive orientação do Superior Tribunal de Justiça.[28]

O art. 540[29] do Código de Processo Civil/2015 também confirma esse efeito imediato suspensivo da exigibilidade ao dispor que a realização do depósito purga os feitos da mora, o que, em âmbito tributário, ainda que por outras palavras, equivale à suspensão da exigibilidade fundada no inciso II do art. 151 do Código Tributário Nacional.

Corrobora o entendimento aqui manifestado, Rodrigo Dalla Pria para quem "os efeitos da suspensão da exigibilidade do crédito tributário previstos no art. 151, inciso II, do CTN também são ínsitos ao depósito do montante integral do débito realizado sob o pretexto do pagamento em consignação, efeitos estes que se converterão em extintivos quando do acolhimento da pretensão principal".[30]

---

28. A referência é ao REsp 1.040.603/MG, de relatoria do Ministro Mauro Campbell Marques, julgado pela 2ª Turma em 09.06.2009 (*DJe* 23.06.2009).

29. "Art. 540. Requerer-se-á a consignação no lugar do pagamento, cessando para o devedor, à data do depósito, os juros e os riscos, salvo se a demanda for julgada improcedente."

30. PRIA, Rodrigo Dalla. Direito processual civil. São Paulo: Noeses, 2020. p. 304.

Por essa razão, não podemos olvidar que, realizado o depósito do montante integral, suspensa restará a exigibilidade do crédito tributário e, tratando-se de consignação de crédito tributário relacionado a tributo de trato sucessivo, o depósito deverá se realizar de forma periódica, até que cesse a causa que motivou o ajuizamento da ação, ou transite em julgado a demanda.

Enfim, por tudo quanto aduzido, uma coisa é certa: sendo essa ação instrumento voltado ao pagamento, sem o depósito do valor do crédito tributário não há interesse para ação de consignação em matéria tributária, cujo destino, à ausência do depósito, será sua extinção sem julgamento de mérito.

2.6 Consignação em pagamento de tributo, coisa julgada e precedente divergente

Paulo Cesar Conrado

Uma das formas mais peculiares de conflituosidade tributária – e que ainda é de possível verificação no campo prático – nos remete à figura (nem tão comum quanto outras) da consignação em pagamento.

“Pagar por consignação” não deixa de ser “pagar”, destacando-se apenas pela adição de interposto depósito – que, no ambiente tributário, é sempre judicial, requisitando a instauração de ação própria, justamente a chamada ação de consignação em pagamento.

Soa estranho que alguém, no ambiente material de que falamos (o tributário, reitere-se), tenha que se utilizar desse extravagante instrumento, sendo francamente contraintuitiva a ideia de “pagamento por consignação” no lugar da do “pagamento ordinário” quando o credor é a fazenda.

Como sugerido de início, porém, casos há em que o sujeito passivo, vendo-se obstado de efetivar o tal "pagamento ordinário", é impelido a instaurar demanda para viabilizar a extinção do crédito devido, fazendo-o pela alternativa via da consignação.

Assim ocorre, precipuamente, quando um mesmo tributo – o imposto sobre serviços de qualquer natureza parece ser o exemplo mais emblemático nesse contexto – é reclamado por duas ou mais fazendas.

O estado de dúvida quanto à titularidade do crédito em situações desse timbre é o que mobiliza o demandante e, sendo esse estado por si mesmo insuficiente para fazer desaparecer o vínculo obrigacional (afinal, nenhum contribuinte se desobriga de cumprir a obrigação derivada do fato imponível porque dois mais sedizentes credores se apresentam), a saída avistada pelo sistema processual tributário é, de fato, a consignação.

Até aí, nenhuma novidade, devemos assentir.

A questão sobre a qual queremos chamar a atenção de nosso leitor está relacionada a um efeito, digamos, "colateral" da consignatória derivada de dúvida sobre o sujeito ativo do tributo.

É que, em seus desdobramentos procedimentais, referida ação vai além da viabilização da extinção da obrigação (via depósito-consignação), permitindo a adicional construção de um juízo de certeza de ordem prospectiva, especificamente relacionado à definição do efetivo credor.

Usando outros termos: a demanda consignatória dilui, com potencial definitividade, a dúvida sobre a titularidade do crédito (fato gerador, em última *ratio*, de sua propositura), "declarando", dentre as fazendas disputantes, qual a credora.

O viés prospectivo a que nos referimos está, pelo que se nota, não na extinção do crédito presente, mas na "declaração" (o uso da palavra é proposital) sobre quem seria o sujeito ativo (definição naturalmente encaminhada para o porvir) e que serve de suporte para o cumprimento de obrigações tributárias com contornos análogos que venham a surgir no futuro jurídico.

Consideremos, frente a tais constatações, outro elemento: estamos atualmente mergulhados num ambiente processual em que determinadas decisões contam com força vinculativa. Essa situação nos faz pensar: se, em recurso definido depois da coisa julgada derivada da consignatória, o Superior Tribunal de Justiça ou o Supremo Tribunal Federal, redefinirem a tese-base, dizendo coisa diferente quanto à titularidade do crédito focalizado na consignação já julgada, o que fazer? Estarão o contribuinte e as municipalidades (no caso mais comum do imposto sobre serviços de qualquer natureza) eternamente vinculados ao que foi decidido na consignação anterior ou, a partir do precedente, o tributo deverá ser pago nos termos definidos pelo julgado vinculante?

Cruzemos essas questões com um dado pragmático-financeiro: se a solução avistada pelo Superior Tribunal de Justiça ou pelo Supremo Tribunal Federal indicar uma fazenda que cobre tributo em menor valor, o contribuinte terá um evidente estímulo para querer se afastar da coisa julgada pretérita – parece razoável assim supor.

Mas e o contrário, também valeria? Se a solução derivada do precedente apontar a titularidade do crédito em favor de uma fazenda que cobra mais, o estímulo operará na contramão? Ou valerá, nessa hipótese, a narrativa que invoca a ideia de imutabilidade da coisa julgada em suposta homenagem à noção de segurança?

Mesmo que sob pretexto diverso, note-se que essas indagações repristinam o "problema" que agita o debate sobre eventual descontinuidade da coisa julgada em matéria tributária, debate esse que, em nosso sentir, parece muito afinado com os efeitos patrimoniais dele derivados – aspecto usualmente oculto nas narrativas teórico-abstratas; damos esse tom à questão, porque, no fundo no fundo, parece-nos que quem discute o tema quer resolver muito mais um "senão" de ordem econômica, diretamente relacionável à sua organização financeira, do que aspectos jurídicos "puros".

Nessa senda de ideias, lembremos: sentenças que contenham efeito declaratório são sentenças que escrevem o futuro jurídico em projeção *a priori* indefinida, justamente o que ocorre nas demandas tributárias preventivas usuais (declaratória de inexistência de relação jurídico-tributária e mandado de segurança preventivo), permitindo que tanto fisco quanto contribuintes organizem suas pautas orçamentárias-financeiras.

Pois assim também é, mesmo que colateralmente, com a consignação relacionada à dúvida sobre a titularidade do crédito. Não recusamos, por certo, que essa categoria processual (a das consignatórias) tem, em sua essência, uma tipologia muito mais complexa do que aquelas outras demandas – as preventivas "genéricas". Há, no entanto, um ponto que lhes é comum (o que é igualmente inegável): no que se refere à sua prospectividade, todas estão sujeitas ao intercurso de um precedente em sentido divergente.

Pensando a partir daí – vale dizer: com foco no ponto de comunhão, não nos de distinção –, parece razoável, pois, que as possíveis soluções construídas para os casos (mais frequentes) de confronto entre "preventivas gerais" e precedente sejam extensíveis aos virtuais confrontos entre consignação e precedente.

Assim, se pensarmos que decisões do Superior Tribunal de Justiça ou do Supremo Tribunal Federal (as vinculativas) podem redefinir *ex nunc* o panorama sobre determinadas questões, inclusive as que foram previamente assentadas em coisa julgada, talvez esse seja o destino a ser atribuído nos casos de consignatória. Por outro lado, se pensamos na absoluta intocabilidade da coisa julgada nas "demandas comuns", devemos o mesmo admitir para as consignatórias – o que valeria, por coerência, tanto para os casos financeiramente mais vantajosos para o fisco como os que o seriam para o contribuinte.

Sem fechar questão sobre o rumo que as coisas devem tomar – a despeito da opinião que possamos ter em nosso espírito –, o que desejamos é provocar nosso leitor sobre as consequências projetadas por suas opções interpretativas, valendo a reflexão, especialmente para os enamorados pela tese da irrevisibilidade da coisa julgada por superveniente decisão em sentido diverso: se essa decisão reconhecer que o credor do tributo previamente consignado for fazenda outra, que não a anteriormente "declarada", representando tal mudança potencial pagamento a menor, continuará o contribuinte submisso à definição exposta na coisa julgada?

2.7 O valor da causa e o processo tributário antiexacional

Camila Campos Vergueiro

Nossa atenção será voltada para questão que reputamos pouco explorada no ambiente do contencioso tributário: o valor da causa nas ações tributárias, especificamente as antiexacionais.

Desde bem antes, vimos admitindo que o processo é instrumento do direito material, seu disparador, de maneira que a questão relativa ao valor da causa das ações tributárias deve ser igualmente analisada sob essa perspectiva, a do direito tributário, seu pano de fundo.

Restringiremos nossa manifestação aos processos antiexacionais, isto é, aqueles de iniciativa do contribuinte – em sua tríplice manifestação, preventiva, repressiva ou reparadora –, uma vez que as exacionais (as do fisco), basicamente as execuções fiscais, têm modelo cirurgicamente definido pela Lei de Execuções Fiscais.

Pois bem.

Determina o Código de Processo Civil de 2015 em seu art. 291[31] que a toda causa[32] deve ser atribuído um valor certo e que deve corresponder à medida econômica da controvérsia posta.

Tratando-se de processo tributário seu objeto necessariamente envolve uma obrigação de natureza patrimonial, já que abarca o pagamento do tributo ou da penalidade pecuniária decorrente da prática do ilício tributário, relacionado esse (o ilícito) ao inadimplemento: (1) do tributo; ou (2) da obrigação acessória – caso enquadrável na subclasse dos processos "indiretamente" tributários, na terminologia sugerida por Paulo Cesar Conrado.[33]

Dessa condição ontológica da obrigação tributária (a patrimonialidade), há de se reconhecer que o valor econômico do bem que o particular pretende proteger é sempre aferível, supondo a identificação da base tributável, do percentual àquela aplicado e, ao final, do crédito tributário controvertido.

A questão complicadora dessa operação deriva, potencialmente, do momento em que a apuração econômica do crédito tributário é promovida pelo autor da ação, ora imediatamente, ora remotamente, considerado, entre e outra

31. "Art. 291. A toda causa será atribuído valor certo, ainda que não tenha conteúdo econômico imediatamente aferível."

32. Reputamos que a expressão "causa" posta no código se refere a controvérsia.

33. Para melhor compreensão da ideia de processo "indiretamente" tributário remetemos a leitora e o leitor ao art. 1.4 do Capítulo do presente livro.

dessas possibilidades, o instante do protocolo da petição inicial – peça em que deve estar indicado o valor da causa.

Usando outros termos: a identificação econômica da causa, no processo tributário, está diretamente relacionada com o tipo de medida judicial utilizada pelo contribuinte.

Tratando-se de medida judicial antiexacional anulatória, o crédito tributário já está definido no seu ato constitutivo, tenha sido ele emitido pelo fisco na modalidade do lançamento de ofício ou pelo contribuinte (via lançamento por homologação),[34] de maneira que o valor da causa é aferido imediatamente e deve corresponder ao montante do crédito constante do ato ou à parcela (dele crédito) sob controvérsia.

Na ação reparatória, a quantificação do indébito tributário (crédito do contribuinte) é detectável, também, imediatamente, uma vez que compreende a somatória dos pagamentos feitos pelo contribuinte num determinado período, limitado a cinco anos contados de cada pagamento, tendo em vista o prazo de prescrição da ação de repetição do indébito.[35]

---

34. Não se fez menção ao lançamento "por declaração" porque entendemos que não se trata de espécie autônoma de constituição da obrigação tributária, mas típica modalidade de lançamento de ofício, uma vez que adotamos como critério de classificação dos "tipos" de lançamento o sujeito que promove o ato e não o grau de participação do contribuinte no ato, como admite a doutrina tradicional tributária.

35. Código Tributário Nacional:
"Art. 165. O sujeito passivo tem direito, independentemente de prévio protesto, à restituição total ou parcial do tributo, seja qual for a modalidade do seu pagamento, ressalvado o disposto no § 4º do art. 162, nos seguintes casos:
I – cobrança ou pagamento espontâneo de tributo indevido ou maior que o devido em face da legislação tributária aplicável, ou da natureza ou circunstâncias materiais do fato gerador efetivamente ocorrido;
II – erro na edificação do sujeito passivo, na determinação da alíquota aplicável, no cálculo do montante do débito ou na elaboração ou conferência de qualquer documento relativo ao pagamento".
"Art. 168. O direito de pleitear a restituição extingue-se com o decurso do prazo de 5 (cinco) anos, contados:
I – nas hipótese dos incisos I e II do art. 165, da data da extinção do crédito tributário."
Lei Complementar 118/2005:
"Art. 3º Para efeito de interpretação do inciso I do art. 168 da Lei n. 5.172, de 25 de

Para essas modalidades de ações antiexacionais segue-se o critério definido no inciso II do art. 292[36] do Código de Processo Civil/2015, segundo o qual o valor da causa deve corresponder ao montante em controvérsia, constante do ato que se quer anular ou requalificar (modificar) como "indevido" (no caso, o pagamento).

As ações antiexacionais preventivas, utilizadas diante da ameaça de "concretização indevida do ato constitutivo do crédito tributário", porque dotadas de efeito prospectivo (para o futuro, *ex nunc*), é que nos trazem uma certa complexidade: justamente por se dirigirem a prestações futuras a apuração econômica do objeto em debate que veiculam somente pode ser aferida remotamente.

Entretanto, tal aspecto não afasta o dever de o proponente da demanda indicar valor certo, consagrando-se o problema na sua apuração, para fins de indicação na petição inicial, mas jamais na impossibilidade de ser calculado.

Para essa situação, a de discussões judiciais que envolvem prestações vincendas, cuja tutela jurisdicional projeta efeitos temporalmente indeterminados, o Código Processual de 2015 define como solução o critério fixado no § 2º do já citado art. 292, segundo o qual o valor da causa deve corresponder à soma das prestações devidas em um ano, postergando-se para o momento da liquidação da sentença a definição da soma pecuniária envolvida na causa (ou definição do seu proveito econômico).[37]

---

outubro de 1966 – Código Tributário Nacional, a extinção do crédito tributário ocorre, no caso de tributo sujeito a lançamento por homologação, no momento do pagamento antecipado de que trata o § 1º do art. 150 da referida Lei".

36. "Art. 292. O valor da causa constará da petição inicial ou da reconvenção e será:
[...]
II – na ação que tiver por objeto a existência, a validade, o cumprimento, a modificação, a resolução, a resilição ou a rescisão de ato jurídico, o valor do ato ou o de sua parte controvertida."

37. Importante destacar que o Código de Processo Civil/1973 já continha regra com

Ainda que não seja possível identificar o equivalente monetário da controvérsia no momento da elaboração da petição inicial, há de se reconhecer que no ambiente do processo tributário esse valor é estimável, isto é, aferível diante da natureza patrimonial da obrigação tributária.

A classificação da causa como "de valor estimável" na codificação processual – seja a vigente, seja a revogada – aponta para a possibilidade de a controvérsia ter conteúdo expressável em dinheiro, e não de esse valor "em dinheiro" ser elevado.

O critério normativo é objetivo: controvérsia economicamente calculável (imediata ou remotamente) e controvérsia não calculável (nominada de inestimável pelo Código) são coisas diferentes.

No grupo das demandas com valor estimável estão inseridas as ações que discutem questões direta ou indiretamente tributárias, como retratado anteriormente.

Inestimáveis, por outro lado, são apenas as demandas colateralmente[38] atreladas à relação tributária, que envolvem, por exemplo, emissão de certidão de regularidade fiscal, aplicação de sanções políticas – condicionar a expedição de notas fiscais ao oferecimento de garantias, interditar estabelecimento ou apreender mercadorias como meio coercitivo para o pagamento de tributos, entre outras.

---

o mesmo conteúdo, de maneira que solução normativa sempre houve para a quantificação do bem da vida em ações tributárias preventivas.
Código de Processo Civil/1973:
"Art. 260. Quando se pedirem prestações vencidas e vincendas, tomar-se-á em consideração o valor de umas e outras. O valor das prestações vincendas será igual a uma prestação anual, se a obrigação for por tempo indeterminado, ou por tempo superior a 1 (um) ano; se, por tempo inferior, será igual à soma das prestações".

38. Colateralmente porque não se referem a questões direta ou indiretamente tributárias, mas consagradas em decorrência da relação mantida entre fisco e contribuinte.

2.8 Valor da causa nas lides que tratam de questões colateralmente tributárias

Camila Campos Vergueiro

Como já abordamos a questão da fixação do valor da causa nas ações antiexacionais em sua tríplice dimensão – preventiva, repressiva e reparatória, sempre considerada a natureza patrimonial ínsita a tais lides e sua incondicional aferibilidade.

Para o presente texto, investiremos sobre o que "deixamos no ar" naquela oportunidade: a questão do valor da causa nas ações colateralmente tributárias, isto é, que envolvem, por exemplo, a emissão de certidão de regularidade fiscal e a aplicação de sanções políticas – como condicionar a expedição de notas fiscais ao oferecimento de garantias, interditar estabelecimento ou apreender mercadorias como meio coercitivo para o pagamento de tributos, bloquear a emissão de notas fiscais porque inadimplente o contribuinte etc.

Falamos "colateralmente tributárias" porque essas demandas dizem respeito a questões atreladas à relação fisco-contribuinte, mas não à obrigação tributária per si, aquela de natureza patrimonial que impõe o dever de entrega de dinheiro aos cofres públicos (pagamento) ou o cumprimento de deveres instrumentais convertidas em penalidade pecuniária à luz do art. 113, § 3º, do Código Tributário Nacional.[39]

---

39. "Art. 113. A obrigação tributária é principal ou acessória.
§ 1º A obrigação principal surge com a ocorrência do fato gerador, tem por objeto o pagamento de tributo ou penalidade pecuniária e extingue-se juntamente com o crédito dela decorrente.
§ 2º A obrigação acessória decorre da legislação tributária e tem por objeto as prestações, positivas ou negativas, nela previstas no interesse da arrecadação ou da fiscalização dos tributos.
§ 3º A obrigação acessória, pelo simples fato da sua inobservância, converte-se em obrigação principal relativamente à penalidade pecuniária."

Compreendem atitudes de iniciativa do fisco travestidas da aparência de mecanismos indutores do adimplemento, mas que, de fato, não são, porque promovidas em descompasso com o sistema normativo, de modo a afetar o regular exercício da atividade do devedor, nada mais objetivando a coagi-lo ao pagamento do tributo sem observância do devido processo legal.

É bom deixar claro que não estão aqui inseridos no contexto dos "estímulos negativos" a que se refere Paulo Cesar Conrado em artigo deste livro, porque as medidas a que nos referimos não são autorizadas pelo ordenamento jurídico.[40]

Deparando-se com situações desse quilate, não escapa ao contribuinte a necessidade de interferência do Judiciário para afastar o ato ilegal da autoridade fiscal e, com isso, a necessidade de atribuir um valor à sua causa que, nos termos do art. 291 do Código de Processo Civil/2015, deve ser certo.

O problema que se coloca diante dessas ações que têm como objeto questões colateralmente tributárias é quantificar financeiramente seu efeito, porque envolvem discussões que não são prontamente aferíveis em termos econômicos, nem imediata nem remotamente.[41] Impugnam atos ilegais, praticados ou iminentes, cujo efeito impacta financeiramente o contribuinte, quiçá a própria existência da empresa, mas não assumem natureza patrimonial pré-desenhada.[42] Enquadram-se, assim, nas causas cuja controvérsia é dotada de valor inestimável.

40. Artigo 1.4 constante do Capítulo 1 deste livro.

41. Como apontamos em texto anterior sobre valor da causa, é ela aferível economicamente “imediatamente”, quando já na petição inicial é possível indicar o valor monetário da controvérsia, “remotamente”, na hipótese em que o valor da controvérsia será apurado posteriormente, sem, contudo, afastar a necessidade de se atribuir um valor de causa certo, aplicando-se o critério definido do § 2º do art. 292 do Código de Processo Civil/2015.

42. Natureza jurídica é o conjunto de atributos que permite separar um instituto jurídico de outro. GAMA, Tácio Lacerda. *Competência tributária*. São Paulo: Noeses, 2009. p. XLVIII.

Seja como for, ainda que incalculável, toda causa deve ter um valor certo. Natural perguntar, e então: como defini-lo?

Não há como se valer, dizemos desde logo, dos critérios fixados no art. 292 do Código de Processo Civil/2015,[43] insuficientes para essas peculiaridades do direito tributário em conflito, mas reputamos que a solução não é a indicação de um valor insignificante ou pequeno o suficiente para embaçar a aplicação de outra regra jurídica, a da remessa necessária, ou reduzir o montante da taxa judiciária.

Estamos diante de processos em que as sentenças serão potencialmente proferidas contra as fazendas públicas e, por isso, convocam a aplicação do duplo grau de jurisdição, que, a partir da vigência do Código de Processo Civil/2015, supõe a necessária definição numérica do valor da controvérsia[44] (condenação ou proveito econômico, nos

---

43. "Art. 292. O valor da causa constará da petição inicial ou da reconvenção e será:
I – na ação de cobrança de dívida, a soma monetariamente corrigida do principal, dos juros de mora vencidos e de outras penalidades, se houver, até a data de propositura da ação;
II – na ação que tiver por objeto a existência, a validade, o cumprimento, a modificação, a resolução, a resilição ou a rescisão de ato jurídico, o valor do ato ou o de sua parte controvertida;
III – na ação de alimentos, a soma de 12 (doze) prestações mensais pedidas pelo autor;
IV – na ação de divisão, de demarcação e de reivindicação, o valor de avaliação da área ou do bem objeto do pedido;
V – na ação indenizatória, inclusive a fundada em dano moral, o valor pretendido;
VI – na ação em que há cumulação de pedidos, a quantia correspondente à soma dos valores de todos eles;
VII – na ação em que os pedidos são alternativos, o de maior valor;
VIII – na ação em que houver pedido subsidiário, o valor do pedido principal."

44. Importante destacar que o CPC/2015 também afasta a regra do reexame necessário para hipóteses descoladas do objeto do trabalho que é o tratamento do valor da causa nos processos tributários, por isso restringimos a referência ao § 3º do art. 496. Apenas para conhecimento da leitora e do leitor, estão elas previstas no § 4º do art. 496, e "livra-se" o contribuinte do reexame necessário se a sentença resolver (1) a questão de acordo com o entendimento firmado em julgamento de casos repetitivos, nos termos do art. 928 do CPC/2015, (2) a questão em incidente de assunção de competência ou (iii) a questão consoante orientação firmada pelo próprio ente público em ambiente administrativo.

termos do art. 496, § 3º,[45] do Código de Processo Civil/2015), dispensado quando envolve quantia inferior a mil, 500 ou cem salários-mínimos.

Reputamos estar nessa disposição o parâmetro para fixação do valor da causa nas demandas colateralmente atreladas à relação fisco-contribuinte, nunca inferior a mil, 500 ou cem salários-mínimos tratando-se de ação proposta contra a União, estados e Distrito Federal e municípios, respectivamente.

A omissão legislativa não é uma porta aberta a permitir uma escolha aleatória: no ambiente do direito, as soluções buscadas devem ser pautadas normativamente, alcançadas dentro do direito positivo, nosso contexto.

Daí por que temos que, em suma: diante da ausência de regra específica, deve ser dado o maior rendimento

---

"Art. 496. Está sujeita ao duplo grau de jurisdição, não produzindo efeito senão depois de confirmada pelo tribunal, a sentença:
I – proferida contra a União, os estados, o Distrito Federal, os municípios e suas respectivas autarquias e fundações de direito público;
[...]
§ 4º Também não se aplica o disposto neste artigo quando a sentença estiver fundada em:
I – súmula de tribunal superior;
II – acórdão proferido pelo Supremo Tribunal Federal ou pelo Superior Tribunal de Justiça em julgamento de recursos repetitivos;
III – entendimento firmado em incidente de resolução de demandas repetitivas ou de assunção de competência;
IV – entendimento coincidente com orientação vinculante firmada no âmbito administrativo do próprio ente público, consolidada em manifestação, parecer ou súmula administrativa."

45. "Art. 496. [...]
§ 3º Não se aplica o disposto neste artigo quando a condenação ou o proveito econômico obtido na causa for de valor certo e líquido inferior a:
I – 1.000 (mil) salários-mínimos para a União e as respectivas autarquias e fundações de direito público;
II – 500 (quinhentos) salários-mínimos para os estados, o Distrito Federal, as respectivas autarquias e fundações de direito público e os Municípios que constituam capitais dos Estados;
III – 100 (cem) salários-mínimos para todos os demais Municípios e respectivas autarquias e fundações de direito público."

possível às disposições da legislação geral, atentos, sem dúvida, às peculiaridades do direito de fundo (tributário) que tem como regra a revisibilidade *ex oficio* na hipótese das decisões proferidas contra as fazendas públicas.

2.9 Suspensão de processos x suspensão da exigibilidade

Luis Felipe Fontes Rodrigues de Souza e Camila Campos Vergueiro

O Código de Processo Civil de 2015 trouxe diversas inovações ao sistema jurídico brasileiro, dentre as quais, por força do objeto deste artigo, destaca-se a instituição de um regime de julgamento de precedentes vinculantes que vai ao encontro do anseio de concretização do valor previsibilidade, uma das vigas mestras da novel legislação.

Nada mais pretende esse regime do que materializar o valor segurança jurídica sob duas perspectivas, uma relacionada à garantia do comportamento de terceiros e, por conseguinte, da adequada acomodação do conflito pelos legítimos aplicadores do direito, outra relativa à própria definição dos atos do jurisdicionado, visto que este pode, de certo modo, antever os efeitos da adoção de uma dada conduta ante a existência do precedente vinculante.[46]

Mas como conseguir a máxima efetividade material da questão decidida no precedente vinculante diante da dispersão de processos nas diversas jurisdições,[47] instâncias e etapas procedimentais?

A solução dada pelo diploma processual civil de 2015 foi estabelecer dispositivos que asseguram[48] a suspensão

---

46. MARINONI, Luiz Guilherme. *Precedentes obrigatórios*. 3. ed. São Paulo: Revista dos Tribunais, 2013. p. 120.

47. Tratando-se de processo tributário, sempre bom lembrar, jurisdição judicial e administrativa.

48. A título exemplificativo: art. 982, inciso I, art. 1.029, § 4º e art. 1.037, inciso II, todos da Lei Federal 13.105/2015 (CPC).

nacional das demandas em curso até a definição da questão pelo tribunal superior competente, evitando a dispersão de pronunciamentos em casos semelhantes.[49]

Se importantíssimo é manter a unicidade interpretativa de uma norma para assegurar segurança jurídica, não se pode olvidar que essa providência, a da suspensão das demandas, merece especial atenção nos processos tributários.

Isto porque pode ser lida (a suspensão de processos) em transposição de sua específica função, a de suspender o processo (ou sobrestar, para utilizar termo contido também no código processual), isto é, barrar temporariamente feitos para aplicação da tese jurídica a ser fixada no precedente vinculante.

Contudo, e aqui está a causa da atenção dispensada a esse instituto nos processos tributários, não pode ser confundido o termo "suspensão" referido com o termo "suspensão" contido no art. 151[50] do Código Tributário Nacional.

Mesmas letras, diversos conteúdos de significação e efeitos práticos.

A suspensão dos processos, em âmbito nacional, como decorrência da afetação de determinado tema para julgamento sob o regime de precedentes vinculantes, constitui técnica processual de racionalização orgânica de julgamento do judiciário, afetando atividade do julgador, o exercício da jurisdição, ainda que temporariamente.

Por outro lado, a suspensão da exigibilidade do crédito tributário encontra-se no âmbito de aplicabilidade do direito material, somente podendo ser levada a efeito quando verificada uma das causas destacadas no art. 151,

---

49. O legislador do CPC/2015, nesse tocante, inspirou-se no procedimento-modelo (*musterverfahren*) alemão. CABRAL, Antonio do Passo. O novo procedimento-modelo (*musterverfahren*) alemão: uma alternativa às ações coletivas. *Leituras complementares de processo civil*. Salvador: JusPodivm, 2011. p. 39-40.

50. "Art. 151. Suspendem a exigibilidade do crédito tributário: [...]."

impactando o ciclo de concretização da obrigação tributária de forma subjetiva, obstando que o fisco satisfaça seu direito (ainda que provisoriamente). Aspecto que as distingue: a natureza jurídica, esta material, aquela processual.

Alguns dos incisos do referido art. 151 referem-se a atos decisórios produzidos no bojo de um processo, como a liminar do mandado de segurança, no seu inciso IV, e as tutelas provisórias no inciso V, que coincidem quanto ao tipo do ato judicial da regra de suspensão processual em caráter nacional – decisão interlocutória.[51]

Se coincidem no tipo de decisão, distinguem-se quanto aos requisitos para prolação. A determinação da suspensão de processos supõe a somatória dos fatores multiplicidade de recursos excepcionais (especial ou extraordinário) e identidade da questão de direito tratada nos múltiplos processos, enquanto a suspensão da exigibilidade da obrigação tributária está condicionada à urgência, mediante a demonstração do risco de dano material ou ao resultado útil do processo (*periculum in mora*) e da probabilidade do direito invocado (*fumus boni iuris*), ou à evidência (não urgência) nas hipóteses dos incisos do art. 311[52] do Código de Processo Civil/2015.

---

51. "Art. 151. Suspendem a exigibilidade do crédito tributário: [...]
IV – a concessão de medida liminar em mandado de segurança;
V – a concessão de medida liminar ou de tutela antecipada, em outras espécies de ação judicial; [...]."

52. "Art. 311. A tutela da evidência será concedida, independentemente da demonstração de perigo de dano ou de risco ao resultado útil do processo, quando:
I – ficar caracterizado o abuso do direito de defesa ou o manifesto propósito protelatório da parte;
II – as alegações de fato puderem ser comprovadas apenas documentalmente e houver tese firmada em julgamento de casos repetitivos ou em súmula vinculante;
III – se tratar de pedido reipersecutório fundado em prova documental adequada do contrato de depósito, caso em que será decretada a ordem de entrega do objeto custodiado, sob cominação de multa;
IV – a petição inicial for instruída com prova documental suficiente dos fatos constitutivos do direito do autor, a que o réu não oponha prova capaz de gerar dúvida razoável.

Normativamente, há dispositivos que deixam clara a distinção dessas figuras ("suspensão do processo" e "suspensão da exigibilidade"), porque definem a competência jurisdicional para apreciação de pedido de "suspensão da exigibilidade".

A referência é ao art. 982, § 2º,[53] do Código de Processo Civil/2015, topologicamente inserido no capítulo do incidente de resolução de demandas repetitivas – Livro III do Código de Processo Civil/2015, que aborda os processos nos tribunais – somado ao que dispõe o art. 299[54] do mesmo Código, os quais fixam o juízo competente para apreciação do pedido de suspensão da exigibilidade, aquele apto a julgar o mérito da demanda. Se sobrestado o processo em etapa recursal, ao relator de tribunal deve ser direcionado o pedido de tutela provisória, se em primeira instância, ao juízo da causa.[55]

Diante do que foi escrito, temos que concluir que o fato da suspensão nacional dos processos no sistema de julgamento repetitivo não implica necessária e automaticamente a probabilidade do direito do contribuinte invocado em sua ação específica, tampouco denota, por si só, risco ao resultado útil do processo, aspectos esses que devem ser analisados particularmente pelo órgão jurisdicional competente para se julgar o caso individual.

Parágrafo único. Nas hipóteses dos incisos II e III, o juiz poderá decidir liminarmente."

53. "Art. 982. [...]
§ 2º Durante a suspensão, o pedido de tutela de urgência deverá ser dirigido ao juízo onde tramita o processo suspenso."

54. "Art. 299. A tutela provisória será requerida ao juízo da causa e, quando antecedente, ao juízo competente para conhecer do pedido principal.
Parágrafo único. Ressalvada disposição especial, na ação de competência originária de tribunal e nos recursos a tutela provisória será requerida ao órgão jurisdicional competente para apreciar o mérito."

55. Nesse sentido já se manifestou o Ministro aposentado Joaquim Barbosa, do Supremo Tribunal Federal: *"o reconhecimento da repercussão geral de matéria constitucional não induz automaticamente à concessão de medidas de urgência em casos que versem sobre o mesmo tema ou temas análogos"* (Medida Cautelar na Suspensão de Liminar 626/SP, Min. Joaquim Barbosa, j. 28.12.2012).

2.10 Prejudicial externa: suspensão temática de processos tributários

Camila Campos Vergueiro

A regra de suspensão do processo na hipótese em que o resultado de uma demanda depende do julgamento de outra que esteja tramitando no Poder Judiciário é "velha" conhecida na prática processual.

Normativamente, as bases da figura da questão prejudicial externa encontram-se assentadas no art. 313,[56] inciso V, alínea "a" do Código Processual de 2015, que replica a previsão desde antes contida no art. 265,[57] inciso IV, alínea "a" do Código de Processo Civil de 1973.

Na vigência do Código de 1973, a suspensão do processo por questão prejudicial externa nitidamente objetivava evitar a prolação de decisões conflitantes a respeito de uma mesma relação de direito material conflituosa, relação essa compositiva do núcleo de duas ou mais relações processuais distintas, do que não escapa o tratamento dispensado pelo Código de Processo Civil/2015. Barra-se o exercício de uma jurisdição porque afetada pelo exercício de outra.

Mas tal instituto, ali no Código de Processo Civil /1973, guardava a adicional preocupação com a unicidade interpretativa de uma dada questão atrelada ao conflito intersubjetivo em processos distintos. Dito de outra forma: a

56. "Art. 313. Suspende-se o processo: [...]
V – quando a sentença de mérito:
a) depender do julgamento de outra causa ou da declaração de existência ou de inexistência de relação jurídica que constitua o objeto principal de outro processo pendente; [...]."

57. "Art. 265. Suspende-se o processo: [...]
IV – quando a sentença de mérito:
a) depender do julgamento de outra causa, ou da declaração da existência ou inexistência da relação jurídica, que constitua o objeto principal de outro processo pendente; [...]."

suspensão do processo se dava porque o conflito entre os sujeitos "A" e "B" em um dado processo subordinava-se ao resultado de uma questão também posta entre os sujeitos "A" e "B", mas em outra relação processual – viés claramente subjetivo da ideia de prejudicialidade.

O que se constata a partir da vigência do Código de 2015 é uma transformação do que passou a significar "questão prejudicial externa" ensejadora da suspensão do processo.

Não que a noção de "externalidade" tenha mudado, eis que mantida a ideia de que o exercício de determinada jurisdição impacta a execução da outra. O que se tem de novo, com o código de 2015, é a projeção institucionalizada de um regime de julgamento de precedentes vinculantes que prima pela objetivação da questão prejudicial externa, elemento que, sem prejuízo da categoria "subjetiva" desde antes existente, passou a contar com essa outra modalidade, "objetiva" ou "temática".

Admite o código, com efeito, que um processo seja suspenso porque o tema de fundo (mérito) – seu objeto – está sendo analisado em outro processo com o qual a parte não guarda qualquer relação subjetiva. Nessa hipótese, note-se, a afinidade entre os processos decorre exclusivamente da matéria que tratam.

Esse incremento das causas de suspensão do processo é de pronto verificado no inciso IV do referido art. 313, ao prever que a admissão do incidente de resolução de demandas repetitivas (enseja a suspensão do processo – suspensão essa objetiva (temática)), pois, o incidente de resolução de demandas repetitivas é um dos mecanismos previstos no código para a contenção da expansão interpretativa, pretendendo assegurar que "a norma construída de uma dada lei seja replicada em todos os casos concretos que se insiram no seu conteúdo prescritivo".[58]

---

58. Cf.: *Incidente de resolução de demandas repetitivas no Código de Processo Civil de 2015*. *In*: Instituto Brasileiro de Estudos Tributários, et al. (Org.). *Prodireito:*

Mas não é só no art. 313 do Código de Processo Civil que se encontra hipótese de suspensão processual por prejudicial externa temática (ou objetiva), o mesmo se consagra – quiçá ainda em maior intensidade – com o propalado "sobrestamento" de feitos que se consolida em decorrência (1) da seleção de recursos especial e extraordinário que tenham como objeto "idêntica questão de direito" (art. 1.036, § 1º[59]) ou (2) da determinação, por Ministro de Tribunal Superior (Superior Tribunal de Justiça ou Supremo Tribunal Federal), de suspensão dos processos que "versem sobre a questão" e tramitem no território nacional (art. 1.037, II[60]).

Nas situações apontadas, os recursos excepcionais são selecionados tematicamente, uma vez que a questão de fundo é objeto de múltiplos processos ("apelidados" de recursos repetitivos), e porque sistemicamente se pretende dar unicidade interpretativa à norma em discussão nesses vários processos, pertinente o regramento.[61]

Ainda que sob a alcunha de "sobrestamento", o que se dá é típica hipótese de suspensão de processos por prejudicial externa. Diferentemente do que ocorria na disciplina do

---

Direito tributário: Programa de atualização em direito: Ciclo 3. Porto Alegre: Artmed Panamericana; 2017. (Sistema de Educação Continuada a Distância, v. 3). p. 93.

59. "Art. 1.036. [...]
§ 1º O presidente ou o vice-presidente de tribunal de justiça ou de tribunal regional federal selecionará 2 (dois) ou mais recursos representativos da controvérsia, que serão encaminhados ao Supremo Tribunal Federal ou ao Superior Tribunal de Justiça para fins de afetação, determinando a suspensão do trâmite de todos os processos pendentes, individuais ou coletivos, que tramitem no Estado ou na região, conforme o caso."

60. "Art. 1.037. Selecionados os recursos, o relator, no tribunal superior, constatando a presença do pressuposto do *caput* do art. 1.036, proferirá decisão de afetação, na qual: [...]
II – determinará a suspensão do processamento de todos os processos pendentes, individuais ou coletivos, que versem sobre a questão e tramitem no território nacional; [...]."

61. Como relembra Andressa Senna Lísias, a mola propulsora no Brasil dos "denominados precedentes está conectada à necessidade de eficiência e de uniformidade na resposta jurisdicional para solucionar casos iguais e múltiplos" (*A formação dos precedentes no sistema de recursos repetitivos*. Rio de Janeiro: Lumen Juris, 2012. p. 14).

Código de Processo Civil/1973 – suspensão exclusivamente subjetiva na hipótese do referido art. 265, IV, "a" –, a partir do Código de Processo Civil/2015 admite-se que a identidade de matéria entre dois ou mais processos também provoque essa suspensão. O impedimento ao exercício da jurisdição deriva, em outras palavras, de objeto comum entre demandas.

Assim, na atual legislação processual coexistem questões prejudiciais externa (1) subjetiva e (2) objetiva (ou temática), ambas ensejando a suspensão dos processos tidos por "prejudicados".

Diante da premissa de que partimos – a de que processo é meio de solução do conflito de uma dada relação material que o dispara –, a identificação da natureza jurídica do instituto processual "sobrestamento" é crucial.

Isso porque, muitas das questões tributárias são reproduzidas em diversos processos e estão potencialmente sujeitas a destaque para julgamento como caso repetitivo, seja pela via do incidente de resolução de demandas repetitivas ou dos recursos especial e extraordinários repetitivos.[62]

Assim, pragmaticamente afetada uma questão tributária para julgamento de caso repetitivo em recurso especial e extraordinário, processos individuais ou coletivos que mantenham conexão temática são suspensos por questão prejudicial externa de natureza objetiva, ainda que esteja a hipótese prevista no genérico inciso VIII[63] do art. 313 do Código de Processo Civil/2015.

---

62. "Art. 928. Para os fins deste Código, considera-se julgamento de casos repetitivos a decisão proferida em:
I – incidente de resolução de demandas repetitivas;
II – recursos especial e extraordinário repetitivos."

63. "Art. 313. Suspende-se o processo: [...]
VIII – nos demais casos que este Código regula."

2.11 Julgamento antecipado parcial de mérito e o processo tributário antiexacional

Camila Campos Vergueiro

Cinco pilares escoram estruturalmente o conteúdo normativo do Código de Processo Civil de 2015, (1) efetividade, (2) cooperação, (3) consensualização, (4) primazia da análise de mérito e (5) desjudicialização de conflitos. Para o presente trabalho destaca-se o pilar da efetividade, que se concretiza, por meio do processo,[64] com a prestação da tutela jurisdicional de mérito que proporcione ao jurisdicionado o reconhecimento e a realização dos direitos no mundo empírico.[65]

Dentre os instrumentos que o Código de Processo Civil/2015 disponibiliza para tornar o processo mais efetivo está o julgamento antecipado *parcial* de mérito previsto em seu art. 356.[66-67]

---

64. Admite-se como premissa que o processo não é um fim em si mesmo, mas instrumento de realização do direito material de fundo em estágio de conflito.

65. Na parte final da frase parafraseamos a seguinte passagem exposição de motivos: "Um sistema processual civil que não proporcione à sociedade o reconhecimento e a realização dos direitos, ameaçados ou violados, que têm cada um dos jurisdicionados, não se harmoniza com as garantias constitucionais de um Estado Democrático de Direito. Sendo ineficiente o sistema processual, todo o ordenamento jurídico passa a carecer de real efetividade. De fato, as normas de direito material se transformam em pura ilusão, sem a garantia de sua correlata realização, no mundo empírico, por meio do processo" (Disponível em: https://www2.senado.leg.br/bdsf/bitstream/handle/id/512422/001041135.pdf. Acesso em: 5 set. 2023).

66. "Art. 356. O juiz decidirá parcialmente o mérito quando um ou mais dos pedidos formulados ou parcela deles:
I – mostrar-se incontroverso;
II – estiver em condições de imediato julgamento, nos termos do art. 355."

67. Preleciona Cassio Scarpinella Bueno que o julgamento antecipado parcial de mérito compreende "técnica importante para, sempre viabilizando o inafastável diálogo entre os planos material e processual, otimizar o procedimento, flexibilizando-o na perspectiva de permitir a efetivação da tutela jurisdicional na medida em que ela já possa ser prestada, ainda que em parte. Não deixa de ser nessa perspectiva, uma inegável concretização da eficiência processual" (*Manual de direito processual civil*. 2. ed. São Paulo: Saraiva, 2016. p. 331).

Trata-se de novidade do Código Processual que rompeu o dogma da unicidade do ato decisório terminativo do processo, segundo o qual todos os pedidos devem ser resolvidos num único ato processual, a sentença. Inovação, porque permite que o magistrado diante de uma causa com (1) pluralidade de pedidos autônomos e independentes ou (2) um único pedido, mas fracionável, decida em mais de uma oportunidade os fragmentos cuja maturação se consolide em etapas temporalmente distintas.

Admite a legislação processual, nessas condições, a produção de decisão que julga o mérito da demanda, porque de conteúdo do art. 487, I,[68] do Código de Processo Civil/2015, mas que não põe fim à fase de conhecimento do processo, que seguirá até a apreciação dos demais pedidos, na medida de sua maturação. Decisão essa atacável via agravo de instrumento, à luz do que dispõe o § 5º[69] do art. 356, c. c. o art. 1.015, inciso II,[70] ambos do Código de Processo Civil/2015.

Por esses aspectos – aos quais se soma o conteúdo dos §§ 1º e 2º do art. 203[71] e 502[72] do *Codex* processual (dispositivos que definem, respectivamente, os tipos de pronunciamentos

---

68. "Art. 487. Haverá resolução de mérito quando o juiz:
I – acolher ou rejeitar o pedido formulado na ação ou na reconvenção."

69. "Art. 356. [...]
§ 5º A decisão proferida com base neste artigo é impugnável por agravo de instrumento."

70. "Art. 1.015. Cabe agravo de instrumento contra as decisões interlocutórias que versarem sobre: [...]
II – mérito do processo."

71. "Art. 203. Os pronunciamentos do juiz consistirão em sentenças, decisões interlocutórias e despachos.
§ 1º Ressalvadas as disposições expressas dos procedimentos especiais, sentença é o pronunciamento por meio do qual o juiz, com fundamento nos arts. 485 e 487, põe fim à fase cognitiva do procedimento comum, bem como extingue a execução.
§ 2º Decisão interlocutória é todo pronunciamento judicial de natureza decisória que não se enquadre no § 1º."

72. "Art. 502. Denomina-se coisa julgada material a autoridade que torna imutável e indiscutível a decisão de mérito não mais sujeita a recurso."

judiciais e a coisa julgada) –, tal decisão assume natureza interlocutória apta a produzir coisa julgada material.

No que toca às condições de sua aplicabilidade, sua convocação pelo julgador deve se dar sempre de forma subsidiária, porque supõe prévia verificação se o caso não é (1) de extinção sem julgamento de mérito (art. 485[73] do Código de Processo Civil/2015), (2) ou de julgamento com mérito para reconhecimento de decadência ou prescrição, homologação de reconhecimento do pedido, transação ou pedido de renúncia à pretensão objeto da demanda (art. 487, II e III,[74] do Código de Processo Civil/2015), (3) ou de julgamento antecipado do pedido porque dispensável instrução probatória ou porque a hipótese é de revelia sem requerimento de produção de prova (art. 355[75] do Código de Processo Civil/2015).

Deverá o juiz, ainda, avaliar se o pedido cujo julgamento dar-se-ia de forma apartada é incontroverso, isto é, supõe ausência de divergência entre autor e réu, ou está em condições de imediato julgamento nos termos do art. 355.

Verificadas as condições prescritas na legislação processual civil, o julgamento antecipado parcial de mérito deve ser invocado pelo magistrado em prol do propalado pilar da efetividade, do que não escapa, portanto, sua

---

73. "Art. 485. O juiz não resolverá o mérito quando: [...]."

74. "Art. 487. Haverá resolução de mérito quando o juiz: [...]
II – decidir, de ofício ou a requerimento, sobre a ocorrência de decadência ou prescrição;
III – homologar:
a) o reconhecimento da procedência do pedido formulado na ação ou na reconvenção;
b) a transação;
c) a renúncia à pretensão formulada na ação ou na reconvenção."

75. "Art. 355. O juiz julgará antecipadamente o pedido, proferindo sentença com resolução de mérito, quando:
I – não houver necessidade de produção de outras provas;
II – o réu for revel, ocorrer o efeito previsto no art. 344 e não houver requerimento de prova, na forma do art. 349."

plena aplicabilidade ao processo tributário antiexacional.[76] Vejamos.

Imagine-se uma ação com pedido anulatório do débito fiscal cumulada com pedido declaratório de inexistência de relação jurídica,[77] dotada de duas causas de pedir, uma delas relacionada à decadência de parte do crédito tributário e outra apontando a inconstitucionalidade da lei que fundamenta a exigência, servindo esta última tanto ao pedido anulatório como ao declaratório. Nítida a hipótese de decomponibilidade do pedido anulatório ante seu dúplice fundamento, a decadência e a inconstitucionalidade da lei.

Verificando o juiz, após a vinda da contestação,[78] que se está diante de decadência, seja porque assim deduz da prova constante dos autos, seja porque a parte contrária não impugna a alegação ou a confirma em sua peça de defesa, está ele autorizado a decidir parcialmente o mérito e anular a parcela do crédito tributário caduca.

Consagra-se nesses autos, dessarte, decisão interlocutória que julga parcialmente o mérito da demanda apta a suprimir porção do crédito tributário, que se não for objeto de agravo de instrumento o recurso cabível contra esse tipo de decisão, promoverá a extinção dessa parcela do crédito tributário nos termos do art. 156, V, do Código Tributário Nacional e formatada em conformidade ao inciso X do mesmo dispositivo, porque formada a coisa julgada (relembre-se do conteúdo do art. 502 do Código de Processo Civil/2015 já referido).[79]

---

76. Processo antiexacional é aquele que se consolida por iniciativa do contribuinte.

77. Ação de natureza repressiva e preventiva concomitantemente.

78. Importante lembrar que o reconhecimento da decadência (e de prescrição) sempre impõe prévia oportunidade de contraditório, consoante parágrafo único do art. 487 do CPC/2015.

79. "Art. 156. Extinguem o crédito tributário: [...]
V – a prescrição e a decadência; [...]
X – a decisão judicial passada em julgado."

Isso nos convoca a refletir sobre a necessidade de uma releitura do art. 156, X, do Código Tributário Nacional, produzido em um momento histórico cujo conteúdo estava atrelado ao ato processual sentença, porque era esse o veículo (a sentença) em que era concentrada a análise de mérito da demanda e o efeito de imutabilidade e indiscutibilidade, contexto sabidamente modificado pelo Código de Processo Civil/2015, que passou a admitir que, na mesma medida, sentenças e decisões interlocutórias parciais de mérito, antecipadamente prolatadas, formem coisa julgada material.

O que estamos a afirmar é: a partir do Código de Processo Civil/2015, a "decisão judicial passada em julgado" a que se refere o inciso X do art. 156 do Código Tributário Nacional pode ser exteriorizada nos veículos sentença e decisão interlocutória.[80]

2.12 Extinção parcial sem julgamento de mérito: sentença ou interlocutória?

Camila Campos Vergueiro e Vanessa Damasceno Rosa Spina

Foi apontado no art. 2.11 deste Capítulo, que o Código Processual de 2015 passou a admitir o desmembramento do julgamento da demanda, enterrando o dogma de que todos os pedidos devem ser resolvidos num único ato processual, a sentença.[81]

80. Para complementação de conteúdo sobre o assunto remetemos à leitura do seguinte artigo de autoria conjunta com os Professores Rogerio Mollica e Elias Marques de Medeiros Neto: Julgamento antecipado parcial de mérito, processo tributário e a extinção do crédito tributário por decisão interlocutória transitada em julgado. *Revista de Processo*, São Paulo: Revista dos Tribunais, ano 48, v. 336, p. 293-318, fev. 2023.

81. Aspecto esse, o da cindibilidade da apreciação de mérito da demanda em atos decisórios distintos, foi enunciada em voto da ministra Nancy Andrighi nos autos do REsp 1.845.542/PR, quando, então, afirmou ao tratar do art. 356 do CPC/2015:

Ali, abordou-se exclusivamente a possibilidade de pulverização de pronunciamentos judiciais de mérito[82] em hipótese de ação com plúrimos pedidos autônomos, ou um único pedido de apreciação fracionável em função da multiplicidade de causas de pedir passíveis de apreciação independentes. Os dispositivos normativos analisados foram os arts. 356 e 487, ambos do Código de Processo Civil/2015.

Pronunciamentos desse quilate, apontamos também, assumem a natureza jurídica[83] de decisões interlocutórias, pela somatória dos seguintes elementos:

- sua denominação pelo código que utiliza a palavra "decisão" e não sentença, quando a elas se refere;
- não encerram o processo que seguirá seu curso regular; e
- revisibilidade submetida ao regime recursal do agravo de instrumento.

Contudo, não se trata da única hipótese de cindibilidade decisória admitida normativamente a partir de 2015, por isso o assunto é retomado.

Analisando o parágrafo único do art. 354 do Código de Processo Civil/2015, é possível reconhecer que ao

"esse preceito legal representa, portanto, o abandono do dogma da unicidade da sentença. Na prática, significa dizer que o mérito da causa poderá ser cindido e examinado em duas ou mais decisões prolatadas no curso do processo" (STJ, 3ª Turma, julgado em 11.05.2021, DJe 14.05.2021).

82. Mérito no sentido de "aspiração de direito material postulada pelo autor, relacionada a bens ou situações da vida", consoante Fernando Alcântara Castelo (Remessa necessária de decisões parciais de mérito proferidas contra o Poder Público. *Revista Jurídica da Procuradoria-Geral do Estado do Paraná*, Curitiba, n. 9, p. 105-136, 2018).

83. "Natureza jurídica é o conjunto de atributos que permite separar um instituto jurídico de outro" (GAMA, Tácio Lacerda. *Competência tributária*. São Paulo: Noeses, 2009. p. XLVIII).

magistrado também foi outorgada competência para *extinguir parcialmente* o processo sem julgamento de mérito.[84]

Em que pese o *caput* do art. 354 estabelecer que é a sentença o veículo processual habilitado para extinguir o processo, estando-se diante de extinção parcial com base no art. 485, o ato judicial assume a natureza de decisão interlocutória. Por outras palavras: a extinção de parte do processo sem análise de mérito é enunciada por decisão interlocutória – assim como aquela que extingue parte do processo com análise de mérito.

A definição da natureza da decisão parcial sem mérito observa a mesma racionalidade administrada ao julgamento antecipado parcial de mérito do art. 356 do Código de Processo Civil/2015, conferindo-se-lhe a natureza de decisão interlocutória porque atinge apenas parte do processo que seguirá sua tramitação regular em relação aos demais pedidos ou fundamentos constantes na exordial.

Uma vez que assume a natureza de decisão interlocutória deve ser atacada por agravo de instrumento, tipo recursal habilitado pelo Código para impugnar esse tipo decisório.

Esse ponto merece especial atenção do operador do direito, pois, o cabimento do agravo de instrumento contra decisão parcial que extingue o processo sem análise de mérito está previsto no parágrafo único do art. 354 do Código de Processo Civil/2015, não constando, porém, no rol das decisões agraváveis do art. 1.015 do Código – o que confirma que a "lista" ali enunciada não é taxativa (vale o registro).

Essa circunstância, saliente-se, em nada prejudica a interposição do agravo de instrumento, seja porque expressamente previsto o seu cabimento no referido parágrafo

84. "Art. 354. Ocorrendo qualquer das hipóteses previstas nos arts. 485 e 487, incisos II e III, o juiz proferirá sentença.
Parágrafo único. A decisão a que se refere o *caput* pode dizer respeito a apenas parcela do processo, caso em que será impugnável por agravo de instrumento."

único do art. 354, seja porque, consoante a racionalidade do legislador do Código, a produção de atos decisórios seccionados, com ou sem análise de mérito, que impliquem continuidade do processo em relação à parte não apreciada perfectibilizam decisão interlocutória, portanto, agravável.

Diante do objeto temático da coluna, a pergunta que se põe é: mas quando no processo tributário seria possível identificar uma decisão de extinção parcial sem julgamento de mérito?

No ambiente do contencioso judicial antiexacional, podemos pensar na hipótese em que o juiz indefere parcialmente a petição inicial no contexto dos embargos à execução fiscal quando a parte invoca duas causas de pedir, por exemplo, a decadência de parte do crédito tributário e a compensação de outra parcela.

Como é cediço, a jurisprudência da 1ª Seção do Superior Tribunal de Justiça se consolidou no sentido de que "a compensação tributária indeferida na esfera administrativa não pode ser questionada via embargos à execução fiscal, por óbice imposto pelo indigitado art. 16, § 3º, da LEF"[85] no julgamento dos Embargos de Divergência 1.795.347 (relator e Ministro Gurgel de Faria; julgamento de 27.10.2021; *DJe* de 25.11.2021).

Por força desse entendimento, a convocação de tal argumento na petição inicial dos embargos à execução implicará a extinção do processo sem análise do mérito, quanto a esta específica parcela, seguindo para julgamento os demais fundamentos que tenham sido suscitados.[86]

85. Consoante palavras de Rodrigo Dalla Pria no artigo 7.18 do Capítulo 7 do presente livro.

86. Ainda que não concordemos com esse pronunciamento do Superior Tribunal de Justiça, não cabe aqui discorrer a respeito porque foge ao tema do próprio artigo.

Outra situação peculiar ao contencioso judicial tributário e que também atrai a aplicação desse específico regime decisório diz com o mandado de segurança que venha a cumular duas pretensões autônomas, preventiva e repressiva. Nesses casos, é possível que o juiz extinga parcialmente o processo sem julgamento do mérito em relação à pretensão repressiva, em face, *v.g.*, da verificação do transcurso do prazo decadencial de 120 dias para a impetração, mantendo-se o regular processamento do *mandamus* relativamente ao pleito preventivo.

No processo tributário exacional, ainda que não convoque grandes reflexões por parte da advocacia privada, a hipótese apresentada no presente artigo também é detectável quando, por exemplo, a Fazenda Pública desiste da cobrança de parte do crédito tributário constante da certidão de dívida ativa, invocando a extinção dessa parte e o prosseguimento do processo executivo em relação ao restante.

Tanto este artigo quanto o anterior buscam chamar a atenção para o fato de que no sistema do Código Processual de 2015 estão habilitados dois veículos decisórios para extinguir o processo com ou sem julgamento de mérito, a sentença ou a decisão interlocutória, definido (o veículo decisório) segundo a extensão da resposta dada (totalidade ou parte do pedido) e da continuidade da marcha processual, se encerrada plenamente a jurisdição, estar-se-á diante de sentença (seja ela de mérito ou sem mérito), havendo solução de continuidade, corporifica-se no processo decisão interlocutória (com ou sem mérito).

A importância dessa constatação é permitir uma adequada definição da estratégia recursal a ser adotada, se apelação ou agravo de instrumento, ou, quiçá, o ajuizamento de outra ação, estando-se diante de decisão interlocutória que não analisa o mérito parcialmente, como pode ser o caso sugerido de extinção parcial sem análise do mérito dos embargos à execução quanto ao fundamento da compensação, que autoriza o ajuizamento da ação anulatória de decisão administrativa que denegar a restituição prevista no art. 169 do Código Tributário Nacional, ou, no exemplo do mandado de segurança repressivo extinto parcialmente pela decadência para impetração, já que o contribuinte poderá propor a ação anulatória de débito fiscal do art. 38[87] da Lei federal 6.830/1980, observado o prazo de prescrição de cinco anos.

87. "Art. 38. A discussão judicial da Dívida Ativa da Fazenda Pública só é admissível em execução, na forma desta Lei, salvo as hipóteses de mandado de segurança, ação de repetição do indébito ou ação anulatória do ato declarativo da dívida, esta precedida do depósito preparatório do valor do débito, monetariamente corrigido e acrescido dos juros e multa de mora e demais encargos."

CAPÍTULO 3
MANDADO DE SEGURANÇA EM MATÉRIA TRIBUTÁRIA

3.1 Mandado de segurança em matéria tributária

Danilo Monteiro de Castro e Vanessa Damasceno Rosa Spina

O mandado de segurança constitui ferramenta constitucional especificamente forjada para a resolução de conflitos em que se coloca em dúvida a legalidade de ato (concreto ou potencial) de autoridade, assim entendido como aquele (ato) exarado por agente público ou equiparado no exercício de seus deveres funcionais.

Trata-se, não há dúvidas, de típico instrumento processual voltado à resolução de conflitos de Direito Público, gênero do qual os conflitos tributários são espécies.

Não por outro motivo, o percurso normativo de aplicação das regras tributárias – o assim chamado processo de positivação do Direito Tributário – costuma ser composto por atos de autoridade que podem, vez ou outra, mostrarem-se ilegais ou abusivos, o que faz do mandado de segurança um meio processual frequentemente utilizado na resolução de litígios tributários.

Reforcemos essa última ideia. O Direito Tributário existe para regular a transferência de capital dos particulares ao Estado, para o custeio das necessidades coletivas inerentes à vida em sociedade. Mas não só isso.

Para além dos mecanismos normativos voltados à efetivação da atividade arrecadatória, o Direito Tributário também impõe limites rígidos para que a atividade arrecadatória aconteça dentro de parâmetros legais e constitucionais voltados à preservação da liberdade e do patrimônio do contribuinte.

Logo, haverá conflito tributário potencialmente dedutível pela via do mandado de segurança sempre que os indigitados mecanismos voltados à arrecadação se materializem sob a forma de atos de autoridade que não tenham sido praticados dentro dos mencionados limites (estrita legalidade).

Interessante observar, nesse contexto, que o mandado de segurança, a depender do momento do ciclo de positivação do Direito Tributário no qual o ato de autoridade (concreto ou potencial) se materializa, apresentar-se-á como uma espécie de via processual (antiexacional) alternativa àquelas ordinariamente previstas na legislação processual, podendo fazer as vezes de ação declaratória negativa, de ação anulatória de débito fiscal e, até, de ação de repetição do indébito tributário.

É o momento da marcha de concretização do Direito Tributário na qual o fenômeno conflituoso tributário se manifesta que permite ao operador proceder à correta identificação do remédio processual (declaratória de inexistência de relação jurídico-tributária, anulatória de débito fiscal ou repetição de indébito) adequado à composição do conflito.

Essa mesma advertência cabe, aqui, quando cogitamos acerca do adequado uso do mandado de segurança, pois o ato de autoridade tido como coator (violador ou potencialmente violador de direito líquido e certo) deverá estar inserido, necessariamente, em algum dos distintos momentos da narrativa de positivação do Direito Tributário.

Assim, podemos nos valer do mandado de segurança preventivo em similar contexto em que a ação declaratória de inexistência de relação jurídico-tributária é manejável; do mandado de segurança repressivo-corretivo em cenário análogo àquele que é próprio ao cabimento da anulatória de débito fiscal; e, ainda, do mandado de segurança repressivo-reparador nas circunstâncias em que teria lugar, em tese, o ajuizamento de ação de repetição de indébito.

Importante frisar que, mesmo havendo certa similaridade entre as diferentes formas de utilização do mandado de segurança em matéria tributária (preventivo, repressivo-corretivo ou repressivo-reparador) com as ações de rito comum, supramencionadas, a opção por essa específica ferramenta constitucional nem sempre será possível.

Em razão de ter como condição de procedimentalidade o chamado "direito líquido e certo" (prova pré-constituída dos fatos alegados), o mandado de segurança não se presta à composição de conflitos tributários que estejam escorados em alegações de fato que demandem produção de prova no curso do processo (instrução probatória).

Todavia, ainda que se trate de uma via processual mais restrita, o mandado de segurança traz menos risco e menor custo ao contribuinte (com a ausência, por exemplo, de condenação em honorários sucumbenciais) e, por isso, sempre que presentes suas específicas condições, a utilização desse instrumento pode e deve ser cogitada em litígios tributários.

Conquanto haja muito ainda a ser dito sobre essa importante ferramenta constitucional quando utilizada na resolução de conflitos tributários, o que se pretende, nessas breves notas, é enaltecer a importância do mandado de segurança na definição prática das estratégias processuais a serem adotadas pelo operador, representando um importante instrumento processual que pode gerar resultado tal qual o das demandas ordinárias.

3.2 Mandado de segurança preventivo *versus* ação declaratória negativa

Danilo Monteiro de Castro e Vanessa Damasceno Rosa Spina

O mandado de segurança se apresenta como espécie processual antiexacional alternativa àquelas ordinariamente previstas na legislação processual, podendo fazer as vezes, por exemplo, de declaratória negativa, a depender do momento do ciclo de positivação em que o conflito for instaurado.

É sobre a correspondência entre esses dois tipos de ação que gostaríamos de lançar luzes, quer para enaltecer o usual cabimento dessas ferramentas diante de um mesmo cenário fático (risco de autuação; iminência da constituição de questionável crédito tributário), quer, principalmente, para salientar os riscos e ônus jungidos a cada qual, com vistas a facilitar a escolha do procedimento a ser utilizado na defesa dos interesses do contribuinte.

Tratando-se de mandado de segurança, não podemos descurar que, por expressa prescrição constitucional, seu uso exige a presença de ato de autoridade, concreto ou potencial, que justifique a impetração. A exigência de tributo, mesmo que potencial, em descompasso com os ditames constitucionais e legais, adequa-se precisamente a essa situação, haja vista que o modo de atuação do Fisco, a teor do que dispõe o art. 142 do Código Tributário Nacional, deve importar a edição de ato de autoridade fiscal.

Portanto, se verificada a iminência de lançamento a ser efetivado fora dos contornos constitucionais e legais, ter-se-á materializado, em consequência, o justificado risco – *"justo receio"* na linguagem do art. 1º Lei federal 12.016/2009 – da prática de ato abusivo e ilegal combatível por meio do mandado de segurança, o que só aproxima os dois mecanismos de atuação preventiva do sujeito passivo: o ordinário (ação declaratória negativa) e o especial (mandado de segurança preventivo).

A diferença que se estabelece entre os instrumentos, senão pelo aspecto mencionado, diz com o fato de a via excepcional (mandamental) exigir a presença do chamado "direito líquido e certo", assim entendida a situação em que há prova pré-constituída das alegações produzidas (prova documental). E isso porque, diferentemente de uma ação de rito comum, no procedimento mandamental não há que se falar em possibilidade de dilação probatória.

Não queremos dizer com isso que a complexidade do caso questionado impede a utilização dessa via processual, mas apenas que, seja qual for o nível de complexidade dos fatos suscitados, devem ser eles demonstrados de plano, por meio de documentos acostados à petição inicial.

Aqui já detectamos ponto importante de distanciamento entre as referidas ferramentas. Se o deslinde do conflito depender de prova adicional a ser produzida em fase específica, o uso do mandado de segurança é inviável e, infelizmente, trata-se de corriqueiro desfecho, mesmo em casos de duvidosa necessidade de prova complementar (espécie de "jurisprudência defensiva" a findar o conflito sem julgamento do seu mérito). De suma importância, portanto, a demonstração cabal de que as provas previamente produzidas são suficientes e eficientes para a apreciação do mérito da pretensão.

O segundo ponto de distanciamento entre as ferramentas processuais em exame, está relacionado com a composição subjetiva da relação jurídico-processual própria a cada qual. Com efeito, se há identidade no polo ativo destas duas espécies de demandas antiexacionais (o sujeito passivo da relação jurídica tributária prestes a ser constituída), o mesmo não se pode dizer em relação ao polo passivo. Isso porque no polo passivo do mandado de segurança devem necessariamente ser incluídos a autoridade coatora e o ente político tributante, em situação que revela um típico caso de litisconsórcio passivo necessário, cenário ausente na ação declaratória negativa, em que só o ente político tributante figurará no polo passivo.

Há de se registrar, outrossim, que, quando se está diante de uma discussão atinente à inexigibilidade de determinado tributo, instaurada previamente à realização do lançamento, a complexidade que caracteriza as estruturas hierárquico-funcionais dos órgãos fazendários em todas as esferas, resulta em grande dificuldade na definição concreta da autoridade fiscal a ser erigida à condição de "impetrada".

Por ainda não termos um ato administrativo devidamente formalizado (e, sim, iminência de sua produção) por ocasião da impetração do mandado de segurança, a identificação da autoridade coatora pode ser, a depender do caso concreto, tema altamente controverso, a ensejar disputas paralelas com grande potencial para prejudicar a apreciação do mérito do conflito (validade ou não do tributo que se pretende não seja constituído) no tempo desejado, circunstância que deverá ser sopesada quando da escolha do instrumento processual (ordinário ou especial).

Diante de tantas exigências a serem observadas para a viabilização do mandado de segurança, uma pergunta exsurge: se é verdade que tudo o que pode ser obtido pela via mandamental, também pode ser concretizado pela via ordinária (ação declaratória negativa), por que não optar sempre pela segunda?

A resposta é simples: o mandado de segurança constitui instrumento processual mais seguro sob o ponto de vista do risco financeiro, por se tratar de ação que não implica condenação em honorários de sucumbência (art. 25 da Lei federal 12.016/2009) no caso de desacolhimento da pretensão, cenário sempre presente na ação declaratória negativa (aqui, na via ordinária, o contribuinte vencido arcará com esse ônus fixado de acordo com as regras dispostas no art. 85 do Código de Processo Civil/2015).

A utilização da via excepcional, em razão desse impacto econômico mais benéfico ao contribuinte-impetrante (ausência de reflexos financeiros em caso de derrota), vem sendo a primeira opção na prática tributária, em especial nas discussões fundadas nas chamadas "teses tributárias", em que o impetrante deve apenas demonstrar sua condição de potencial sujeito passivo da obrigação tributária para justificar a impetração, visando impedir lançamentos em descompasso com a legislação.

De todo modo, é forçoso concluir que não apenas o aspecto financeiro deve ser considerado na definição da ação a ser proposta pelo contribuinte, sendo de suma importância observar as peculiaridades procedimentais que caracterizam o mandado de segurança preventivo, quando comparado à ação declaratória negativa.

O uso do mandado de segurança, em situações de risco iminente, é altamente recomendado, mas seu manejo inadequado pode comprometer o enfrentamento e a resolução da questão de mérito (ilegitimidade da exigência fiscal se concretizada na situação descrita) que sustenta a pretensão do sujeito passivo tributário.

3.3 Mandado de segurança repressivo *versus* ação anulatória de débito fiscal

Danilo Monteiro de Castro e Vanessa Damasceno Rosa Spina

O mandado de segurança é um instrumento processual-constitucional colocado à disposição dos cidadãos, que desempenha importante papel na defesa dos direitos dos contribuintes que se encontram à mercê de atos de autoridade fiscais perpetrados ao arrepio da lei.

Tais atos – incluído aquele que formaliza a obrigação tributária em sentido estrito (o lançamento tributário) – estão inseridos numa cadeia de concretização normativa que tem início com o exercício das competências constitucionais tributárias e que só termina por ocasião da extinção do crédito tributário, tendo sido ele satisfeito ou não.

Nesse ínterim, muitos “atos” que justificariam, em tese, questionamentos judiciais, são praticados por ambos os sujeitos de Direito Tributário, cada qual com potencial de geração de tipos específicos de conflituosidade que serão determinantes para se averiguar não só a viabilidade do *mandamus*, mas, também, a espécie de mandado de segurança (preventivo, repressivo ou reparador) a ser manejado.

Essa multiplicidade de possibilidades é verificável também na hipótese de conflitos surgidos em razão de atos formalizadores do crédito tributário (lançamentos tributários em sentido amplo), cenário em que, quase que intuitivamente, pensa-se na utilização da ação anulatória de débito fiscal como o instrumento mais adequado à extirpação do estado de conflituosidade.

A despeito disso, nessas mesmas circunstâncias, além da via processual comum acima referida, também é possível vislumbrar a utilização, pelo sujeito passivo tributário, da excepcional via do mandado de segurança, a ser manejado em sua forma "repressiva".

Em que pese essas duas ferramentas processuais tenham muito em comum – a etapa do ciclo de concretização em que ambas são manejáveis e os efeitos desconstitutivos da tutela jurisdicional por elas produzidas –, deve-se ter cuidado com a escolha de cada qual, mormente em face da necessidade de identificação dos requisitos intrínsecos de procedimentalidade que viabilizam a impetração do mandado de segurança, quais sejam: (1) o ato de autoridade; e (2) o direito líquido e certo.

A pedra de toque para o uso do mandado de segurança repressivo é, sem dúvida alguma, a efetiva concretização de um ato de autoridade, *in casu*, um ato de autoridade fiscal. Por mais corriqueiro que possa parecer, a presença desse requisito nem sempre é analisada com o devido cuidado.

Isso porque, no sistema tributário vigente o ato de constituição do crédito tributário, o assim chamado "lançamento tributário", pode se materializar por intermédio de regimes procedimentais desencadeados por um, por outro ou por ambos os sujeitos de Direito Tributário, dando origem a três tipos de "atos de lançamento": o de ofício (de atribuição do sujeito ativo); por homologação (de atribuição do sujeito passivo); e por declaração (com participação de ambos os sujeitos de Direito Tributário) – arts. 147 a 150 do Código Tributário Nacional.[88]

Atualmente, a espécie de ato constitutivo do crédito tributário mais comum, pois aplicável à quase totalidade dos tributos existentes, é o chamado lançamento por homologação, previsto no art. 150 do Código Tributário Nacional, e que tem por característica principal o fato de ser oriundo de atos de iniciativa exclusiva do sujeito passivo tributário (Súmula 436 do Superior Tribunal de Justiça).

É essa característica fundamental do lançamento por homologação – não consubstanciar verdadeiro ato de autoridade, pois praticado pelo sujeito passivo – contudo, que inviabiliza, em princípio, que os tributos exigidos sob esta específica forma de lançamento sejam questionados pela via do mandado de segurança.

E dizemos "em princípio" pois, mesmo os tributos sujeitos à sistemática do lançamento por homologação podem vir a ser – e comumente o são – constituídos por lançamentos de ofício realizados em caráter substitutivo ao primeiro (art. 149, inciso II, do Código Tributário Nacional), o que ocorre sob o pretexto da verificação de omissões (parciais ou totais) por parte sujeito passivo.

---

88. O termo *"lançamento"* é utilizado neste artigo para indicar tanto a constituição do crédito tributário pelo Fisco quanto pelo contribuinte. Não desconhecemos, porém, as diferenças a elas pertinentes, em especial a vinculação, pelo legislador, deste termo (lançamento) como ato privativo da autoridade administrativa (art. 142 do CTN). Sobre isso, ensina Paulo de Barros Carvalho: "Por sem dúvida que são atos diversos, porque praticados por sujeitos diferentes, debaixo de normas competenciais também distintas e, desse modo, sotopondo-se a regimes jurídicos que não são exatamente os mesmos, o que legitima a imposição de nomes aptos para discerni-los. No fundo, porém, apesar das dessemelhanças, ambos os atos são ponentes de normas individuais e concretas no ordenamento do direito positivo, e disso não podemos esquecer" (CARVALHO, Paulo de Barros. *Direito tributário: fundamentos jurídicos da incidência tributária*. 9. ed. São Paulo: Saraiva, 2012. p. 300-301).

São nessas específicas circunstâncias que exsurgem os chamados "autos de infração", verdadeiros lançamentos de ofício produzidos em caráter substitutivo, os quais, por serem emanados de autoridades fiscais, são plenamente impugnáveis pela via do mandado de segurança repressivo.

Há, entretanto, outros cuidados a serem tomados para o manejo desta específica ferramenta processual (quando utilizada de forma repressiva), entre eles, o prazo para impetração e a demonstração da presença do direito líquido e certo.

Diferentemente da ação de rito comum (anulatória de débito fiscal), cujo prazo de ajuizamento é de cinco anos,[89] o mandado de segurança deve ser impetrado no prazo de 120 dias a contar da ciência do ato a ser impugnado.[90]

Essa questão, aparentemente corriqueira, se mal dimensionada, pode colocar em risco a adequada apreciação do mérito da causa. Explicamos.

A cadeia de concretização normativa, repita-se, tem início com o exercício das competências constitucionais tributárias pelos entes tributantes, findando pela extinção do crédito tributário, via pagamento ou não.

Nesse percurso estão contidos o ato de lançamento e, também, o ato de inscrição em dívida, os quais, não raras vezes, são confundidos como atos de mesma natureza e que produzem os mesmos efeitos.

---

89. "O prazo prescricional adotado em sede de ação declaratória de nulidade de lançamentos tributários é quinquenal, nos moldes do art. 1° do Decreto 20.910/32 [...] Isto porque o escopo da demanda é a anulação total ou parcial de um crédito tributário constituído pela autoridade fiscal, mediante lançamento de ofício, em que o direito de ação contra a Fazenda Pública decorre da notificação desse lançamento [...]" (STJ. 1ª Seção. REsp 947.206/RJ. Julgado na sistemática dos repetitivos. Min. Rel. Luiz Fux. *DJe* 26.10.2010).

90. Lei federal 12.016/2009:
"Art. 23. O direito de requerer mandado de segurança extinguir-se-á decorridos 120 (cento e vinte) dias, contados da ciência, pelo interessado, do ato impugnado."

Tal situação se confirma quando identificamos uma grande quantidade de mandados de segurança impetrados para "desconstituir" certidões de dívida ativa lavradas, em âmbito federal, pela Procuradoria-Geral da Fazenda Nacional, mas que em verdade buscam desconstituir o próprio ato de lançamento.

Como sabemos, o ato de inscrição em dívida é ato preparatório à execução fiscal, que se destina ao controle de legalidade prévio à emissão de um título executivo extrajudicial. Assim, um mandado de segurança que almeja desconstituir o crédito tributário não deve atacar o ato de autoridade atinente à inscrição em dívida ativa, mas sim o ato de autoridade materializado pelo lançamento.

Se assim o é, o prazo de 120 dias para a impetração deve ser contado do próprio lançamento (ou do término do processo administrativo instaurado pelo contribuinte),[91] jamais do ato de inscrição.[92]

---

91. "PROCESSUAL CIVIL E TRIBUTÁRIO. AGRAVO REGIMENTAL NO RECURSO ESPECIAL. INOVAÇÃO RECURSAL. IMPOSSIBILIDADE. SUPOSTA OFENSA AO ART. 535 DO CPC. INEXISTÊNCIA DE VÍCIO NO ACÓRDÃO RECORRIDO. ICMS. MANDADO DE SEGURANÇA. IMPUGNAÇÃO DO AUTO DE INFRAÇÃO. CARÁTER REPRESSIVO. DECADÊNCIA CONFIGURADA.
1. É vedado, em sede de agravo regimental, ampliar-se o objeto do recurso especial, aduzindo-se questões novas, não suscitadas no momento oportuno, em virtude da ocorrência da preclusão consumativa.
2. Inexiste no acórdão recorrido omissão, obscuridade ou contradição, não fica caracterizada ofensa ao art. 535 do CPC.
3. É firme o entendimento desta Corte, no sentido de que não é preventivo, mas repressivo, o mandamus que apresenta, como causa de pedir, fatos relacionados ao lançamento/auto de infração, e o pedido veiculado é de anulação do crédito constituído.
4. Em se tratando de mandado de segurança contra ato praticado em processo administrativo fiscal, como na presente hipótese, a impetração não será cabível se transcorrido o prazo de 120 dias, contados da ciência, pelo interessado, do ato impugnado, assim como não será cabível a impetração que discute os elementos materiais que respaldaram o lançamento tributário correspondente.
5. Agravo regimental parcialmente conhecido e, nessa parte, não provido" (AgRg no REsp 1397248/BA, Rel. Ministro Mauro Campbell Marques, Segunda Turma, julgado em 01.12.2015, *DJe* 9.12.2015).

92. Se o ato de autoridade atacado for o ato de inscrição, o termo *a quo* desse prazo de 120 dias é contado da data da ciência desse ato (o de inscrição) pelo contribuinte.

O instrumento processual, importante frisar, deve estar relacionado ao conflito de natureza material que se busca dirimir (relação jurídico-tributária conflituosa), não sendo possível fugir ao rigor técnico para "encaixar" determinada ferramenta processual.

Reforça essa afirmação outro elemento necessário ao uso do mandado de segurança, qual seja, a demonstração da violação a direito líquido e certo.

Assim, embora o mandado de segurança seja uma via processual sabidamente mais vantajosa em razão da inexistência de sucumbência, a sua utilização não deve levar em consideração apenas essa questão financeira, mas, antes disso, necessário observar o preenchimento dos requisitos procedimentais que lhe são próprios, o que, muitas vezes, convoca a necessidade de uso da ação de rito comum (anulatória) em seu lugar.

A respeito veja-se o seguinte julgado do STJ:
"PROCESSUAL CIVIL E TRIBUTÁRIO. RECURSO ESPECIAL. INTERPOSIÇÃO EM NOME DE PESSOA ESTRANHA AO PROCESSO. ERRO MATERIAL. INSCRIÇÃO EM DÍVIDA ATIVA. CRÉDITO. EXIGIBILIDADE. SUSPENSÃO. ALEGAÇÃO. MANDADO DE SEGURANÇA. DECADÊNCIA. PRAZO. CONTAGEM. CIÊNCIA DO ATO IMPUGNADO.
1. O Plenário do STJ decidiu que 'aos recursos interpostos com fundamento no CPC/1973 (relativos a decisões publicadas até 17 de março de 2016) devem ser exigidos os requisitos de admissibilidade na forma nele prevista, com as interpretações dadas até então pela jurisprudência do Superior Tribunal de Justiça' (Enunciado Administrativo n. 2, sessão de 09.03.2016).
2. A menção de pessoa estranha ao processo na petição de rosto do recurso especial, in casu, decorre de mero erro material do causídico facilmente perceptível e que não impede a correta identificação da verdadeira recorrente, cujo nome e CNPJ também constam nessa mesma peça, não configurando, na espécie, a vedação contida no art. 6º do CPC/1973 [atual art. 18 do CPC/2015].
3. A suspensão da exigibilidade do crédito tributário, se mesmo existente, impede a realização dos procedimentos tendentes à sua cobrança, dentre eles a inscrição em dívida ativa. Precedentes.
4. Hipótese em que o ato impugnado é a inscrição em dívida ativa, porquanto alegadamente fundado em crédito com exigibilidade suspensa, de sorte que o prazo decadencial para a impetração do mandado de segurança deve ser contado da ciência da contribuinte da efetiva prática desse ato pela Procuradoria da Fazenda estadual.
5. Agravo interno desprovido" (AgInt nos EDcl no AREsp 989.679/RJ, Rel. Ministro Gurgel de Faria, Primeira Turma, julgado em 01.06.2020, *DJe* 09.06.2020).

É importante que se tenha em mente que a utilização do mandado de segurança repressivo, ligado a conflitos tributários concretos, não significa que o ato a ser impugnado seja necessariamente aquele próprio à constituição do crédito tributário, tal como ocorre com a ação anulatória de débito fiscal. Esta pressupõe a existência de ato deste jaez, mas o mandado de segurança pode impugnar atos que sejam a ele meramente correlatos.

No âmbito tributário, muitas são as situações em que se verifica a presença de ato abusivo e ilegal por parte de autoridade, correlato ao ato de constituição do crédito, e que, pela sua natureza, pede a insurgência por meio do mandado de segurança.

Referimo-nos, por exemplo, às nulidades procedimentais verificadas no curso do processo administrativo tributário que ensejam a impetração de mandado de segurança para que ele tenha prosseguimento. Um caso clássico é, justamente, aquele atinente ao juízo negativo de admissibilidade (suposta intempestividade) relativo ao recurso voluntário exarado por autoridade federal que não integra o Conselho Administrativo de Recursos Fiscais.[93]

Nessas situações, o mandado de segurança é cabível, contudo, a sua indevida utilização (impugnação de ato desvinculado do conflito de natureza material que se busca dirimir) pode impedir que o processo administrativo (instaurado pela impugnação ao lançamento) tenha prosseguimento por eventual alegação de concomitância entre eles,

93. "O art. 35 do Decreto 70.235, de 6 de março de 1972 dispõe que o recurso, mesmo perempto, será encaminhado ao órgão de segunda instância, que julgará a perempção. Como em matéria de processo administrativo fiscal a perempção é a perda do prazo para a interposição de um recurso, este deve ser submetido ao Carf, a quem competirá analisar a sua tempestividade. Afigura-se, assim, ilegal o ato da autoridade impetrada que antecipadamente encerra a fase litigiosa administrativa ao deixar de remeter o recurso ao órgão de segunda instância competente para o exame da perempção [...] Apelação provida. Segurança concedida" (TRF3. 3ª Turma. Apelação 0019095-68.2016.4.03.6100. Desembargadora Relatora Cecilia Marcondes. *DJe* 07.05.2019).

pois não é possível que se tenham idênticos questionamentos, tanto na via administrativa quanto na via judicial (art. 38, parágrafo único, da Lei de Execuções Fiscais).[94]

Necessário, portanto, explicitar a diferença entre essas demandas, para afastar a aplicação do supracitado parágrafo único do art. 38 da Lei de Execuções Fiscais: (1) na impugnação administrativa o que se almeja é a anulação, ainda que parcial, do crédito tributário constituído no lançamento; em contrapartida; (2) no mandado de segurança citado no exemplo acima, a pretensão volta-se à ilegalidade do ato administrativo praticado por autoridade incompetente, já que somente o Conselho Administrativo de Recursos Fiscais poderia reconhecer a intempestividade de um recurso voluntário, isto é, busca-se a manutenção do processo administrativo (e de seus efeitos, em especial aquele previsto no inciso III[95] do art. 151 do Código Tributário Nacional) até que se tenha tal juízo de admissibilidade recursal exercido pelo sujeito (órgão) competente.

É de se concluir, assim, que a utilização do mandado de segurança em matéria tributária é altamente recomendada, mas seu uso inadequado pode colocar em risco a discussão de mérito que sustenta a pretensão do sujeito passivo tributário.

94. Lei federal 6.830/1980:
"Art. 38. [...]
Parágrafo único. A propositura, pelo contribuinte, de ação prevista neste artigo importa em renúncia ao poder de recorrer na esfera administrativa e desistência do recurso acaso interposto".

95. "Art. 151. Suspendem a exigibilidade do crédito tributário: [...]
III – as reclamações e os recursos, nos termos das leis reguladoras do processo tributário administrativo."

3.4 Mandado de segurança e efeitos patrimoniais pretéritos

Danilo Monteiro de Castro e Vanessa Damasceno Rosa Spina

A discussão em torno da utilização do mandado de segurança para buscar o direito à compensação em matéria tributária e a implicação de efeitos patrimoniais pretéritos não é nova, mas enseja, ainda atualmente, muitas dúvidas, mesmo já existindo súmulas e julgamento repetitivo a respeito do assunto.

De antemão, porém, é preciso enaltecer pretensões diversas almejadas pelo mesmo instrumento processual (mandado de segurança jungido à compensação tributária). De um lado tem-se o objetivo de, tão somente, afastar amarras procedimentais ao exercício da compensação, isto é, a tutela buscada não precisa analisar (reconhecer) a existência de um indébito. De outro, porém, esse reconhecimento é necessário, ainda que não tenhamos a efetiva quantificação do indébito.

É em relação a esse segundo cenário (onde se faz presente uma "eficácia condenatória anômala" na tutela mandamental)[96] que a jurisprudência, em especial do Superior Tribunal de Justiça, oscila. É sobre isso que se volta o presente artigo.

A Súmula 213 do Superior Tribunal de Justiça há muito reconhece que o mandado de segurança é a via adequada para se declarar o direito à compensação, assim como a

96. "Essa eficácia condenatória 'anômala', vale advertir, se manifestará somente nas demandas declaratórias da compensabilidade cujo fundamento seja a discussão acerca da existência do indébito tributário que constitui um dos elementos do direito à compensação. Significa dizer, a contrário senso, que as tutelas declaratórias de compensabilidade fundadas exclusivamente em questões atinentes ao regime jurídico de compensação não terão o condão de produzir a eficácia 'condenatória' a que se refere a Súmula 461 do STJ" (PRIA, Rodrigo Dalla. *Direito processual civil.* São Paulo: Noeses, 2020. p. 226).

Súmula 461 da mesma Corte reconhece que cabe ao contribuinte escolher a forma como pretende receber o indébito tributário reconhecido por sentença declaratória, se por precatório ou por compensação.

Com efeito, o art. 515, inciso I, do Código de Processo Civil/2015, não deixa margem de dúvida de que a sentença que reconhece a exigibilidade da obrigação é título executivo. Por sua vez, a sentença proferida no mandado de segurança que reconhece o direito à compensação é típica decisão atinente à exigibilidade da obrigação.

Ademais, como reconhecido em decisões proferidas pelo Superior Tribunal de Justiça, o atingimento de efeitos pretéritos no mandado de segurança decorre naturalmente do desfazimento do ato coator que se busca afastar. Declarar o direito à compensação implica o reconhecimento deste direito desde o momento em que este ato abusivo vem sendo praticado pela autoridade coatora.[97]

Daí a razão de enaltecermos o entendimento do Ministro Zavascki, no REsp 614.577/SC, de que "não teria sentido algum – mas, ao contrário, afrontaria princípios constitucionais e processuais básicos – submeter as partes a um novo, desnecessário e inútil processo de conhecimento".

De toda sorte, não podemos esquecer que o mandado de segurança é ferramenta especial (constitucional) voltada a pontual forma de conflito (oriundo de atos de autoridade, já concretizados ou não, supostamente ilegais ou abusivos) e que, por isso, possui certas peculiaridades procedimentais que não podem ser ignoradas.

O ponto que nos interessa, por ainda gerar incertezas, diz com o chamado "direito líquido e certo",[98] necessário

---

97. Embora deva haver um limite temporal (prescrição) com base no art. 168 do CTN.

98. "[...] específica condição que restringe o uso do mandado de segurança àqueles

a utilização do mandado de segurança. Nesse cenário, em que se almeja a compensação, mas passando pelo pretendido reconhecimento do indébito, o que anexar aos autos para comprovar a existência de referido elemento?

O Superior Tribunal de Justiça aclarou esse ponto quando do julgamento do REsp 1.365.095/SP (revisão da tese fixada no Tema 118):

Mandado de segurança visando "declarar" o direito à compensação tributária	Mandado de segurança com vistas a obter juízo específico sobre as parcelas a serem compensadas
Independe de prévia apuração (demonstração) dos valores respectivos.	Depende de prévia apuração (demonstração) dos valores respectivos.
Basta comprovação cabal da condição, do impetrante, de "credor tributário" (os comprovantes de recolhimento indevido serão exigidos posteriormente, na esfera administrativa, quando iniciado o procedimento de compensação, ou em sede de cumprimento de sentença).	Aqui requer-se o reconhecimento (liquidez e certeza) dos créditos (ou da homologação da compensação realizada) e, portanto, necessária a presença prévia destas provas (comprovação total dos recolhimentos tidos por indevidos).

Em ambos os cenários, não há dúvidas quanto ao efeito patrimonial pretérito inerente ao mandado de segurança. O que pode infirmar a pretensão do contribuinte é a demonstração do seu direito líquido e certo, que dependerá de elementos diversos em decorrência do pedido formulado. Superado esse ponto, a retroação é incontroversa.

De toda sorte, em recente julgado, a 1ª Seção do Superior Tribunal de Justiça, no REsp 1.770.492/RS,[99] admi-

---

conflitos cujo contexto fático subjacente possa ser demonstrado, de plano, por meio de prova documental que instrua, desde a impetração, a pretensão mandamental" (PRIA, Rodrigo Dalla. *Direito processual civil.* São Paulo: Noeses, 2020. p. 374).

99. "PROCESSUAL CIVIL E TRIBUTÁRIO. MANDADO DE SEGURANÇA. DIREITO À COMPENSAÇÃO. DECLARAÇÃO. SÚMULA 213 DO STJ. VALORES RECOLHIDOS ANTERIORMENTE À IMPETRAÇÃO NÃO ATINGIDOS PELA PRESCRIÇÃO. APROVEITAMENTO. POSSIBILIDADE. 1. O provimento alcançado em

tiu que o mandado de segurança pode ser utilizado para viabilizar a declaração do direito à compensação do crédito tributário de períodos pretéritos (não abrangidos pela prescrição), sem que isso equivalha a ação de cobrança (Súmulas 269 e 271 do Supremo Tribunal Federal).

Entretanto, algumas questões sinalizadas em referido julgado merecem atenção.

Quando há, em mandado de segurança, o reconhecimento de que a exigibilidade de determinado tributo está comprometida por alguma ilegalidade ou inconstitucionalidade, é possível, se houver pedido para tanto, que tal declaração não impacte apenas o futuro como, também, o passado (viés condenatório, ainda que indireto). A sentença com esse conteúdo reconhece, a um só tempo, a inexigibilidade futura da exação e o caráter de indevido daquilo que foi pago no passado.[100]

---

mandado de segurança que visa exclusivamente a declaração do direito à compensação tributária, nos termos da Súmula 213 do STJ, tem efeitos exclusivamente prospectivos, os quais somente serão sentidos posteriormente ao trânsito em julgado, quando da realização do efetivo encontro de contas, o qual está sujeito à fiscalização pela Administração Tributária. 2. O reconhecimento do direito à compensação de eventuais indébitos recolhidos anteriormente à impetração ainda não atingidos pela prescrição não importa em produção de efeito patrimonial pretérito, vedado pela Súmula 271 do STF, visto que não há quantificação dos créditos a compensar e, por conseguinte, provimento condenatório em desfavor da Fazenda Pública à devolução de determinado valor, o qual deverá ser calculado posteriormente pelo contribuinte e pelo fisco no âmbito administrativo segundo o direito declarado judicialmente ao impetrante. 3. Esta Corte Superior orienta que a impetração de mandado de segurança interrompe o prazo prescricional para o ajuizamento da ação de repetição de indébito, entendimento esse que, pela mesma ratio decidendi, permite concluir que tal interrupção também se opera para fins do exercício do direito à compensação declarado a ser exercido na esfera administrativa, de sorte que, quando do encontro de contas, o contribuinte poderá aproveitar o valor referente a indébitos recolhidos nos cinco anos anteriores à data da impetração. 4. Embargos de divergência providos."

100. Consideração a esse respeito foi feita de forma expressa no julgamento do EREsp 1.770.495: "Frise-se que da tese explicitada no julgamento do REsp 1.365.095/SP é possível depreender que o pedido de declaração do direito à compensação tributária está normalmente atrelado ao 'reconhecimento da ilegalidade ou da inconstitucionalidade da anterior exigência da exação', ou seja, aos tributos indevidamente cobrados antes da impetração, não havendo razão jurídica para que, respeitada a prescrição, esses créditos não constem do provimento declaratório".

Ou seja, o efeito patrimonial pretérito no mandado de segurança voltado ao direito de compensação é inerente à própria declaração de inexigibilidade da obrigação tributária, não se podendo "demonizar" tal aspecto, pois isso poderia acabar levando ao raciocínio de que não seria viável a discussão quanto à exigibilidade de obrigação tributária já quitada por meio desse tipo de ação, o que evidentemente não encontra amparo nem na legislação, tanto que a jurisprudência assim reconhece consoante o que está estampado na Súmula 213 do Superior Tribunal de Justiça.[101]

Pois bem, a partir da declaração firmada na sentença que reconhece a inexigibilidade da obrigação tributária, é inegável que os valores recolhidos nos últimos cinco anos podem ser objeto de restituição, pois acrescidos do caráter de indevido, enquadrando-se, a partir de então, na possibilidade prevista no art. 165[102] do Código Tributário Nacional.

3.5 Desistência do mandado de segurança e os efeitos dela decorrentes

Danilo Monteiro de Castro e Vanessa Damasceno Rosa Spina

Muitas controvérsias existem quando do uso do mandado de segurança, não só por ser uma ação de rito

---

101. Nesse sentido ver: BUENO, Cassio Scarpinella. Mandado de segurança, restituição de indébito e cumprimento de sentença. *In:* CARVALHO, Paulo de Barros (coord.). *As conquistas comunicacionais no direito tributário atual.* São Paulo: Noeses, 2022.

102. "Art. 165. O sujeito passivo tem direito, independentemente de prévio protesto, à restituição total ou parcial do tributo, seja qual for a modalidade do seu pagamento, ressalvado o disposto no § 4º do art. 162, nos seguintes casos:
I – cobrança ou pagamento espontâneo de tributo indevido ou maior que o devido em face da legislação tributária aplicável, ou da natureza ou circunstâncias materiais do fato gerador efetivamente ocorrido;
II – erro na edificação do sujeito passivo, na determinação da alíquota aplicável, no cálculo do montante do débito ou na elaboração ou conferência de qualquer documento relativo ao pagamento;
III – reforma, anulação, revogação ou rescisão de decisão condenatória."

especial, mas, também, por estar prevista em norma (Lei federal 12.016/2009) que não alberga diversas questões de ordem processual merecedoras, ou não, de específica regulamentação.

É sobre uma dessas situações que se volta este artigo: a ausência de tratamento normativo acerca do pedido de desistência e os efeitos dele decorrentes. E a questão que nos propomos a responder é: será mesmo que estamos diante de uma lacuna legal? Já adiantamos a resposta: não.

A Lei do Mandado de Segurança nada dispõe a respeito da desistência da ação, tratando, apenas, das situações em que a impetração pode ser renovada (art. 6, § 6º)[103] ou quando o direito pretendido pode ser exercido por meio de ações de rito comum (art. 19).[104] Hipóteses essas conectadas pelo ponto comum da ausência de julgamento de mérito da ação anteriormente proposta e extinta.

É inegável que as regras processuais constantes na legislação geral, no Código de Processo Civil/2015, naquilo que tratam do pedido de desistência da ação, devem ser aplicadas ao mandado de segurança, já que a omissão da legislação especial convoca necessariamente a aplicação das regras da legislação geral subsidiariamente. O problema dessa nossa afirmação, é: no entendimento do Supremo Tribunal Federal, as limitações previstas nos §§ 4º e 5º do art. 485,[105] quais sejam, anuência do réu quando o pedido de desistência se

103. "Art. 6º [...]
§ 6º. O pedido de mandado de segurança poderá ser renovado dentro do prazo decadencial, se a decisão denegatória não lhe houver apreciado o mérito."

104. "Art. 19. A sentença ou o acórdão que denegar mandado de segurança, sem decidir o mérito, não impedirá que o requerente, por ação própria, pleiteie os seus direitos e os respectivos efeitos patrimoniais."

105. "Art. 485. [...]
§ 4º Oferecida a contestação, o autor não poderá, sem o consentimento do réu, desistir da ação.
§ 5º A desistência da ação pode ser apresentada até a sentença."

der depois da contestação e desistência somente permitida até a prolação da sentença, não se aplicam.

Diante das diferenças existentes entre as ações de rito comum, cabíveis em qualquer tipo de relação jurídica, e o específico instrumento processual do mandado de segurança, atinente a relações jurídicas de direito público, haveria implicações no tocante aos efeitos do pedido de desistência, que impactariam a aplicação da legislação processual geral?

O mandado de segurança é um específico instrumento processual, com previsão constitucional, voltado à resolução de conflitos de direito público, gênero do qual os conflitos tributários são espécie.

Daí o porquê, para ser utilizado, deve atender aos pressupostos que lhe são cabíveis – existência de direito líquido e certo e ato de autoridade, assim entendido o ato exarado ou a ser exarado por agente público (ou a ele equiparado).

Essa característica – resolução de questões de direito público – traz consigo uma premissa pertinente às regras de direito público consistente na presunção de legalidade do ato administrativo, qual seja, improcedente o *writ* (inclusive se a resolução for sem julgamento do mérito) mantém-se intacto esse ato, que, diante da sua impositividade, será imediatamente aplicado.

O ponto é: diante de referida especificidade do mandado de segurança, teríamos alguma alteração nas regras inerentes ao requerimento de desistência? Não teríamos de observar as limitações previstas nos §§ 4º e 5º do art. 485 do Código de Processo Civil/2015?

A resposta a esses questionamentos foi dada pelo Supremo Tribunal Federal no Recurso Extraordinário 669.367,[106] com repercussão geral do tema, no sentido de que

106. "EMENTA: RECURSO EXTRAORDINÁRIO. REPERCUSSÃO GERAL ADMITIDA. PROCESSO CIVIL. MANDADO DE SEGURANÇA. PEDIDO DE

o impetrante pode desistir a qualquer momento do mandado de segurança (inclusive após a prolação de sentença de mérito), sem a anuência do impetrado e, principalmente, a implicar resolução do feito sem análise do seu mérito (cenário a permitir novo ajuizamento; até mesmo pela via ordinária).

A justificativa para essa construção seria a de que uma ação que tenha como litígio questão de natureza privada, quaisquer das partes têm interesse no julgamento de mérito, seja o autor para executar a decisão que lhe for favorável, seja o réu para impedir que o autor discuta novamente aquela questão em momento futuro. Eis a importância de o réu ser ouvido caso o autor desista da ação depois de apresentada a contestação. Já nas ações que tenham por discussão relações de natureza pública, das quais as questões tributárias fazem parte, embora a decisão de mérito seja relevante, ela apenas introduziria alteração na relação jurídica se fosse favorável ao impetrante, cenário a motivar o entendimento pela possibilidade de a desistência do *writ* se dar em qualquer momento, inclusive após a existência de sentença com julgamento do mérito, implicando a extinção sem resolução do mérito.

DESISTÊNCIA DEDUZIDO APÓS A PROLAÇÃO DE SENTENÇA. ADMISSIBILIDADE. "É lícito ao impetrante desistir da ação de mandado de segurança, independentemente de aquiescência da autoridade apontada como coatora ou da entidade estatal interessada ou, ainda, quando for o caso, dos litisconsortes passivos necessários" (MS 26.890-AgR/DF, Pleno, Ministro Celso de Mello, *DJe* 23.10.2009), "a qualquer momento antes do término do julgamento" (MS 24.584-AgR/DF, Pleno, Ministro Ricardo Lewandowski, *DJe* 20.06.2008), "mesmo após eventual sentença concessiva do *writ*; constitucional, [...] não se aplicando, em tal hipótese, a norma inscrita no art. 267, § 4º, do CPC" (RE 255.837-AgR/PR, 2ª Turma, Ministro Celso de Mello, *DJe* 27.11.2009). Jurisprudência desta Suprema Corte reiterada em repercussão geral" (Tema 530 – Desistência em mandado de segurança, sem aquiescência da parte contrária, após prolação de sentença de mérito, ainda que favorável ao impetrante). Recurso extraordinário provido (RE 669.367, relator(a): Luiz Fux, relator(a) p/ acórdão: Rosa Weber, Tribunal Pleno, julgado em 02.05.2013, acórdão eletrônico repercussão geral – mérito *DJe*-213 divulg. 29.10.2014 public. 30.10.2014 *RTJ* v. 00235-01, p. 280).

Todavia, o mesmo não ocorre se estivermos diante de uma ação de rito comum, mesmo versando sobre direito público, pois, aquelas limitações processuais inerentes ao requerimento de desistência que consagre a extinção sem julgamento de mérito também estão presentes (somente permitida até a prolação da sentença, e, sem a concordância da parte contrária, até a oferta de contestação).

Soa-nos estranho esse tratamento específico dado ao mandado de segurança, que permite dele desistir mesmo após o pronunciamento de mérito (sentença; acórdão etc.) e, a despeito disso (análise de mérito da questão objeto do *writ*), convocar um pronunciamento que extinga a ação mandamental sem julgamento de mérito.

Rodrigo Dalla Pria destaca essa incoerência: "[...] Não nos parece razoável que se continue a dar guarida à ideia de que o fato de o mandado de segurança ter por objeto, exclusivamente, a legalidade do ato impetrado implicaria a ausência de 'confronto' entre os interesses das partes impetrantes e impetradas, de modo que o pedido de desistência somente resultaria na mantença do *status quo ante*. Ora, se um mandado de segurança contra ato de cobrança de tributo não colocar em confronto, como pugna a abalizada doutrina em questão, 'direitos das partes' impetrante (o direito de não ser tributado de forma ilegal) e impetrada (o direito de tributar), difícil dizer o que teria o condão de fazê-lo".[107]

De toda sorte, o entendimento vencedor (Recurso Extraordinário 669.367) autoriza essa desistência a qualquer tempo, a implicar resolução do feito sem julgamento do mérito, situação que traz uma vantagem adicional ao mandado de segurança quando em comparação com as demais ferramentas processuais de rito comum, pois permite a não consumação da coisa julgada material (sentença denegatória de mérito da segurança, por exemplo, ainda não

---

107. *Direito processual tributário*. 2. ed. São Paulo: Noeses, 2021. p. 422.

passada em julgado) mediante mero pedido de desistência (aqui teremos, apenas, coisa julgada formal).[108]

Essa é uma questão estratégico-processual de suma importância, que precisa ser conhecida pelos operadores do Direito, já que pode fomentar a adoção de caminhos outros, impossíveis de serem seguidos se a ação antiexacional inicialmente proposta for de rito comum.

3.6 Autoridade coatora no mandado de segurança e teoria da encampação

Danilo Monteiro de Castro e Vanessa Damasceno Rosa Spina

O mandado de segurança é espécie processual que gera infindáveis questionamentos no Judiciário em razão das especificidades que são a ele atinentes. Neste texto nos dedicaremos à questão da indicação da autoridade coatora.

Segundo dispõe o art. 1º[109] da Lei federal 12.016/2009, autoridade coatora é aquela que pratica ou está na iminência de praticar ato reputado abusivo e ilegal e, como decorrência lógica, é a pessoa responsável por desfazer, ou não fazer, o ato questionado.

Partindo da literalidade desse comando normativo, a "missão" para identificar a autoridade que deve compor

---

108. "[...] apõe-se à sentença, a partir de determinado momento, o selo da imutabilidade, com extensão menor ou maior, conforme se exclua apenas nova cognição sobre o mesmo objeto no processo em que for proferida a sentença, ou em qualquer outro eventual processo. Como é notório, no primeiro caso fala-se de coisa julgada formal; no segundo, de coisa julgada material" (MOREIRA, José Carlos Barbosa. Eficácia da sentença e autoridade da coisa julgada. *Revista de Processo*, São Paulo: RT, n. 34, p. 275, 1984).

109. "Art. 1º Conceder-se-á mandado de segurança para proteger direito líquido e certo, não amparado por habeas corpus ou habeas data, sempre que, ilegalmente ou com abuso de poder, qualquer pessoa física ou jurídica sofrer violação ou houver justo receio de sofrê-la por parte de autoridade, seja de que categoria for e sejam quais forem as funções que exerça."

o polo passivo do remédio constitucional parece simples, mas na prática há muitas dúvidas envolvidas, em especial quando estamos diante de mandado de segurança de natureza preventiva.

Isso porque as diferentes formas de composição das administrações fazendárias e as complexidades atinentes a cada uma delas nem sempre permitem identificar, com clareza, a quem compete a prática, ou o desfazimento, do ato que se pretende atacar.

Tal ponto não passa despercebido pela doutrina, tendo Rodrigo Dalla Pria de modo assertivo destacado que "tal óbice se mostra especialmente relevante quando o caso for de mandado de segurança preventivo, cuja impetração tem lugar em momento no qual não se tem, em regra, dados concretos aptos a servir de índice à correta identificação da autoridade competente para realizar ou desfazer o ato de cobrança cuja concretização se pretende evitar".[110]

Essa problemática merece nossa atenção, porque ainda hoje gera conflitos, sendo certo que a indicação correta da autoridade coatora é requisito para o processamento do mandado de segurança, e o seu apontamento equivocado levará a extinção do *mandamus*. Em que pese a extinção seja sem resolução do mérito, o que permite a repropositura da demanda, raras vezes há tempo hábil para a impetração de nova ação mandamental (quando se está diante da sua modalidade repressiva), ou é possível adotar nova medida (ainda que de rito comum) sem que o tempo perdido não tenha gerado sérios prejuízos à parte autora.

Dentro deste contexto surgiu a chamada teoria da encampação, por meio da qual resta viabilizada, a um só tempo, a "correção" indireta da autoridade e a manutenção da ação.

---

110. PRIA, Rodrigo Dalla. *Direito processual civil*. São Paulo: Noeses, 2020. p. 373.

A teoria da encampação se verifica quando a autoridade apontada indevidamente como coatora, além de pertencer ao mesmo órgão fazendário daquela que seria correta, não se limita a alegar a sua ilegitimidade, isto é, responde à intimação adentrando ao mérito do mandado de segurança.

Afirmamos que há correção da autoridade coatora, pois, embora não exista a indicação de outra autoridade, nem mesmo a sua substituição (seja por determinação do magistrado, seja por iniciativa de quem propôs a demanda), aquela apontada erroneamente passa a ser tida como a correta, regularizando o equívoco que poderia levar à extinção da ação.

Esse procedimento, já consagrado na vigência da legislação processual civil revogada, atualmente é eficiente instrumento a enaltecer a ideia de cooperação, que estimula sua solução em tempo razoável, com prestígio à decisão de mérito porque pretende "dar todo o rendimento possível a cada processo em si considerado", o que, nada mais é do que a busca da máxima efetividade por meio do processo.

Em caráter geral, no tocante à legitimidade, temos as regras dos arts. 338[111] e 339[112] do Código de Processo Civil/2015 que, para além de tratar da possibilidade de substituição do réu caso a indicação tenha se dado de forma indevida, exigem daquele que alega a ilegitimidade o apontamento do sujeito passivo que, no seu entender, deveria compor a relação processual, em clara demonstração de que a tônica do processo civil é a cooperação e a efetividade;

---

111. "Art. 338. Alegando o réu, na contestação, ser parte ilegítima ou não ser o responsável pelo prejuízo invocado, o juiz facultará ao autor, em 15 (quinze) dias, a alteração da petição inicial para substituição do réu."

112. "Art. 339. Quando alegar sua ilegitimidade, incumbe ao réu indicar o sujeito passivo da relação jurídica discutida sempre que tiver conhecimento, sob pena de arcar com as despesas processuais e de indenizar o autor pelos prejuízos decorrentes da falta de indicação."

regras essas que nitidamente normatizam, no mandado de segurança, o fundamento da teoria da encampação.

Olhando sob este viés, não temos dúvida em afirmar que a teoria da encampação se coaduna com os preceitos trazidos pelo Código de Processo Civil/2015, ainda que para a sua aplicação seja necessária a observância de alguns critérios delimitados na Súmula 628 do Superior Tribunal de Justiça, como forma de pacificar o assunto, a qual assim dispõe: "Súmula 628 – A teoria da encampação é aplicada no mandado de segurança quando presentes, cumulativamente, os seguintes requisitos: a) existência de vínculo hierárquico entre a autoridade que prestou informações e a que ordenou a prática do ato impugnado; b) manifestação a respeito do mérito nas informações prestadas; e c) ausência de modificação de competência estabelecida na Constituição Federal".

O primeiro desses critérios, qual seja, existência de vínculo hierárquico, está atrelado a dois aspectos, (1) de caráter funcional, da estrutura orgânica da administração público-fazendária, pois uma autoridade de hierarquia inferior não pode responder pela decisão de autoridade superior, uma vez que não é ela a responsável por fazer/desfazer o ato de lançamento; e (2) de natureza temática, já que ainda que hierarquicamente superior, tem de estar atrelada, minimamente, ao tema objeto do mandado de segurança (este último ponto, inclusive, é uma das principais patologias, como veremos adiante).

O segundo critério definido no Superior Tribunal de Justiça exige que a autoridade impetrada, além de alegar sua ilegitimidade para figurar no polo passivo do *writ,* também apresente manifestação sobre o mérito da ação, situação extremamente comum já que a ilegitimidade apontada pode não ser acolhida. Esse cenário enaltece a cooperação e, ainda, a efetividade do processo, a demonstrar como a teoria da encampação está em harmonia com os valores prestigiados pelo Código de Processo Civil vigente.

O terceiro, e último, critério diz respeito com a impossibilidade de aplicação da teoria se a autoridade impetrada tiver que ser julgada por órgão diverso do Poder Judiciário daquele que seria competente para julgar a correta autoridade coatora.

Isto é, preocupado com a indicação de uma autoridade hierarquicamente superior (primeiro critério da súmula) o impetrante opta por inserir no polo passivo do *writ* autoridade que: (1) não guarda direta relação temática com o objeto do mandado de segurança;[113] e, principalmente, (2) possui, em razão do cargo que ocupa, foro privilegiado.[114]

Salvo os casos insanáveis, como os sinalizados no parágrafo anterior (que, em nosso sentir, são as principais causas de extinção, sem resolução do mérito, do mandado de segurança em matéria tributária por ilegitimidade passiva *ad causam*), o que temos é uma teoria voltada ao máximo rendimento do *mandamus* para, sempre que possível, ter o seu mérito enfrentado.

Ademais, a teoria da encampação se mostra totalmente compatível com as regras processuais gerais vigentes, acenando para a busca da máxima efetividade do processo e, ao mesmo tempo, resguardando aspectos do direito material envolvidos em um mandado de segurança em que se discute matéria tributária.

---

113. "[...] o Secretário de Estado da Fazenda não possui legitimidade para figurar, como autoridade coatora, em mandado de segurança que visa afastar a exigência de tributo reputada ilegítima, sendo inaplicável, outrossim, a teoria da encampação" (STJ. 2ª Turma. Embargos de Declaração no Recurso em Mandado de Segurança 67.101/RJ. Ministra Relatora Assusete Magalhães. *DJe* 16.12.2021).

114. "Hipótese em que inaplicável a encampação, visto que a autoridade que praticou o ato apontado como coator não possui foro especial por prerrogativa de função, enquanto o secretário de estado a possui, impondo-se a evidente modificação na competência constitucionalmente estabelecida" (STJ. 1ª Turma. Agravo Interno no Agravo no Recurso Especial 1.244.871/SC. Ministro relator Gurgel de Faria. *DJe* 17.03.2021).

3.7 Mandado de segurança e o foro competente para impetração

Danilo Monteiro de Castro e Vanessa Damasceno Rosa Spina

Nossa pretensão com este artigo, abordando aspectos do mandado de segurança, é lançar luz sobre questão recentemente decidida no Supremo Tribunal Federal, mas que o Superior Tribunal de Justiça sinalizava em sentido diametralmente oposto, atinente ao foro competente para o julgamento do mandado de segurança.

Constata-se que na atuação prática do processo tributário admite-se implícita e automaticamente a ideia de que o mandado de segurança deve ser ajuizado no foro de competência da autoridade impetrada, dada a inexistência de regramento específico na revogada Lei federal 1.533/1951 e na sua versão mais atual, Lei federal 12.016/2009, o que levou, por consequência, à aplicação da regra geral do Código de Processo Civil de 1973, de que o foro competente era o do local em que o ato administrativo seria praticado.

O Código de Processo Civil de 2015, por sua vez, inclui regras de competência que destoam daquela máxima relacionada ao mandado de segurança e que mencionamos linhas acima. Isso porque os arts. 51[115] e 52[116] trazem opções, entre elas, a possibilidade de que as ações que tiverem como

115. "Art. 51. É competente o foro de domicílio do réu para as causas em que seja autora a União.
Parágrafo único. Se a União for a demandada, a ação poderá ser proposta no foro de domicílio do autor, no de ocorrência do ato ou fato que originou a demanda, no de situação da coisa ou no Distrito Federal."

116. "Art. 52. É competente o foro de domicílio do réu para as causas em que seja autor Estado ou o Distrito Federal.
Parágrafo único. Se Estado ou o Distrito Federal for o demandado, a ação poderá ser proposta no foro de domicílio do autor, no de ocorrência do ato ou fato que originou a demanda, no de situação da coisa ou na capital do respectivo ente federado."

parte a União (art. 51), os Estados ou o Distrito Federal (art. 52) sejam ajuizadas no foro de domicílio do autor.

Ainda que não haja expressa previsão quanto à aplicação dessas normas de competência para o mandado de segurança, não se pode admitir o seu afastamento para essa espécie processual, dado que, reiteramos, não há regramento na lei específica neste sentido; logo, as regras do Código de Processo Civil/2015 aplicam-se de forma subsidiária.

Na hipótese de mandado de segurança que tenha como parte interessada a União, identificamos que a regra do art. 51 do Código de Processo Civil/2015 se coaduna com a aquela prevista no art. 109, § 2º, da Constituição Federal/1988, que autoriza o ajuizamento da ação no foro de domicílio do autor: "Art. 109. Aos juízes federais compete processar e julgar: [...] § 2º As causas intentadas contra a União poderão ser aforadas na seção judiciária em que for domiciliado o autor, naquela onde houver ocorrido o ato ou fato que deu origem à demanda ou onde esteja situada a coisa, ou, ainda, no Distrito Federal".

Deveras, o mandado de segurança não é intentado contra a União, em razão de a parte legitimada passivamente ser a autoridade que pratica o ato impugnado, contudo, a pessoa jurídica de direito público da qual integram as autoridades federais, figura como interessada e deve compor a lide a teor do que dispõe o art. 6º da Lei federal 12.016/2009.

O que se verifica nesses casos é a formação de litisconsórcio passivo, como bem explicita Rodrigo Dalla Pria, para quem: "[...] a legislação processual de regência não deixa dúvidas acerca da plurisubjetividade que caracteriza o polo passivo da relação jurídico-processual mandamental, o que induz a necessária formação de litisconsórcio passivo, a ser composto pela autoridade impetrada, de um lado, e pela pessoa jurídica de direito público, de outro lado. Essa condição fica ainda mais clara quando se verifica, pragmaticamente, que a tutela mandamental, em especial aquela exarada a pretexto da resolução de conflitos tributários, produz eficácia dúplice, bifurcando-se em ordem (eficácia mandamental) dirigida à autoridade impetrada e em declaração/anulação (eficácia patrimonial) dirigida à pessoa política tributante".117

Ante a integração da União à lide, forçoso reconhecer que as regras do art. 109, § 2º, da Constituição Federal/1988 e art. 51, parágrafo único, do Código de Processo Civil/2015 se aplicam ao mandado de segurança que pode ser intentado no foro de domicílio do autor, entendimento esse confirmado pelo Supremo Tribunal Federal no julgamento do Recurso Extraordinário 627.709/DF e, posteriormente, pelo Superior Tribunal de Justiça no Conflito de Competência 163.820/DF.[118]

Esse litisconsórcio que se forma no âmbito da justiça federal ocorre também na justiça estadual, mas com consequências, eventualmente, distintas quando se analisa o aspecto da competência para seu julgamento.

Isso porque, diferentemente da União que tem abrangência nacional, os Estados têm abrangência espacial distinta, vinculando-se às suas próprias normas de organização judiciária, o que poderia levar à ideia de que apenas os juízes deste mesmo Estado tenham competência para julgar os mandados de segurança impetrados contra ente político de seu âmbito territorial.

Mas seria isso um impedimento para que os mandados de segurança, do qual façam parte o Estado, não pudessem ser ajuizados no foro de domicílio do impetrante, especialmente quando este se localizar em unidade federada distinta?

Pensamos que a melhor resposta a essa pergunta é não. Ora, tal como o art. 51, há a regra do art. 52, parágrafo único,

117. PRIA, Rodrigo Dalla. *Direito processual civil.* São Paulo: Noeses, 2020. p. 382-383.

118. A mais recente decisão nesse mesmo sentido foi proferida no Agravo de Instrumento no Conflito de Competência 179.209/DF, de relatoria do Ministro Mauro Campbell Marques, na 1ª Seção, julgado em 16.08.2022, *DJe* 19.08.2022.

ambas do Código de Processo Civil/2015, que autoriza que as ações em que o Estado seja interessado sejam intentadas no foro de domicílio do autor. O racional de ambos os dispositivos é o mesmo o que demanda idêntica solução jurídica.

Em âmbito tributário tal medida é de extrema relevância, dadas "as imensas dificuldades a que se submetem os contribuintes que realizam, com frequência, operações de vendas interestaduais de mercadorias, diante da constante utilização, por parte de algumas administrações fazendárias, de instrumentos coativos ilegítimos de cobrança – tais como a apreensão de mercadorias em fiscalizações de fronteira – destinados a compelir o sujeito passivo ao cumprimento de exigências fiscais (imposto, multas, etc.) que, não raro, são flagrantemente ilegais. Nesses casos, os custos, os riscos (inclusive comerciais) e as dificuldades para o manejo do mandado de segurança no foro da autoridade impetrada levam o sujeito passivo a optar, muitas vezes, pelo pagamento da exigência, mesmo tendo plena consciência da sua ilegitimidade".[119]

O objetivo da regra do art. 52 do Código de Processo Civil/2015 é priorizar a acessibilidade ao Judiciário pelo jurisdicionado atraindo o juízo do seu domicílio para dirimir o conflito, reduzindo o custo do processo, bem como garantindo de maneira plena o direito à ampla defesa e ao devido processo legal. Tais garantias não podem ser asseguradas em razão do tipo de ação eleito, senão a qualquer meio de defesa disponível aos sujeitos passivos da obrigação tributária.

O exemplo descrito bem demonstra a importância de se garantir a todos a possibilidade de defesa dos seus direitos, inclusive por meio de mandado de segurança.

A jurisprudência do Superior Tribunal de Justiça caminhava nessa direção, conforme se verifica do voto proferido pelo Ministro Herman Benjamin no Agravo de

---

119. PRIA, Rodrigo Dalla. *Direito processual civil.* São Paulo: Noeses, 2020. p. 391-392.

Instrumento no Recurso Ordinário em Mandado de Segurança 64.292/SP: "Todavia, a Primeira Seção do STJ já decidiu que, em observância ao art. 52, parágrafo único, do CPC/2015, a demanda ajuizada contra Estado da Federação pode ser proposta no foro do domicílio do autor, que, in casu, se localiza no Estado de São Paulo, o que atrai a competência do Poder Judiciário desse Estado para o processamento do feito" (relator Ministro Herman Benjamin, 2ª Turma, julgado em 30.11.2020, *DJe* de 09.12.2020.)

Infelizmente, porém, o Supremo Tribunal Federal julgou inconstitucional o parágrafo único do art. 52 do Código de Processo Civil/2015, afastando essa construção, quer perante as ações de rito comum, quer diante das ações mandamentais. Tal pronunciamento foi exarado nas Ações Diretas de Inconstitucionalidade 5.492/RJ e 5.737/DF (acórdãos publicados em 27.06.2023).

Essa inovação processual trazida pelo Código de Processo Civil/2015, portanto, foi retirada do nosso sistema jurídico e, assim, não há mais a possibilidade do manejo do *mandamus* no Estado de domicílio do contribuinte, se a autoridade impetrada pertencer à estrutura administrativa ligada a outro Estado da federação.

3.8 Mandado de segurança: honorários advocatícios e cumprimento de sentença

Camila Campos Vergueiro

Segundo a orientação do Superior Tribunal de Justiça consolidada em sua Súmula 461,[120] cabe ao contribuinte vitorioso em mandado de segurança individual que objetiva

120. "O contribuinte pode optar por receber, por meio de precatório ou por compensação, o indébito tributário certificado por sentença declaratória transitada em julgado" (Súmula 461, Primeira Seção, julgado em 25.08.2010, *DJe* 08.09.2010).

"declarar o seu direito de compensar" definir como concretizar a decisão judicial que, mesmo anomalamente, constitua obrigação de pagar quantia certa pela Fazenda Pública, se por meio de compensação ou pela via da restituição em espécie por precatório.

A legitimidade dessa opção é tratada no artigo 3.4 deste Capítulo, de autoria de Danilo Monteiro de Casto e Vanessa Damasceno Rosa de Spina, oportunidade em que afirmaram que "a Súmula 213 do STJ há muito reconhece que o mandado de segurança é a via adequada para se declarar o direito à compensação, assim como a Súmula 461 da mesma Corte reconhece que cabe ao contribuinte escolher a forma como pretende receber o indébito tributário reconhecido por sentença declaratória, se por precatório ou por compensação".

Não objetiva o presente texto questionar a posição jurisprudencial que admite a materialização da sentença de procedência do mandado de segurança para "declarar o direito de compensar" via precatório, ao contrário, dela se parte para tratar de questão que desse entendimento decorre: a aplicação, nessa específica hipótese, do § 1º do art. 85 do Código de Processo Civil/2015, o qual consagra o princípio do sucumbimento na fase de cumprimento de sentença: "Art. 85. A sentença condenará o vencido a pagar honorários ao advogado do vencedor. § 1º. *São devidos honorários advocatícios* na reconvenção, *no cumprimento de sentença*, provisório ou definitivo, na execução, resistida ou não, e nos recursos interpostos, cumulativamente" (grifos nossos).

O interesse por esse dispositivo, no contexto do processo tributário, advém do conteúdo do art. 25[121] da Lei federal 12.016/2009 (Lei do Mandado de Segurança) que

121. "Art. 25. Não cabem, no processo de mandado de segurança, a interposição de embargos infringentes e a condenação ao pagamento dos honorários advocatícios, sem prejuízo da aplicação de sanções no caso de litigância de má-fé."

expressamente veda a possibilidade de condenação em honorários advocatícios nessa modalidade processual e que já teve sua constitucionalidade reconhecida pelo Supremo Tribunal Federal na Ação Direta de Inconstitucionalidade 4.296 (a mesma que tratou das vedações à concessão de liminar em mandado de segurança).[122]

Com esse cenário configurado, é nosso propósito responder à seguinte pergunta: a regra de sucumbência do Código de Processo Civil/2015 é extensível ao cumprimento de sentença em mandado de segurança para "declarar o direito de compensar" realizado via precatório?

Importante deixar claro que a análise está adstrita à hipótese do precatório, pois se a opção for a compensação, não haverá cumprimento de sentença, consagrando-se a reparação patrimonial em ambiente administrativo.

Bem, já foi dito que processo tributário é instrumento de solução do conflito de interesses havido entre fisco e contribuinte, sendo um dos meios de operacionalizá-la o

---

122. Afirmou o Ministro Nunes Marques em voto vogal:
"HONORÁRIOS ADVOCATÍCIOS EM MANDADO DE SEGURANÇA.
Aqui também não há a necessidade de grande esforço argumentativo para verificar a constitucionalidade da norma que prevê o descabimento de honorários sucumbenciais no âmbito do mandado de segurança (Lei 12.016/2009, art. 25).
A norma veio, na verdade, para consagrar o vetusto enunciado n. 512 da Súmula do Supremo, que já declarava há décadas: Não cabe condenação em honorários de advogado na ação de mandado de segurança.
As razões desse entendimento são bastante conhecidas e têm a ver com o acesso à justiça, em nada menosprezando a função eminente dos advogados, os quais poderão perfeitamente cobrar por seu trabalho mediante honorários contratuais.
A exclusão dos honorários sucumbenciais no mandado de segurança intenta oferecer maior segurança e confiança aos impetrantes para buscarem a proteção judicial em casos de ilegalidade ou abuso de poder.
Desse modo, reduz o receio da condenação ao pagamento de honorários sucumbenciais, capaz de desestimular o uso dessa ação constitucional de grande envergadura. O legislador, portanto, oferece, por esse meio, maior eficácia à norma constitucional que prevê o mandado de segurança (CF, art. 5º, LXIX e LXX), sem prejuízo – repito – de que o advogado seja remunerado pelos meios contratuais disponíveis.
É constitucional, portanto, o art. 25 da Lei n. 12.016/2009" (ADI 4.296, relator(a): Marco Aurélio, relator(a) p/ acórdão: Alexandre de Moraes, Tribunal Pleno, julgado em 09.06.2021, processo eletrônico *DJe*-202 divulg. 08.10.2021 public. 11.10.2021).

mandado de segurança, destacado dos outros "tipos" processuais de provocação do poder judiciário por (1) assumir *status* constitucional, (2) ser concebido como mecanismo consolidador irrestrito do princípio do livre acesso à jurisdição judicial diante de ato de autoridades públicas,[123] (3) ser dotado de um rito que não admite o desdobramento probatório porque exige a demonstração do direito líquido e certo de plano, isto é, na petição inicial e (4) projetar uma resposta célere para contenção de atos ilegais, praticados ou iminentes, além de, no que toca ao tema deste artigo, (5) ter seu processamento regulado por lei específica.

A partir da Lei federal 12.016/2009 a opção do legislador foi a de categoricamente excluir o princípio da sucumbência desse instrumento processual de resolução de conflitos, integrando em disposição normativa orientação consolidada até então na jurisprudência do STJ e do STF.[124]

Sem dúvida, a escolha do legislador com tal exclusão pautou-se no discurso vencedor à época da vigência da Lei federal 1.533/1951 e do Código de Processo Civil/1973 que afastava a fixação de honorários advocatícios em ação mandamental.

Esse fator não depõe contra o texto positivado, ao contrário, deixa claro que a regra geral do Código de Processo Civil/2015 não pode ser estendida ao mandado de

123. Constituição Federal/1988:
"Art. 5º Todos são iguais perante a lei, sem distinção de qualquer natureza, garantindo-se aos brasileiros e aos estrangeiros residentes no País a inviolabilidade do direito à vida, à liberdade, à igualdade, à segurança e à propriedade, nos termos seguintes: [...]
XXXV – a lei não excluirá da apreciação do Poder Judiciário lesão ou ameaça a direito."

124. A referência é às Súmulas 512 STF e 105 do STJ:
Súmula 512: "Não cabe condenação em honorários de advogados na ação de mandado se segurança".
Súmula 105: "Na ação de mandado de segurança não se admite condenação em honorários advocatícios".

segurança, o que somente admitir-se-ia na presença de disposição que assim determinasse, o que não há, sequer genericamente, uma vez que a Lei federal 12.016/2009 não determina a aplicação subsidiária do Código de Processo Civil/2015, fazendo-o apenas quando remete expressamente a seus artigos.

Poder-se-ia cogitar que o dispositivo do Código de Processo Civil /2015, porque posterior, contrapor-se-ia ao da lei anterior, já que à época da edição da Lei federal 12.016/2009 não havia cumprimento de sentença contra a Fazenda Pública.

Reputamos, no entanto, que tal proposição não se sustenta, uma vez que o art. 25 da Lei do Mandado de Segurança aparta do princípio da sucumbência o processo de mandado de segurança em sua inteireza. Significa dizer: desde seu ato disparador, a petição inicial, até o instante da satisfação do direito material envolvido, e não apenas em uma das etapas da "forma de organização dos atos que compõem o processo".[125]

3.9 Mandado de segurança coletivo: alcance subjetivo da coisa julgada

Rodrigo Dalla Pria

Por expressa determinação constitucional, os direitos líquidos e certos violados ou ameaçados por ato de autoridade (tributária inclusive) podem ser individual ou coletivamente tutelados pela via do mandado de segurança.[126]

---

125. CONRADO, Paulo Cesar. *Execução fiscal*. 4. ed. São Paulo: Noeses, 2020. p. 3.

126. "Art. 5º Todos são iguais perante a lei, sem distinção de qualquer natureza, garantindo-se aos brasileiros e aos estrangeiros residentes no País a inviolabilidade do direito à vida, à liberdade, à igualdade, à segurança e à propriedade, nos termos seguintes:
[...]
LXIX – conceder-se-á mandado de segurança para proteger direito líquido e certo, não amparado por *habeas-corpus* ou *habeas-data*, quando o responsável pela

No primeiro caso, os titulares do direito lesionado atuarão em juízo em nome próprio, como tutores de direitos de sua própria titularidade, na condição de legitimados ordinários. No segundo, diversamente, a atuação em juízo dar-se-á por intermédio de terceiro que, a despeito de agir em nome próprio, estará a pleitear a proteção de direitos alheios, consubstanciando típica legitimidade extraordinária, atribuída aos entes representativos de classe, expressamente elencados no art. 21[127] da Lei federal 12.016/2009.

É precisamente a condição de legitimadas extraordinárias que permite às entidades associativas, sindicais e partidárias atuarem em nome próprio na defesa dos direitos de seus afiliados à revelia de autorização expressa destes, circunstância esta que não impede que cada qual, caso prefiram, haja individualmente.[128] Eis, aí, a *ratio* que subjaz tanto ao verbete 629 do STF, segundo o qual "a impetração do mandado de segurança coletivo por entidade de classe em favor dos associados independe da autorização destes", quanto à orientação firmada pela Corte Suprema

---

ilegalidade ou abuso de poder for autoridade pública ou agente de pessoa jurídica no exercício de atribuições do Poder Público;
LXX – o mandado de segurança coletivo pode ser impetrado por:
a) partido político com representação no Congresso Nacional;
b) organização sindical, entidade de classe ou associação legalmente constituída e em funcionamento há pelo menos um ano, em defesa dos interesses de seus membros ou associados."

127. "Art. 21. O mandado de segurança coletivo pode ser impetrado por partido político com representação no Congresso Nacional, na defesa de seus interesses legítimos relativos a seus integrantes ou à finalidade partidária, ou por organização sindical, entidade de classe ou associação legalmente constituída e em funcionamento há, pelo menos, 1 (um) ano, em defesa de direitos líquidos e certos da totalidade, ou de parte, dos seus membros ou associados, na forma dos seus estatutos e desde que pertinentes às suas finalidades, dispensada, para tanto, autorização especial."

128. Lei federal 12.016/2009: "Art. 22. [...]
§ 1º O mandado de segurança coletivo não induz litispendência para as ações individuais, mas os efeitos da coisa julgada não beneficiarão o impetrante a título individual se não requerer a desistência de seu mandado de segurança no prazo de 30 (trinta) dias a contar da ciência comprovada da impetração da segurança coletiva".

por ocasião do julgamento do agravo em REsp 1.293.130/SP (tema de repercussão geral 1.119).[129]

Essa diferenciação que se estabelece, concretamente, entre os sujeitos legitimados a figurar nos polos ativos dos mandados de segurança individual e coletivo tem repercussão direta na delimitação da amplitude subjetiva da coisa julgada formada em cada uma dessas diferentes espécies de mandado de segurança.

Com efeito, tratando-se de mandado de segurança individual, a conformação subjetiva da demanda tende a coincidir com os limites subjetivos da coisa julgada incidente sobre a decisão de mérito que vier a acolher ou não a pretensão mandamental deduzida. E é natural que seja assim, dada a própria definição legal (art. 18[130] do Código de Processo Civil/2015) de legitimidade ordinária, segundo a qual o titular do direito de ação é o mesmo titular do direito material violado.

Fenômeno diverso ocorre no âmbito do mandado de segurança coletivo, no qual os sujeitos legitimados para agir em juízo não são os titulares dos direitos materiais reconhecidos por eventual decisão de mérito que vier a acolher a pretensão deduzida. Nesse caso, o que se verifica é uma verdadeira assimetria entre a conformação subjetiva da demanda e os limites subjetivos da coisa julgada.

Essa reflexão se mostra muito relevante para que não caiamos na tentação de utilizar a tese enunciada pela Súmula 629 do Supremo Tribunal Federal, bem como a orientação consolidada no Tema 1.119 do Supremo Tribunal

---

129. "É desnecessária a autorização expressa dos associados, a relação nominal destes, bem como a comprovação de filiação prévia, para a cobrança de valores pretéritos de título executivo judicial decorrente de mandado de segurança coletivo impetrado por entidade associativa de caráter civil."

130. "Art. 18. Ninguém poderá pleitear direito alheio em nome próprio, salvo quando autorizado pelo ordenamento jurídico."

Federal, como fundamentos para a delimitação da eficácia subjetiva da coisa julgada que recaia sobre decisão de mérito exarada em sede de mandado de segurança coletivo. Nesse tocante, o voto vencedor exarado pelo Ministro Luiz Fux por ocasião do julgamento do Agravo em REsp 1.293.130/SP, representativo da controvérsia, é claríssimo ao delimitar a questão a ser decidida naquele processo, fazendo-o nos seguintes termos: cumpre delimitar a questão controvertida nos autos, qual seja: legitimidade ativa para cobrança de valores reconhecidos em mandado de segurança coletivo impetrado por associação de caráter civil.

Desse modo, quando a tese enunciada no Tema 1.119 do Supremo Tribunal Federal dispõe que (1) é desnecessária a autorização expressa dos associados; (2) a relação nominal destes; (3) bem como a comprovação de filiação prévia, para a cobrança de valores pretéritos de título executivo judicial decorrente de mandado de segurança coletivo impetrado por entidade associativa de caráter civil, assim o faz, exclusivamente, para reafirmar a legitimidade ativa da entidade associativa para ingressar em juízo em nome de seus associados sem que precise cumprir aquelas formalidades, e não para dizer que é possível que um associado que haja ingressado na entidade após o trânsito em julgado possa se utilizar da eficácia executiva da decisão concedida no mandado de segurança coletivo.

Daí que não é possível inferir da tese firmada no Tema 1.119 do Supremo Tribunal Federal qual é a amplitude subjetiva da decisão de mérito, passada em julgado, exarada em mandado de segurança coletivo.

Em termos jurídico-positivos, a única disposição normativa que trata dessa questão é aquela constante do art. 22[131]

131. "Art. 22. No mandado de segurança coletivo, a sentença fará coisa julgada limitadamente os membros do grupo ou categoria substituídos pelo impetrante.
§ 1º O mandado de segurança coletivo não induz litispendência para as ações individuais, mas os efeitos da coisa julgada não beneficiarão o impetrante a título

da Lei federal 12.016/2009, que restringe a eficácia subjetiva da coisa julgada mandamental coletiva aos membros da entidade substituta. Esse dispositivo, no entanto, não trata da possibilidade de aproveitamento da tutela mandamental coletiva por parte do associado que haja sido admitido como membro da entidade após o trânsito em julgado da decisão.

O que podemos afirmar, com alguma segurança, é que, por força do que estabelece o § 1º do referido art. 22 da Lei federal 12.016/2009, o associado que tenha impetrado o mandado de segurança individual e não haja desistido deste no prazo de 30 dias da ciência da existência da ação coletiva, não poderá ser beneficiado (e nem prejudicado) por eventual tutela exarada em favor da entidade. Se assim o é com relação ao associado ingresso em momento anterior a formação da coisa julgada, com mais razão ainda deve o ser em relação àquele que haja ingressado em momento posterior ao trânsito em julgado.

De mais a mais, admitir que um novo associado se valha dos efeitos patrimoniais retrospectivos de uma tutela jurisdicional coletiva para, por exemplo, pleitear a restituição ou a compensação de indébitos tributários relativos a fatos geradores ocorridos nos cinco anos anteriores à impetração do *mandamus*, é o mesmo que burlar as regras que disciplinam a prescrição do direito à restituição do indébito (art. 168[132] do Código Tributário Nacional). E isso, para não falar em possível fraude à jurisdição constitucional nos

individual se não requerer a desistência de seu mandado de segurança no prazo de 30 (trinta) dias a contar da ciência comprovada da impetração da segurança coletiva."

132. "Art. 168. O direito de pleitear a restituição extingue-se com o decurso do prazo de 5 (cinco) anos, contados:
I – nas hipótese dos incisos I e II do artigo 165, da data da extinção do crédito tributário;
II – na hipótese do inciso III do artigo 165, da data em que se tornar definitiva a decisão administrativa ou passar em julgado a decisão judicial que tenha reformado, anulado, revogado ou rescindido a decisão condenatória."

casos em que o Supremo Tribunal Federal, com vistas a resguardar a segurança jurídica, modula os efeitos das decisões que reconhecem a inconstitucionalidade de determinadas exigências tributárias, resguardando, no entanto, a eficácia retroativa da declaração de inconstitucionalidade para aqueles contribuintes que tenham questionado a exigência judicialmente por meio de ações individuais ajuizadas em momento anterior à prolação da decisão com efeitos abrangentes oriunda do plenário da Corte Suprema.

CAPÍTULO 4
TUTELA PROVISÓRIA E PROCESSO TRIBUTÁRIO

4.1 Processo tributário e tutela provisória

Camila Campos Vergueiro

"Não há texto sem contexto", ensina Paulo de Barros Carvalho.[133] Pequena a frase, intensa e profunda no significado,

---

133. *Direito tributário: fundamentos jurídicos da incidência*. 7. ed. São Paulo: Saraiva, 2009. p. 18.

especialmente quando voltada para a definição de estratégias que objetivem a solução de conflitos entre Fisco e contribuinte.

É sobre esse específico conflito que deve se debruçar o advogado (público ou privado) quando se socorre da lei geral processual para resolver problemas decorrentes da exigência tributária: se a convocação da lei processual geral é certa, não é menos preciso que adequações são necessárias para que o conflito que ensejou o processo seja eficientemente resolvido pela tutela jurisdicional. E o tema da tutela provisória é um (ou mais um) que demanda esse esforço dos atores no processo tributário.

Assim denominada na legislação processual civil, "tutela provisória", porque: (1) compreende a resposta do Estado-juiz a um pedido da parte (por isso, "tutela"); e (2) assume caráter temporário (por isso, "provisória") no curso do processo, não produz coisa julgada material nos termos do art. 502[134] do Código de Processo Civil/2015.

Requerida para a defesa dos interesses do particular no processo tributário,[135] seja em ações declaratórias ou anulatórias, impactam a continuidade do ciclo de concretização da exigência tributária, mas não eliminam, por si, o vínculo jurídico entre Fisco e contribuinte, atributo (efeito) da tutela jurisdicional "definitiva", aquela que faz coisa julgada.

A dicotomia nas eficácias das tutelas tributárias (provisória e definitiva) é definida não pela legislação processual, mas pelo Código Tributário Nacional (legislação material, portanto), em especial quando estabelece, no: (1) art. 151[136] que a "concessão de medida liminar" ou "de tutela

---

134. "Art. 502. Denomina-se coisa julgada material a autoridade que torna imutável e indiscutível a decisão de mérito não mais sujeita a recurso."

135. Nesse texto a análise do pedido de tutela provisória no processo tributário restringir-se-á às ações de iniciativa do particular que objetivam impactar definitivamente o "ciclo de concretização das competências normativo-tributárias".

136. Suspender a exigibilidade, metaforicamente, é colocar a exigência do crédito tributário na "UTI".

antecipada" suspende a exigibilidade do crédito tributário (incisos IV e V[137]); e (2) art. 156,[138] que "a decisão judicial passada em julgado" extingue o crédito tributário.

Há de se admitir: o efeito material da decisão judicial está posto na legislação tributária material, sendo que o art. 151 do Código Tributário Nacional outorga à tutela provisória potência inibitória de caráter precário, impedindo a exigibilidade do crédito tributário ou, por outras palavras, bloqueando o prosseguimento da exigência.

Essa especificidade normativa material tributária exige uma revisão da concepção "tradicional" que se mantém acerca do efeito da tutela judicial provisória sobre a obrigação tributária, evidenciando que esse "tipo" de tutela assume, nos conflitos tributários, natureza eminentemente cautelar.

Segundo a processualística geral, as tutelas provisórias são dotadas ou: (a) de efeito antecipatório, hipótese em que há a entrega do bem material objeto da demanda já na decisão provisória; ou (b) de efeito cautelar, quando a decisão judicial provisória resguarda o bem material discutido.

Ora, se a tutela provisória na discussão judicial do crédito tributário se limita a suspender a exigibilidade (art. 151 do Código Tributário Nacional), não estando habilitada por expressa disposição normativa (art. 156 do Código Tributário Nacional) a extirpar o vínculo entre Fisco e contribuinte, forçoso reconhecer que se dá tão somente a estagnação do processo de cobrança e, por isso, o efeito é cautelar.

Falamos de algo que não pode escapar, na prática jurídica, do olhar do profissional (sobretudo do advogado): não

---

137. "Art. 151. Suspendem a exigibilidade do crédito tributário: [...]
IV – a concessão de medida liminar em mandado de segurança;
V – a concessão de medida liminar ou de tutela antecipada, em outras espécies de ação judicial."

138. "Art. 156. Extinguem o crédito tributário: [...]
X – a decisão judicial passada em julgado."

há concessão de tutela antecipada, nem nunca houve, muito embora a referência contida no art. 151 do Código Tributário Nacional à "tutela antecipada", pois, em essência, a suspensão da exigibilidade do crédito tributário (e não sua extinção, que depende de uma decisão definitiva) é providência naturalmente acauteladora.

Como sabemos, não é o nome que define "as coisas" no Direito, mas sua natureza jurídica; justamente por isso, como sinalizamos de início e concluímos agora, tomar o texto sem considerar o respectivo contexto pode não ser um bom caminho.

4.2 Dobradinha de fundamento na tutela provisória no Código de Processo Civil/2015

Camila Campos Vergueiro

Em texto anterior destacamos o efeito cautelar (suspensivo da exigibilidade) da decisão concessiva da tutela provisória no processo tributário. Agora cabe tratar das suas distintas hipóteses de cabimento e requisitos para concessão, utilizadas sempre que o contribuinte pretender suspender a exigibilidade do correlato crédito tributário.

Voltamos nossa atenção para esse específico tema, porque o Código de Processo Civil/2015 trouxe uma dúplice oportunidade para o contribuinte-autor de uma demanda tributária: ele poderá requerer a tutela provisória com fundamento na urgência ou na evidência do direito.[139]

Muito embora ambas as tutelas cumpram o papel de afastar os efeitos perniciosos do tempo de julgamento do processo e, com isso, assumam função iminente protetiva, a fundada na evidência, ou tutela provisória da não urgência,

---

139. "Art. 294. A tutela provisória pode fundamentar-se na urgência ou na evidência."

consagra-se na plausibilidade do direito invocado pelo autor, enquanto a fundamentada na urgência, pauta-se na ideia de perigo, *i.e.*, de risco de dano.

Embora possa parecer vago, a plausibilidade do direito que enseja o requerimento e a concessão da tutela provisória de evidência não é uma cláusula aberta, tal como a indicada no art. 300[140] do Código de Processo Civil/2015, quando trata da tutela fundada na urgência e se refere genericamente à "probabilidade do direito", ou semelhante àquela do sistema processual de antes prevista no art. 273, I,[141] do Código de Processo Civil/1973 como verossimilhança da alegação, cuja avaliação da presença no processo depende de uma atitude do julgador.

Isso porque o art. 311[142] do Código de Processo Civil/2015, único dedicado a esse fundamento (o da evidência), estabelece que suas causas geradoras (de requerimento e deferimento) estão atreladas a uma atitude subjetiva

140. "Art. 300. A tutela de urgência será concedida quando houver elementos que evidenciem a probabilidade do direito e o perigo de dano ou o risco ao resultado útil do processo."

141. "Art. 273. O juiz poderá, a requerimento da parte, antecipar, total ou parcialmente, os efeitos da tutela pretendida no pedido inicial, desde que, existindo prova inequívoca, se convença da verossimilhança da alegação e:
I – haja fundado receio de dano irreparável ou de difícil reparação; ou [...]."

142. "Art. 311. A tutela da evidência será concedida, independentemente da demonstração de perigo de dano ou de risco ao resultado útil do processo, quando:
I – ficar caracterizado o abuso do direito de defesa ou o manifesto propósito protelatório da parte;
II – as alegações de fato puderem ser comprovadas apenas documentalmente e houver tese firmada em julgamento de casos repetitivos ou em súmula vinculante;
III – se tratar de pedido reipersecutório fundado em prova documental adequada do contrato de depósito, caso em que será decretada a ordem de entrega do objeto custodiado, sob cominação de multa;
IV – a petição inicial for instruída com prova documental suficiente dos fatos constitutivos do direito do autor, a que o réu não oponha prova capaz de gerar dúvida razoável.
Parágrafo único. Nas hipóteses dos incisos II e III, o juiz poderá decidir liminarmente."

das partes, ora do réu, ora do autor, no processo, por isso a ideia de direito plausível.[143]

Do réu, quando abusa do seu direito de defesa ou assume postura protelatória no processo ou, ainda, deixe de apresentar contraprova capaz de gerar dúvida razoável acerca da prova documental produzida pelo autor referente aos fatos constitutivos do seu direito.

Do autor, por sua vez, quando convoque questões provadas documentalmente e tenham sido objeto de: (1) tese firmada em julgamento de caso repetitivo; ou (2) súmula vinculante.[144]

Direito plausível para a tutela provisória de evidência, portanto, é aquele compreendido em uma das estritas hipóteses previstas no próprio art. 311.

Sobre o fundamento da urgência, perdura o mesmo manto da legislação processual de 1973, o risco de dano.

Ainda que possa ser reputado mais do mesmo e "velho" fundamento conhecido do advogado do contencioso tributário, destaca-se a auspiciosa redação do CPC/2015 que deixa claro que o risco de dano pode ser: (1) ao processo em si, relacionado à ideia de risco ao seu resultado útil; ou (2) ao direito material vindicado em juízo, quando o risco recai sobre a relação material tributária porque não afastada a exigibilidade do crédito tributário permitindo a continuidade de sua cobrança até o pagamento, o que remete à ideia de instrumentalidade do processo.

---

143. Fica de fora dessa classificação, por não interessar ao processo tributário, a hipótese do inciso III do art. 311 do CPC/2015.

144. "Art. 928. Para os fins deste Código, considera-se julgamento de casos repetitivos a decisão proferida em:
I – incidente de resolução de demandas repetitivas;
II – recursos especial e extraordinário repetitivos.
Parágrafo único. O julgamento de casos repetitivos tem por objeto questão de direito material ou processual."

No que diz respeito aos fundamentos das tutelas provisórias, o CPC/2015, portanto, abre novas oportunidades no processo tributário, as quais podem trazer impactos práticos relevantes, como, por exemplo, a que envolve reflexão sobre a possibilidade de concessão da tutela provisória de evidência (art. 311, inciso II, do CPC/2015) autorizando a compensação tributária antes do trânsito em julgado, diante do teor do art. 170-A do Código Tributário Nacional, tema a ser abordado em texto específico.

4.3 A tutela provisória, o Supremo Tribunal Federal e a compensação

Camila Campos Vergueiro

Recentemente a comunidade jurídica comemorou a declaração de inconstitucionalidade do § 2º[145] do art. 7º da "nova" Lei do Mandado de Segurança (Lei federal 12.016/2009), que vedava a concessão de medida liminar autorizando a compensação. A referência é ao julgamento da Ação Direta de Inconstitucionalidade 4.296 pelo Supremo Tribunal Federal, em 09.06.2021.[146]

Conecta-se esse julgado com o Código de Processo Civil/2015 ante o disposto em seu art. 1.059,[147] que determina a aplicação do art. 7º, § 2º, da Lei federal 12.016/2009 à tutela provisória requerida em face da Fazenda Pública. Essa

145. "Art. 7º Ao despachar a inicial, o juiz ordenará: [...]
§ 2º Não será concedida medida liminar que tenha por objeto a compensação de créditos tributários, a entrega de mercadorias e bens provenientes do exterior, a reclassificação ou equiparação de servidores públicos e a concessão de aumento ou a extensão de vantagens ou pagamento de qualquer natureza."

146. Até a elaboração deste trabalho, o acórdão não havia sido publicado.

147. "Art. 1.059. À tutela provisória requerida contra a Fazenda Pública aplica-se o disposto nos arts. 1º a 4º da Lei n. 8.437, de 30 de junho de 1992, e no art. 7º, § 2º, da Lei n. 12.016, de 7 de agosto de 2009."

alusão internormativa[148] resulta na extensão das vedações à concessão de liminar previstas na Lei do Mandado de Segurança aos pleitos de tutela provisória deduzidos em ações de rito comum, ensejando a impossibilidade de concessão de tutela provisória para autorizar a compensação tributária.

Declarada a invalidade do dispositivo da Lei do Mandado de Segurança, seria possível admitir que a remissão feita no art. 1.059 do Código de Processo Civil/2015 restou prejudicada, sinalizando que a partir de então a compensação tributária poderia ser deferida por meio de decisões judiciais de natureza provisória.

A questão, contudo, não é tão simples assim.

Pedidos de tutela provisória para autorizar a compensação tributária são requeridos, basicamente, em demandas tributárias cujos objetos são: (1) a validade do tributo e por meio das quais se pretende o reconhecimento do indébito tributário e sua satisfação pela via da compensação;[149] ou (2) as restrições impostas ao exercício do direito de compensar propriamente dito (regime de compensabilidade) em situações em que a existência do indébito (elemento da compensação) já se encontra reconhecido.

Sob a perspectiva instrumental do processo, a que assumimos, nas ações cuja pretensão à compensação supõe o reconhecimento do indébito tributário, a primeira hipótese acima referida, por uma decorrência de ordem material, o afastamento da vedação processual à concessão de tutelas provisórias autorizadoras da compensação não produz, pragmaticamente, efeito algum.

---

148. Internormativa = entre textos normativos.

149. A referência é ao cumprimento de sentença (execução de sentença nos termos do CPC/1973), uma vez que reconhecido o indébito tributário o contribuinte pode optar por efetivar a sentença por uma de duas formas, ou mediante cumprimento de sentença e posterior expedição do precatório, ou via compensação, nos termos da lei do ente tributante diante do que dispõe o art. 170 do Código Tributário Nacional.

Isso porque, independentemente da inconstitucionalidade da regra processual, o art. 170-A[150] do Código Tributário Nacional, comando material, impede o contribuinte de aproveitar tributo objeto de "contestação judicial" antes que transite em julgado a decisão judicial que o reconheça como indevido. Trata-se de regra que proíbe a tomada de crédito (indébito tributário) pelo contribuinte e, consequentemente, o encontro de contas necessário para implicar a extinção do crédito tributário (débito do contribuinte) em momento anterior ao trânsito em julgado da decisão que reconhece o indébito tributário que será objeto da compensação (art. 156, II,[151] do Código Tributário Nacional).

Nessa hipótese (a primeira adrede referida), encontrando-se a relação entre contribuinte e Fazenda Pública em estado de conflituosidade objetivando o reconhecimento judicial do pagamento indevido, enquanto esse estado não esteja definitivamente encerrado positivamente em favor do contribuinte, não é ele dotado de crédito oponível à Fazenda Pública.

Relembre-se que, sobre as tutelas de natureza provisória no processo tributário não recai o efeito da coisa julgada, mantendo-se ativa a disputa entre contribuinte e fisco, dependente que é de uma decisão final de mérito, de modo que é irrecusável a existência da "contestação judicial de tributo" a que alude o art. 170-A do Código Tributário Nacional, do que decorre permanecer eficaz a proibição da compensação antes do trânsito em julgado da decisão que assegure crédito do contribuinte (indébito tributário).

Isso autoriza concluir que a extirpação do § 2º do art. 7º da Lei do Mandado de Segurança e a invalidação por

---

150. "Art. 170-A. É vedada a compensação mediante o aproveitamento de tributo, objeto de contestação judicial pelo sujeito passivo, antes do trânsito em julgado da respectiva decisão judicial."

151. "Art. 156. Extinguem o crédito tributário: [...]
II – a compensação."

arrastamento do art. 1.059 do Código de Processo Civil/2015 não geram permissão para o contribuinte compensar quando demanda o reconhecimento do indébito tributário, pois o art. 170-A do Código Tributário Nacional impede-o.

Esse panorama de necessária confrontação entre pedido de tutela provisória e dispositivos materiais objeto do conflito não passou despercebida ao Ministro Marco Aurélio na citada Ação Direta de Inconstitucionalidade 4.296, quando, em seu voto, afirma que cabe ao Estado-juiz no exercício da jurisdição de caráter provisório "examinar o pedido formulado e, ante o arcabouço normativo, concluir pela adequação, ou não da tutela de urgência, pouco importando o sentido desta".[152]

Para essas demandas (as da primeira hipótese) se está diante de verdadeira vitória de Pirro,[153] isto é, aquela em que o êxito obtido (o reconhecimento da inconstitucionalidade) não gera o benefício pragmático esperado. Foi extirpado do ordenamento jurídico o dispositivo de lei de

---

152. Importante registrar que, em seu voto, o Ministro Marco Aurélio reconheceu a inconstitucionalidade do § 2º do art. 7º da Lei federal 12.016/2009. A referência feita a essa específica passagem do voto tem o objetivo exclusivo de demonstrar que promovendo a análise por ele sugerida de forma ampla, a conclusão é a de que o arcabouço normativo tributário não autoriza a compensação mediante o deferimento de tutela jurisdicional provisória, seja ela proferida em mandados de segurança ou ações de rito comum.

153. A expressão "Vitória de Pirro" recebeu o nome do rei Pirro do Epiro, cujo exército havia sofrido perdas irreparáveis após vencer os romanos na Batalha de Heracleia, em 280 a.C., e na Batalha de Ásculo, em 279 a.C., durante a Guerra Pírrica. Após a segunda batalha, Plutarco apresenta um relato feito por Dioniso de Halicarnasso:
"Os exércitos se separaram; e, diz-se, Pirro teria respondido a um indivíduo que lhe demonstrou alegria pela vitória que 'uma outra vitória como esta o arruinaria completamente'. Pois ele havia perdido uma parte enorme das forças que trouxera consigo, e quase todos os seus amigos íntimos e principais comandantes; não havia outros homens para formar novos recrutas, e encontrou seus aliados na Itália recuando. Por outro lado, como que numa fonte constantemente fluindo para fora da cidade, o acampamento romano era preenchido rápida e abundantemente por novos recrutas, todos sem deixar sua coragem ser abatida pela perda que sofreram, mas sim extraindo de sua própria ira nova força e resolução para seguir adiante com a guerra" (Disponível em: fonte: https://pt.wikipedia.org/wiki/Vit%C3%B3ria_p%C3%ADrrica. Acesso em: 19 jul. 2021).

natureza processual e pragmaticamente não se consagra efeito algum, já que disposição normativa material, do Código Tributário Nacional, veda a possibilidade de compensação. Ganha-se a ação, mas perde-se a batalha.

Por sua vez, estando-se diante de medida judicial cujo litígio envolve a segunda hipótese, que supõe já reconhecido o indébito tributário, o resultado do julgamento do Supremo produz impacto positivo para o contribuinte.

Isso porque, trata-se de hipótese não "enquadrada" no conteúdo do art. 170-A do Código Tributário Nacional, uma vez que não há "contestação judicial" de tributo, tão somente lide a respeito das regras que eventualmente impeçam o contribuinte de promover a compensação tal como posta em lei.

Nesse caso (especificamente a segunda hipótese), vislumbra-se a possibilidade de numa demanda tributária de rito comum consagrar-se efetivo resultado prático da declaração de inconstitucionalidade do § 2º do art. 7º da Lei do Mandado de Segurança em ações de rito comum, já que não mais há restrição material ou processual à concessão de tutelas provisórias. Aqui, sim, a invalidade declarada pelo Supremo Tribunal Federal resulta em verdadeira vitória do contribuinte.

4.4 Concessão de tutelas provisórias para compensação tributária

Marcus Paulo Jadon, Diego Diniz Ribeiro e Camila Campos Vergueiro

Em 11 de outubro de 2021 foi publicado o acórdão proferido pelo Supremo Tribunal Federal no julgamento da Ação Direta de Inconstitucionalidade 4.296, no qual foi declarado inconstitucional o art. 7º, § 2º,[154] da Lei do Mandado

154. "Art. 7º. [...]

de Segurança (Lei federal 12.016/2009), que vedava a concessão de medida liminar em mandado de segurança que tivesse por pedido a compensação de crédito e indébito tributários. Referida decisão apresenta caráter vinculante, nos termos do § 2º[155] do art. 102 da Constituição Federal/1988, efeito esse reiterado infraconstitucionalmente no art. 927, inciso I,[156] do Código de Processo Civil/2015, por isso entendemos por bem tratar do assunto.

Tal pronunciamento vem gerando diferentes interpretações quanto ao seu alcance em relação à compensação em matéria tributária, haja vista o óbice prescrito pelo art. 170-A[157] do Código Tributário Nacional, que estabelece como condição para exercício da compensação o trânsito em julgado da decisão judicial em que se discute o indébito tributário. Assim, a questão a ser avaliada neste artigo é se a partir de tal julgado seria possível admitir, de forma ampla e irrestrita, o deferimento de tutelas provisórias – gênero do qual é espécie a liminar no mandado de segurança –, autorizando a compensação em matéria tributária.

---

§ 2º *Não* será concedida medida liminar que tenha por objeto a compensação de créditos tributários, a entrega de mercadorias e bens provenientes do exterior, a reclassificação ou equiparação de servidores públicos e a concessão de aumento ou a extensão de vantagens ou pagamento de qualquer natureza."

155. "Art. 102. Compete ao Supremo Tribunal Federal, precipuamente, a guarda da Constituição, cabendo-lhe:
I – processar e julgar, originariamente:
a) a ação direta de inconstitucionalidade de lei ou ato normativo federal ou estadual e a ação declaratória de constitucionalidade de lei ou ato normativo federal;
§ 2º As decisões definitivas de mérito, proferidas pelo Supremo Tribunal Federal, nas ações diretas de inconstitucionalidade e nas ações declaratórias de constitucionalidade produzirão eficácia contra todos e efeito vinculante, relativamente aos demais órgãos do Poder Judiciário e à administração pública direta e indireta, nas esferas federal, estadual e municipal."

156. "*Art. 927. Os juízes e os tribunais observarão:*
I – as decisões do Supremo Tribunal Federal em controle concentrado de constitucionalidade."

157. "*Art. 170-A. É vedada a compensação mediante o aproveitamento de tributo, objeto de contestação judicial pelo sujeito passivo, antes do trânsito em julgado da respectiva decisão judicial.*"

Para precisar sua abrangência, mister identificar os seus motivos determinantes, i.e., sua *ratio decidendi*, o que supõe a leitura da íntegra do aresto e não apenas uma rápida vista d'olhos em sua ementa.[158]

Detendo-nos sobre os votos proferidos no referido julgamento, em especial o vencedor, da lavra do Ministro Alexandre de Moraes,[159] constata-se que o Supremo Tribunal Federal considerou que a lei não pode prever uma restrição de caráter *absoluto* ao poder geral de cautela do juiz, sob pena de indevidamente (1) restringir a eficácia do próprio mandado de segurança e, reflexamente, do direito líquido certo que por meio dele se pretende proteger, (2) violar o princípio da inafastabilidade da jurisdição, além de (3) atribuir à Fazenda Pública um tratamento preferencial sem que haja motivo juridicamente válido para tanto.

Levando em consideração a *ratio decidendi* do aludido precedente, a questão que fica para ser respondida é: a referida *ratio* poderia ser convocada para também reconhecer a inconstitucionalidade do art. 170-A do Código Tributário Nacional e, com isso, concluir ter se consolidado nesse julgado o "amplo e irrestrito" direito à concessão de tutelas provisórias autorizando a compensação?

Antes de responder a essa pergunta, convém destacar que, no plano infraconstitucional, o Superior Tribunal de Justiça reconhece válido o referido art. 170-A do Código Tributário Nacional, conforme se observa da decisão veiculada no REsp 1.167.039/DF,[160] julgado sob o rito de recurso

---

158. Criticando a chamada cultura da ementa no Brasil: RIBEIRO, Diego Diniz. *In:* CONRADO, Paulo César (org.). *Processo tributário analítico.* São Paulo: Noeses. 2016. v. 3, p. 111-140.

159. Importante destacar que no ponto abordado no presente artigo o Ministro redator do voto vencedor, Alexandre de Moraes, e o relator originário para a ADI, Ministro Marco Aurélio, apresentam a mesma conclusão, *i.e.*, pela inconstitucionalidade do art. 7º, § 2º, da Lei n. 12.016/2009

160. "TRIBUTÁRIO. COMPENSAÇÃO. ART. 170-A DO CTN. REQUISITO DO TRÂNSITO EM JULGADO. APLICABILIDADE A HIPÓTESES DE INCONSTI-

repetitivo ainda na vigência do Código de Processo Civil/1973. Tal manifestação do Superior Tribunal de Justiça é formalmente vinculante, à luz do art. 927,[161] inciso III, do Código de Processo Civil/2015 e, por isso, não pode ser ignorada no contexto do presente trabalho.

Por sua vez, no âmbito doutrinário, é possível encontrar quem defenda a inconstitucionalidade do art. 170-A do Código Tributário Nacional, o que se dá com base em diferentes fundamentos, que vão desde ofensa ao direito de propriedade do contribuinte[162] até a indevida mitigação do princípio da inafastabilidade da jurisdição.[163]

Feitas essas considerações, retornemos às razões de decidir da Ação Direta de Inconstitucionalidade 4.296, de cujo conteúdo é possível reconhecer que os fundamentos lá expostos podem ser convocados para também se contrapor ao disposto no art. 170-A do Código Tributário Nacional.

TUCIONALIDADE DO TRIBUTO RECOLHIDO.
1. Nos termos do art. 170-A do CTN, 'é vedada a compensação mediante o aproveitamento de tributo, objeto de contestação judicial pelo sujeito passivo, antes do trânsito em julgado da respectiva decisão judicial', vedação que se aplica inclusive às hipóteses de reconhecida inconstitucionalidade do tributo indevidamente recolhido.
2. Recurso especial provido. Acórdão sujeito ao regime do art. 543-C do CPC e da Resolução STJ 08/08" (REsp 1.167.039/DF, rel. Ministro Teori Albino Zavascki, 1ª Seção, julgado em 25.08.2010, *DJe* 02.09.2010).

161. "Art. 927. [...]
III – os acórdãos em incidente de assunção de competência ou de resolução de demandas repetitivas e em julgamento de recursos extraordinário e especial repetitivos;"

162. JARDIM, Eduardo Marçal Ferreira. *Arts. 170 a 172*. *In*: MARTINS, Ives Gandra da Silva (coord.). *Comentários ao Código Tributário Nacional*. 3. ed. São Paulo: Saraiva, 2002. v. 2, p. 399-400.

163. Mantovanni Colares Cavalcante sustenta que condicionar a fruição de um direito material litigioso ao advento da coisa julgada só teria validade se tal restrição tivesse amparo constitucional, como é o caso dos pagamentos devidos pela Fazenda Pública (art. 100 da CF) (Cf.: O mandado de segurança em matéria tributária e as teses vinculantes fixadas na ADI 4.296. *In:* CARVALHO, Paulo de Barros (coord.); SOUZA, Priscila de (org.). *XVIII Congresso Nacional de Estudos Tributários*. São Paulo: Noeses: IBET, 2021. p. 1045.

Todavia, por mais paradoxal que isso possa parecer, tal posição da Suprema Corte não redunda na precipitada conclusão de que a partir de agora todo e qualquer crédito tributário debatido em juízo será passível de compensação antes do seu trânsito em julgado. E isso porque o voto condutor do acórdão, do Ministro Alexandre de Moraes, refuta "restrições absolutas" ao poder geral de cautela do juiz, mas também reconhece que a concessão, ou não, de uma tutela de natureza provisória em mandado de segurança, ou em ações de rito ordinário, depende da prudencial análise do juízo no exercício em concreto do seu poder geral de cautela.

Em outros termos, o Supremo Tribunal Federal teria afastado o óbice em um plano normativo, mas não no âmbito da realização prática do direito. Assim, a concessão *in limine* de uma tutela provisória continuaria tendo um caráter excepcional, ainda mais quando tal provimento jurisdicional apresenta viés de irreversibilidade.[164] Logo, a sua concessão continua dependendo do preenchimento dos requisitos próprios das tutelas de urgência (*probabilidade do direito* e *perigo de dano ou o risco ao resultado útil do processo*) ou da presença de uma das hipóteses de cabimento da tutela da evidência (art. 311 do Código de Processo Civil/2015).

Diante desse quadro, por mais alvissareira que a decisão possa parecer, acredita-se ainda que no âmbito pragmático do direito tributário a concessão de tutelas provisórias para compensação continuará sendo medida excepcional.

Em todo caso, esse precedente tem dois méritos que merecem ser aqui sublinhados: (1) o destaque dado ao poder geral de cautela como instrumento para a realização substancial da atividade jurisdicional e (2) por trazer novamente ao centro das discussões o disposto no art. 170-A do

---

164. Na linha do que prevê o art. 300, § 3º, do CPC:
"Art. 300 [...].
§ 3º A tutela de urgência de natureza antecipada não será concedida quando houver perigo de irreversibilidade dos efeitos da decisão."

Código Tributário Nacional, o qual hoje se apresenta em um contexto histórico-normativo muito distinto daquele em que foi inserido na referida codificação.[165]

4.5 Compensação tributária e tutela da evidência

Diego Diniz Ribeiro

Analisando o processo civil a partir das suas diferentes fases históricas (sincrética, científica e instrumentalista)[166] é possível identificar, como principais frutos da última dessas fases (instrumentalista), duas características essenciais: *instrumentalidade* e *efetividade*.

Já foi dito em outros textos desta obra que o processo e, por conseguinte, o processo tributário, não pode ser visto como um fim em si mesmo, devendo a sua atenção se voltar ao direito material que lhe dá origem, de modo a satisfazê-lo em concreto, ou seja, torná-lo *efetivo*. Percebe-se, portanto, que instrumentalidade e efetividade processual são valores que estão umbilicalmente ligados.

Essas premissas iniciais pretendem situar um relevante aspecto do presente texto: a importância de se valorizar precedentes não apenas para garantir segurança jurídica e igualdade, mas, também, para dar *efetividade* aos direitos materiais conflituosos em uma específica relação processual subjetivamente formada, relação essa análoga àquela decidida em um *leading case*.[167]

---

165. Nesse particular aspecto convém destacar, por exemplo, o voto do Ministro Gilmar Mendes, que admitia a liminar em mandado de segurança para fins de compensação em matéria tributária nas hipóteses em que a exação debatida tivesse sido objeto de julgamento em casos repetitivos ou de súmula vinculante.

166. Há quem defenda que já se estaria vivenciando uma 4ª fase do Processo Civil, chamada de cooperativa ou consensual.

167. A expressão *leading case* está sendo aqui utilizada em referência ao caso em

Essa relação entre precedentes e efetividade da tutela jurisdicional, inclusive, não passou despercebida no Código de Processo Civil/2015, quando previu a possibilidade de concessão de tutela provisória da evidência pautada em certos tipos formais de precedentes vinculantes, conforme se observa do art. 311, inciso II,[168] do *Codex* processual vigente. O foco para a concessão deste tipo de tutela provisória é a qualidade do direito material vindicado conjugado com a necessidade de efetivá-lo tempestivamente, de modo a também evitar que o direito de defesa seja empregado de forma abusiva.[169]

Diante desse quadro, mister avaliar se em matéria tributária é viável a concessão de tutela da evidência para fins de compensação de tributos. Em outros termos, a questão que se afigura é: há possibilidade de conciliar o art. 311, inciso II, do Código de Processo Civil/2015 com o art. 170-A[170] do Código Tributário Nacional?

Importante aqui desde já registrar que partilhamos a mesma opinião externada por Camila Campos Vergueiro no texto constante do item 4.3 deste capítulo, quando assevera que o recente precedente veiculado pelo Supremo Tribunal Federal na Ação Direta de Inconstitucionalidade 4.296

---

que uma dada decisão judicial será proferida e que vinculará os demais órgãos jurisdicionais.

168. "Art. 311. A tutela da evidência será concedida, independentemente da demonstração de perigo de dano ou de risco ao resultado útil do processo, quando:
[...].
II – as alegações de fato puderem ser comprovadas apenas documentalmente e houver tese firmada em julgamento de casos repetitivos ou em súmula vinculante;
[...]."

169. O devido processo legal e, por conseguinte, todos os desdobramentos procedimentais daí decorrentes, não pode ser visto como um obstáculo formalmente manejado para impedir/dificultar a efetividade de um direito material já evidente, até porque, repita-se, o processo não é um fim si mesmo, haja vista o seu já mencionado caráter instrumental.

170. "Art. 170-A. É vedada a compensação mediante o aproveitamento de tributo, objeto de contestação judicial pelo sujeito passivo, antes do trânsito em julgado da respectiva decisão judicial."

não é suficiente para implicar o esvaziamento do conteúdo semântico do art. 170-A do Código Tributário Nacional.

Tal conclusão, entretanto, não retira a validade do questionamento feito acima, no sentido de compatibilizar o art. 170-A do Código Tributário Nacional e a possibilidade de compensação em matéria tributária, por meio de tutela provisória da evidência.

Para se chegar a tal conclusão, convém rememorar o momento histórico da inserção do art. 170-A do Código Tributário Nacional, veiculado pela Lei Complementar 104, no já longínquo ano de 2001, quando a ideia de transubjetivação das decisões judiciais era praticamente inexistente, restrita ao debate em relação aos efeitos *erga omnes* das decisões proferidas em controle concentrado de constitucionalidade (art. 28, parágrafo único[171] da Lei federal 9.868/1999). Institutos como a súmula vinculante, a repercussão geral e recursos repetitivos só surgiram com a inserção das disposições veiculadas pela Emenda Constitucional 45/2004. Acontece que, desde então, muito se alterou no ordenamento nacional no sentido de valorizar precedentes e, com isso, *racionalizar* a atividade jurisdicional em prol da sobredita efetividade.

Percebe-se, pois, que o art. 170-A do Código Tributário Nacional foi originalmente pensado em outro contexto histórico, ainda pautado pela ideia de relações processuais *subjetivas*. O seu objetivo, portanto, era evitar que um *único* contribuinte gozasse de uma tutela provisória para fins de compensação, o que poderia implicar a desestabilização

171. "Art. 28. Dentro do prazo de dez dias após o trânsito em julgado da decisão, o Supremo Tribunal Federal fará publicar em seção especial do Diário da Justiça e do Diário Oficial da União a parte dispositiva do acórdão.
Parágrafo único. A declaração de constitucionalidade ou de inconstitucionalidade, inclusive a interpretação conforme a Constituição e a declaração parcial de inconstitucionalidade sem redução de texto, têm eficácia contra todos e efeito vinculante em relação aos órgãos do Poder Judiciário e à Administração Pública federal, estadual e municipal."

de um nicho econômico, decorrente do tratamento desigual para contribuintes em situações análogas, o que também redundaria em ofensa à livre concorrência.[172]

Acontece que, com a valorização de um modelo de *stare decisis*,[173-174] a ideia daí decorrente é no sentido de que o advento de um precedente vinculante já permita ao contribuinte/jurisdicionado antever o resultado da sua específica demanda, de modo que a compensação admitida com base na tutela de evidência continuará atendendo à finalidade original do art. 170-A do Código Tributário Nacional: garantir igualdade, bem como livre concorrência.

Apesar de parecer paradoxal, a concessão da tutela de evidência na hipótese aqui tratada, embora mitigue a literalidade do art. 170-A do Código Tributário Nacional, atende os valores jurídicos dele emanados. Trata-se da prevalência do sentido jurídico em oposição à literalidade do texto legal.

A conclusão aqui alcançada não redunda no esvaziamento do art. 170-A do Código Tributário Nacional. Tal dispositivo continua sendo a regra no ordenamento jurídico nacional. Tal fato, entretanto, não impede a sua *excepcional* flexibilização nas específicas circunstâncias do art. 311, inciso II, do Código de Processo Civil/2015,[175]

---

172. Isso pode ter um impacto gigantesco para nichos de mercados em que figuram poucos operadores e nos quais as margens se dão na casa dos centavos. É, por exemplo, a situação do setor de distribuição de combustíveis.

173. Modelo de *stare decisis* é aquele que reconhece a necessidade de observância de decisões qualificadas de vinculantes em nosso ordenamento, nas hipóteses em que há uma analogia-problemática entre os casos em comparação.

174. No qual deve haver uma efetiva perseguição de decisões estáveis, íntegras e coerentes, nos termos do art. 926 do CPC.

175. Em verdade, defende-se aqui que a tutela da evidência do art. 311, inciso II, do CPC não estaria restrita às hipóteses de julgamento de recursos repetitivos e súmulas vinculantes, mas, também, poderia se estender às outras hipóteses de tipos formais de precedentes vinculantes, previstos no art. 927 do CPC. No mesmo sentido: DIDIER JÚNIOR, Fredie. *Curso de direito processual civil*. 17. ed. Salvador: JusPodivm, 2015. v. 2, p. 625.

as quais demandam a superação de um pesado ônus probatório-argumentativo.[176]

Acredita-se que, com a interpretação aqui defendida, há uma potencialização dos valores mencionados no início do presente texto (instrumentalidade e efetividade), o que só reforça o papel do processo tributário em favor do direito tributário material.

4.6 Liminar em mandado de segurança x compensação óbice do art. 170-A do Código Tributário Nacional

Daniel de Paiva Gomes e Eduardo de Paiva Gomes

Recentemente,[177] o Superior Tribunal de Justiça determinou o cancelamento de sua Súmula 212, que consolidava o entendimento de que a compensação de créditos tributários não poderia ser deferida em ação cautelar ou medida liminar cautelar ou antecipatória. Isso, a fim de alinhar sua orientação de jurisprudência ao julgamento da Ação Direta

---

176. No mesmo diapasão do que fora aqui aduzido, convém destacar a decisão proferida pelo TRF da 1ª Região, nos autos 0014773-57.2010.4.01.3000, bem como o acórdão Carf 3402-005.025, este último assim ementado:
"[...] COMPENSAÇÃO. PEDIDO REALIZADO ANTES DO TRÂNSITO EM JULGADO EM FAVOR DO CONTRIBUINTE. QUESTÃO DE CONTEÚDO QUE DEVE SE SOBREPOR À FORMA. PREVALÊNCIA DA *RATIO DECIDENDI* DE PRECEDENTE PRETORIANO DE CARÁTER VINCULANTE COM A ADEQUAÇÃO DO DISPOSTO NO ART. 170-A DO CTN.
Embora o pedido de compensação perpetrado pelo contribuinte tenha se contraposto à literalidade do art. 170-A do CTN, ao final do processamento judicial a lide por ele proposta foi julgada procedente, com base em precedente vinculante do STF. (RE 357.950) o que, por sua vez, faz convocar em seu favor o disposto nos artigos 489, § 1º, inciso VI, 926 e s.s., todos do CPC/2015, bem como o disposto no art. 62, § 1º, inciso II, alínea "b" do RICARF e, ainda, ao prescrito no art. 2º, inciso V da Portaria PGFN n. 502/2016.
Recurso voluntário provido para sujeitar a Administração Pública ao precedente vinculante do STF (RE n. 357.950). Pedido de compensação a ser analisado pela instância competente apenas para fins de apuração quanto a adequação do montante compensado" (grifos nossos).

177. O cancelamento da Súmula 212 pela 1ª Seção do STJ ocorreu na sessão de 14.09.2022, decisão de cancelamento essa publicada no *DJe* 19.09.2022.

de Inconstitucionalidade 4.296, no qual o Supremo Tribunal Federal declarou a inconstitucionalidade do art. 7º, § 2º, da Lei federal 12.016/2009.[178]

Diante do posicionamento manifestado pela Suprema Corte e pelo Tribunal Superior, seria possível, a partir de então, admitir a efetivação de compensação de créditos tributários com fundamento em decisão liminar proferida em mandado de segurança?

A resposta ao questionamento acima demanda, necessariamente, a análise do teor do art. 170-A do Código Tributário Nacional, cuja redação institui vedação à compensação mediante o aproveitamento de tributo, objeto de contestação judicial pelo sujeito passivo, antes do trânsito em julgado da respectiva decisão judicial.

Esse, portanto, é o critério fixado, pela legislação material, para que o sujeito passivo esteja autorizado a realizar compensações relacionadas a tributo objeto de ação judicial: o "trânsito em julgado da respectiva decisão judicial" que reconheça ao contribuinte o direito ao crédito do tributo objeto de contestação judicial.

Antes do advento do Código de Processo Civil de 2015, parece-nos que essa questão não comportaria maiores digressões, sendo facilmente resolvida pela literalidade do diploma anterior. Nos termos da legislação processual anterior, o termo "trânsito em julgado da respectiva decisão judicial", constante do art. 170-A do Código Tributário Nacional, seria definido, necessariamente, como "trânsito em julgado da respectiva sentença", único tipo decisório

178. Apenas para lembrar a leitora e o leitor: esse dispositivo da lei de mandado de segurança vedava a concessão de liminar para autorizar a compensação. Seu conteúdo é: "Art. 7º [...]
§ 2º Não será concedida medida liminar que tenha por objeto a compensação de créditos tributários, a entrega de mercadorias e bens provenientes do exterior, a reclassificação ou equiparação de servidores públicos e a concessão de aumento ou a extensão de vantagens ou pagamento de qualquer natureza."

acobertado pelo manto da coisa julgada consoante o Código de Processo Civil de 1973.[179]

De acordo com o Código de Processo Civil/1973, os efeitos da coisa julgada material somente eram atribuídos à sentença não mais sujeita a recurso ordinário ou extraordinário.

Assim, interpretando-se o art. 170-A do Código Tributário Nacional à luz do Código de Processo Civil/1973, concluir-se-ia que decisões precárias e provisórias, tais como pedidos liminares concedidos em mandado de segurança, não seriam o veículo adequado para autorizar o sujeito passivo a realizar compensações tributárias, já que o trânsito em julgado somente seria verificado em decisões judiciais do "tipo" sentença.

Com a edição do Código de Processo Civil/2015, entretanto, diante dos posicionamentos jurisprudenciais recentemente fixados pelo Supremo Tribunal Federal e Superior Tribunal de Justiça, a leitura isolada da legislação processual poderia dar margem a resposta no sentido de que a decisão liminar poderia autorizar a compensação. Mas, não é isso que se dá, conforme demonstraremos.

O Código de Processo Civil/2015 sofreu alteração relevante no que tange ao calibre da decisão judicial em relação à qual recai o atributo da coisa julgada, pois, de acordo com o seu art. 502,[180] a coisa julgada material se forma sobre decisão de mérito não mais sujeita a recurso, portanto, de conteúdo do art. 487,[181] que pode ser veiculada, tanto

179. "Art. 467. Denomina-se coisa julgada material a eficácia, que torna imutável e indiscutível a sentença, não mais sujeita a recurso ordinário ou extraordinário.
Art. 468. A sentença, que julgar total ou parcialmente a lide, tem força de lei nos limites da lide e das questões decididas."

180. "Art. 502. Denomina-se coisa julgada material a autoridade que torna imutável e indiscutível a decisão de mérito não mais sujeita a recurso."

181. "Art. 487. Haverá resolução de mérito quando o juiz:
I – acolher ou rejeitar o pedido formulado na ação ou na reconvenção;
II – decidir, de ofício ou a requerimento, sobre a ocorrência de decadência ou prescrição;

em sentença, como em decisão interlocutória proferida em julgamento antecipado parcial de mérito, essa última nos termos do seu art. 356.[182]

Portanto, em comparação com a legislação processual anterior, a coisa julgada não está restrita à sentença, abrangendo decisões proferidas no curso do processo, portanto, interlocutórias, mas não qualquer interlocutória, apenas aquelas que tratem do mérito da demanda, isto é, do direito material pretendido pelo proponente da demanda.

A literalidade do art. 170-A do Código Tributário Nacional não qualifica o tipo de decisão judicial transitada em julgado, valendo-se da expressão genérica "decisão judicial", cujo conteúdo, se lido conjugadamente ao referido art. 502 do Código de Processo Civil/2015 e à manifestação de inconstitucionalidade do § 2º do art. 7º da Lei federal 12.016/2009, poderia conduzir à equivocada conclusão de que a decisão concessiva de liminar, porque interlocutória, respaldaria o sujeito passivo a realizar compensações.

Entretanto, não é qualquer decisão interlocutória que assume a autoridade da coisa julgada, tão somente a que aprecia o mérito da demanda com cognição exauriente, o que não se corporifica na apreciação da liminar no mandado de segurança, seja porque conforma-se sobre os pressupostos do *fumus* e do *periculum*, portanto, apreciação não exauriente e sem análise do mérito da demanda, seja porque pode ser revogada a qualquer tempo até e na própria sentença, cujo conteúdo inclusive se lhe sobrepõe.

III – homologar:
a) o reconhecimento da procedência do pedido formulado na ação ou na reconvenção;
b) a transação;
c) a renúncia à pretensão formulada na ação ou na reconvenção."

182. "Art. 356. O juiz decidirá parcialmente o mérito quando um ou mais dos pedidos formulados ou parcela deles:
I – mostrar-se incontroverso;
II – estiver em condições de imediato julgamento, nos termos do art. 355."

Assim, a interpretação da legislação processual à luz do ciclo de positivação da obrigação tributária leva à conclusão de que a compensação, para que opere seus efeitos enquanto causa extintiva da obrigação tributária, demanda situação de definitividade incompatível com decisões provisórias da potência das liminares em mandado de segurança.

Os recentes posicionamentos exteriorizados pelo Supremo Tribunal Federal e pelo Superior Tribunal de Justiça poderiam respaldar a prolação de decisão que autorize a transmissão de declarações de compensação até o trânsito em julgado da demanda, determinando a suspensão da exigibilidade dos débitos confessados e, eventualmente, afastando os efeitos previstos no § 12, II, "d", do art. 74 da Lei federal 9.430/1996.[183]

No entanto, em nenhuma hipótese a decisão liminar em mandado de segurança seria capaz de permitir o efetivo encontro de contas entre sujeito ativo e sujeito passivo, haja vista a necessidade de um evento dotado de definitividade para que a obrigação tributária alcance o estágio de exigibilidade exaurida.

4.7 A tutela provisória fundada na urgência e a contracautela no processo tributário

Camila Campos Vergueiro

Neste artigo, debruçar-nos-emos sobre o que dispõe o § 1º[184] do art. 300 do Código de Processo Civil/2015, que

183. "Art. 74. [...]
§ 12. Será considerada não declarada a compensação nas hipóteses: [...]
II – em que o crédito [...]
d) seja decorrente de decisão judicial não transitada em julgado."

184. "Art. 300. A tutela de urgência será concedida quando houver elementos que evidenciem a probabilidade do direito e o perigo de dano ou o risco ao resultado útil do processo.

autoriza a exigência de "caução real ou fidejussória idônea" para a concessão de tutela provisória fundamentada na urgência.

Tratado costumeiramente como hipótese de restrição à concessão das tutelas provisórias, está esse dispositivo a merecer releitura no âmbito do processo tributário antiexacional, diante do ônus imposto ao devedor que tenha que depositar o montante integral do débito para conseguir obter a suspensão da exigibilidade do crédito tributário nos termos do inciso II[185] do art. 151 do Código Tributário Nacional.

Não é demais apontar que mesmo antes do cenário econômico de crise não era incomum, na prática do contencioso tributário, haver resistência à concessão de tutela de natureza provisória suspensiva da exigibilidade da dívida tributária, abertamente fundada na presunção de validade do crédito tributário e veladamente porque obstativa da entrada de receita nos cofres púbicos. Essa restrição (a postura defensiva na concessão de tutelas provisórias) tem como um dos seus mais graves efeitos a continuidade da cobrança, via ação exacional, até a constrição patrimonial para garantir o pagamento do crédito fazendário, convocando a movimentação da máquina do Judiciário em mais de um processo sob a base do mesmo crédito tributário.

E é aqui que sobressai a contracautela como instrumento de efetividade processual, já que apta a operacionalizar o poder geral de cautela intrínseco ao exercício da jurisdição e assegurado como direito das partes litigantes.[186]

---

§ 1º Para a concessão da tutela de urgência, o juiz pode, conforme o caso, exigir caução real ou fidejussória idônea para ressarcir os danos que a outra parte possa vir a sofrer, podendo a caução ser dispensada se a parte economicamente hipossuficiente não puder oferecê-la."

185. "Art. 151. Suspendem a exigibilidade do crédito tributário: [...]
II – o depósito do seu montante integral."

186. O Supremo Tribunal Federal em duas específicas oportunidades assentou que

Se por um lado o § 1º do art. 300 do Código de Processo Civil/2015 impõe ao juízo o dever de aferir o risco de dano inverso[187] no contexto do exercício do poder geral de cautela e, identificando-o, exigir a contracautela, por outro, assegura o correlato direito de o contribuinte antecipar-se e oferecê-la, resguardando em relação: (1) ao fisco a satisfação do crédito tributário (o pagamento); e (2) a si os efeitos colaterais da condição de inadimplente, como o bloqueio de certidão de regularidade fiscal, inscrição em cadastros de restrição ao crédito e o protesto, assim como do ajuizamento do processo executivo, já que acompanhada da viabilidade de concessão da tutela provisória suspensiva da exigibilidade pela literalidade do texto do dispositivo.

Importante deixar claro que não se está aqui a sustentar que a contracautela terá o condão de suspender a exigibilidade, apenas será eficiente para resguardar o dano inverso decorrente da concessão da tutela provisória pretendida (e obtida) pelo contribuinte, assumindo a natureza de verdadeira "antecipação da garantia", providência de longa data conhecida do advogado e da advogada do contencioso tributário, aqui instrumentalizada não pela via da cautelar autônoma, mas na própria medida judicial em que se discute a exigência tributária.

Aqui fazemos uso das palavras de Luis Claudio Ferreira Cantanhêde para afirmar ser notoriamente vantajosa a providência de oferecimento da contracautela para: (1) o fisco, porque assegura o pagamento do crédito tributário

---

o poder geral de cautela é inerente ao exercício da atividade jurisdicional por decorrer diretamente da Constituição Federal/1988 quando atribui ao Poder Judiciário "o poder-dever de curar qualquer lesão ou ameaça a direito" (voto do Ministro Carlos Velloso na ADC 4 MC) em seu inciso XXXV do seu art. 5º e "resguardar a eficácia futura do exercício legítimo do seu poder" (a referência aqui é ao voto no Ministro Sepúlveda Pertence na ADI 223).

187. O risco de dano inverso que convoca a contracautela, a que se refere o dispositivo do CPC/2015, está ligado à possibilidade de não haver o pagamento pelo contribuinte se a demanda for julgada improcedente.

na hipótese de improcedência da demanda, assim como suplanta as várias etapas do procedimento de cobrança do crédito tributário via título executivo extrajudicial e ajuizamento de execução fiscal; (2) o contribuinte, porque viabiliza a concessão da tutela provisória suspensiva da exigibilidade do crédito tributário, purgando a mora e os efeitos colaterais decorrentes da crise de inadimplemento.

Mas não é só nessa dupla função que se consolida sua utilidade, a coexistência da contracautela e da decisão concessiva da tutela provisória são instrumentos de aplicabilidade da cooperação[188] processual em seu aspecto efetividade, pois assegura ao contribuinte que o tempo do processo não corroa o seu direito de discutir a exigência tributária sem os efeitos decorrentes da condição de inadimplente, ao fisco, a certeza de que, saindo vencedor ante a improcedência da demanda, obterá a satisfação de seu crédito.

188. "Art. 6º Todos os sujeitos do processo devem cooperar entre si para que se obtenha, em tempo razoável, decisão de mérito justa e efetiva."

CAPÍTULO 5
AÇÃO TRIBUTÁRIA ANTIEXACIONAL REPARADORA

5.1 Exigibilidade exaurida e tutela jurisdicional reparadora

Daniel de Paiva Gomes e Eduardo de Paiva Gomes

Admite-se como premissa de que a relação processual e, portanto, a legislação processual devem ser analisadas e compreendidas a partir da relação jurídica de direito material conflituosa subjacente. Instaurando-se o conflito na relação jurídico-tributária, tem-se, portanto, que a legislação processual há de ser interpretada e aplicada à luz das normas de Direito Tributário (*in casu*, o Código Tributário Nacional).

Debruçando-nos na análise do conflito instaurado na relação jurídico-tributária, surge, então, a segunda premissa necessária para a boa prática tributária: a adequação do instrumento processual pressupõe a compatibilidade da tutela jurisdicional em face do momento do processo de concretização da obrigação tributária em que o conflito se instala.

A partir dessa premissa, possível concluir que os conflitos instaurados nos diversos momentos do ciclo de positivação da obrigação tributária dizem respeito, em síntese, à exigibilidade dos tributos, assim entendida a eficácia desdobrada da obrigação tributária.

Entre as possíveis variáveis inerentes a essa figura – da exigibilidade –, o presente texto cuida daquela verificada no cenário do adimplemento do tributo pelo sujeito passivo, hipótese reconhecível pelo qualificativo "exaurida"[189] e que poderá disparar a emissão de tutela reparadora, assegurada no art. 165[190] do Código Tributário Nacional, que pode ser provocada tanto em ambiente administrativo, como judicial.

---

189. Exigibilidade exaurida: expressão que faz referência ao pagamento do crédito tributário.

190. "Art. 165. O sujeito passivo tem direito, independentemente de prévio protesto, à restituição total ou parcial do tributo, seja qual for a modalidade do seu pagamento, ressalvado o disposto no § 4º do art. 162, nos seguintes casos:
I – cobrança ou pagamento espontâneo de tributo indevido ou maior que o devido em face da legislação tributária aplicável, ou da natureza ou circunstâncias materiais do fato gerador efetivamente ocorrido;
II – erro na edificação do sujeito passivo, na determinação da alíquota aplicável, no cálculo do montante do débito ou na elaboração ou conferência de qualquer documento relativo ao pagamento;
III – reforma, anulação, revogação ou rescisão de decisão condenatória."

Trata, a tutela reparadora, de mecanismo processual jurisdicional que pretende requalificar o pagamento realizado pelo sujeito passivo, mediante a constituição do denominado indébito tributário, constituindo, por derivação, o dever do fisco de pagar ao particular, agora credor, o mesmo valor que recebeu indevidamente.

Por ser utilizável em âmbito administrativo e judicial, a tutela reparadora pode ser naturalmente expedida por diferentes atores, a depender da escolha do credor do indébito: se utilizada a ação de repetição de indébito, caberá à autoridade judicial a requalificação adrede referida; optando pelo reconhecimento do indébito tributário na esfera administrativa, à autoridade correspondente caberá essa competência.

Vale destacar que o processo que deságua na constituição do indébito tributário não se confunde com os mecanismos previstos na legislação para extinção dessa mesma relação, evento que demanda o cumprimento, pelo fisco, de seu dever, após a eleição, pelo particular credor, do instrumento que dará efetividade à reparação. Na esfera judicial, via precatório ou requisição de pequeno valor; em âmbito administrativo, mediante restituição ou compensação.

5.2 O prazo para exigir a restituição do indébito tributário

Daniel de Paiva Gomes e Eduardo de Paiva Gomes

O *caput* do art. 168[191] do Código Tributário Nacional é claro ao estabelecer que o direito de pleitear a restituição extingue-se com o decurso do prazo de cinco anos. A despeito da aparente simplicidade, surge, de imediato, o questionamento: estar-se-ia diante de prazo qualificado como decadencial ou prescricional?

191. "Art. 168. O direito de pleitear a restituição extingue-se com o decurso do prazo de 5 (cinco) anos, contados: [...]."

Argumenta-se que o prazo teria natureza decadencial quando o direito à restituição do indébito tributário é exercido na esfera administrativa, sob o argumento de referir-se ao "exercício do direito material". Por outro lado, estar-se-ia diante de prazo qualificado como prescricional na hipótese em que se refere ao "exercício do direito processual", isto é, o ajuizamento da ação de repetição de indébito

Em que pese tal divergência, a nosso ver, a divisão dogmática parte de premissa equivocada. Isso porque, em verdade, a prescrição não se refere à "perda do direito ação", mas, sim, à "perda do direito material de exigir o cumprimento da obrigação inadimplida (pretensão em sentido material)".

Tanto é assim que o reconhecimento da prescrição resulta na prolação de sentença de mérito, nos termos do art. 487, II,[192] do Código de Processo Civil/2015. Portanto, entendemos que o reconhecimento da prescrição fulmina o "direito material de exigir o cumprimento da obrigação inadimplida e, com ele, a própria responsabilidade patrimonial do devedor inadimplente", não se confundindo com o singelamente conhecido "direito de ação".

E o dito "direito material de exigir o cumprimento da obrigação inadimplida" é passível de ser exercido na esfera administrativa e, igualmente, no âmbito judicial. Assim, entendemos que o prazo previsto no art. 168 do Código Tributário Nacional é de envergadura prescricional.

Feitos tais esclarecimentos, a controvérsia gravita em torno dos termos *a quo* para contagem do lustro prescricional previstos nos incisos I e II do art. 168[193] do Código

---

192. "Art. 487. Haverá resolução de mérito quando o juiz: [...]
II – decidir, de ofício ou a requerimento, sobre a ocorrência de decadência ou prescrição."

193. "Art. 168. [...]
I – nas hipótese dos incisos I e II do artigo 165, da data da extinção do crédito tributário;
II – na hipótese do inciso III do artigo 165, da data em que se tornar definitiva a

Tributário Nacional: (1) nos casos em que o indébito tributário tem como fundamento, em síntese, o pagamento indevido de tributo por qualquer razão que macule a regularidade do recolhimento (incisos I e II do art. 165 do Código Tributário Nacional), o prazo prescricional se inicia na data de extinção do crédito tributário; (2) caso o indébito decorra de reforma, anulação, revogação ou rescisão de decisão condenatória (no caso do inciso III do art. 165 do Código Tributário Nacional), o lustro prescricional é contado a partir da data em que se tornar definitiva a decisão administrativa ou passar em julgado a decisão judicial que tenha reformado, anulado, revogado ou rescindido a decisão condenatória.[194]

Na primeira situação, estão inseridas todas as causas de extinção do crédito tributário previstas no art. 156 do Código Tributário Nacional, inclusive no que tange aos tributos constituídos mediante o denominado "lançamento por homologação", em que a extinção, para fins de contagem do prazo prescricional, inicia-se desde logo com o pagamento, independentemente de sua homologação tácita ou expressa.

A segunda hipótese, por sua vez, traduz situação de difícil ocorrência pragmática, já que, por via de regra, o direito ao indébito tributário não decorre de "decisão condenatória", tendo em vista que a cobrança da dívida se faz, necessariamente, pelo manejo de execução fiscal aparelhada com título executivo extrajudicial.

---

decisão administrativa ou passar em julgado a decisão judicial que tenha reformado, anulado, revogado ou rescindido a decisão condenatória."

194. "Art. 165. O sujeito passivo tem direito, independentemente de prévio protesto, à restituição total ou parcial do tributo, seja qual for a modalidade do seu pagamento, ressalvado o disposto no § 4º do artigo 162, nos seguintes casos:
I – cobrança ou pagamento espontâneo de tributo indevido ou maior que o devido em face da legislação tributária aplicável, ou da natureza ou circunstâncias materiais do fato gerador efetivamente ocorrido;
II – erro na edificação do sujeito passivo, na determinação da alíquota aplicável, no cálculo do montante do débito ou na elaboração ou conferência de qualquer documento relativo ao pagamento;
III – reforma, anulação, revogação ou rescisão de decisão condenatória."

Acreditamos que a referida hipótese retrata situação em que a exigência do crédito tributário pendente é realizada mediante o ajuizamento de ação ordinária de cobrança como ocorre com as contribuições parafiscais, tais como os "adicionais ao SESI e ao SENAI". Nesse caso, ter-se-ia uma decisão de cunho condenatório, satisfazendo, assim, o requisito estabelecido pelo referido artigo.

Assim, caso o contribuinte realize o pagamento de tributo por força de decisão condenatória que, posteriormente, venha a ser rescindida, o prazo para pleitear a devolução do indébito se inicia a partir do momento em que se torna definitiva a decisão que resultou na rescisão da decisão condenatória.

Além dos eventos deflagradores do prazo prescricional, é importante destacar que o prazo previsto no art. 168 do Código Tributário Nacional não é interrompido (e, portanto, reiniciado por inteiro posteriormente) caso o contribuinte decida exercer o direito à restituição pela via administrativa. Nesse sentido, inclusive, é a orientação do Superior Tribunal de Justiça fixada em sua Súmula 625.[195]

Dessa forma, se o contribuinte optou pela via administrativa para exercer o direito à restituição, o indeferimento do pleito não resulta na restituição, por inteiro, do lustro prescricional para ajuizar ação de repetição de indébito.

Nesse caso, ter-se-á regramento processual totalmente diverso. Se o pedido administrativo de restituição do indébito tributário for indeferido, o contribuinte não terá cinco anos para ajuizamento de ação de repetição de indébito, mas, sim, dois anos para ajuizamento da denominada "ação anulatória de decisão administrativa que denega

---

195. Súmula 625, STJ: "O pedido administrativo de compensação ou de restituição não interrompe o prazo prescricional para a ação de repetição de indébito tributário de que trata o art. 168 do CTN nem o da execução de título judicial contra a Fazenda Pública" (1ª Seção. Aprovada em 12.12.2018, *DJe* 17.12.2018).

restituição", prevista no art. 169[196] do Código Tributário Nacional.

Não podemos deixar de destacar, a nosso ver, a atecnia da legislação. Pensamos que não se está diante de "ação anulatória" propriamente dita, pois, em última análise, o contribuinte não pretende simplesmente "anular" a decisão administrativa. Em verdade, pretende-se a constituição da própria relação de indébito tributário, tutela reparadora tipicamente exarada nos autos da ação de repetição de indébito.

A atecnia da legislação impõe, ainda, outra adaptação interpretativa. Ao contribuinte deve ser garantido o direito de pleitear o indébito tributário, independentemente da via (se administrativa ou judicial), no prazo de cinco anos. Assim, se o pedido administrativo for indeferido em prazo inferior ao lustro prescricional, ao contribuinte deve ser garantido o exercício da pretensão no prazo restante ou, ao menos, em dois anos.

O parágrafo único do art. 169 do Código Tributário Nacional, por sua vez, trata de hipótese que seria uma espécie de "prescrição intercorrente", impondo que seja interpretada como tal: somente com a inércia do autor da demanda judicial para a impulsionar é que o prazo prescricional será retomado por metade (um ano) em seu desfavor. Dessa forma, se a ação judicial não é impulsionada em razão da morosidade judiciária, não há que se falar na aplicação do referido dispositivo.

196. "Art. 169. Prescreve em dois anos a ação anulatória da decisão administrativa que denegar a restituição.
Parágrafo único. O prazo de prescrição é interrompido pelo início da ação judicial, recomeçando o seu curso, por metade, a partir da data da intimação validamente feita ao representante judicial da Fazenda Pública interessada."

5.3 Repetição de indébito no contexto dos tributos indiretos o art. 166 do Código Tributário Nacional

Daniel de Paiva Gomes e Eduardo de Paiva Gomes

A constituição da exigibilidade exaurida pressupõe a emissão da tutela reparadora, cujo objetivo é a requalificação do pagamento realizado pelo sujeito passivo, constituindo-se o denominado indébito tributário. Cabe investigar, agora, quem possui legitimidade ativa para pleitear a emissão da referida tutela, isto é, quem pode deduzir, em juízo, a pretensão destinada à repetição do indébito tributário.

Inserida nessa temática, a controvérsia de que pretendemos tratar está relacionada às situações em que o tributo a reaver é daqueles que comporta transferência do respectivo encargo financeiro, isto é, o montante correspondente ao tributo está, dada sua natureza, "embutido" no preço do bem adquirido.

Trata-se da distinção comumente conhecida – ainda que não acolhida por parte da Dogmática – entre "contribuinte de direito" e "contribuinte de fato", que põe acento nos efeitos econômicos normalmente emanados por aqueles tributos cujos "ônus financeiros" são transferidos para os sujeitos de direitos que se sucedem na cadeia produtiva, fenômeno precipuamente verificado nos tributos ditos não cumulativos.

Nessa hipótese, o art. 166[197] do Código Tributário Nacional estabelece expressamente que, para que seja possível a restituição do tributo pago indevidamente, deve o sujeito passivo (1) provar que assumiu o ônus financeiro do tributo ou, (2) caso tenha transferido a terceiros tal

---

197. "Art. 166. A restituição de tributos que comportem, por sua natureza, transferência do respectivo encargo financeiro somente será feita a quem prove haver assumido o referido encargo, ou, no caso de tê-lo transferido a terceiro, estar por este expressamente autorizado a recebê-la."

encargo financeiro, tenha autorização expressa para pleitear a devolução.

Diante desse contexto, surge, então, o questionamento que nos movimenta: quem possui legitimidade ativa para pleitear a repetição do tributo que comporta transferência do respectivo encargo financeiro, isto é, quem é o sujeito passivo de que trata o art. 166 do Código Tributário Nacional?

Pensamos que a resposta ao questionamento em análise nos força a retomar a premissa comum sobre a qual falamos noutra oportunidade – se a legislação processual deve ser analisada e compreendida a partir da relação jurídica de direito material subjacente, parte legítima para pleitear a repetição do indébito haverá de ser, necessariamente, a pessoa que estiver inserida no polo passivo da obrigação tributária extinta pelo pagamento que se quer requalificar como indevido.

Ao tratar do direito à repetição do indébito, o art. 165[198] do Código Tributário Nacional já denuncia, de plano, o legitimado para o pleito: o sujeito passivo. Ora, nos termos do art. 121[199] do mesmo diploma, o conceito de "sujeito passivo" abarca apenas duas classes: (1) o contribuinte, quando tenha relação pessoal e direta com a situação descrita na hipótese da norma instituidora do tributo; e (2) o responsável, quando, sem revestir a condição de contribuinte, sua obrigação decorra de disposição expressa de lei.

---

198. "Art. 165. O sujeito passivo tem direito, independentemente de prévio protesto, à restituição total ou parcial do tributo, seja qual for a modalidade do seu pagamento, ressalvado o disposto no § 4º do artigo 162, nos seguintes casos: [...]."

199. "Art. 121. Sujeito passivo da obrigação principal é a pessoa obrigada ao pagamento de tributo ou penalidade pecuniária.
Parágrafo único. O sujeito passivo da obrigação principal diz-se:
I – contribuinte, quando tenha relação pessoal e direta com a situação que constitua o respectivo fato gerador;
II – responsável, quando, sem revestir a condição de contribuinte, sua obrigação decorra de disposição expressa de lei."

A solução da questão pode ser resumida na seguinte máxima: o sujeito passivo da obrigação tributária é o sujeito ativo da relação de indébito tributário, constituindo tais conceitos face e contraface da mesma moeda.

O sujeito passivo, portanto, é a pessoa inserida na relação jurídica de direito material, potencial ou efetiva, sobre a qual o conflito se coloca, de sorte que o terceiro, ainda que suporte o ônus financeiro do tributo, em tal relação não se vê compreendido.

A relação entre o terceiro (contribuinte de fato) e o sujeito passivo é de índole privada, não se confundindo com a relação jurídico-tributária existente entre sujeito passivo e fisco. O tributo, em verdade, é apenas uma das parcelas que compõem o preço, mas que não é paga pelo terceiro a título de tributo, já que não está inserido na relação jurídico-tributário e, portanto, nada deve a esse pretexto.

Conclui-se, assim, que o terceiro que suporta o encargo financeiro do tributo (apelidado de "contribuinte de fato") não possui legitimidade para pleitear a repetição do indébito tributário, por não estar inserido na relação jurídico-tributária extinta pelo pagamento indevido. Somente ao sujeito passivo (o dito "contribuinte de direito") é conferida a faculdade de repetir o indébito tributário, desde que cumpridos os requisitos do art. 166 do Código Tributário Nacional.

É exatamente essa orientação que restou consolidada, no âmbito do Superior Tribunal de Justiça, no recurso especial julgado sobre o rito repetitivo 903.394/AL.[200]

---

200. "PROCESSO CIVIL. RECURSO ESPECIAL REPRESENTATIVO DE CONTROVÉRSIA. ART. 543-C, DO CPC. TRIBUTÁRIO. IPI. RESTITUIÇÃO DE INDÉBITO. DISTRIBUIDORAS DE BEBIDAS. CONTRIBUINTES DE FATO. ILEGITIMIDADE ATIVA *AD CAUSAM*. SUJEIÇÃO PASSIVA APENAS DOS FABRICANTES (CONTRIBUINTES DE DIREITO). RELEVÂNCIA DA REPERCUSSÃO ECONÔMICA DO TRIBUTO APENAS PARA FINS DE CONDICIONAMENTO DO EXERCÍCIO DO DIREITO SUBJETIVO DO CONTRIBUINTE DE JURE À RESTITUIÇÃO (ART. 166, DO CTN). LITISPENDÊNCIA. PREQUESTIONAMENTO. AUSÊNCIA. SÚMULAS 282 E 356/STF. REEXAME DE MATÉRIA

Longe de representar mero preciosismo, a questão analisada assume relevância pelas consequências processuais dela decorrentes: (1) considerado parte legítima o

---

FÁTICO-PROBATÓRIA. SÚMULA 7/STJ. APLICAÇÃO.
1. O 'contribuinte de fato' (*in casu*, distribuidora de bebida) não detém legitimidade ativa *ad causam* para pleitear a restituição do indébito relativo ao IPI incidente sobre os descontos incondicionais, recolhido pelo 'contribuinte de direito' (fabricante de bebida), por não integrar a relação jurídica tributária pertinente.
2. [...]
3. Consequentemente, é certo que o recolhimento indevido de tributo implica na obrigação do Fisco de devolução do indébito ao contribuinte detentor do direito subjetivo de exigi-lo.
4. Em se tratando dos denominados 'tributos indiretos' (aqueles que comportam, por sua natureza, transferência do respectivo encargo financeiro), a norma tributária (art. 166 do CTN) impõe que a restituição do indébito somente se faça ao contribuinte que comprovar haver arcado com o referido encargo ou, caso contrário, que tenha sido autorizado expressamente pelo terceiro a quem o ônus foi transferido.
5. A exegese do referido dispositivo indica que: [...]
6. Deveras, o condicionamento do exercício do direito subjetivo do contribuinte que pagou tributo indevido (contribuinte de direito) à comprovação de que não procedera à repercussão econômica do tributo ou à apresentação de autorização do 'contribuinte de fato' (pessoa que sofreu a incidência econômica do tributo), à luz do disposto no art. 166 do CTN, não possui o condão de transformar sujeito alheio à relação jurídica tributária em parte legítima na ação de restituição de indébito.
7. À luz da própria interpretação histórica do art. 166 do CTN, dessume-se que somente o contribuinte de direito tem legitimidade para integrar o polo ativo da ação judicial que objetiva a restituição do "tributo indireto" indevidamente recolhido (Gilberto Ulhôa Canto, "Repetição de Indébito", in Caderno de Pesquisas Tributárias, n. 8, p. 2-5, São Paulo, Resenha Tributária, 1983; e Marcelo Fortes de Cerqueira, in "Curso de Especialização em Direito Tributário – Estudos Analíticos em Homenagem a Paulo de Barros Carvalho", Coordenação de Eurico Marcos Diniz de Santi, Ed. Forense, Rio de Janeiro, 2007, p. 390-393).
8. É que, na hipótese em que a repercussão econômica decorre da natureza da exação, 'o terceiro que suporta com o ônus econômico do tributo não participa da relação jurídica tributária, razão suficiente para que se verifique a impossibilidade desse terceiro vir a integrar a relação consubstanciada na prerrogativa da repetição do indébito, não tendo, portanto, legitimidade processual' (CARVALHO, Paulo de Barros. *Direito tributário* – Linguagem e método. 2. ed. São Paulo: Noeses, 2008. p. 583).
[...]
14. Consequentemente, revela-se escorreito o entendimento exarado pelo acórdão regional no sentido de que 'as empresas distribuidoras de bebidas, que se apresentam como contribuintes de fato do IPI, não detém legitimidade ativa para postular em juízo o creditamento relativo ao IPI pago pelos fabricantes, haja vista que somente os produtores industriais, como contribuintes de direito do imposto, possuem legitimidade ativa'.
15. Recurso especial desprovido. Acórdão submetido ao regime do art. 543-C do CPC[1973], e da Resolução STJ 08/2008.

sujeito passivo em quaisquer circunstâncias, sua pretensão há de ser avaliada por sentença com resolução de mérito (pela procedência ou improcedência, não importa); (2) qualificando-se o sujeito passivo como parte ilegítima nas situações em que não observados requisitos do art. 166 do Código Tributário Nacional, a sentença desaguará, necessariamente, na extinção da demanda sem resolução do mérito (art. 485, inciso VI,[201] do Código de Processo Civil).

Seguida a primeira consequência projetada, teríamos, de um lado, as ações em que, ao longo da demanda, o sujeito passivo comprova o preenchimento dos requisitos previstos no art. 166 do Código Tributário Nacional, caso em sobrevirá sentença de procedência (mérito). Por outro lado, caso o sujeito passivo não logre êxito em satisfazer tais requisitos, caberá à autoridade judiciária proferir sentença de improcedência (igualmente de mérito).

Com isso, o que se quer realçar, em suma, dizer é que a análise do preenchimento ou não dos requisitos do art. 166 do Código Tributário Nacional, a despeito da jurisprudência consolidada no âmbito do Superior Tribunal de Justiça, corresponde a atividade de cognição do mérito da demanda, sendo realizada somente se superada, em juízo anterior, a questão atinente à legitimidade. É dizer: tendo a sentença analisado os requisitos do multicitado art. 166 de forma positiva ou negativa, a sentença a ser proferida o será com resolução do mérito, quer pela procedência, quer pela improcedência.

Diversamente, caso o juízo constate que a parte autora da ação não é sujeito passivo da relação jurídico-tributária, aí sim será o caso de sentença de extinção do processo sem resolução do mérito por ilegitimidade ativa.

---

201. "Art. 485. O juiz não resolverá o mérito quando: [...]
VI – verificar ausência de legitimidade ou de interesse processual."

Por fim, registre-se que, excepcionalmente, a jurisprudência do Superior Tribunal de Justiça, nos autos do Recurso Especial julgado sob o rito repetitivo 1.299.303/SC, diante da legislação que regula as concessões de serviço público e das peculiaridades da relação envolvendo o Estado-concedente, a concessionária e o consumidor, entendeu que o consumidor ("contribuinte de fato") "tem legitimidade para propor ação declaratória c/c repetição de indébito na qual se busca afastar, no tocante ao fornecimento de energia elétrica, a incidência do Imposto sobre Circulação de Mercadorias e Prestação de Serviços (ICMS) sobre a demanda contratada e não utilizada".

As razões que sustentam o referido precedente, no entanto, longe de negar aquilo que restou consolidado no Recurso Especial julgado sob o rito repetitivo 903.304/AL (somente o sujeito passivo tem legitimidade ativa para pleitear a restituição do tributo), o confirmam, pois elevam o contribuinte de fato, na situação específica das operações realizadas por concessionárias de serviços públicos, à condição de verdadeiro contribuinte de direito, haja vista o fato de a concessionária atuar como verdadeiro *longa manus* do ente político tributante.

5.4 Ainda sobre recuperação judicial do indébito tributário: declaração do direito de compensar x precatório

Daniel de Paiva Gomes e Eduardo de Paiva Gomes

A constituição do indébito tributário, decorrente da decisão transitada em julgado em ação própria, não se confunde com os instrumentos colocados à disposição do particular credor para satisfação do seu direito e, consequentemente, conferir efetividade à tutela reparadora.

Exsurge, daí, a importância de se utilizar o veículo processual adequado para constituição do indébito tributário diante do mecanismo escolhido para extinção dessa relação (de restituição do indébito), uma vez que alguns instrumentos de satisfação dessa obrigação podem ter seu uso obstaculizado em razão, justamente, do veículo processual adotado.

Cabe-nos analisar, neste momento, um instrumento especificamente concebido para satisfação do indébito tributário no ambiente judicial, qual seja, o precatório. Conforme estabelece o art. 100[202] da Constituição Federal/1988, os pagamentos devidos pelas fazendas públicas federal, estaduais, distrital e municipais, em virtude de sentença judiciária, far-se-ão exclusivamente na ordem cronológica de apresentação dos precatórios e à conta dos créditos respectivos, proibida a designação de casos ou de pessoas nas dotações orçamentárias e nos créditos adicionais abertos para este fim.

Na hipótese em que o contribuinte manejou ação de repetição de indébito, o precatório será expedido após o procedimento previsto nos arts. 534[203] e 535[204] do Código de Processo Civil/2015, os quais tratam do cumprimento de sentença que reconhece a exigibilidade de obrigação de pagar quantia certa pela Fazenda Pública.

É pressuposto, portanto, para expedição de precatório o trânsito em julgado de "sentença judiciária", nos termos do mencionado art. 100 da Constituição Federal. Logo, no

---

202. "Art. 100. Os pagamentos devidos pelas Fazendas Públicas Federal, Estaduais, Distrital e Municipais, em virtude de sentença judiciária, far-se-ão exclusivamente na ordem cronológica de apresentação dos precatórios e à conta dos créditos respectivos, proibida a designação de casos ou de pessoas nas dotações orçamentárias e nos créditos adicionais abertos para este fim."

203. "Art. 534. No cumprimento de sentença que impuser à Fazenda Pública o dever de pagar quantia certa, o exequente apresentará demonstrativo discriminado e atualizado do crédito contendo: [...]."

204. "Art. 535. A Fazenda Pública será intimada na pessoa de seu representante judicial, por carga, remessa ou meio eletrônico, para, querendo, no prazo de 30 (trinta) dias e nos próprios autos, impugnar a execução, podendo arguir: [...]."

contexto que ora cuidamos, a "sentença judiciária" é responsável por constituir o indébito tributário.

Não há dúvidas, portanto, de que a decisão judicial transitada em julgado no âmbito de uma ação de repetição de indébito poderá ser objeto de cumprimento de sentença, com a respectiva expedição de precatório, de modo a extinguir, pelo pagamento, a relação jurídica do indébito tributário.

A problemática de que ora cuidamos, todavia, diz com as situações em que a "sentença judiciária" mencionada pelo art. 100 da Constituição Federal não é produzida no âmbito de uma ação de repetição de indébito, mas, sim, no contexto procedimento próprio ao mandado de segurança. A indagação a ser respondida, nesse contexto, é a seguinte: seria possível a expedição de precatório decorrente de cumprimento de sentença transitada em julgado (art. 534 e seguintes do Código de Processo Civil/2015) exarada nos autos de mandado de segurança no qual haja sido reconhecido o direito do sujeito passivo ao indébito tributário relativo ao quinquênio anterior à impetração do *mandamus*?

Sobre o tema, vale destacar a Súmula 461[205] do Superior Tribunal de Justiça, a qual estabelece que "O contribuinte pode optar por receber, por meio de precatório ou por compensação, o indébito tributário certificado por sentença declaratória transitada em julgado".

O enunciado sumular permitiria concluir pela existência de uma "eficácia dúplice" das tutelas jurisdicionais constituidoras do indébito tributário: (1) eficácia declaratória, quando a sentença declara o direito à compensação; e (2) eficácia condenatória, tipicamente verificada nos autos de ação de repetição de indébito. Nessa perspectiva, à tutela jurisdicional que reconhece o direito à compensação,

205. "O contribuinte pode optar por receber, por meio de precatório ou por compensação, o indébito tributário certificado por sentença declaratória transitada em julgado" (Súmula 461, Primeira Seção, julgado em 25.08.2010, *DJe* 08.09.2010.

com fundamento no pagamento indevido de tributo, aplicar-se-ia o procedimento do cumprimento de sentença, caso o particular credor opte por recuperar o indébito tributário mediante expedição de precatório.

Importante destacar que, para admitirmos a dita "eficácia dúplice", a sentença que reconhece o direito à compensação de que falamos deve, necessariamente, ter como fundamento o reconhecimento do pagamento indevido de tributos em razão da ilegitimidade de algum dos critérios da respectiva regra-matriz de incidência tributária.

Diante disso, caso a sentença se limite a tratar de questões atinentes ao regime jurídico da compensação, não adentrando no reconhecimento do direito ao crédito, estar-se-á diante de tutela jurisdicional com eficácia estritamente declaratória. Nesse específico cenário, portanto, não há o reconhecimento de um indébito tributário, daí porque inaplicável o procedimento do cumprimento de sentença.

Da mesma forma, a causa de pedir, em demandas desse jaez, não está atrelada a algum específico recolhimento que se pretende o reconhecimento do predicado "indevido" por algum erro de apuração singular. Em verdade, a discussão de fundo está relacionada à ilegitimidade da regra-matriz de incidência tributária, razão pela qual a procedência da sentença implica tutela jurisdicional capaz de reconhecer como indevidos todos os recolhimentos realizados sob o manto da norma.

O racional adotado acima, num primeiro momento, poderia levar à conclusão de que seria possível a expedição de precatório em mandado de segurança, caso a sentença, para assegurar o direito à compensação, adote como fundamento o reconhecimento de que o tributo pago é indevido, o que viabilizaria a liquidação da decisão, com o subsequente cumprimento da sentença, o qual seria operacionalizado com a expedição do respectivo precatório.

Por outro lado, não se pode ignorar a literalidade da Súmula 269[206] do Supremo Tribunal Federal, a qual estabelece que o "mandado de segurança não é substitutivo de ação de cobrança", bem como a Súmula 271[207] também do Supremo Tribunal Federal, que prevê que a "concessão de mandado de segurança não produz efeitos patrimoniais em relação a período pretérito, os quais devem ser reclamados administrativamente ou pela via judicial própria".

Além disso, o mandado de segurança não admite dilação probatória, o que, em tese, poderia inviabilizar a apuração dos valores para fins de expedição de precatório. Esse raciocínio, acrescido da literalidade das Súmulas 269 e 271 do Supremo Tribunal Federal, levaria à conclusão de que a expedição de precatório seria incompatível com o *mandamus* em razão do procedimento célere impassível de produção de provas, estabelecido na Lei federal 12.016/2009.

Assim, enquanto a primeira orientação caminha no sentido de reconhecer que a decisão definitiva proferida em mandado de segurança poderia ser objeto de cumprimento de sentença, com a subsequente expedição de precatório; a segunda, calcada na suposta inviabilidade de utilização do mandado de segurança com o objetivo de produção de efeitos patrimoniais pretéritos, conclui que o indigitado instrumento processual seria incompatível com a expedição de precatórios, a teor do que enunciam as Súmulas 269 e 271 do Supremo Tribunal Federal.

Independentemente da orientação que vier a prevalecer, fato é que a problemática exposta demonstra a importância de se eleger, para fins de restituição do indébito

---

206. Súmula 269, STF: "O mandado de segurança não é substitutivo de ação de cobrança".

207. Súmula 271, STF: "Concessão de mandado de segurança não produz efeitos patrimoniais em relação a período pretérito, os quais devem ser reclamados administrativamente ou pela via judicial própria".

tributário, a ação antiexacional adequada às pretensões do sujeito passivo no que tange à forma de realização do direito, mormente nos casos em que os tributos a serem restituídos não comportam compensação administrativa, haja vista que o ambiente processual em que produzida a tutela jurisdicional reparadora poderá impactar decisivamente na efetividade da tutela concedida, em especial no que tange à satisfação do indébito tributário.

5.5 A repetição de indébito tributário e a incorporação da pessoa jurídica

Daniel de Paiva Gomes e Eduardo de Paiva Gomes

A legislação processual deve ser interpretada à luz da relação jurídica de direito material conflituosa subjacente. Assim, se o conflito objeto da relação processual é verificado na relação jurídico-tributária, a legislação processual (Código de Processo Civil) deve ser tomada considerando o efeito material, portanto, consoante as disposições do Código Tributário Nacional.

Embora pareça simples, trata-se de premissa de aplicação desafiadora, notadamente diante da dinamicidade das atividades econômicas e as especificidades da processualidade judicial tributária, decorrente que é das particularidades inerentes às normas tributárias.

Nesse contexto, o presente artigo toma como pano de fundo as operações de incorporação de pessoa jurídica e sua repercussão no direito creditório objeto de ação de repetição de indébito tributário ajuizada pela empresa incorporada.

A despeito de garantir o direito à recuperação do indébito tributário, o Código Tributário Nacional é silente quanto ao impacto de uma incorporação sobre o indébito da pessoa jurídica incorporada. Sobre tal fenômeno, ele (Código Tributário Nacional) se limita a estabelecer que a incorporação resulta na responsabilização da pessoa jurídica incorporadora pelos tributos devidos pela incorporada até a data da incorporação (art. 132[208]). Trata da relação de débito do contribuinte e nada dispõe acerca da relação de crédito perante o fisco.

A leitura apressada e isolada do Código Tributário Nacional levaria à conclusão de que, sob a perspectiva tributária, a incorporação resultaria, apenas, na sucessão de débitos da pessoa jurídica incorporada pela incorporadora, nada provocando na sucessão de direitos, entre os quais se inclui o indébito tributário.

A resolução do problema convoca, por autorização do art. 109[209] do Código Tributário Nacional, o conceito de direito privado de incorporação, que o define como a operação pela qual uma ou mais sociedades são absorvidas por outra, que lhes sucede não só em todas as obrigações, mas também em todos os direitos, nos termos do art. 227[210] da Lei federal 6.404/1976.

---

208. "Art. 132. A pessoa jurídica de direito privado que resultar de fusão, transformação ou incorporação de outra ou em outra é responsável pelos tributos devidos até à data do ato pelas pessoas jurídicas de direito privado fusionadas, transformadas ou incorporadas.
Parágrafo único. O disposto neste artigo aplica-se aos casos de extinção de pessoas jurídicas de direito privado, quando a exploração da respectiva atividade seja continuada por qualquer sócio remanescente, ou seu espólio, sob a mesma ou outra razão social, ou sob firma individual."

209. "Art. 109. Os princípios gerais de direito privado utilizam-se para pesquisa da definição, do conteúdo e do alcance de seus institutos, conceitos e formas, mas não para definição dos respectivos efeitos tributários."

210. "Art. 227. A incorporação é a operação pela qual uma ou mais sociedades são absorvidas por outra, que lhes sucede em todos os direitos e obrigações.
§ 1º A assembleia-geral da companhia incorporadora, se aprovar o protocolo da operação, deverá autorizar o aumento de capital a ser subscrito e realizado pela incorporada mediante versão do seu patrimônio líquido, e nomear os peritos que o avaliarão.
§ 2º A sociedade que houver de ser incorporada, se aprovar o protocolo da operação, autorizará seus administradores a praticarem os atos necessários à incorporação,

Enquadrando-se o indébito tributário no conceito de "direitos da pessoa jurídica incorporada" é possível afirmar que compõe ele (o indébito) o acervo de direitos sucedidos pela incorporadora.

A questão que surge, objeto desse artigo, está atrelada como e se o *status* desse direito no patrimônio da pessoa jurídica incorporada interfere em sua realização material pela empresa incorporadora, já que pode estar (1) pendente de definição, porque em discussão nos autos de ação de repetição (*status* de pendência), ou (2) fixado, porque já se encontra constituído por decisão judicial transitada em julgado (*status* de definitividade).

Em ambos os cenários, a incorporação redefine a legitimidade processual da demanda em andamento, inclusive, daquela sujeita ao cumprimento de sentença. E tal afirmação está fincada naquela premissa adrede referida, a de que o processo é instrumento da relação material que lhe subjaz; assim alterado o credor do indébito tributário (relação material), necessariamente a relação processual será afetada.

Nesse tocante, o da instrumentalidade do processo, vale destacar as lições atemporais do mestre José Souto Maior Borges, quando afirma que o processo está "a serviço do direito material", por tratar-se de "técnica de concretização do 'direito objetivo'".[211]

A incorporação, ao reformatar a relação de crédito perante o fisco, produz efeitos diretos sobre a relação processual. Esta reconstituição decorre do fato de a incorporação classificar-se como um evento de sucessão no Código Tributário Nacional, do que necessariamente advém a atribuição desse mesmo predicado sob a perspectiva da legislação processual.

---

inclusive a subscrição do aumento de capital da incorporadora.
§ 3º Aprovados pela assembleia-geral da incorporadora o laudo de avaliação e a incorporação, extingue-se a incorporada, competindo à primeira promover o arquivamento e a publicação dos atos da incorporação."

211. *O contraditório no processo judicial*. São Paulo: Malheiros, 1996. p. 79.

Está se afirmando que a incorporação da pessoa jurídica implica a sucessão processual da incorporadora nos estritos termos do art. 108[212] do Código de Processo Civil/2015, porque lei material – art. 132 do Código Tributário Nacional e art. 227 da Lei das Sociedades por Ações – expressamente reconhecem a reorganização da relação creditória perante o fisco, antes composta pela empresa incorporada, agora pela incorporadora.

Embora não haja dispositivo especificamente aplicável à incorporação, o art. 110[213] do Código de Processo Civil/2015 estabelece que, ocorrendo a morte de qualquer das partes, dar-se-á a sucessão pelo seu espólio ou pelos seus sucessores. Adequando o conteúdo desse dispositivo ao contexto de que ora cuidamos – em linha, inclusive, com decisões do Supremo Tribunal Federal[214] sobre o tema –, em que a incorporação, porque compreende uma sucessão universal, resulta na extinção ("morte") da pessoa jurídica incorporada, a incorporadora assume a qualidade de parte por sucessão, passando a ocupar o polo ativo da ação de repetição de indébito, em qualquer um dos *status* em que se encontre – de pendência ou de definitividade.

Disso decorre a necessidade de integração da incorporadora à relação processual em curso mediante pedido de habilitação no próprio processo de conhecimento de repetição, se esse estiver ainda em trâmite, ou na fase do cumprimento de sentença,[215] caso já tenha havido o trânsito em julgado da decisão reconhecendo o crédito da incorporada.

212. "Art. 108. No curso do processo, somente é lícita a sucessão voluntária das partes nos casos expressos em lei."

213. "Art. 110. Ocorrendo a morte de qualquer das partes, dar-se-á a sucessão pelo seu espólio ou pelos seus sucessores, observado o disposto no art. 313, §§ 1º e 2º."

214. A título de exemplo, confira-se: RE 567.907; AI 626.043; AI 612.906; RE 538.899; AI 639.189.

215. Importante aqui lembrar que, a partir da vigência do Código de Processo Civil, a etapa de cumprimento de sentença substituiu o processo de execução contra a

Na etapa do cumprimento de sentença, a incorporadora poderá iniciar o cumprimento de sentença, dar seguimento às providências necessárias se já instaurado, ou, caso já tenha sido expedido precatório, requerer a retificação do titular do crédito e aguardar o pagamento pela Fazenda Pública.

Tratando-se de tributos federais, situação peculiar pode sobrevir na etapa do cumprimento de sentença. Isso porque, o credor tem a opção de concretizar o "cumprimento de sentença" em ambiente administrativo por meio do "pedido de habilitação de crédito decorrente de decisão judicial transitada em julgado" para posteriormente proceder à compensação, sem a expedição de precatório.

Nessa hipótese, a incorporadora terá novamente que avaliar o andamento do processo de conhecimento transitado.

Encontrando-se pronto para disparar o cumprimento de sentença, deverá habilitar-se em juízo e informar que não pretende iniciar o cumprimento de sentença porque promovê-lo-á administrativamente via pedido de habilitação. Se o pedido de habilitação administrativa já tiver sido formalizado, é ali que o credenciamento deve ser promovido, tal como, inclusive, reconhece a Secretaria da Receita Federal do Brasil na solução de consulta 321/2017.[216]

Fazenda Pública, uma decorrência da instalação de processos sincréticos, nos quais diversas espécies de tutelas jurisdicionais são veiculadas no âmbito de uma única relação processual.

216. "SOLUÇÃO DE CONSULTA VINCULADA PARCIALMENTE À SOLUÇÃO DE CONSULTA COSIT N. 119, DE 22.05.2014. OPERAÇÃO DE CISÃO PARCIAL COM SUBSTÂNCIA ECONÔMICA. HIPÓTESE LEGAL DE SUCESSÃO DE CRÉDITOS TRIBUTÁRIOS RELACIONADOS NOS ATOS DE CISÃO. POSSIBILIDADE DE UTILIZAÇÃO PELA SUCESSORA PARA RESTITUIÇÃO E COMPENSAÇÃO. A cisão parcial, desde que possua fim econômico, é uma hipótese legal de sucessão dos direitos previstos nos atos de formalização societária, entre os quais os créditos decorrentes de indébitos tributários, inclusive os judiciais com trânsito em julgado, que passam a ter natureza de créditos próprios da sucessora, se assim determinarem os atos de cisão sendo, desse modo, válidos para a solicitação de restituição e compensação com débitos desta para com a Fazenda Nacional.

5.6 Eficácia da tutela reparadora produzida em ação antiexacional

Daniel de Paiva Gomes e Eduardo de Paiva Gomes

Uma vez emitida a tutela reparadora por autoridade competente, a tutela reparadora – ainda que no estado de pendência – passa a integrar o sistema jurídico e, portanto, é norma válida.[217]

No entanto, embora passe a integrar o sistema jurídico a partir de sua emissão, a tutela reparadora ainda não possui aptidão para produzir efeitos, tampouco se verifica a efetiva produção de tais efeitos. A validade da tutela reparadora não é suficiente ao sujeito passivo para que proceda à recomposição patrimonial.

Somente no plano da eficácia é que uma norma alcança o seu objetivo social, que é verificado mediante o cumprimento da conduta prescrita na norma pelo respectivo destinatário. No contexto da tutela reparadora, a questão da eficácia é imprescindível para que o sujeito passivo possa atingir seu objetivo, qual seja, a recomposição patrimonial.

No presente artigo, trataremos justamente dessa específica questão que, embora pareça ter viés meramente teórico, mostra-se fundamental para equacionar os desafios verificados na pragmática: a eficácia da tutela reparadora decorrente de ação antiexacional.

Dispositivos Legais: Lei n. 5.172/1966 – Código Tributário Nacional (CTN), arts. 123, 132, 165, 170 e 198; Lei n. 6.404/1976, arts. 223, 229 e 233; Decreto-Lei n. 1.598/1977, art. 5º; Decreto-lei n. 2.287/1986, art. 7º; Lei n. 9.430/1996, arts. 73 e 74; Lei n. 9.964/2000, art. 2º, § 7º; Lei n. 10.833/2003, art. 18, § 4º; Lei n. 10.865/2004, art. 30; Lei n. 11.033/2004, art. 17; IN RFB n. 1.396/2013, arts. 8º, 9º, 12 e 22; IN RFB n. 1.717, de 17 de julho de 2017; e SCI Cosit n. 3/2011."

217. No presente artigo, adotamos o conceito de que norma válida é aquela que possui relação de pertinencialidade ao sistema do direito positivo.

Com efeito, a definitividade é atributo imprescindível para que o sujeito passivo esteja autorizado a proceder à recuperação do indébito tributário.

No âmbito judicial, o sujeito passivo somente está autorizado a operacionalizar a efetiva recomposição patrimonial quando ocorre o trânsito em julgado da tutela reparadora, tendo em vista ser o átimo de instante em que tal tutela se reveste do predicado da definitividade.

Seria possível concluir, portanto, que o trânsito em julgado é o momento em que a tutela reparadora adquire vigência, uma vez que é o marco temporal em que se verifica a sua aptidão para produzir efeitos. Ou seja, já existem condições materiais para que o sujeito passivo, munido da tutela reparadora, dê início aos procedimentos para recomposição patrimonial.

A partir dessa constatação, surgiriam, então, os seguintes questionamentos: a tutela reparadora possui eficácia limitada no tempo? Em outras palavras: existe algum lapso temporal predeterminado para que a tutela reparadora irradie seus efeitos?

Os questionamentos devem ser respondidos à luz das especificidades inerentes aos instrumentos que se encontram à disposição do sujeito passivo para conferir efetividade à recomposição patrimonial assegurada pela tutela reparadora produzida no ambiente judicial: (1) expedição de precatório; e (2) compensação.

Nas hipóteses em que o sujeito passivo opta pela expedição de precatório para extinção do indébito tributário, tem-se a prévia delimitação do *quantum* a ser recuperado pelo sujeito passivo, de modo que a eficácia da tutela reparadora é verificada em "ato único", já que o valor do indébito tributário é entregue ao sujeito passivo de maneira integral na mesma oportunidade.

Embora o Código Tributário Nacional estabeleça, apenas, o prazo para constituição do indébito tributário, parece aplicável a Súmula 150 do Supremo Tribunal Federal, a qual, fundamentando-se numa espécie de "princípio da simetria", estabelece que "prescreve a execução no mesmo prazo de prescrição da ação".

As respostas às questões também parecem encontrar fundamento no art. 1º do Decreto federal 20.910/1932, que prevê: "As dívidas passivas da União, dos Estados e dos Municípios, bem assim todo e qualquer direito ou ação contra a Fazenda federal, estadual ou municipal, seja qual for a sua natureza, prescrevem em cinco anos contados da data do ato ou fato do qual se originarem".

Dessa forma, considerando que: (1) o ato/fato do qual se origina a dívida passiva do Fisco é a tutela reparadora definitiva; (2) a tutela reparadora judicial adquire vigência quando ocorre o trânsito em julgado (definitividade), seria possível concluir que a tutela reparadora possui prazo de vigência de cinco anos, contados da publicação do trânsito em julgado da decisão que constitui o indébito tributário.

Essa conclusão é reforçada pelo próprio instituto da prescrição, uma vez que não seria possível conceber a fluência de prazo prescricional em desfavor de sujeito que sequer possui meios para exercer sua pretensão.

Conclui-se, portanto, que no período de cinco anos de seu trânsito em julgado, a tutela reparadora está apta a produzir efeitos, cabendo ao sujeito passivo, nesse lapso temporal, promover o ato (cumprimento de sentença) que, ao final, resulta na extinção do indébito tributário, dotado de plena eficácia social (pagamento do precatório).

No contexto da compensação, entretanto, os questionamentos deste artigo encontram desafios que podem colocar à prova a conclusão acima.

Isso porque, nas situações em que o sujeito passivo opta pela compensação, o cumprimento da tutela reparadora, pelo fisco, dá-se de maneira "fracionada" no tempo. E, além de fracionada, a integral produção de efeitos da tutela reparadora (extinção do indébito tributário) está condicionada à existência de débitos, em nome do sujeito passivo, em montante suficiente ao crédito a que este faz jus e que lhe foi assegurado pela tutela reparadora.

Portanto, seria possível se deparar com situações em que o sujeito passivo não compensou a integralidade de seus créditos no prazo de cinco anos, contados do trânsito em julgado, por não possuir débitos que façam frente ao indébito tributário. Teria, então, o sujeito passivo, "perdido" parte de seus créditos somente por estar inviabilizado de transmitir declarações de compensação?

Em âmbito federal, esse parece ser o entendimento adotado pela Secretaria da Receita Federal do Brasil, conforme se depreende do art. 106 da Instrução Normativa 2.055/2021, *verbis*: "A declaração de compensação prevista no art. 102 poderá ser apresentada no prazo de até 5 (cinco) anos, contado da data do trânsito em julgado da decisão ou da homologação da desistência da execução do título judicial".

A controvérsia não existiria se, na esfera infralegal, por hipótese, fosse possível "convolar" a compensação em restituição administrativa, nas específicas hipóteses em que o sujeito passivo não possui débitos a serem compensados.

A questão é ainda mais complexa quando se constata que, para se valer da compensação, o sujeito passivo está obrigado a desistir do cumprimento de sentença na esfera judicial. E, tendo desistido, é consectário lógico que não poderá "desistir da desistência" para retornar ao ambiente judicial e reaver o valor restante pela expedição de precatório.

Embora as condições da compensação sejam estabelecidas por lei, nos termos do art. 170 do Código Tributário Nacional, fato é que também o fisco não pode enriquecer indevidamente por circunstância que não está ao alcance do sujeito passivo, qual seja, a existência de débitos em valor suficiente ao indébito tributário no período de cinco anos contados do trânsito em julgado da tutela reparadora.

Parece-nos acertada a conclusão que vem sendo adotada pelo Superior Tribunal de Justiça para equacionar a questão, no sentido de que o prazo de cinco anos é exigido para iniciar a compensação, mas não para esgotar por completo os créditos decorrentes do indébito tributário.[218]

Em que pese não se fundamentar de maneira expressa nesse sentido, o posicionamento do Tribunal Superior parece reconhecer que a vigência da tutela reparadora está relacionada à prática do ato que dá início à extinção do indébito tributário. Uma vez praticado o "ato iniciador" no prazo de cinco anos, os efeitos da tutela reparadora podem ser protraídos, enquanto ocorrerem fatos que lhe sejam subsumíveis.

Esse entendimento permite adotar a mesma conclusão (da recuperabilidade via precatório) para as situações em que o indébito tributário é recuperado mediante compensação: no período de cinco anos de seu trânsito em julgado, a tutela reparadora está apta a produzir efeitos, cabendo ao sujeito passivo, nesse lapso temporal, promover o ato administrativo inaugural (transmissão da declaração de compensação) que, ao final, resulta na extinção do indébito tributário, dotado de plena eficácia social (homologação expressa ou tácita da declaração de compensação).

---

218. A título exemplificativo, confira-se: AgRg no REsp 1.469.926/PR, relator Ministro Humberto Martins, 2ª Turma, julgado em 07.04.2015, *DJe* 13.04.2015.

5.7 Ação anulatória da decisão de "não homologação" da compensação

Camila Campos Vergueiro

O conflito tributário pode ser instrumentalizado por mecanismos processuais em ambiente judicial e administrativo, centros estatais[219] competentes para ejetar decisões a fim de solucioná-lo; contexto do qual não escapa a pretensão do contribuinte de reparar seu patrimônio quando reputa ter pago tributo indevidamente.

O capítulo do Código Tributário Nacional que trata da extinção do crédito tributário, especificamente sua seção do "pagamento indevido", deixa clara essa opção para o contribuinte – a de requerer administrativamente a restituição do indébito tributário – ao assegurar medida processual judicial para a hipótese de rejeição de pedido administrativo de restituição. A referência é ao art. 169[220] do Código Tributário Nacional que, em sua literalidade textual, autoriza a propositura de "ação anulatória de decisão administrativa que denegar a restituição".

O objetivo presente não é tratar da natureza dessa ação, se de cunho anulatório (desconstitutivo da decisão administrativa) ou condenatório,[221] questão a ser tratada

219. PRIA, Rodrigo Dalla. *Direito processual civil.* São Paulo: Noeses, 2020. p. 155.

220. "Art. 169. Prescreve em dois anos a ação anulatória da decisão administrativa que denegar a restituição."

221. A respeito dessa questão acerca da natureza jurídica da ação do art. 169, valiosos apontamentos foram feitos por Rodrigo Dalla Pria, veja-se: "a primeira questão refere-se à total ausência de interesse do sujeito passivo em manejar 'ação anulatória' do ato administrativo que vier a denegar o pedido de restituição. Isso porque, em situações desse jaez, mais que 'anular' o ato administrativo denegatório de seu pleito, o sujeito passivo voltar-se-á ao Poder Judiciário com o intuito de viabilizar a plena realização de seu direito, o que ocorrerá por intermédio de demanda tipicamente condenatória, qual seja, ação de repetição do indébito tributário cujo acolhimento importará a sobreposição da sentença condenatória em face da decisão

em outro artigo, mas avaliar o seu cabimento quando se está diante de decisão que não homologa pedido administrativo de compensação, já que o texto do art. 169 utiliza a expressão "restituição".

Em suma, a pergunta a ser respondida é: a ação prevista no art. 169 é cabível para atacar a "não homologação" da compensação?

Muito embora o art. 156, inciso II, do Código Tributário Nacional prescreva que a compensação extingue o crédito tributário[222] do fisco, de fato, providência desse quilate suprime, também, a relação de débito do fisco, essa definida ante o reconhecimento da existência de pagamento indevido por parte do contribuinte.

Isso porque, para que a compensação perfectibilize o referido efeito extintivo, supõe-se a coexistência duas relações, a de crédito do fisco e a de crédito do contribuinte (ou indébito tributário). Na primeira, o fisco assume a condição de credor perante o contribuinte devedor; por sua vez, na segunda, o fisco é alçado à categoria de devedor, e o contribuinte, de credor.

Para que o contribuinte assuma essa condição – a de credor do fisco –, primeiramente o tributo por ele pago deve ser reputado indevido, de modo a assegurar o seu direito à restituição, isto é, à recomposição patrimonial invalidamente submetida à exigência tributária, o que, como aludido, pode ser consolidado por meio de um processo administrativo, o

administrativa denegatória do direito à restituição, e não, propriamente, a sua anulação" (*Direito processual civil.* São Paulo: Noeses, 2020. p. 350).

222. A expressão crédito tributário está sendo usada no sentido de direito subjetivo do fisco à prestação pecuniária tal como posta no art. 3º do CTN:
"Art. 3º Tributo é toda prestação pecuniária compulsória, em moeda ou cujo valor nela se possa exprimir, que não constitua sanção de ato ilícito, instituída em lei e cobrada mediante atividade administrativa plenamente vinculada."

qual, sob os auspícios da legislação federal,[223] pode ser instalado pelo contribuinte por sua própria iniciativa, constituindo documentalmente o indébito tributário e o crédito tributário,[224] via o denominado PER/DComp.[225]

Tal providência convoca, em contraponto, o dever de o fisco federal (pela autoridade competente por óbvio) analisar a compensação formalizada, prolatando decisão concordando com o pedido, quando, então, a homologa, ou rejeitando-o, hipótese em que não a homologa, ato decisório esse que suscitará o conflito com a utilização, pelo contribuinte, do veículo formal adequado – a manifestação de inconformidade –, e consequente formação do processo administrativo que seguirá até que se dê o encerramento das possibilidades de recorribilidade, com a formação da coisa julgada administrativa. Diante da questão a ser respondida neste artigo, há que se admitir que o processo administrativo encerrou com decisão mantenedora da "não homologação" da compensação.[226]

Essa decisão de "não homologação" parece referir-se tão somente ao crédito tributário reconhecendo-o que ele não está extinto nos termos do art. 156, II do Código Tributário

---

223. Lei federal 9.430/1996.

224. "Art. 74. O sujeito passivo que apurar crédito, inclusive os judiciais com trânsito em julgado, relativo a tributo ou contribuição administrado pela Secretaria da Receita Federal, passível de restituição ou de ressarcimento, poderá utilizá-lo na compensação de débitos próprios relativos a quaisquer tributos e contribuições administrados por aquele Órgão.
§ 1º A compensação de que trata o caput será efetuada mediante a entrega, pelo sujeito passivo, de declaração na qual constarão informações relativas aos créditos utilizados e aos respectivos débitos compensados."

225. Pedido Eletrônico de Restituição, Ressarcimento ou Reembolso e Declaração de Compensação.

226. Optamos por referir apenas à hipótese de decisão de "não homologação", por reputar que o cenário de decisão administrativa que considera "não declarada" a compensação convoca o enfrentamento da discussão acerca da constituição das relações de crédito tributário e indébito tributário, sendo que no presente artigo estamos supondo a existência de linguagem (declaração) e, portanto, a constituição dessas relações.

Nacional, contudo, não é o que se dá somente, pois, reporta-se, na mesma potência, para o indébito tributário.

Porque a autoridade fiscal competente não reconhece o direito creditório do contribuinte (a restituição) a extinção do crédito tributário via compensação não tem como se concretizar. Lembremos: o direito do contribuinte ao crédito é condição necessária[227] para que a compensação produza seus efeitos.

A "não homologação" da compensação é, antes de tudo, portanto, uma decisão que denega a restituição, e o processo administrativo que se conforma em torno dela invoca aspectos do direito do contribuinte à restituição, e não do crédito tributário, o qual, inclusive, porque declarado via PER/DComp constitui confissão de dívida e pode ser cobrado imediatamente quando do encerramento do processo administrativo.[228]

Dessa forma, encerrado o processo administrativo de decisão que "não homologa" a compensação, é cabível a ação prevista no art. 169 do Código Tributário Nacional, cujo ataque será à parcela da decisão administrativa que denega a restituição e não à compensação.

227. "Uma condição necessária para que se produza um acontecimento determinado é uma circunstância em cuja ausência o evento não possa ocorrer" (COPI, Irving M. Tradução Álvaro Cabral. *Introdução à lógica*. 2. ed. São Paulo: Mestre Jou, 1978. p. 329).

228. "Art. 74. [...]
§ 6º A declaração de compensação constitui confissão de dívida e instrumento hábil e suficiente para a exigência dos débitos indevidamente compensados."

CAPÍTULO 6

COISA JULGADA, SISTEMA DE PRECEDENTES E RESCINDIBILIDADE NO PROCESSO TRIBUTÁRIO

6.1 Jurisdição tributária e coisa julgada

Rodrigo G. N. Massud

No início era o conflito: "Caim matou Abel", "Rômulo matou Remo".

Com as devidas concessões técnico-semânticas, o conflito, nessa acepção um tanto mais ampla que utilizamos, é fenômeno inerente à própria vida em comunidade.

Por causa disso, a ideia de instrumentalidade do Direito e do processo – enquanto ferramentas essencialmente voltadas à resolução de controvérsias (materiais) – encontra na jurisdição sua máxima expressão, pois é nela (jurisdição) que se interseccionam os pontos de partida e de chegada do fato conflituoso.

Jurisdição, em brevíssima síntese, é atividade estatal que se constitui sob a forma de dever-poder. No âmbito tributário, especificamente, concretiza-se (a jurisdição) a partir da emanação de decisões destinadas a: (1) pôr fim às disputas instauradas em torno da exigibilidade de determinada exação; e (2) realizar o direito material (tributário) tido por violado.

Esse objetivo imediato da atividade jurisdicional tributária – corporificado nos efeitos compositivos que emanam das tutelas de mesma natureza – tem especial relevância para as investigações que se voltam à identificação das singularidades da chamada "coisa julgada tributária".

Por ser um sistema que se escora nas ideias de segurança jurídica e legalidade estrita, o Direito Tributário tem no binômio imutabilidade/indiscutibilidade, ínsitos à noção de coisa julgada, importantes aliados na busca da tão desejada pacificação das relações conflituosas entre Fisco e contribuinte.

O que não se pode perder de vista, no entanto, é que a investigação acerca dos efeitos concretos produzidos pela coisa julgada tributária é indissociável daquela outra, que diz com à natureza e os efeitos emanados pela própria tutela jurisdicional tributária sobre a qual incide o estado de imutabilidade.

A falta de compreensão acerca dessa ideia, não raro, acarreta graves problemas concretos.

É o caso, por exemplo, das equivocadas ilações acerca do alcance da orientação consolidada na Súmula 239 do Supremo Tribunal Federal ("decisão que declara indevida a cobrança do imposto em determinado exercício não faz coisa julgada em relação aos posteriores").

Com efeito, se uma tutela jurisdicional tributária de caráter preventivo, exarada a pretexto do julgamento de ação declaratória de inexistência de relação tributária ou mesmo de mandado de segurança preventivo, tem como característica nuclear a projeção de efeitos prospectivos, os limites objetivo-temporais da coisa julgada sobre ela incidentes abrangerão, naturalmente, todas as situações jurídicas de mesma natureza que se verificarem após o trânsito em julgado da decisão.

Evidente, portanto, a total impropriedade de se invocar o verbete 239 do Supremo Tribunal Federal para orientar a investigação acerca dos limites temporais da coisa julgada relativa às tutelas tributárias preventivas.

Algo completamente diferente ocorre com as tutelas tributárias de cunho repressivo-corretivo, tais como as que derivam de ação anulatória de débito fiscal, de mandado de segurança repressivo e os de embargos à execução fiscal, cujas eficácias, por estarem voltadas à desconstituição de uma relação jurídico-tributária formal e especificamente concretizada no tempo e no espaço (*ex tunc*), limitam o efeito temporal da coisa julgada ao período em que ocorreram os fatos jurídicos tributários que foram afastados pela tutela desconstitutiva.[229]

O que se reafirma, assim, é a íntima relação entre aquelas categorias (instrumentalidade do processo, processo de positivação, conflitos tributários e ações tributárias) exploradas nos artigos que a este antecederam e o fenômeno da coisa julgada, tal como se apresenta no âmbito tributário.

Com isso, podemos concluir que o microssistema processual tributário, também no que tange à coisa julgada, há que ser estudado à luz das particularidades que são ínsitas à matéria de fundo que serve de pretexto para a instauração do processo jurisdicional, isto é, o próprio Direito Tributário.

6.2 Coisa julgada sobre a questão prejudicial no direito tributário

Fernanda Donnabella Camano

O tema da coisa julgada em matéria tributária pode parecer, à primeira vista, conhecido daqueles que militam na área.

Afinal, muito se tem discutido acerca do impacto dos precedentes sobre os efeitos da coisa julgada obtida pelos contribuintes nas ações judiciais antiexacionais de cunho preventivo (isto é, nas ações declaratórias negativas e nos mandados de segurança preventivos).

É certo, porém, que entre o preto e o branco existem várias tonalidades de cinza. Diversas são as nuances em que se insere o *"macrotema"* da coisa julgada em matéria tributária. Um desses tons conecta-se à *questão prejudicial* prevista no § 1º, I a III, e no § 2º, ambos do art. 503[230] do Código de Processo

229. Aqui, sim, tem lugar a invocação da Súmula 239 do STF.

230. "Art. 503. A decisão que julgar total ou parcialmente o mérito tem força de lei nos limites da questão principal expressamente decidida.

Civil/2015. Outros podem ser citados, como a possibilidade de a coisa julgada beneficiar terceiros, ou a relação de prejudicialidade entre a decisão judicial definitiva e o litígio instaurado na esfera administrativa, fruto da complexidade da relação entre fisco e contribuintes em nossos tempos.

Aqui nos deteremos, porém, sobre o que destacamos de pronto – a coisa julgada sobre a *questão prejudicial*, anunciadora de intensa novidade no processo judicial tributário.

Para abordar esse ponto, partimos de três pressupostos: (1) que o contribuinte coloque em xeque a exigibilidade do *crédito tributário* com relação a um *período demarcado no tempo*, via, por exemplo, ação anulatória de débito fiscal visando fulminar o lançamento constituído no ano "X"; (2) que o faça sob o fundamento da invalidade da norma jurídica tributária que suportou o lançamento; (3) que se trate de relação jurídica continuativa, isto é, referente a eventos homogêneos que se repetem em períodos subsequentes ao do lançamento que foi efetuado, sendo enquadráveis, tais eventos, na mesma normatividade.

Perceba-se que o acolhimento (ou não) do argumento do contribuinte a respeito da (in)validade da norma jurídica de incidência tributária é *subordinante* da resolução do pedido. Reconhece-se a invalidade e julga-se procedente o pedido ou certifica-se a validade, negando-se o pedido.

A partir do Código de Processo Civil/2015, a *questão jurídica subordinante* faz coisa julgada com o objetivo de

---

§ 1º O disposto no caput aplica-se à resolução de questão prejudicial, decidida expressa e incidentemente no processo, se:
I – dessa resolução depender o julgamento do mérito;
II – a seu respeito tiver havido contraditório prévio e efetivo, não se aplicando no caso de revelia;
III – o juízo tiver competência em razão da matéria e da pessoa para resolvê-la como questão principal.
§ 2º A hipótese do § 1º não se aplica se no processo houver restrições probatórias ou limitações à cognição que impeçam o aprofundamento da análise da questão prejudicial."

impedir a relitigação a respeito dos mesmos fundamentos decididos na ação primitiva. Pois é aí que reside a novidade. Que proibição à relitigação é esta?

Em outras palavras, se reconhecida a (in)validade da norma jurídica tributária com a consequente extirpação ou manutenção (a depender do teor da decisão) do lançamento fincado em determinado exercício, a solução acerca daquela questão jurídica se projeta para outros exercícios, que não o delimitado no pedido da ação anulatória?

Uma resposta possível seria pela negativa, com apoio no argumento de que somente o pedido é julgado e, assim, se limitado no tempo (referente ao lançamento do exercício "X"), os fundamentos de decidir não "transcendem" para outros períodos além do indicado no pedido.

Tal forma de raciocinar deriva da história.[231] Assim é porque, durante 41 anos, o Código de Processo Civil/1973 determinou que a questão jurídica *subordinante* só se tornaria definitiva, se proposta a ação declaratória incidental. Sem contar com a interpretação restritiva da coisa julgada aos limites do pedido desde o Código de Processo Civil/1939.

No entanto, o Código de Processo Civil/2015 reconfigurou a coisa julgada sobre *questão prejudicial*, impondo que o juiz a resolva incidentemente no processo para chegar à solução do pedido a ela subordinado. O Código ainda dispôs que às partes seja oportunizado o contraditório, além de não incidir quando houver restrições probatórias ou limites à cognição.

Logo, se observarmos detidamente, há enorme potencial de impacto no campo tributário.

Partindo da premissa de que a resolução sobre a (in)validade da norma jurídica de incidência tributária

231. Conforme leciona Luiz Guilherme Marinoni em *Coisa julgada sobre questão* (2. ed. São Paulo: Thomson Reuters/Revista dos Tribunais, 2019).

é *subordinante* do pedido anulatório do lançamento relativo ao exercício "X", como consequência, o contribuinte estará impedido de provocar o Judiciário, uma vez mais, para atacar a exigibilidade do crédito tributário constituído em outros exercícios, nas relações jurídicas de trato continuado, com suporte em *idêntico fundamento jurídico*, seja porque a decisão lhe foi favorável e a tais exercícios aproveita, seja porque lhe foi desfavorável *"contaminando"* os subsequentes.

Essa determinação se estende ao Estado-Administração, que poderá (ou não) constituir o crédito tributário relativamente a períodos distintos, observado o caminho adotado na resolução da *questão prejudicial*.

Tomamos de empréstimo as lições de Rodrigo Dalla Pria,[232] adaptando-as, contudo, para afirmar que a solução a respeito da *questão prejudicial* da (in)validade da regra jurídica de incidência tributária produz o efeito *normativo* proibitivo da relitigação da *mesma questão*, entre as mesmas partes.

Contudo, há de ressaltar que a vedação de repetir o conflito no plano do Poder Judiciário diz respeito aos fatos geradores por ocorrer, uma vez que a solução da *prejudicial* – isto é, o efeito normativo que dela deriva – incide a partir de sua prolação. De outro modo, se fosse possível colher fatos pretéritos, provocar-se-ia instabilidade no sistema jurídico tributário, permitindo-se, por exemplo, a desconstituição de atos jurídicos consumados, providência irracional e atentatória da segurança jurídica, efeito que o próprio instituto da coisa julgada sobre *questão prejudicial* pretendeu afastar.

Essa conclusão é válida, inclusive, para a decisão de (in)constitucionalidade enquanto prejudicial do pedido nas ações judiciais antiexacionais, muito embora existam discordâncias quanto a esse ponto, ao argumento de que

232. PRIA, Rodrigo Dalla. *Direito processual civil*. São Paulo: Noeses, 2020.

o inciso III do § 1º do art. 503 do Código de Processo Civil/2015 vedaria aos juízes e Tribunais decidi-la como *questão principal*, atividade atribuída com exclusividade ao Supremo Tribunal Federal.

6.3 Coisa julgada sobre questão constitucional tributária

Fernanda Donnabella Camano

O "macrotema" da coisa julgada comporta subtemas, entre eles o da *questão prejudicial* trazida pelo art. 503,[233] § 1º, I a III, e § 2º, do Código de Processo Civil/2015.

Para descermos às outras ramificações daquele subtema, analisaremos nesta oportunidade a *questão constitucional* arguida e decidida *enquanto prejudicial* nas ações judiciais antiexacionais.

Ao atacar a exigibilidade do crédito tributário, os contribuintes poderão colocar em dúvida a constitucionalidade da regra-matriz de incidência de que depende a resolução do pedido o que, aliás, é uma prática rotineira do profissional do contencioso tributário.

Não obstante a decisão de (in)constitucionalidade, *enquanto questão prejudicial*, fazer coisa julgada, há quem sustente que isso não seria possível por força da

233. "Art. 503. A decisão que julgar total ou parcialmente o mérito tem força de lei nos limites da questão principal expressamente decidida.
§ 1º O disposto no caput aplica-se à resolução de questão prejudicial, decidida expressa e incidentemente no processo, se:
I – dessa resolução depender o julgamento do mérito;
II – a seu respeito tiver havido contraditório prévio e efetivo, não se aplicando no caso de revelia;
III – o juízo tiver competência em razão da matéria e da pessoa para resolvê-la como questão principal.
§ 2º A hipótese do § 1º não se aplica se no processo houver restrições probatórias ou limitações à cognição que impeçam o aprofundamento da análise da questão prejudicial."

interpretação do inciso III do § 1º do art. 503 do Código de Processo Civil/2015, o qual prescreve a necessidade de o juízo ser competente em razão da matéria e da pessoa para decidir a *questão prejudicial* como se *principal fosse*. Assim afirmam, porque sustentam que a questão constitucional somente poderia ser apreciada e resolvida pelo Supremo Tribunal Federal nos modos principal e abstrato (ou seja, por meio das ações diretas de (in)constitucionalidade) ao ser decidida incidentemente pelos juízes e tribunais enquanto prejudicial nas demandas tributárias, sobre ela não poderia recair a coisa julgada.

Três objeções merecem ser postas na tentativa de revisitar e afastar essa ideia.

A primeira toca na combinação da evolução do contencioso judicial tributário com a gênese da questão prejudicial disciplinada pelo Código de Processo Civil/2015. Se olharmos a história daquele contencioso desde o texto de 1988, constataremos que a era da massificação da litigiosidade relativa às "teses tributárias" tem se transformado na fase cooperativa entre contribuinte e fisco, apontando para a desejável inibição da reprodução de demandas, especialmente aquelas que contêm o mesmo fundamento jurídico. Some-se a isso o fato de que a questão prejudicial, tal qual trazida pelo Código de Processo Civil/2015, ter relação estreita com a coisa julgada sobre questão prevista nos Estados Unidos, instituto que nasceu preocupado com a coerência do direito, a autoridade e a eficiência das cortes, bem como a administração da Justiça. A coisa julgada sobre questão no direito norte-americano tem matriz no direito inglês do século 11 (*estoppel*), com a proibição às partes de negar suas declarações antes aduzidas no processo, calcada na boa-fé objetiva e na vedação de argumentar algo incompatível ao que outrora dito. Somente mais tarde (século 15) o *estoppel* inglês passou a demandar um julgamento final, abrangendo as *questões decididas* decorrentes das manifestações das partes e, assim, não se descolou da boa-fé objetiva e da cooperatividade.

Ou seja, nos dias de hoje, não é possível abordar o instituto como se em sua essência fosse "o mesmo" daquele vigente no código processual de 1973, isto é, interpretando-o ainda sob o modelo do Direito italiano quando a coisa julgada dizia respeito apenas à solução atribuída à lide e às partes.

A segunda, acerca do dispositivo que determina que o juízo deva ter competência para decidir a *questão prejudicial* como se *principal* fosse, significa apenas que não poderá ser incompetente de forma absoluta, nos termos estabelecidos pelo art. 62 do Código de Processo Civil/2015: "A competência determinada em razão da matéria, da pessoa ou da função é inderrogável por convenção das partes".[234] Trata-se de regra estatuída no interesse da administração da Justiça e, portanto, insuscetível de alteração pela conveniência dos litigantes.

Por exemplo, se A propõe uma demanda contra B e a União na Justiça federal, mas surge uma *questão prejudicial* entre A e B a ser decidida em outro juízo, aquele perante o qual a demanda é processada até poderá resolvê-la, mas sobre ela não recairá a coisa julgada.

E a terceira diz respeito aos modos de endereçamento e apreciação da *questão constitucional* pelos juízes e tribunais, inclusive pelo Supremo Tribunal Federal.

Aquela questão (a prejudicial) pode ser submetida e resolvida nos modos *incidental e concreto*, como é o caso da questão constitucional enquanto prejudicial suscitada nas ações judiciais antiexacionais, em que todos os juízes e tribunais detêm competência para solucioná-la.

---

234. Sobre o tema, ver: MARINONI, Luiz Guilherme. *Coisa julgada sobre questão*. 2. ed. São Paulo: Thomson Reuters/RT, 2019.

Também poderá ser arguida e apreciada nos modos *principal e concreto*. Nesse cenário, poderíamos pensar que a questão constitucional resolvida na ação declaratória de inexistência de relação jurídico-tributária se dá nesses moldes, afinal, a crise de incerteza provocada pelo contribuinte, como leciona Dalla Pria,[235] é gerada pela alegação de inconstitucionalidade da regra-matriz de incidência. A sentença conferirá interpretação a respeito da (in)constitucionalidade de tal norma jurídica que, por conseguinte, retira a dúvida quanto à submissão do contribuinte ao poder estatal no que concerne à exigibilidade do crédito tributário.

Por fim, nos modos *principal e abstrato*, tem-se que a decisão da questão constitucional se verifica de forma autônoma a qualquer conflito (atual ou potencial), por meio de ações judiciais propostas diretamente perante o Supremo Tribunal Federal (ação direta de inconstitucionalidade e ação declaratória de constitucionalidade), cuja competência é exclusiva dessa corte.

Ou seja, nada tem que ver a apreciação e resolução da questão constitucional exclusivamente pelo Supremo Tribunal Federal com os demais modos em que é suscitada e decidida por todos os juízes e tribunais.

Vê-se, pois, que inadmitir a formação da coisa julgada sobre a *questão constitucional* solucionada enquanto *prejudicial* nas ações judiciais antiexacionais, pode ser um mecanismo de defesa para que deixemos as "coisas como estão", ignorando que a coisa julgada sobre questão prejudicial ganhou um completo remodelamento com o Código de 2015, além de fazer persistir os velhos tempos da litigiosidade perniciosa aos contribuintes, ao fisco e à administração da Justiça.

235. *Direito processual tributário*. São Paulo: Noeses, 2020.

6.4 Coisa julgada sobre a decisão interlocutória de mérito na execução fiscal

Fernanda Donnabella Camano

Continuemos a explorar o "macrotema" da coisa julgada em matéria tributária em suas diversas nuances, não sem antes advertir que o fio que nos conduz é a ideia de instrumentalidade (*"o processo não é um fim em si mesmo"*), uma postura de evidentes contornos pragmáticos.

No correr dos tempos, a execução fiscal passou a ser vista como um processo sincrético. Dito de forma simplificada, se no passado o conflito no bojo do processo executivo girava tão somente em torno das medidas expropriatórias destinadas à realização do crédito tributário, a prática nos mostra que, hoje, discussões as mais variadas migraram para esse âmbito.

Cite-se, como exemplo, as defesas suscitadas pelo contribuinte em ataque à exigibilidade do crédito tributário ou as relativas à corresponsabilização de terceiros, além daquelas envolvendo a oferta de garantias, esta última a hipótese concreta a ser trabalhada como objeto central deste artigo.

Tal cenário nos convoca para refletir a respeito da seguinte pergunta: as decisões derivadas do caldeirão de temas em que se transformou a execução fiscal configuram "decisões interlocutórias de mérito", passíveis de sofrer a incidência de coisa julgada?

O Código de Processo Civil/2015 dispôs em seu art. 502[236] que a coisa julgada material torna imutável e indiscutível a *decisão de mérito* – excluindo o termo "sentença" como

---

236. "Art. 502. Denomina-se coisa julgada material a autoridade que torna imutável e indiscutível a decisão de mérito não mais sujeita a recurso."

constava no Código de Processo Civil/1973.[237] Nas palavras de Paulo Cesar Conrado,[238] deu-se ênfase ao conteúdo decisório desprezando-se o veículo por meio do qual tal conteúdo é produzido (prestígio à substância do ato decisório).

Ao art. 502 soma-se o conteúdo do art. 356, II[239] c/c art. 355, I,[240] dispositivos que prescrevem que o mérito pode ser parcialmente resolvido quando não houver necessidade da produção de outras provas.

A primeira questão que se coloca é: qual o conteúdo semântico da expressão "decisão de mérito" contida no art. 356, II do Código de Processo Civil/2015 quando se está diante de execução fiscal? Em outros termos: seria possível admitir que "mérito", em tal categoria, significa satisfação do crédito tributário (via expropriação do patrimônio do devedor), de modo que as decisões interlocutórias envolvendo a oferta de garantias, porque destinadas a assegurar o crédito tributário inadimplido, estariam compreendidas na acepção semântica do referido art. 502?

Esse é nosso ponto focal.

Tomemos como exemplo, para clarear a cena, decisão que rejeita a oferta do devedor de assegurar o crédito tributário via apólice de seguro, fazendo-o com fundamento na necessidade de obediência à ordem legal prevista no art.

---

237. "Art. 467. Denomina-se coisa julgada material a eficácia, que torna imutável e indiscutível a sentença, não mais sujeita a recurso ordinário ou extraordinário."

238. Artigo "Redefinição do conceito de litispendência a partir da 'nova' coisa julgada" (art. 502 do CPC/2015: impacto no confronto de execução fiscal e medidas antiexacionais (embargos, exceção de pré-executividade e anulatória). *In: Processo tributário analítico*. São Paulo: Noeses, 2019. V. IV, p. 4.

239. "Art. 356. O juiz decidirá parcialmente o mérito quando um ou mais dos pedidos formulados ou parcela deles: [...]
II – estiver em condições de imediato julgamento, nos termos do art. 355."

240. "Art. 355. O juiz julgará antecipadamente o pedido, proferindo sentença com resolução de mérito, quando: I – não houver necessidade de produção de outras provas; [...]."

11[241] da Lei de Execuções Fiscais e sem qualquer referência aos dados concretos do caso.

Esgotados os recursos, se a tomarmos como "decisão interlocutória do mérito executivo", o efeito prático advindo do trânsito em julgado será, num primeiro olhar, bastante "forte": tal decisão vincularia contribuinte e fisco-credor *em relação a todos os demais processos* em que o primeiro pretendesse apresentar garantia fora da ordem legal de nomeação.

Assim seria em razão do que dispõem o § 1º, I a III, e o § 2º, ambos do art. 503[242] do Código de Processo Civil/2015, preceitos que prescrevem a formação da coisa julgada sobre questão prejudicial. Ou seja, se a decisão de rejeição da apólice de seguro, porque configuradora do "mérito" executivo, tornou-se definitiva (trânsito em julgado), apresentando na sua fundamentação argumentos abstratos no sentido de que a ordem legal é inviolável, tal porção do *decisum* é questão prejudicial sujeita a trânsito e, assim, "transcenderia" para as demais execuções fiscais propostas em face daquele contribuinte.

Pragmaticamente, isso importaria, já sinalizamos, na impossibilidade de apresentação, por aquele devedor, de qualquer bem/direito fora da ordem legal para assegurar

---

241. "Art. 11. A penhora ou arresto de bens obedecerá à seguinte ordem: I – dinheiro; II – título da dívida pública, bem como título de crédito, que tenham cotação em bolsa; III – pedras e metais preciosos; IV – imóveis; V – navios e aeronaves; VI – veículos; VII – móveis ou semoventes; e VIII – direitos e ações."

242. "Art. 503. A decisão que julgar total ou parcialmente o mérito tem força de lei nos limites da questão principal expressamente decidida.
§ 1º O disposto no caput aplica-se à resolução de questão prejudicial, decidida expressa e incidentemente no processo, se: I – dessa resolução depender o julgamento do mérito; II – a seu respeito tiver havido contraditório prévio e efetivo, não se aplicando no caso de revelia; III – o juízo tiver competência em razão da matéria e da pessoa para resolvê-la como questão principal.
§ 2º A hipótese do § 1º não se aplica se no processo houver restrições probatórias ou limitações à cognição que impeçam o aprofundamento da análise da questão prejudicial."

outros créditos tributários exigidos em execuções fiscais diversas – uma solução que, a despeito da abstrata submissão da decisão sobre a oferta de garantia ao conceito de decisão interlocutória de mérito no bojo da execução fiscal, faz-nos pensar sobre a imperatividade do isolamento dessas interlocutórias "*periféricas*" daquelas que se relacionam diretamente com a ideia de exigibilidade, objetiva e/ou subjetivamente falando.

Com efeito, não nos parece que o Código de Processo Civil/2015, ao atrair a figura da coisa julgada para o campo das interlocutórias de mérito (inclusive determinando sua incidência sobre a questão prejudicial), tenha pretendido tornar a realidade dos executivos engessadas – como no exemplo apresentado.

Se possível for afirmarmos que a locução "decisão de mérito" contida no art. 502 do Código de Processo Civil/2015 é gênero, haveremos de ter no âmbito da execução fiscal o "mérito periférico" (ou "impróprio") e o "mérito propriamente dito" como duas espécies, dentre as quais a matéria relacionada às garantias enquadrar-se-ia na primeira categoria ("periférica"), porque descolada da questão da exigibilidade do crédito tributário.

Assim procedendo, concluiríamos que a interlocutória de mérito atinente à etapa procedimental de oferta de garantia faz coisa julgada, mas com a geração de estabilidade "fraca", assim entendida a que se atém aos limites do processo em que é decidida – intraprocessual, portanto (a contraposta "estabilidade forte" relacionar-se-ia às decisões interlocutórias de "mérito propriamente dito", assim consideradas as que abordam a exigibilidade do crédito tributário tanto em sua porção objetiva, como subjetiva, sendo definível como "forte" justamente porque espraiar-se-ia sobre outras relações processuais que tomassem a mesma realidade fática como foco).

Revendo o exemplo trazido, teríamos, ao cabo de tudo, que, ao transitar em julgado a decisão prolatada na execução fiscal a respeito da recusa da oferta da apólice de seguro, sob o fundamento da desobediência à ordem legal de nomeação, o *decisum* não apresentaria o efeito de se impor para além daquele caso concreto (relembremos que, no exemplo cogitado, a decisão foi abstrata, portanto, meramente normativa).

6.5 Extensão objetiva da coisa julgada: limite contra terceiros processuais

Rodrigo G. N. Massud

"O cindir é desde o início", já nos advertia Pontes de Miranda em seu livro *O problema fundamental do conhecimento,*[243] o que demonstra a importância da compreensão analítica de certos institutos para a implementação de valores que o direito busca realizar, como é o caso da efetividade e instrumentalidade no processo tributário, em especial no campo do preceito constitucional da coisa julgada.

Nesse contexto se insere o objeto temático deste artigo, qual seja, a explicação dos efeitos que determinadas decisões judiciais tributárias produzem sobre situações envolvendo terceiros que não participam da relação jurídica processual (terceiros processuais).

Para facilitar a compreensão do assunto, imagine-se ação promovida pelo contribuinte A em face do ente estatal B cuja decisão ao final acaba afetando o responsável tributário C e/ou ente estatal D, fenômeno esse que, na teoria geral do processo, está ligado ao macrotema jurisdição e à questão dos limites (objetivos e subjetivos) da coisa julgada.

243. PONTES DE MIRANDA, Francisco Cavalcanti. *O problema fundamental do conhecimento*. Porto Alegre: Globo, 1937.

Tomemos por exemplo caso recentemente julgado pela 1ª Turma do Superior Tribunal de Justiça no agravo em REsp 1.423.187/SP, relatado pelo Ministro Gurgel de Faria, julgado em 10.05.2022, que discutiu na origem a seguinte orientação firmada pelo Tribunal de Justiça/SP: "[...] Concessão de liminar em processo movido na justiça goiana que desobrigou as empresas que tratavam com a destinatária final do recolhimento do ICMS nas operações interestaduais de derivados de petróleo. *Impossibilidade dos efeitos de tal liminar atingir o Fisco Paulista, vez que este não integrou a lide (art. 472 do CPC/73), de modo a permanecer hígida a autuação lavrada. Responsabilidade da empresa, ora embargante, de arcar com a retenção do imposto devido (CF, art. 150, § 7º).* Improcedência dos embargos mantida. [...]" (grifamos).

No caso, liminar concedida em ação ajuizada pela empresa substituída, no estado de Goiás, afastou a retenção do ICMS-ST[244] pela empresa substituta, distribuidora localizada no estado de São Paulo. Posteriormente, o estado de São Paulo veio a autuar e exigir o ICMS-ST contra a responsável/substituta, sob alegação, em sua defesa aos embargos à execução fiscal, de que não integrou a lide e, portanto, não estaria vinculado à decisão nos termos do art. 472 do Código de Processo Civil/1973[245] (atual art. 506 do Código de Processo Civil/2015[246]).

Tem-se aí dilema recorrente no contencioso tributário relativo aos tributos que, por sua natureza, envolvem a transferência do encargo econômico a terceiros.

244. Imposto sobre a Circulação de Mercadorias e Serviços.

245. "Art. 472. A sentença faz coisa julgada às partes entre as quais é dada, não beneficiando, nem prejudicando terceiros. Nas causas relativas ao estado de pessoa, se houverem sido citados no processo, em litisconsórcio necessário, todos os interessados, a sentença produz coisa julgada em relação a terceiros."

246. "Art. 506. A sentença faz coisa julgada às partes entre as quais é dada, não prejudicando terceiros."

São férteis os exemplos, como: ações discutindo o imposto sobre produtos industrializados sobre descontos incondicionais ajuizadas por distribuidoras, desobrigando as indústrias do dever de recolhimento; ações tratando do impostos sobre serviços de qualquer natureza ajuizadas por prestadores de serviços, questionando regras de retenção por tomadores de diferentes municípios; ações de imposto sobre a renda retido na fonte propostas pelas fontes retidas, afastando o dever de retenção da fonte pagadora; recentemente, tem-se a discussão travada no tema 1.125 do Superior Tribunal de Justiça, relativo à exclusão do ICMS--ST da base do PIS/Cofins pelo substituído, entre outras.

Em comum a todas essas lides, há de um lado questões relacionadas à legitimidade de partes, usualmente afetas ao interesse de agir (condição da ação), suscitando problemas ligados à formação da coisa julgada material, e, de outro, pontos ligados aos limites objetivos e subjetivos da decisão transitada em julgado.

É sobre esses limites que focamos nossa reflexão, e para tanto retornamos ao voto do Ministro Gurgel de Faria no agravo em REsp 1.423.187/SP, no qual foi afirmado:

"Registro, desde logo, a *correção da premissa normativa assentada no acórdão recorrido, de que a eficácia subjetiva da coisa julgada se limita às partes, não podendo prejudicar terceiros (art. 506 do CPC/2015), o que revelaria a ineficácia da decisão liminar obtida pelo substituído*, que afastou o regime de substituição tributária, perante à Fazenda Pública do Estado de São Paulo, visto que ela não integrou tal lide.

Ocorre que, ao meu sentir, esse fundamento não se mostra suficiente para dar a correta solução à controvérsia suscitada no presente caso.

[...] não se poderia exigir da empresa embargante outra conduta diversa do cumprimento da ordem judicial que lhe foi imposta para deixar de proceder à retenção do ICMS/ST referentes às operações de venda de derivados de petróleo às empresas autoras daquela demanda" (grifos nossos).

Trata-se, sem dúvida, de uma questão de instrumentalidade e efetividade do processo, cuja solução não é afastada pelo teor do art. 506 do Código de Processo Civil/2015, ao contrário do que pode parecer da leitura do referido acórdão.

Isso porque, há de se diferenciar limites da decisão de mérito, ou seja, do conteúdo normativo da tutela jurisdicional, dos limites da própria coisa julgada enquanto instituto, ou seja, sua forma (ou conformação normativa), uma vez que o mesmo veículo introdutor da norma processual (decisão de mérito) acaba por regular duas relações: (1) imediatamente, a conduta material das partes integradas na relação processual; e (2) mediatamente, a conduta processual do Judiciário.[247]

De um lado, a vinculação dos sujeitos processuais sobre os quais repercute o efeito da indiscutibilidade próprio da *res judicata* que demarca a conduta desses sujeitos, de outro, a vinculação institucional da conduta judiciária, assumindo o papel de norma de estrutura no sentido preconizado por Paulo de Barros Carvalho,[248] isto é, aquela demarcatória da forma de produção de novos comandos normativos.

Dessa forma, no caso tomado como exemplo, ainda que o estado de São Paulo não tenha composto a lide no feito originário transitado em julgado, não pode o Poder Judiciário paulista (re)discutir a mesma *questão já decidida*. E isso não por conta dos limites subjetivos da coisa julgada, senão em razão da sua própria e inerente porção objetiva, tal qual prevista no art. 503 do Código de Processo Civil/2015, que

247. Nesse sentido: "enquanto a decisão de mérito vincula materialmente a conduta das partes, a coisa julgada vincula processualmente a conduta dos órgãos do Poder Judiciário" (PRIA, Rodrigo Dalla. *Direito processual civil*. São Paulo: Noeses, 2020. p. 576).

248. *Curso de direito tributário*. 22. ed. São Paulo: Saraiva, 2010.

leva à impossibilidade de rediscussão, pelo Poder Judiciário, de questão já decidida.

Não fosse assim, comprometer-se-ia a unidade do Poder Judiciário enquanto instituição, permitindo-se reexames e revisões, a pretexto da ineficácia subjetiva da decisão.

Daí a importância das premissas analíticas interagindo com a instrumentalidade e efetividade do processo, conforme bem decidido pelo Superior Tribunal de Justiça.

6.6 É possível falar em precedente em matéria tributária com um Supremo Tribunal Federal volátil?

Diego Diniz Ribeiro

Em tempos atuais, em que a informação é cada vez mais superficial e instagramável, o óbvio precisa ser dito e repetido, motivo pelo qual começamos esse texto afirmando: o processo e, consequentemente, o processo tributário, não é um fim em si mesmo, mas um importante instrumento para a realização de direitos materiais controversos; em última análise, é instrumento fundamental para que o Direito cumpra o papel de promover a paz social e resolver, conteudisticamente, os necessários problemas de convivência.

Dito isso e pensando nas instituições sob uma perspectiva jurídica,[249] encontramos o Poder Judiciário, segmentado em diferentes órgãos tanto para fins *políticos*,[250] como para cumprir seu objetivo *funcional*, i.e., com o fito de exercer sua função precípua: promover a atividade jurisdicional. Sob a perspectiva exclusivamente funcional, o Poder

249. Não ignoramos o fato de que tais instituições também podem ser observadas por outras diferentes perspectivas, tais como a política, a econômica, a social etc.

250. O Poder Judiciário, enquanto estrutura do Estado Democrático brasileiro, se organiza politicamente. Daí, *v.g.*, possuir um Estatuto próprio da magistratura, prever e realizar o orçamento que lhe cabe etc.

Judiciário se organiza tanto de forma horizontal como vertical[251] e, no que tange à estrutura verticalizada, encontra no Supremo Tribunal Federal seu ponto final.

Apenas esse sumário da organização do Poder Judiciário, com especial ênfase para o papel do Supremo Tribunal Federal como o órgão discursivo final para fins de realização prática do direito, já seria suficiente para demonstrar a importância do Pretório Excelso no universo jurídico nacional. Tal relevância foi potencializada nos últimos anos por dois motivos: (*i*) a sobrevalorização, a partir da Constituição Federal/1988, da sua competência em relação ao controle concentrado de constitucionalidade, e (*ii*) o (suposto) fortalecimento dos precedentes judiciais dentro do sistema jurídico nacional.[252]

Entre reformas pontuais do Código de Processo Civil/1973[253] e o advento da Emenda Constitucional 45/2004,[254] até se chegar ao Código de Processo Civil/2015 (em particular, a seus arts. 926[255] e 927[256]), é inegável o prestígio

251. Essa verticalidade não implica uma relação hierárquica entre os diferentes órgãos jurisdicionais, mas decorre da previsão constitucional de órgãos de superposição, tais como os Tribunais Superiores. Nesse sentido: DINAMARCO, Cândido. *Instituições de direito processual civil.* 7. ed. São Paulo: Malheiros, 2013. v. I, p. 382.

252. Em nossa particular opinião estamos muito distantes de um modelo metodologicamente adequado de valorização de precedentes no Brasil, conforme já expusemos em: RIBEIRO, Diego Diniz. Precedentes em matéria tributária e o novo CPC. *In:* CONRADO, Paulo César (org.). *Processo tributário analítico.* São Paulo: Noeses, 2016. v. III, p. 111-140.

253. *V.g.*, a possibilidade de julgamento monocrático de recursos com base em súmulas do STF e do STJ (art. 518, § 1º, do CPC/73, incluído pela Lei n. 11.276/2006).

254. Veiculadora de institutos como repercussão geral e súmulas vinculantes.

255. "Art. 926. Os tribunais devem uniformizar sua jurisprudência e mantê-la estável, íntegra e coerente.
§ 1º Na forma estabelecida e segundo os pressupostos fixados no regimento interno, os tribunais editarão enunciados de súmula correspondentes a sua jurisprudência dominante.
§ 2º Ao editar enunciados de súmula, os tribunais devem ater-se às circunstâncias fáticas dos precedentes que motivaram sua criação."

256. "Art. 927. Os juízes e os tribunais observarão:

alcançado pelas decisões veiculadas pelo Supremo Tribunal Federal e sua qualidade de fonte material do Direito.

Tal impacto, bem como os equívocos metodológicos até então existentes,[257] não passaram despercebidos pelo legislador de 2015 que, por meio do art. 926 do Código Processual, trouxe importante contributo para a conformação de uma adequada cultura de precedentes, fazendo-o ao prever que os Tribunais devem manter sua jurisprudência *estável, íntegra e coerente.*

A ideia de se preservar a *estabilidade* das decisões judiciais parte do pressuposto de que tais manifestações atuam como fonte material do Direito (para além das partes litigantes) e, como tal, têm a aptidão de gerar expectativas legitimamente construídas pelos jurisdicionados ao longo do tempo. Tais decisões, portanto, devem se manter estáveis como forma de tutelar tais expectativas e, por conseguinte, o valor segurança jurídica.

Longe de significar que os precedentes são imutáveis, a norma afasta o instituto do *overruling*[258] de uma eventual banalização. Nesse sentido, a simples mudança de composição de um Tribunal, por exemplo, não constitui motivo suficiente para a superação de um precedente: estabilidade

---

I – as decisões do Supremo Tribunal Federal em controle concentrado de constitucionalidade;
II – os enunciados de súmula vinculante;
III – os acórdãos em incidente de assunção de competência ou de resolução de demandas repetitivas e em julgamento de recursos extraordinário e especial repetitivos;
IV – os enunciados das súmulas do Supremo Tribunal Federal em matéria constitucional e do Superior Tribunal de Justiça em matéria infraconstitucional;
V – a orientação do plenário ou do órgão especial aos quais estiverem vinculados."

257. Em especial por conta de um modelo de precedentes calcado em tipos decisórios formais de vinculação (repercussão geral, súmulas vinculantes, recursos repetitivos etc.) e refém de enunciados sintetizadores dos julgados (ementas, orientações jurisprudenciais, súmulas e afins).

258. E todas as implicações daí decorrentes, como aquelas, *v.g.*, prescritas nos arts. 489, § 1º, inciso VI e 927, §§ 2º e 3º, ambos do CPC.

das decisões judiciais pressupõe *institucionalidade* dessas manifestações.

Por sua vez, a *integridade* das decisões apresenta-se como meio termo entre a hiperintegração e a desintegração das manifestações jurisdicionais. Em outras palavras, um precedente não tem o condão de abarcar – e, com isso, regular – uma infinidade de condutas prospectadas para o futuro, como se norma fosse (hiperintegração),[259] assim como também não pode se arvorar da falsa sensação de que dará uma resposta sempre única para os diferentes casos que chegam a seu conhecimento, sob pena de promover um indevido casuísmo jurídico (desintegração). Nesse sentido, para que haja uma real integração do Direito, o órgão judicante, ao resolver um caso em tempo presente, deverá olhar para a plêiade de decisões proferidas em casos análogos[260] e avaliar se existem mais pontos de encontro do que de desencontro a justificar (ou não) a convocação do precedente como fundamento para a decisão a ser proferida.[261] Em suma, a ideia de integridade das decisões prestigia um senso de historicidade da manifestação jurisdicional.

Por fim, *coerência* entre decisões diz respeito à necessidade de unicidade *substancial* do direito criado pelos Tribunais, ainda que os casos comparados não sejam idênticos. E isso porque, em um modelo de precedentes metodologicamente adequado, o encontro dos casos sempre se dará no heterogêneo, jamais no homogêneo, cabendo ao realizador do direito promover as aproximações/distinções

259. Daí as críticas à cultura das ementas/súmulas/fixação de teses no pretenso modelo abrasileirado de precedentes.

260. Em um modelo de precedentes jamais haverá uma identidade subsuntiva de casos, mas sempre uma comparação analógico-problemática a justificar a convocação da *ratio decidendi* do caso precedente ou a sua distinção (*distinguishing*).

261. É o que Fredie Didier Júnior chama de *dever de autorreferência*, embora empregue esse termo quando trata do valor coerência das decisões judiciais (DIDIER JÚNIOR, Fredie. BRAGA, Paulo Sarno. OLIVEIRA, Rafael Alexandria de. *Curso de direito processual civil.* 10. ed. Salvador: JusPodivm, 2015. v. 2, p. 480.

fáticas mediante um pesado ônus argumentativo, a justificar em concreto a convocação da *ratio* ou a promoção do *distinguishing*.

Feitas essas considerações, convém agora analisar a forma como o Supremo Tribunal Federal tem tratado a figura dos precedentes, em especial em razão do disposto no art. 926 do Código de Processo Civil/2015. Para tanto, destacaremos, como exemplos, *dois casos tributários apreciados naquela Corte.*

O *primeiro deles* trata da *exclusão do ISS das bases de cálculo do PIS/Cofins*, o qual será julgado no âmbito do Recurso Extraordinário 592.616 (Tema 118 de repercussão geral). Tal julgamento foi iniciado no Tribunal em 14.08.2020, oportunidade na qual o então Ministro Celso de Mello votou pela exclusão do ISS do cômputo das contribuições. O julgamento foi retomado em 20.08.2021, com a abertura da divergência pelo voto-vista do Ministro Dias Toffoli, na linha da manutenção do Imposto Sobre Serviços de Qualquer Natureza – ISS – na base de cálculo. Na sequência, o então Presidente do Supremo Tribunal Federal, Ministro *Luiz Fux*, destacou o caso, retirando-o do plenário virtual. Assim, todos os votos já proferidos foram descartados, reiniciando-se o julgamento do zero presencialmente.

Esse caso revela um quê de descompromisso do Supremo Tribunal Federal com os valores da coerência e da integridade no trato dos seus precedentes: apesar de toda retórica do voto-vista proferido pelo Ministro *Dias Toffoli* para promover um suposto *distinguishing*, a questão posta em julgamento é análoga ao problema resolvido pelo Supremo Tribunal Federal, depois de décadas de espera,[262] no âmbito do Recurso Extraordinário 574.706, quando definiu que "o ICMS não compõe a base de cálculo para fins de incidência do PIS e da Cofins".

262. Quatorze anos de tramitação só no STF, para ser mais preciso.

Concordando ou não com a tese vencedora, a questão é que, ao assim decidir, o Supremo Tribunal Federal delimitou um conceito de faturamento para fins de incidência das contribuições sociais, que exclui da sua composição os valores correspondentes aos tributos que seriam pagos pelo consumidor e repassados pelo vendedor aos cofres públicos. Assim, embora não haja identidade de casos – o que, como visto, não é exigido em um modelo metodologicamente adequado de precedentes –, há uma notória aproximação entre o que foi decidido pelo Supremo Tribunal Federal no Recurso Extraordinário 574.706 e aquele que está sob análise no Recurso Extraordinário 592.616. A opção adotada pelo então Presidente do Supremo Tribunal Federal – vencido na discussão travada no Recurso Extraordinário 574.706, diga-se de passagem – em submeter o Recurso Extraordinário 592.616 a julgamento presencial, descartando com isso os votos já proferidos, é um claro sinal de que se aposta em um resultado distinto em razão da nova composição do Supremo Tribunal Federal, partindo do já denunciado equívoco de que a mudança episódica de pessoas, circunstancialmente exercendo a função de julgador no Supremo Tribunal Federal, seria motivo suficiente para alterar a posição daquela instituição.

O *segundo exemplo* que se destaca é o do caso julgado sob repercussão geral no âmbito do Recurso Extraordinário 714.139, em que se fixou a seguinte tese: "adotada, pelo legislador estadual, a técnica da seletividade em relação ao Imposto sobre Circulação de Mercadorias e Serviços – ICMS, discrepam do figurino constitucional alíquotas sobre as operações de energia elétrica e serviços de telecomunicação em patamar superior ao das operações em geral, considerada a essencialidade dos bens e serviços".

A questão a ser aqui avaliada, todavia, não diz respeito ao mérito da decisão em si, mas sim à modulação de efeitos atribuída na oportunidade. Segundo o que restou decidido, a decisão do Supremo Tribunal Federal só produzirá efeitos a partir do exercício financeiro de 2024, *ressalvadas as ações ajuizadas até a data do início do julgamento do mérito (05.02.2021).*

Olhando para o corte feito pelo Supremo Tribunal Federal em relação às demandas já propostas, é fácil perceber que a Corte salvaguardou dos efeitos da modulação apenas aqueles contribuintes que judicializaram a questão antes de iniciado o julgamento (05.02.2021), caminho que se contrapõe a inúmeros precedentes a respeito do tema. Como exemplo reconvocamos o Recurso Extraordinário 574.706: depois de mais de quatro anos debruçado exclusivamente sobre o tema da modulação de efeitos, o Supremo decidiu, em 10.05.2021, que estariam preservados os contribuintes que ajuizaram suas ações até a data da sessão em que proferido o julgamento (15.03.2017), i.e., o resultado da lide.[263]

Pois bastaram apenas sete meses para o Supremo Tribunal Federal, no âmbito do Recurso Extraordinário 714.139, alterar sua posição a respeito de quais litigantes estariam ou não preservados dos efeitos modulatórios das suas decisões, o que fez por maioria de votos, vencido no ponto somente o Ministro Edson Fachin. O caso aqui é ainda mais problemático do que o anterior e por dois motivos: (i) primeiramente, porque não houve motivação para o *overruling*[264] da orientação sobre modulação, o que, como visto, se contrapõe aos valores do art. 926 do Código

263. Na mesma linha também se destaca o RE 560.626, no qual se discutiu a (im) possibilidade de lei ordinária tratar dos prazos decadencial e prescricional de contribuições previdenciárias. Neste julgado o STF decidiu pela impossibilidade da repetição de indébitos recolhidos a mais de 5 (cinco) anos, modulando os efeitos dessa sua decisão para salvaguardar aqueles contribuintes que promoveram pedidos de restituição antes da conclusão do julgamento pretoriano.

264. O que se encontra são justificativas rasas para a modulação em si considerada, as quais são pautadas pelo já conhecido discurso retórico do interesse público decorrente no impacto financeiro da decisão proferida. Não há, todavia, qualquer motivação para o *overruling* aqui mencionado.

de Processo Civil/2015, em especial a ideia de estabilidade das decisões; (ii) segundo, porque a maioria dos Ministros envolvidos no debate aceca da modulação de efeitos da decisão proferida no Recurso Extraordinário 574.706 participou do julgamento do Recurso Extraordinário 714.139, o que descortina uma certa despreocupação com o conceito de integridade decisória.

Diante desse quadro e retomando o questionamento presente no título deste texto respondemos: volatilidade não combina com um bom regime de precedentes.

6.7 Coisa julgada e rescisão com base em precedentes: um suscinto percurso histórico-crítico pela jurisprudência do Supremo Tribunal Federal

Diego Diniz Ribeiro

A discussão jurisprudencial quanto a possibilidade de rescisão da coisa julgada com base em precedentes já é antiga e remonta à década de 60, quando o Supremo Tribunal Federal fixou a tese veiculada na sua súmula 343.[265] Nessa oportunidade, antes de qualquer discussão quanto a uma pretensa aproximação do sistema jurídico nacional de um modelo de *stare decisis* e, ainda, muito influenciado pela segunda fase histórica do Processo Civil,[266] chamada de autonomista, técnica ou científica, o Supremo Tribunal Federal entendeu pela impossibilidade de rescindir coisa julgada com base em precedentes. E isso porque, nesse momento histórico, ainda era vigente a concepção de que apenas a lei

265. "Não cabe ação rescisória por ofensa a literal disposição de lei, quando a decisão rescindenda se tiver baseado em texto legal de interpretação controvertida nos tribunais" (data de aprovação: sessão Plenária de 13.12.1963).

266. Convém lembrar que nesse momento histórico vigia o CPC de 1934, fortemente pautado pela ideia de que o juiz era o aplicador em concreto da lei.

em sentido estrito era capaz de atuar como fonte material do Direito. As decisões judiciais se enquadravam naquele campo das fontes secundárias, assim como os costumes, a doutrina, a equidade e os princípios gerais do direito.

Acontece que, com o passar dos anos e após uma Constituição Federal e dois códigos de processo civil, a discussão ganha outra roupagem. Após a Emenda Constitucional 45/2004 o ordenamento jurídico ganhou novos institutos como o da repercussão geral, os recursos repetitivos e as súmulas vinculantes. O Código de Processo Civil/1973, já reformado, também contemplava, em alguma medida, a força materialmente normativa de precedentes exarados por Tribunais Superiores, inclusive com a possibilidade de julgamentos monocráticos de recursos na hipótese de a decisão recorrida estar ou não em consonância com precedentes de tais Tribunais, apenas para ficar nesse exemplo. O Código de Processo Civil /2015, por sua vez, amplificou e qualificou o tratamento desses precedentes, em especial em razão do disposto no seu art. 926.[267]

Há, em suma, uma valorização da decisão judicial como fonte material do Direito, especialmente aquelas decisões proferidas pelos nossos Tribunais Superiores, o que apresenta uma significativa relevância no específico nicho Direito Tributário, já que um tratamento judicativo desigual para sujeitos passivos que se encontram em posições tributárias análogas pode implicar sérios problemas micro e macroeconômicos.

Dentro desse contexto, em 2008, no âmbito do Recurso Extraordinário 328.812-embargos de declaração, o Supremo Tribunal Federal reconhece a capacidade criativa das

267. Deixaremos de lado as críticas que temos a esse abrasileirado modelo de precedentes desenvolvidos no Brasil, o qual, em nossa opinião, apresenta problemas conceituais e metodológicos. Para os interessados, tecemos tais críticas aqui: RIBEIRO, Diego Diniz. Precedentes em matéria tributária e o novo CPC. *In:* CONRADO, Paulo César (org.). *Processo tributário analítico.* São Paulo: Noeses, 2016. v. III, p. 111-140.

suas decisões, ao afirmar que "quando uma decisão desta Corte [STF] fixa uma interpretação constitucional, entre outros aspectos está o Judiciário explicitando os conteúdos possíveis da ordem normativa infraconstitucional em face daquele parâmetro maior, que é a Constituição". E, partindo dessa premissa, assim conclui:

> "De fato, negar a via da ação rescisória para fazer valer a interpretação constitucional do Supremo importa, a rigor, em admitir uma violação muito mais grave à ordem normativa. Sim, pois aqui a afronta se dirige a uma interpretação que pode ser tomada como a própria interpretação constitucional realizada".

Nesse instante, portanto, o Supremo Tribunal Federal supera o teor da sua Súmula 343 e reconhece a possibilidade de se manejar instrumentos rescisórios – mais precisamente ação rescisória – para desfazer coisa julgada que se contraponha a um precedente daquela Corte. O que, todavia, inexiste nessa oportunidade é uma manifestação do Supremo Tribunal Federal quanto a existência ou não de algum tipo de limite no emprego dessa ação rescisória pautada em precedente pretoriano. Essa discussão só surge em 2014, quando do julgamento do Recurso Extraordinário 590.809, oportunidade em que o Supremo Tribunal Federal promoveu um aperfeiçoamento da *ratio decidendi* do Recurso Extraordinário 328.812-embargos de declaração.

Antes, entretanto, de apresentar as conclusões do Supremo Tribunal Federal no Recurso Extraordinário 590.809, convém aqui destacar a sua moldura fática.

Pois bem. Esse novo caso era um recurso extraordinário com repercussão geral reconhecida, interposto contra decisão proferida pelo Tribunal Regional Federal da 4ª Região que julgou procedente ação rescisória ajuizada pela União contra decisão transitada em julgada em favor de determinada pessoa jurídica, na qualidade de contribuinte.

Em suma, o contribuinte ajuizou ação para ver garantido o seu direito ao creditamento do Imposto sobre Produtos Industrializados – IPI – nas hipóteses de insumo adquirido sem incidência tributária ou sujeito à alíquota zero, ação esta que transitou em julgado com decisão de mérito favorável ao autor. Ressalte-se que, à época em que proferida a decisão, os precedentes existentes, *inclusive do próprio Supremo Tribunal Federal*, eram favoráveis ao contribuinte.

Acontece que, depois da empreitada exitosa do contribuinte, com decisão transitada em julgado em seu favor, o Supremo Tribunal Federal revisitou a mesma questão de fundo debatida naquela lide, oportunidade em que superou o entendimento até então firmado, conforme julgamento proferido no RE 353.657/PR.[268]

Diante deste novo quadro jurisprudencial, a União promoveu a ação rescisória alhures mencionada por entender que a decisão transitada em julgado em favor do contribuinte ofenderia o precedente firmado no Recurso Extraordinário 353.657/PR, ação essa julgada procedente e que ensejou, por parte do contribuinte, na interposição do citado recurso extraordinário (Recurso Extraordinário 590.809).

Importante ainda registrar que o caso fomentador da superação da jurisprudência do Supremo Tribunal Federal

268. "IPI – INSUMO – ALÍQUOTA ZERO – AUSÊNCIA DE DIREITO AO CREDITAMENTO.
Conforme disposto no inciso II do § 3º do art. 153 da Constituição Federal, observa-se o princípio da não-cumulatividade compensando-se o que for devido em cada operação com o montante cobrado nas anteriores, ante o que não se pode cogitar de direito a crédito quando o insumo entra na indústria considerada a alíquota zero.
IPI – INSUMO – ALÍQUOTA ZERO – CREDITAMENTO – INEXISTÊNCIA DO DIREITO – EFICÁCIA.
Descabe, em face do texto constitucional regedor do Imposto sobre Produtos Industrializados e do sistema jurisdicional brasileiro, a modulação de efeitos do pronunciamento do Supremo, com isso sendo emprestada à Carta da República a maior eficácia possível, consagrando-se o princípio da segurança jurídica" (STF; RE 353.657, Relator(a): Min. Marco Aurélio, Tribunal Pleno, julgado em 25.06.2007, *DJe*-041 divulg. 06.03.2008, publ. 07.03.2008, ement. v. 02310-03, p. 502 *RTJ* v. 205-02, p. 807).

(Recurso Extraordinário 353.657/PR), apesar de julgado em 2007, foi interposto antes do advento da Emenda Constitucional 45/2004, ou seja, foi decidido sem que tivesse sido afetado pelo instituto da repercussão geral, inexistente à época. Em suma, este era o cenário fático do Recurso Extraordinário 590.809.

Nessa oportunidade e diferentemente do que defendido por parte da doutrina, o STF não promoveu um regresso ao teor da sua Súmula 343, mas sim uma expansão dos seus precedentes com um aperfeiçoamento do que fora decidido no âmbito do Recurso Extraordinário 328.812-embargos de declaração, na medida em que, sem ignorar a capacidade criativa das decisões judiciais, trouxe *dois limites importantes para sua utilização em ações rescisórias.*

O *primeiro limite* então estabelecido foi no sentido de que decisões pretorianas fruto de *overruling* não poderiam servir de fundamento para rescindir a coisa julgada. Caso assim não fosse, a cada superação de um precedente do Supremo Tribunal Federal pela própria Corte Constitucional, uma nova ação rescisória poderia ser manejada, o que ensejaria em um *looping* rescisório infinito. Tal postura, por sua vez, implicaria não apenas a mitigação da coisa julgada, mas sua verdadeira extinção.

O *segundo limite* apresentado pelo Supremo Tribunal Federal foi no sentido de precisar que não é qualquer decisão pretoriana que tem a capacidade de fundamentar a ação rescisória aqui discutida, mas apenas aquelas dotadas de *efeitos abrangentes, a repercutirem fora das balizas subjetivas do processo*, nos exatos termos do voto do Ministro *Marco Aurélio*, Relator do Recurso Extraordinário 590.809, ou seja, são capazes de servir de fundamento à rescindir a coisa julgada apenas aquelas decisões com efeito transobjetivo.[269]

---

269. Já tivemos a oportunidade de nos aprofundar na análise desses limites no seguinte texto: RIBEIRO, Diego Diniz. *Coisa julgada, direito judicial e ação rescisória*

A discussão, todavia, ganha um novo capítulo com o julgamento dos temas 881 e 885, oportunidade em que o Supremo Tribunal Federal veiculou a seguinte tese:

"1. As decisões do STF em controle incidental de constitucionalidade, anteriores à instituição do regime de repercussão geral, não impactam automaticamente a coisa julgada que se tenha formado, mesmo nas relações jurídicas tributárias de trato sucessivo.

2. Já as decisões proferidas em ação direta ou em sede de repercussão geral interrompem automaticamente os efeitos temporais das decisões transitadas em julgado nas referidas relações, respeitadas a irretroatividade, a anterioridade anual e a noventena ou a anterioridade nonagesimal, conforme a natureza do tributo".[270]

Até a publicação do presente trabalho, as decisões proferidas em tais *Leading cases* se encontram pendentes de trânsito em julgado. Todavia, já é possível analisar criticamente o que consta da decisão vencedora, da lavra do Ministro Luís Roberto Barroso.

A decisão veiculada se pauta em três pilares, sendo eles: (i) as decisões do Supremo Tribunal Federal, *incluindo-se aquelas proferidas em sede de controle difuso de constitucionalidade, desde que submetidas à repercussão geral*, apresentam densidade normativa e, por isso, são aptas a fundamentarem a rescisão da coisa julgada; (ii) essas decisões

em matéria tributária. In: CONRADO, Paulo César (org.). *Processo tributário analítico.* São Paulo: Noeses, 2013. v. II, p 83-110.

270. BRASIL. Supremo Tribunal Federal. Recurso Extraordinário 955.227-BA. Recurso extraordinário em que se discute, à luz dos arts. 5º, XXXVI, e 102 da Constituição Federal, se e como as decisões do Supremo Tribunal Federal em controle difuso fazem cessar os efeitos futuros da coisa julgada em matéria tributária, quando a sentença tiver se baseado na constitucionalidade ou inconstitucionalidade do tributo. Recorrente: União. Recorrido: Braskem S/A. Relator: Min. Roberto Barroso, 13 de fevereiro de 2023b. Disponível em: https://portal.stf.jus.br/processos/detalhe.asp?incidente=4945134. Acesso em: 18 jul. 2023.

apresentam um caráter rescisório automático a partir da publicação da ata do julgamento, i.e., independem do manejo de um instrumento processual rescisório; (iii) um novo precedente pretoriano equipara-se às leis instituidoras de tributos, o que impõe ao seu efeito rescisório a obrigação de se submeter aos princípios da irretroatividade e da anterioridade em matéria tributária, a depender da particular espécie tributária em debate.

Tal decisão nos parece equivocada, tanto sob uma perspectiva conceitual como também metodológica.

O equívoco conceitual decorre do fato de que essa posição trata precedente como se lei fosse, o que não demanda maior esforço hermenêutico para demonstrar a injuridicidade dessa aproximação.[271]

Acontece que tal erro conceitual implica outro, de caráter metodológico, pois ao tratar precedente como se lei fosse o submete a uma aplicação própria das leis, de caráter lógico-subsuntivo, ignorando, todavia, que em sede de precedente o método adequado é o analógico-problemático, oriunda de uma "ponderação sempre atenta à identidade-diversidade própria do analógico e que, como tal, só pode considerar-se em concreto".[272]

Logo, a convocação de um precedente para a rescisão da coisa julgada dependeria, necessariamente, da propositura do instrumento processual rescisório pertinente, o que, no caso das demandas de trato sucessivo, se daria por intermédio de uma ação revisional. Apenas dessa forma é possível garantir que um terceiro, imparcial e equidistante ao estratégico interesse das partes na rescisão da coisa julgada, promova a substancialmente adequada comparação

271. Por todos: DAVID, René. *Os grandes sistemas do direito contemporâneo*. 4. ed. São Paulo: Martins Fontes, 2002.

272. NEVES, A. Castanheira. *Instituto dos assentos*. Coimbra: Coimbra Editora. 2014 (reimpressão). p. 74.

aqui citada entre o caso-precedente e o caso-julgamento, sempre respeitando o devido processo legal, o contraditório maximizado, a ampla defesa substancial, o que também serve para minimizar a abissal diferença de forças entre contribuintes e Estado.[273]

Espera-se que os eventuais embargos de declaração interpostos nos citados *leading cases* sejam recebidos com excepcional caráter infringente e que os equívocos aqui denunciados da decisão pretoriana sejam revistos pelo Supremo Tribunal Federal.

6.8 Subtemas derivados dos julgamentos sobre a coisa julgada tributária

Fernanda Donnabella Camano

Iniciados os julgamentos dos *leading cases* (recursos extraordinários 949.297/CE e 955.227/BA) em que o Supremo Tribunal Federal decidirá acerca dos impactos de seus precedentes sobre os efeitos futuros da coisa julgada tributária nas relações jurídicas de trato continuado, é possível afirmar que, ao menos, três subtemas emergiram a partir da leitura dos votos já prolatados.

O ***primeiro deles***, refere-se à possibilidade de precedente do Supremo Tribunal Federal, formado após o trânsito em julgado das sentenças definitivas tributárias, impactar seus efeitos futuros de modo imediato e automático, sem necessidade de ação rescisória ou revisional, acolhido pela maioria (6 votos[274]).

273. Essa diferença de forças decorre da capacidade do Estado em fazer valer suas pretensões coercitivamente, fruto da autotutela dos seus interesses.

274. Ministros Edson Fachin, Roberto Barroso, Rosa Weber, Dias Toffoli, Alexandre de Moraes e Gilmar Mendes.

No que diz respeito ao veículo a ser utilizado capaz de impactar a coisa julgada, há maioria (6 votos) no sentido de que as decisões definitivas prolatadas pelo Pleno do Supremo Tribunal Federal em *controle abstrato e concentrado de constitucionalidade* e no *controle incidental e difuso com repercussão geral*, contrárias ao estatuído nas sentenças, fazem cessar automaticamente os efeitos prospectivos da coisa julgada. No entanto, há um voto[275] em que se afirmou que não só aquelas, mas as súmulas vinculantes e as decisões de inconstitucionalidade exaradas no controle difuso, sem repercussão geral, quando acompanhadas de resolução senatorial, afetam a coisa julgada. E outro voto[276] compreendeu que qualquer decisão proferida pelo Pleno do Supremo Tribunal Federal estanca a eficácia da coisa julgada.

O ***segundo subtema*** refere-se à observância, em matéria tributária, dos princípios da irretroatividade e da anterioridade anual e nonagesimal (art. 150,[277] III, "a", "b" e "c" e art. 195, § 6º,[278] da Constituição da República). Segundo os votos dos Ministros Edson Fachin e Roberto Barroso, uma vez que os precedentes teriam o condão de cessar os efeitos da coisa julgada tributária a partir da publicação da ata de julgamento das decisões exaradas nos instrumentos

---

275. Ministro Dias Toffoli.

276. Ministro Gilmar Mendes.

277. "Art. 150. Sem prejuízo de outras garantias asseguradas ao contribuinte, é vedado à União, aos Estados, ao Distrito Federal e aos Municípios: III – cobrar tributos:
a) em relação a fatos geradores ocorridos antes do início da vigência da lei que os houver instituído ou aumentado;
b) no mesmo exercício financeiro em que haja sido publicada a lei que os instituiu ou aumentou;
c) antes de decorridos noventa dias da data em que haja sido publicada a lei que os instituiu ou aumentou, observado o disposto na alínea b."

278. "Art. 195. [...]
§ 6º As contribuições sociais de que trata este artigo só poderão ser exigidas após decorridos noventa dias da data da publicação da lei que as houver instituído ou modificado, não se lhes aplicando o disposto no art. 150, III, *b*".

antes mencionados, a exigência do tributo deveria respeitar os referidos princípios.

Os votos dos Ministros Fachin e Barroso afirmaram que as decisões proferidas no *controle concentrado* ou em *repercussão geral* equivalem à ***instituição de norma jurídica nova***, cuja vigência depende da aplicabilidade do princípio da anterioridade, equiparado a uma *vacatio legis*, quando se tratar de (re)instituição ou majoração de tributo (acompanhados pela Ministra Rosa Weber). Nessa medida, entendemos que a observância da anterioridade só ocorre na hipótese de precedente confirmatório da constitucionalidade da lei instituidora da exação.

Por sua vez, o Ministro Dias Toffoli não se refere à instituição de *norma jurídica inaugural*. Assevera que o precedente toca no plano dos efeitos da lei tida por (in)constitucional e não na "*sua validade*". Todavia, na conclusão, acolhe ser necessária a obediência da anterioridade (anual e/ou nonagesimal) a partir da publicação da ata de julgamento da decisão em controle abstrato e concentrado de constitucionalidade (no caso concreto, a Ação Direta de Inconstitucionalidade 15-2).

O Ministro Alexandre de Moraes também não equipara o precedente à edição de *norma jurídica nova*, muito embora, na linha do voto do Ministro Toffoli, compreenda ser necessária a observância das "*garantias constitucionais tributárias relativas às anterioridades anual e mitigada*".

Por fim, o Ministro Gilmar Mendes não teceu considerações sobre a conceituação do precedente como lei nova ou modificativa de direito, mas afirmou que a coisa julgada deve ceder à força normativa da Constituição e ao papel do Supremo Tribunal Federal ao exercer a jurisdição constitucional (nada afirmou sobre a aplicabilidade das regras de anterioridade tributária).

Infere-se, portanto, que tal subtema, não com relação aos fundamentos, mas pelas conclusões, conta com cinco votos.

O ***terceiro subtema*** diz respeito ao termo inicial da produção de efeitos das decisões proferidas nestes julgamentos (nos *leading cases* 949.297/CE e 955.227/BA), em que se registrou, até o momento, cinco votos.

Da leitura dos votos exarados pelos Ministros relatores (Edson Fachin e Roberto Barroso), observa-se que compreenderam, em nome da "segurança jurídica", que as "teses" propostas deverão surtir seus efeitos a partir da publicação das atas de julgamento dos respectivos acórdãos, *considerando* os períodos de anterioridade anual e nonagesimal, a depender da espécie tributária.

A determinação de que se *considere* a anterioridade a partir do julgamento dos mencionados *leading cases* faz surgir um ponto de dúvida.

Considerando-se os fundamentos dos votos dos relatores, uma das interpretações possíveis é a de que a necessidade de observância da anterioridade (anual/nonagesimal) decorre justamente da instituição de uma *nova norma jurídica*. Ainda que os demais Ministros (Dias Toffoli e Alexandre de Moraes) não tenham assim qualificado o impacto do precedente na coisa julgada, concluíram que ele representa alteração do estado de direito, em função de sua eficácia *erga omnes* e vinculante, afetando a conduta dos contribuintes. A nosso ver, em ambas as situações, é necessário que ocorra a (re)instituição ou a majoração do tributo.

A partir das fundamentações, portanto, o que se observa é que os precedentes – ao menos aqueles decorrentes do controle abstrato e concentrado ou incidental e difuso com repercussão geral – seja por configurarem *norma jurídica inaugural*, seja por caracterizarem *norma jurídica modificativa*, ao instituírem e/ou majorarem tributo para os sujeitos que possuem coisa julgada em sentido oposto ao entendimento manifestado pelo Supremo Tribunal Federal, devem se ater aos comandos da irretroatividade e da anterioridade.

Ocorre que, quando finalizados os julgamentos dos *leading cases*, não serão as decisões neles exaradas que (re) instituirão a cobrança da contribuição social sobre o lucro líquido (espécie tributária objeto dos casos analisados), mas sim aquela proferida na Ação Direta de Inconstitucionalidade 15-2 o que, de acordo com os votos, atrairia a anterioridade nonagesimal. Desse modo, contados 90 dias da publicação da ata de julgamento da Ação Direta de Inconstitucionalidade 15-2, ocorrida em 2007, a contribuição poderia ser exigida.

Todavia, como os casos concretos dizem respeito a situações há muito consolidadas e, ainda, como esta é a primeira vez que o Supremo Tribunal Federal decide a respeito da cessação dos efeitos das sentenças transitadas em julgado em matéria tributária de modo contrário ao entendimento da corte, os relatores compreenderam que a "tese" a ser fixada é aplicável a partir dos julgamentos presentes, *considerando* a anterioridade.

Parece-nos que não haveria necessidade de se obedecer, após a publicação das atas dos julgamentos em questão, o período da anterioridade porque, reitere-se, a decisão na Ação Direta de Inconstitucionalidade 15-2 é a que (re)instituiu o tributo (contribuição social sobre o lucro líquido) para quem tem coisa julgada em processo individual.

Em termos práticos, como estamos diante da exigência da contribuição social sobre o lucro líquido, a obediência ou não da anterioridade após o julgamento dos mencionados *leading cases* não faria significativa diferença financeira para as companhias. O importante é a preservação dos fatos geradores ocorridos até a conclusão dos julgamentos.

Então, qual a razão deste texto? A sua importância, pensamos, diz respeito à construção do diálogo sobre a natureza jurídica do precedente e como a regra constitucional da anterioridade tributária interfere no início de sua vigência, em relação aos casos transitados em julgado em sentido distinto à manifestação do Supremo Tribunal Federal. Já que nossa premissa é a de que o processo é instrumento para resolução do direito material, e não um fim em si mesmo.

Independentemente de qual seja a interpretação que se atribua ao termo inicial de vigência das "teses" fixadas nos *leading cases*, não se vê como possível pretender que tal demarcação deva contar com o quórum qualificado previsto no art. 23 da Lei federal 9.868/1999. Isso porque, os acórdãos não declararam a constitucionalidade da regra-matriz de incidência tributária (no caso, da Lei federal 7.689/1988 que exigiu a contribuição social sobre o lucro líquido) porque isso foi feito, segundo os votos até esse momento prolatados, com a decisão da Ação Direta de Inconstitucionalidade 15-2.

Como antes mencionado, é a primeira vez que o Supremo Tribunal Federal decide a respeito do impacto do precedente sobre a coisa julgada tributária e isso basta para que, pelo quórum da maioria simples, se decidida por proteger as relações jurídicas formalizadas no passado, até a final deliberação da corte.

6.9 "Cumprimento administrativo" de sentença, sincretismo e o especial regime rescisório

Rodrigo G. N. Massud

Seguindo a linha temática da coisa julgada e rescisória tributária, campo de especulação no qual interagem, com bastante evidência, as categorias teórico-gerais do fenômeno processual tributário, passamos neste texto ao particular tratamento (ou melhor, à falta dele) do regime jurídico rescisório (dito especial) por alteração jurisprudencial no procedimento de cumprimento de sentença, no caso de opção do contribuinte pelo ambiente administrativo.

Falamos, portanto, das hipóteses em que o contribuinte obtém um título executivo judicial – sentença que reconheça determinado indébito tributário,[279] e opta pelo seu "cumprimento" (*lato sensu*) em ambiente administrativo,[280] na forma de compensação,[281] conforme previsto na Súmula 461 do Superior Tribunal de Justiça e precedentes que a geraram.[282]

Há de se diferenciar, desde logo: (1) os modos de constituição do indébito tributário (relação de débito do fisco, ou crédito do contribuinte), que podem se dar pela via judicial ou administrativa (decisão judicial ou administrativa que reconheça o indébito); (2) dos modos de extinção dessa mesma relação, que podem se dar mediante repetição ou compensação,[283] pela via judicial ou administra-

279. Classe em que se inclui qualquer sentença que reconheça a exigibilidade de pagar quantia certa, abrangendo, portanto, tanto as sentenças condenatórias em repetição de indébito, como as declaratórias de compensação. Essa celeuma foi superada já no CPC/73, com a revogação do art. 584 e inclusão do art. 475-N, I, pela Lei 11.232/2005. Atualmente, até mesmo às sentenças mandamentais foi reconhecida a possibilidade de se obter um título executivo e promover seu cumprimento (AgInt no REsp 1.778.268, Min. Mauro Campbell Marques, *DJe* 02.04.2019; REsp 1.596.218, Min. Humberto Martins, *DJe* 10.08.2016; AgRg no REsp 1.176.713, Min. Napoleão Nunes Maia Filho, *DJe* 07.10.2015; REsp 1.212.708, Min. Herman Benjamin, *DJe* 09.05.2013).

280. Utilizamos o termo "cumprimento administrativo", sempre entre aspas, pois sabemos que, em sentido estrito, os atos coercitivos de realização de direitos, ao menos até hoje, são monopólio do Estado-juiz, sendo praticados, com exclusividade, pela atividade judicial.

281. No âmbito federal, a possibilidade de compensação é prevista desde a edição da Lei 8.383/91, em seu art. 66, e atualmente encontra-se disciplinada no art. 74 da Lei 9.430/96 e na IN RFB 1717/17.

282. "O contribuinte pode optar por receber, por meio de precatório ou por compensação, o indébito tributário certificado por sentença declaratória transitada em julgado."

283. Repetição aqui utilizada no sentido de recomposição patrimonial do contribuinte mediante o recebimento de dinheiro em espécie.

tiva. Ordinariamente, tem-se a repetição pela via judicial (cumprimento de sentença e expedição de precatório), e a compensação pela via administrativa (no âmbito federal, com habilitação do crédito e transmissão de PER/DCOMPs[284]), o que não exclui a eventual possibilidade de repetição pela via administrativa.

De todo modo, assumida a premissa de que compensação é espécie do gênero restituição, ou seja, forma de extinção da relação jurídica de débito do Fisco, reconhecido e certificado no título judicial,[285] chegamos a uma parcial conclusão acerca da questão sobre o regime de rescisão – dito especial – previsto no art. 535, §§ 5º e 8º, do Código de Processo Civil/2015,[286] no caso de opção pelo "cumprimento administrativo": a existência de uma relação extensiva entre espécies.[287]

---

284. Pedido Eletrônico de Restituição, Ressarcimento ou Reembolso e Declaração de Compensação.

285. Há, com isso, uma dupla e implicada extinção de relações quando falamos de compensação: a relação de crédito do Fisco (CTN, art. 156, II), cujo objeto é o chamado crédito tributário em sentido estrito, e a relação de débito do Fisco, cujo objeto é o chamado indébito tributário.

286. "Art. 535. [...] § 5º Para efeito do disposto no inciso III do caput deste artigo, considera-se também inexigível a obrigação reconhecida em título executivo judicial fundado em lei ou ato normativo considerado inconstitucional pelo Supremo Tribunal Federal, ou fundado em aplicação ou interpretação da lei ou do ato normativo tido pelo Supremo Tribunal Federal como incompatível com a Constituição Federal , em controle de constitucionalidade concentrado ou difuso.
§ 6º No caso do § 5º, os efeitos da decisão do Supremo Tribunal Federal poderão ser modulados no tempo, de modo a favorecer a segurança jurídica.
§ 7º A decisão do Supremo Tribunal Federal referida no § 5º deve ter sido proferida antes do trânsito em julgado da decisão exequenda.
§ 8º Se a decisão referida no § 5º for proferida após o trânsito em julgado da decisão exequenda, caberá ação rescisória, cujo prazo será contado do trânsito em julgado da decisão proferida pelo Supremo Tribunal Federal."

287. Nesse sentido, inclusive, dispõe a própria RFB no Parecer Cosit n. 11/2014: "[...] a lei permitiu que o sujeito passivo com crédito judicial referente a tributo federal administrado pela RFB pudesse optar entre a execução contra a Fazenda Nacional de que trata o art. 730 da Lei n. 5.869, de 11 de janeiro de 1973 – Código de Processo Civil (CPC), com o pagamento via precatório ou requisição de pequeno valor, ou a compensação em âmbito administrativo. [...] ***Mas tal opção não altera a natureza jurídica dessa compensação, que nada mais é do que forma de execução da sentença transitada em julgado***".

Se repetição e compensação são formas de realização do conteúdo material reconhecido num mesmo título executivo judicial, ou seja, espécies de cumprimento de um mesmo gênero obrigacional, não há razão para diferenciarmos, no campo da efetividade, as ferramentas ou regimes de oposição previstos nos §§ 5º e 8º do art. 535 do *codex* processual vigente.

Afasta-se, com isso, uma primeira (e talvez mais simples) resposta para o problema, que poderia ser: não há qualquer relação entre as diferentes formas de realização do título, pois de um lado tem-se mecanismo voltado ao cumprimento (judicial) do título executivo, e de outro mecanismo administrativo para a realização do direito subjetivo reconhecido no título, não se lhe aplicando o regime previsto nos §§ 5º e 8º do art. 535 do Código de Processo Civil/2015.

Ainda assim, poderiam surgir outras perguntas: então a Fazenda Pública ficaria impossibilitada de se opor ao título executivo (ou ao seu objeto, que é a relação de indébito), nos casos previstos pelos §§ 5º e 8º do art. 535 do Código de Processo Civil/2015? Ou pior, poderia exercer uma espécie de autotutela, recusando ou deixando de homologar todas as compensações administrativas, e ainda aplicando multas punitivas?

Pensamos que não! Percebam os problemas que acabam se avolumando em razão da falta de uma visão instrumental para a questão.

Sem adentrarmos nos aspectos materiais ou administrativos da compensação, e também nas espécies ou conformações dos precedentes aptos a produzir tais efeitos rescisórios, quer-nos parecer que, do ponto de vista processual, ao tomarmos a instrumentalidade, o sincretismo e a efetividade processual como vetores epistemológicos, não cabe falar em lacuna procedimental.

Para tanto, voltemos às categorias teórico-gerais que interagem no campo especulativo do fenômeno processual tributário, com consequências práticas a partir do sincretismo e da instrumentalidade, tomados na relação bimembre conflito-jurisdição.

Em breves notas, lembremos que os diferentes tipos de conflitos (tributários) impõem modos específicos de composição judicial, com a produção de diferentes manifestações jurisdicionais: (1) tutelas preventivas nos conflitos edificados a partir de uma ameaça de lesão – crise de incerteza quanto à incidência; (2) tutelas repressivo-corretivas nos conflitos edificados a partir de uma lesão concreta – crise de legalidade num dado lançamento; e (3) tutelas repressivo-reparadoras nos conflitos edificados a partir de um dano patrimonial – crise de inadimplemento.

Em razão dessa implicação bimembre (conflito-jurisdição), preenchemos o campo de definição não só do interesse de agir (categoria que se desdobra do direito de ação), como também das tutelas jurisdicionais, coisas julgadas e seus efeitos (categorias da jurisdição) nas diferentes ações tributárias.

Daí por que, como ensina Paulo Conrado, a chamada instrumentalidade é identificada a partir do antecedente material, vale dizer, do conflito tributário subjacente, mas também do consequente material, vale dizer, da eficácia jurisdicional na realização do bem da vida disputado.

Nesses termos, as tutelas mencionadas em (1) e (2) dispensam qualquer tipo de providência adicional após o trânsito em julgado, promovendo desde logo a alteração e extinção das relações jurídicas envolvidas (a instrumentalidade olhada a partir do consequente material, vale dizer, da eficácia, se exaure com o trânsito em julgado). Ficam, todavia, sujeitas ao regime jurídico rescisório geral disposto no art. 966 do Código de Processo Civil/2015, nas hipóteses lá previstas.

O mesmo não ocorre, entretanto, com a tutela reparadora mencionada em (3), a qual demanda providência adicional exercida em uma fase seguinte de cumprimento – judicial ou "administrativo", sem a qual não alcança sua plena eficácia na extinção da relação subjacente (recomposição patrimonial do dano em favor do contribuinte).

Desse modo, diante do sincretismo processual no regime de cumprimento de sentenças reparatórias contra a Fazenda Pública, há uma relação de continuidade estabelecida entre as fases de um mesmo processo, perdurando (tais fases) até a expedição do precatório, daí o regime rescisório específico dos §§ 5º e 8º do art. 535 do Código de Processo Civil/2015.

Por outro lado, em que pese a ausência de sincretismo (formalmente estabelecido) no "cumprimento" via compensação administrativa (e nem poderia ser diferente, em virtude do pacto federativo, da separação de competências e existência de outras relações envolvidas – como a relação de crédito do fisco), não se deixa de reconhecer a continuidade (ontológica) das relações materiais, porém identificadas em diferentes ambientes (o administrativo e o judicial), afinal, estamos falando de espécies de cumprimento de uma mesma obrigação.

Visto sob esse prisma, poderíamos denominar tal fenômeno como um tipo moderno de sincretismo,[288] o que mais uma vez nos convida à reflexão sobre a interpretação do microssistema processual tributário à luz do direito tributário.

Independentemente disso, devemos reconhecer que, nas hipóteses previstas nos §§ 5º e 8º do art. 535 do Código de Processo Civil/2015, identificadas na fase de "cumprimento administrativo" da sentença, via habilitação e

288. Essa talvez seja a tônica moderna da processualística (tributária), como se percebe na administrativização e integração, cada vez maior, dos atos preparatórios e executivos de cobrança da dívida ativa, e sua cada vez mais imbrincada relação com a defesa dos contribuintes, tudo em busca de racionalização, eficiência e efetividade.

compensação, não pode a Fazenda Pública exercer qualquer tipo de autotutela administrativa, devendo promover a provocação judicial para se opor à executabilidade do título ou à exigibilidade da obrigação (art. 535, III[289]), nos mesmos autos originários, na situação do § 5º; ou em novos autos, na situação do § 8º. Em quaisquer dos casos, parece-nos necessária a obtenção de tutela provisória de modo a suspender a exigibilidade da obrigação de indébito reconhecida no título executivo judicial.[290]

Há de se discutir ainda os limites temporais para tal provocação fazendária na oposição ao título judicial, o que será objeto de próximo artigo.

6.10 A Súmula 343 do Supremo Tribunal Federal e o futuro da ação rescisória em matéria tributária

Rodrigo G. N. Massud

O recente inter-relacionamento de três julgamentos emblemáticos, acerca da ação rescisória em matéria tributária,[291] convoca à reflexão sobre o futuro da Súmula 343 do Supremo Tribunal Federal, segundo a qual "não cabe ação rescisória por ofensa a literal disposição de lei, quando a decisão rescindenda se tiver baseado em texto legal de interpretação controvertida nos tribunais".

289. "Art. 535. A Fazenda Pública será intimada na pessoa de seu representante judicial, por carga, remessa ou meio eletrônico, para, querendo, no prazo de 30 (trinta) dias e nos próprios autos, impugnar a execução, podendo arguir: [...]
III – inexequibilidade do título ou inexigibilidade da obrigação."

290. Até porque, segundo o art. 969 do CPC, "a propositura da ação rescisória não impede o cumprimento da decisão rescindenda, *ressalvada a concessão de tutela provisória*" (destaques nossos).

291. RE 590.809 (Tema 136 de repercussão geral); RE 949.297 e RE 955.227 (Temas 881 e 885 de repercussão geral); e AR 6.015 (1ª Seção do STJ).

A análise se faz, em particular, considerando as rescisórias manejadas contra coisas julgadas formadas em ações tributárias preventivas (declaratórias ou mandados de segurança preventivos), nas chamadas relações jurídicas continuativas, portanto que se projetam para o futuro, diante da superveniente modificação jurisprudencial.

Afinal de contas, admitida a cessação automática dos efeitos da coisa julgada, para o futuro, continuaria havendo utilidade e, portanto, cabimento, da rescisória?

Como a metáfora do *romance em cadeia* de Dworkin (direito enquanto integridade), sigamos a cadeia de "atos" jurisprudenciais para buscar alguma resposta.[292]

Tomemos como *"primeiro ato"* o Recurso Extraordinário 590.809 que, ao julgar rescisória envolvendo decisão rescindenda que acolheu o direito ao creditamento do imposto sobre produtos industrializados relativamente às aquisições de insumos isentos, não tributados ou sujeitos à alíquota zero, levou o Supremo Tribunal Federal a revisitar a Súmula 343 para firmar a seguinte tese no Tema 136 de repercussão geral: "Não cabe ação rescisória quando o julgado estiver em harmonia com o entendimento firmado pelo Plenário do Supremo à época da formalização do acórdão rescindendo, ainda que ocorra posterior superação do precedente".

Conforme ementa do julgado, "o verbete n. 343 da Súmula do Supremo deve de ser observado em situação jurídica na qual, inexistente controle concentrado de constitucionalidade, haja entendimentos diversos sobre o alcance da norma, mormente quando o Supremo tenha sinalizado, num primeiro passo, óptica coincidente com a revelada na decisão rescindenda".[293]

---

292. DWORKIN, Ronald. *O império do direito*. Trad. Jefferson Luiz Camargo. 3. ed. São Paulo: Martins Fontes, 2014.

293. A extensão e alcance desse julgamento foi posteriormente delimitada e esclarecida pelo próprio STF na AR 2.370/CE-AgR, rel. Min. Teori Zavascki, Pleno, *DJe* 12.11.2015.

Desse modo, o Supremo Tribunal Federal passou a afastar o cabimento da ação rescisória fundada em alteração jurisprudencial também na situação de divergência interpretativa em matéria constitucional, mantendo a ressalva na hipótese de controle concentrado.

Esse julgamento do Supremo Tribunal Federal, em 2014, deu ensejo à orientação jurisprudencial que acabou se consolidando no Superior Tribunal de Justiça[294] pelo amplo descabimento da ação rescisória, quando a decisão rescindenda tivesse se baseado em interpretação controvertida à época da sua formação ou refletisse entendimento dos tribunais, ainda que posteriormente modificado.

No *"segundo ato"* arrebatamos a conclusão dos julgamentos dos recursos extraordinários 949.297 e 955.227, no dia 08.02.2023, em cuja sessão no plenário do Superior Tribunal de Justiça se fixou as teses debatidas nos temas 881 e 885 (chamadas teses da coisa julgada):

"1. As decisões do STF em controle incidental de constitucionalidade, anteriores à instituição do regime de repercussão geral, não impactam automaticamente a coisa julgada que se tenha formado, mesmo nas relações jurídicas tributárias de trato sucessivo. 2. Já as decisões proferidas em ação direta ou em sede de repercussão geral interrompem automaticamente os efeitos temporais das decisões transitadas em julgado nas referidas relações, respeitadas a irretroatividade, a anterioridade anual e a noventena ou a anterioridade nonagesimal, conforme a natureza do tributo".

Ou seja, de acordo com o entendimento manifestado nesses julgados, os tributos "desonerados" pela coisa julgada passariam a ser devidos automaticamente, para o futuro,

294. Entre outras: AR 4443/RS, rel. min. Gurgel de Faria, 1ª Seção, j. 08.05.2019; AR 4.865/SC, rel. Mauro Campbell, 1ª Seção, j. 12.06.2019.

após o precedente vinculativo em sentido contrário,[295] tenha sido ele produzido em controle difuso ou concentrado, respeitados os princípios da irretroatividade e anterioridade (anual ou nonagesimal, conforme o caso).

Em vista desses pronunciamentos, fatos geradores anteriores ao precedente vinculativo não poderiam ser exigidos, assim como não poderiam ser objeto de repetição de indébito, mantendo-se com isso a higidez (vigor) da coisa julgada, que seria afetada apenas em sua eficácia.

Tratando-se de interrupção dos efeitos temporais da coisa julgada, tal como constante na tese dos Temas 881 e 885, a Procuradoria-Geral da Fazenda Nacional publicou nota, na forma de perguntas e respostas, afirmando que:

"*[...] A ação rescisória se tornou, então, desnecessária?* Como exposto, o que está em discussão nos Temas 881 e 885 são apenas os fatos geradores ocorridos após a decisão do Supremo Tribunal Federal que define o precedente vinculante (efeitos ex nunc). Alterado o panorama jurídico com o advento do precedente obrigatório, a coisa julgada deixa de produzir seus naturais efeitos, por isso não se tem rescisão ou desconstituição da coisa julgada, nem para o passado, nem para o futuro. Tem-se a simples cessação da sua eficácia para frente. A ação rescisória continua a ter a sua aplicação dirigida ao passado, que, como dito, não é alcançado pelos Temas 881 e 885 do STF, desde que ainda haja prazo para o seu ajuizamento".[296]

Conforme trecho final da nota, "a ação rescisória continua a ter sua aplicação dirigida ao passado, que, como dito, não é alcançado pelos Termas 881 e 885...".

---

295. O inverso também se mostraria verdadeiro, de modo que o contribuinte com coisa julgada desfavorável igualmente poderia deixar de pagar para frente o tributo até então tido por constitucional.

296. Disponível em: https://www.gov.br/fazenda/pt-br/assuntos/noticias/2023/fevereiro/pgfn-divulga-nota-sobre-julgamento-de-efeitos-da-coisa-julgada-em-materia-tributaria.

Esse cenário provoca o seguinte questionamento: qual passado seria esse a que se refere a nota da Procuradoria, se, por um lado, o Tema 136 afastaria o cabimento da ação rescisória por alteração jurisprudencial, e, por outro lado, os Temas 881 e 885 protegeriam esse passado, ao resguardar os princípios tributários da irretroatividade e anterioridade?

O *"terceiro ato"* fica com o julgamento da Ação Rescisória 6.015[297] ocorrido no mesmo dia 08.02.2023, ocasião em que o Superior Tribunal de Justiça, em sua 1ª Seção, discutia a rescisão de coisa julgada que havia afastado o imposto sobre produtos industrializados na revenda de produtos importados.

No debate do cabimento da ação rescisória, estabeleceu-se grande dissensão, na medida em que a jurisprudência formada no Superior Tribunal de Justiça a partir do Recurso Extraordinário 590.809 (Tema 136), afastaria o cabimento da rescisória fundada em alteração jurisprudencial.

De um lado, o Ministro relator Gurgel de Faria utilizava os temas 881 e 885 do Supremo Tribunal Federal para justificar o cabimento da rescisória, indo além do próprio Tema 136 (que excepcionava a Súmula 343 e admitia o cabimento da rescisória apenas quando houvesse controle concentrado, não existente no caso do IPI-revenda).[298]

Por outro lado, a divergência aberta pelo Ministro Mauro Campbell, e reforçada pela Ministra Regina Costa, sustentava que, ao convocar os Temas 881 e 885 do STF para solucionar a situação da Ação Rescisória 6.015 (IPI-revenda de importado), outra não poderia ser a conclusão senão o reconhecimento do não cabimento da rescisória.

297. Íntegra da sessão em: https://youtu.be/HDoLpL56z1w.

298. Conforme justificado no voto do min. Gurgel de Faria, em função da particularidade tratada no caso – *"a ação originária tinha natureza coletiva, proposta por sindicato, como substituto processual, o que imprime ao caso uma singularidade especial [...]"* –, restou justificada, em nome da livre concorrência e isonomia, *"em caráter excepcional, o afastamento da Súmula 343 do STF"*.

Isso porque, sustentou a divergência, os Temas 881 e 885 do Supremo Tribunal Federal teriam firmado diretriz no sentido exatamente da dispensa da ação rescisória para a produção dos efeitos futuros do precedente do Supremo Tribunal Federal, o que acarretaria a falta de interesse/utilidade no provimento rescisório (desconstitutivo). Desse modo, seja com base na Súmula 343 (e jurisprudência que se seguiu após o tema 136), seja a partir dos recém julgamentos dos Temas 881 e 885, não haveria que se falar no cabimento da rescisória, já que a coisa julgada teria seus efeitos cessados automaticamente, não sendo possível qualquer cobrança retroativa.

Tal entendimento, segundo a Ministra Regina Costa, implicaria inclusive na desjudicialização e redução do acervo de rescisórias.

E o futuro? Essa incerteza sobre o destino da rescisória? O Ministro Gurgel de Faria, relator da Ação Rescisória 6.015 no Superior Tribunal de Justiça, afirmou na sessão de julgamento que seria melhor aguardar os embargos de declaração para (re)avaliar essa questão do inter-relacionamento com os Temas 881 e 885 do Supremo Tribunal Federal, e ao mesmo tempo afastou a Súmula 343 ao caso (IPI-revenda de importado) *"em caráter excepcional"*, dada as particularidades em julgamento (a decisão rescindenda foi formada em ação de natureza coletiva).

Em contrapartida, os Temas 881 e 885 do Supremo Tribunal Federal voltarão ao debate para discussões sobre a modulação de efeitos do entendimento lá fixado (cessação automática dos efeitos das coisas julgadas contrárias a precedentes vinculativos).

Conforme apontado pela Ministra Regina Costa, parece haver certa contradição em reconhecer a cessão automática (para o futuro) da coisa julgada e, ainda assim, manter o cabimento da ação rescisória.

Justamente porque, sobrevindo o precedente vinculativo contrário à coisa julgada, o tributo passa(ria) a ser exigido a partir de então, respeitada a irretroatividade e anterioridade. Então, qual seria o interesse de agir ou utilidade no manuseio das rescisórias, nas relações continuativas que se protraem para o futuro?

Chegada a hora de conciliar as manifestações a respeito do tema para que, quem sabe, possamos acomodar o *"ato final"* desse *romance em cadeia.*

6.11 Prazo para fazenda opor-se contra a sentença no caso de alteração jurisprudencial

Rodrigo G. N. Massud

No artigo 6.9 que compõe o presente Capítulo em que tratamos da impugnação ao cumprimento de sentença com "efeito rescisório", disposta no art. 535, §§ 5º a 8º, do Código de Processo Civil/2015,[299] surpreendemo-nos com um tipo diferente de sincretismo processual, no caso de opção do contribuinte pela realização do seu direito em ambiente administrativo.[300]

299. "Art. 535 [...].
§ 5º Para efeito do disposto no inciso III do caput deste artigo, considera-se também inexigível a obrigação reconhecida em título executivo judicial fundado em lei ou ato normativo considerado inconstitucional pelo Supremo Tribunal Federal, ou fundado em aplicação ou interpretação da lei ou do ato normativo tido pelo Supremo Tribunal Federal como incompatível com a Constituição Federal, em controle de constitucionalidade concentrado ou difuso.
§ 6º No caso do § 5º, os efeitos da decisão do Supremo Tribunal Federal poderão ser modulados no tempo, de modo a favorecer a segurança jurídica.
§ 7º A decisão do Supremo Tribunal Federal referida no § 5º deve ter sido proferida antes do trânsito em julgado da decisão exequenda.
§ 8º Se a decisão referida no § 5º for proferida após o trânsito em julgado da decisão exequenda, caberá ação rescisória, cujo prazo será contado do trânsito em julgado da decisão proferida pelo Supremo Tribunal Federal."

300. Concluímos naquela oportunidade que as diferentes formas de cumprimento de sentença (judicial ou administrativa) não implicariam distinção nos regimes de

Restou em aberto, contudo, a pergunta sobre os limites temporais para a provocação fazendária na oposição ao título judicial, em seus diferentes ambientes de realização, e, também, distintos fundamentos (alteração jurisprudencial anterior ou posterior).

Pois bem, iniciemos a partir das provocativas reflexões de Paulo Conrado em torno da noção do conceito de processo, ao concluir que a coisa julgada não pode ser tomada como marco terminativo do conflito, "pois nem toda sentença transitada em julgado esgota o conflito que originou a relação processual".

Trata-se, podemos dizer, de um desdobramento da alteração do próprio conceito de sentença já no Código de Processo Civil/1973,[301] conceito esse que há tempos cedeu espaço ao critério meramente topológico.

Sincretismo, instrumentalidade e efetividade, portanto, ganham contornos práticos importantes na (re)análise do conceito de processo, sobretudo nas ações de repetição de indébito, nas quais a figura da coisa julgada é insuficiente para marcar o encerramento do processo/conflito, senão de uma fase processual.

A par da insuficiência resolutiva do conflito, uma leitura parcial dessa afirmativa poderia levar a uma outra (porém equivocada) conclusão, de que somente com o pagamento (*lato sensu*), do título executivo, colocar-se-ia fim

---

controle e adequação da coisa julgada, de modo que, mesmo na hipótese de opção pela habilitação e compensação administrativa, aplicar-se-ia o regime rescisório do CPC. Consequência disso é que não pode(ria) a Fazenda Pública exercer qualquer tipo de autotutela administrativa, devendo promover a provocação judicial para se opor à executabilidade do título ou à exigibilidade da obrigação, nos mesmos autos originários na situação do § 5º (alteração jurisprudencial anterior à formação da coisa julgada), ou em novos autos autônomos na situação do § 8º (alteração jurisprudencial posterior).

301. Na redação original do CPC/73, em seu art. 162, sentença era *"ato pelo qual o juiz põe termo ao processo"*. Com a Lei 11.232/2005, passou-se a identificar o conceito de sentença a partir do seu conteúdo.

ao estado (dito transitório) de conflituosidade, operando a desejada passagem para o estado de solução. Conclusão como essa estenderia o estado de pendência (e, consequentemente, de "rescindibilidade") do título executivo judicial.

Tomada a premissa a essa maneira, a Fazenda Pública poderia opor-se ao título executivo, nas hipóteses previstas no art. 535, §§ 5º a 8º, do Código de Processo Civil/2015, até o momento do pagamento do precatório ou da homologação das compensações administrativas.

E mais: na medida em que o regime de oposição fazendária ao título executivo está condicionado a determinadas circunstâncias específicas de alteração jurisprudencial, poder-se-ia sustentar, inclusive, a perpetuação do estado conflituoso até que sobreviesse a resposta definitiva (precedente final) sobre a matéria, o que permitiria concluir até mesmo por uma repetibilidade de indébitos tributários já liquidados, mediante lançamento para exigência dos valores devolvidos ao contribuinte.

Ou seja, exemplos claros de uma indesejada redução epistemológica das noções de instrumentalidade e efetividade à distorcida noção de simplificação processual.

Assim, é preciso conciliar o novo regime rescisório com a desejada segurança jurídica, o que se faz, em primeiro lugar, a partir da regra de direito intertemporal estabelecida no art. 1.057 do Código de Processo Civil/2015, segundo a qual o regime disposto no art. 535, §§ 7º e 8º, aplica-se às sentenças transitadas em julgado após a entrada em vigor do Código de Processo Civil/2015 (18.03.2016).

Em segundo lugar, é preciso compreender que o referido regime de impugnação por alteração jurisprudencial está inserido no capítulo destinado ao "cumprimento de sentença que reconheça a exigibilidade de obrigação de pagar quantia certa pela Fazenda Pública", produzindo uma tutela[302] com eficácia desconstitutiva da relação de responsabilidade patrimonial estabelecida na coisa julgada que gerou o título executivo judicial (efeitos *ex nunc*).[303-304]

Ou seja, corrige-se o presente, em virtude do estado de pendência do cumprimento de sentença considerada inconstitucional, privilegiando, tanto quanto possível, a função interpretativa do texto constitucional atribuída ao Supremo Tribunal Federal.

Por meio desse regime de oposição, a fazenda pretende, portanto, a obtenção de provimento desconstitutivo da relação de indébito tributário, cassando a executabilidade do título (inciso III do art. 535 do Código de Processo Civil/2015[305]), de modo a permitir, materialmente, a não satisfação do dever de recompor o dano patrimonial ao contribuinte.

---

302. Apesar das discussões doutrinárias acerca da natureza jurídica da impugnação ao cumprimento de sentença (se defesa ou ação), parece-nos inegável e inerente ao atual estágio do sincretismo processual, admitirmos a possibilidade de produzir tutela de conhecimento com pronunciamento de mérito, extrapolando, portanto, efeitos para fora do processo e formando coisa julgada.

303. "[...] São dispositivos que, buscando harmonizar a garantia da coisa julgada com o primado da Constituição, vieram agregar ao sistema processual brasileiro um *mecanismo com eficácia rescisória* de sentenças revestidas de vício de inconstitucionalidade qualificado [...].
[...] a procedência dos embargos à execução ou do incidente de impugnação *inibem a prática dos atos executivos da sentença atacada* e impõem a extinção do processo de execução" (ADI 2418/DF, rel. Min. Teori Zavascki, Plenário, j. 04.05.2016 – grifamos).

304. Sem adentrar na questão do conteúdo decisório (rescisório *versus* cessação de eficácia da coisa julgada), quer-nos parecer que, do ponto de vista material, por qualquer ângulo, a tutela que acolhe a impugnação fazendária possui eficácia *ex nunc*, ou seja, demarca (encerra) prospectivamente a relação patrimonial de indébito tributário reconhecida no título.

305. O dispositivo não fala mais em inexigibilidade do título, senão, corretamente, em inexequibilidade do título (pressuposto e atributo da executabilidade). Costuma-se diferenciar, em direito tributário, exigibilidade de executabilidade, representando graus diferentes de eficácia da obrigação, de modo que é possível uma obrigação exigível, mas não exequível. Por isso, o título executivo judicial fundado em lei ou ato normativo considerado inconstitucional pelo STF, em certas circunstâncias, em regra perde sua executabilidade, não sua exigibilidade.

O fundamento (causa de pedir) desse provimento desconstitutivo da obrigação de indébito é o juízo de adequação entre coisa julgada "exequenda" e o paradigma do Supremo Tribunal Federal.

Não se procura alterar o passado, muito menos reverter indébitos já liquidados.[306]

Tomadas as coisas nesses termos, cumpre verificar os momentos adequados para a oposição fazendária ao título executivo, separando as hipóteses do § 7º e do § 8º do art. 535 do Código de Processo Civil/2015, as quais tratam, respectivamente, da alteração jurisprudencial anterior e posterior à formação do título executivo judicial.

Pois bem, no caso de (1) alteração anterior, por óbvio, a fazenda deve observar o prazo legal de trinta dias para a apresentação da competente impugnação ao cumprimento de sentença. Uma vez não o fazendo, ou sendo esta rejeitada, segue-se com a expedição da ordem requisitória ao Tribunal, dando-se por encerrada a fase sincrética de cumprimento de sentença, não mais sujeita a qualquer oposição fazendária.[307-308]

Os problemas surgem, todavia, na situação de (1.a) opção do contribuinte pela via administrativa, bem como (2)

306. De maneira mais aprofundada, tratamos desse tema no seguinte artigo: "Coisa julgada 'especialmente soberana' nas ações de repetição de indébito e na compensação tributária: como ficam os indébitos no tempo?" *In*: CONRADO, Paulo Cesar; ARAUJO, Juliana Furtado Costa (coord.). *Processo tributário analítico*. São Paulo: Noeses, 2018. v. IV, p. 191-212.

307. A satisfação do título executivo (pretensão executória), em observância ao regime constitucional previsto no art. 100 da CF/88, se dá com a requisição de pagamento dos precatórios/requisitórios ao Tribunal competente e inclusão da obrigação na respectiva dotação orçamentária (art. 100, § 5º), oportunizando-se ao contribuinte credor, nos termos dos §§ 13 e 14 do art. 100, inclusive ceder, total ou parcialmente, o seu direito creditório, independentemente da concordância do devedor.

308. O encerramento do cumprimento de sentença pressupõe a imediata transmissão da requisição de pagamento, de modo que, havendo resistência protelatória, não pode a Fazenda Pública utilizar dessa morosidade para justificar a oposição ao título.

alteração jurisprudencial posterior ao trânsito em julgado do título exequendo, tenha ela se dado (2.a) no ambiente de cumprimento judicial, ou (2.b) no ambiente administrativo.

Na situação "1.a" (alteração jurisprudencial anterior e opção pelo cumprimento administrativo), pensamos que a Fazenda deve ser intimada, no momento em que o contribuinte manifesta sua desistência ao cumprimento judicial a fim de seguir no administrativo, de modo a exercer sua faculdade processual de oposição ao título.[309] Em não havendo tal intimação, teríamos três possíveis soluções: reconhecer a possibilidade de oposição fazendária, mediante provocação nos mesmos autos judiciais originários (a) no prazo de 30 dias após a apresentação do pedido de habilitação do crédito; (b) no prazo de 30 dias após a apresentação do PER/DComp[310] inicial; ou (c) até o momento da homologação, expressa ou tácita, dos PER/DComps.

Segundo pensamos, a solução que nos parece mais adequada seria a intermediária "b", na medida em que é neste momento que o contribuinte exerce e inicia sua pretensão executória de realização administrativa do título judicial, sendo o momento "a" meramente preparatório (pressuposto formal).

Reforça essa conclusão, ainda, o fato de a própria fazenda, recentemente, ter manifestado entendimento pelo oferecimento dos indébitos à tributação no momento da transmissão do primeiro PER/DComp.[311]

---

309. A esse respeito e sob fundamentos complementares, remetemo-nos também ao seguinte artigo: CASTRO, Danilo Monteiro. Compensação tributária, coisa julgada e os §§ 5º a 8º do artigo 535 do CPC. *In*: CARVALHO, Paulo de Barros (coord.). *XVII Congresso Nacional de Estudos Tributários:* meio século de tradição. São Paulo: Noeses, 2021. p. 425-443.

310. Pedido Eletrônico de Restituição, Ressarcimento ou Reembolso e Declaração de Compensação – PER/DComp.

311. Solução de Consulta Cosit 183, de 7 de dezembro de 2021: "Na hipótese de compensação de indébito decorrente de decisões judiciais transitadas em julgado

Além do mais, retomando as premissas iniciais: (i) não cabe autotutela administrativa no momento da expedição do despacho decisório, devendo haver a provocação judicial para a instauração de ambiente impugnativo de controle ou adequação da relação obrigacional decorrente do indébito; e (ii) o pagamento (*lato sensu*) não pode perpetuar um estado processual de cumprimento administrativo, dilatando uma faculdade processual (de oposição ao título executivo), sobretudo porque, na hipótese, a alteração jurisprudencial é anterior.

Resta, por fim, enfrentar a situação "2" (alteração jurisprudencial posterior, com opção pelo cumprimento judicial – "2.a", ou administrativo – "2.b"). Nessa situação, há expressa previsão legal de utilização da ação rescisória (de constitucionalidade duvidosa), a ser ajuizada no prazo de dois anos a contar do trânsito em julgado da decisão paradigma do Supremo Tribunal Federal.

As soluções, segundo pensamos, acabam se desdobrando também aqui, com pequena diferença no ambiente administrativo: (1) no caso de cumprimento em ambiente judicial, expedida a ordem requisitória ao tribunal, não caberia mais a oposição fazendária, sob pena de perpetuar o estado de pendência da conflituosidade para até o pagamento dos precatórios; e (2) no caso de opção pelo ambiente administrativo, porém, a oposição fazendária via ação rescisória, por ser veiculada em ação autônoma, deve ocorrer, respeitado o prazo de dois anos contados do trânsito em julgado da decisão do Supremo Tribunal Federal, até o momento da análise dos PER/DComps que formalizam a dupla e implicada relação obrigacional da compensação

nas quais em nenhuma fase do processo foram definidos pelo juízo os valores a serem restituídos, é na entrega da primeira Declaração de Compensação, na qual se declara sob condição resolutória o valor integral a ser compensado, que o indébito e os juros de mora sobre ele incidentes até essa data devem ser oferecidos à tributação pelo IRPJ".

cujos efeitos (extintivos) se pretende afastar. Realizada a homologação, expressa ou tácita, das compensações, encerra-se o espaço (processual e material) para a fazenda se opor à realização administrativa do título, até mesmo por falta de interesse de agir.

CAPÍTULO 7

COBRANÇA DO CRÉDITO TRIBUTÁRIO, MEDIDAS INDUTIVAS DO PAGAMENTO E DEFESA DO CONTRIBUINTE

Sumário: 7.1 A tutela jurisdicional executiva e a solução do conflito de inadimplência – Luis Claudio Ferreira Cantanhêde; 7.2 A penhora de ativos financeiros, em execução fiscal, antes da citação – Paulo Cesar Conrado, César Chinaglia Meneses e Marcio Abbondanza Morad; 7.3 Controle de legalidade do crédito tributário como dever jurídico da administração tributária – Esdras Boccato; 7.4 O direito à celeridade na inscrição da dívida ativa – Carla de Lourdes Gonçalves; 7.5 Execução fiscal, cobrança indireta, devido processo legal e desjudicialização – Paulo Cesar Conrado; 7.6 O peculiar sincretismo processual na cobrança do crédito tributário – hipótese: ação antiexacional e depósito em dinheiro do montante controvertido – Luis Claudio Ferreira Cantanhêde; 7.7 O peculiar sincretismo processual na cobrança do crédito tributário – hipótese: ação antiexacional e garantia por fiança bancária ou seguro garantia – Luis Claudio Ferreira Cantanhêd; 7.8 Peculiar sincretismo e defesa do contribuinte – hipótese: impugnação rescisória em ação antiexacional improcedente – Luis Claudio Ferreira Cantanhêde; 7.9 Ações antiexacionais excepcionalmente exacionais: a auto execução fiscal – Íris Vânia Santos Rosa; 7.10 Legitimidade passiva: contribuinte, responsável e o art. 4º da Lei de Execuções Fiscais – Luis Claudio Ferreira Cantanhêde; 7.11 Redirecionamento da execução fiscal: não basta o mero inadimplemento – Luis Claudio Ferreira

7.1 A tutela jurisdicional executiva e a solução do conflito de inadimplência

Luis Claudio Ferreira Cantanhêde

Qualquer análise que se pretenda processual no âmbito da Ciência do Direito deve pautar-se por uma perspectiva instrumental. Falar em instrumento é apontar para algo que serve a uma finalidade que lhe é exterior, aspecto esse inerente ao processo – ferramenta para a solução de conflitos de interesses entre sujeitos de uma relação jurídica de direito material.

Dessa perspectiva de análise não pode escapar a execução fiscal, demanda cujo regime jurídico está especificamente voltado a solucionar um conflito muito peculiar surgido no desenrolar do ciclo de positivação da obrigação tributária: o que decorre da omissão do sujeito passivo em promover o pagamento do tributo já devidamente individualizado pela via do lançamento/autolançamento.

No fluxo de positivação da obrigação tributária[312] fica logo evidente que o fisco detém prerrogativas decorrentes do exercício de atividade administrativa e que não estão ao alcance do particular, resumíveis, tais prerrogativas, às ideias de imperatividade e de coatividade.

Pela imperatividade, o fisco tem o poder de impor àqueles indicados pela lei, independentemente de sua vontade, o dever de recolher tributo.[313] A coatividade, de outro lado, caracteriza-se pelo poder do fisco de atuar em ordem a induzir o devedor tributário a cumprir o dever que lhe foi imposto imperativamente, lançando mão de instrumentos comumente chamados de "meios indiretos de cobrança", conceito que abarca, entre outros institutos jurídicos, a exigência de certidão de regularidade fiscal, o protesto e a inscrição do nome do devedor em cadastros públicos de inadimplência.

Caso a atuação fiscal coativa seja ineficaz, resta ao fisco buscar a satisfação do seu direito subjetivo por meio da tutela jurisdicional executiva. Por faltar à atuação administrativa no âmbito tributário o requisito da autoexecutoriedade, o Fisco, sabe-se, não pode invadir o patrimônio do devedor para promover a expropriação forçada, precisando valer-se do Estado-juiz para concretizar esse escopo.

É por meio da prestação da tutela jurisdicional executiva que o Poder Judiciário vai solucionar esse específico conflito, o da inadimplência do crédito tributário, dando ensejo, porque devidamente provocado em decorrência do exercício do direito de ação executiva, à relação processual

312. Refere-se a fluxo de positivação da obrigação tributária como expressão do caminho percorrido pela dinâmica normativa tributária desde a instituição do tributo até a sua extinção.

313. Diferentemente do que se dá nas relações entre sujeitos privados, em que a obrigação, ou decorre de ato ilícito, ou da manifestação de vontade, no campo tributário, o cidadão, mesmo sem cometer qualquer ilicitude e sem aquiescer com o dever, se vê na posição de devedor, sujeito a uma obrigação de pagar quantia certa que grava o seu patrimônio.

correspondente, regulada pela Lei de Execuções Fiscais, a Lei federal 6.830/1980.[314]

Por se voltar à efetivação de um direito subjetivo e não ao seu acertamento, a tutela jurisdicional executiva é prestada mediante a prática de atos que visam a implementar, no plano material, o pagamento do crédito tributário com a expropriação forçada do patrimônio do devedor inadimplente.

Convém, entretanto, deixar claro que a prestação da tutela jurisdicional executiva impõe que o crédito esteja inscrito em dívida ativa, pressupondo a realização de um controle de sua legalidade em ordem a atestar sua certeza, liquidez e exigibilidade, o que é certificado com a emissão da certidão da dívida ativa, título executivo extrajudicial que deve instruir a petição inicial do processo executivo fiscal.

Porque ainda não há no ordenamento jurídico nacional a previsão da execução fiscal administrativa, constitui a expropriação forçada voltada ao adimplemento dos créditos tributários reserva do Judiciário.

Consequentemente, o único conflito que impõe ao Estado-fisco lançar mão do exercício do direito de ação é aquele decorrente do inadimplemento do crédito tributário, caracterizando a noção de processualidade tributária exacional.

7.2 A penhora de ativos financeiros, em execução fiscal, antes da citação

Paulo Cesar Conrado, César Chinaglia Meneses e Marcio Abbondanza Morad

314. Regem essa relação jurídica de cunho processual, supletivamente, as previsões constantes do Código de Processo Civil, tendo em vista a expressa previsão do art. 1º da Lei 6.830/1980.

O Código de Processo Civil de 1973, em seu art. 655-A[315] (redação dada pela Lei federal 11.382/2006), permitia que o juiz requisitasse à autoridade supervisora do sistema bancário informações sobre a existência de ativos em nome do executado, podendo no mesmo ato determinar sua indisponibilidade, até o valor indicado na execução.

Ao analisar tal dispositivo, a jurisprudência do Superior Tribunal de Justiça fixou entendimento de que "o fato de o legislador haver previsto que a penhora de dinheiro pode se dar por meio eletrônico (art. 655-A do CPC/1973) não conduz, por si só, ao raciocínio de que tal meio de constrição deva sempre ser feito antes da citação da parte contrária", passagem essa retirada do voto do Ministro Herman Benjamin proferido no REsp 1.673.043/PE, que bem a reflete.

O advento do Código de Processo Civil/2015 fez recrudescer, no entanto, uma sombra no tema – descabida, em nosso sentir, mas presente de todo modo.

Isso porque o art. 854[316] do novo diploma passou a permitir expressamente a penhora de dinheiro em depósito ou em aplicação financeira por via eletrônica "sem dar ciência prévia do ato ao executado".

Desde então, passaram a ser frequentes os casos de efetivação da chamada "penhora *on line*" antes da citação em execução fiscal, o que naturalmente suscitou (e ainda

315. "Art. 655-A. Para possibilitar a penhora de dinheiro em depósito ou aplicação financeira, o juiz, a requerimento do exequente, requisitará à autoridade supervisora do sistema bancário, preferencialmente por meio eletrônico, informações sobre a existência de ativos em nome do executado, podendo no mesmo ato determinar sua indisponibilidade, até o valor indicado na execução."

316. "Art. 854. Para possibilitar a penhora de dinheiro em depósito ou em aplicação financeira, o juiz, a requerimento do exequente, sem dar ciência prévia do ato ao executado, determinará às instituições financeiras, por meio de sistema eletrônico gerido pela autoridade supervisora do sistema financeiro nacional, que torne indisponíveis ativos financeiros existentes em nome do executado, limitando-se a indisponibilidade ao valor indicado na execução."

suscita) inúmeros questionamentos, sobretudo em razão da duvidosa viabilidade da integral e literal aplicação do referido art. 854, sem se considerar regras constantes da Lei de Execuções Fiscais.

É sobre esse ponto que devemos nos reter: enquanto no regime do Código de Processo Civil/2015 o executado é intimado para "pagar a dívida no prazo de 3 (três) dias, contado da citação" (art. 829[317]), a Lei de Execuções Fiscais prevê que o executado será citado para, no prazo de cinco dias, pagar a dívida "ou garantir a execução" (art. 8º[318] da Lei federal 6.830/1980).

Note-se a diferença: tal como posta, com efeito, a Lei de Execuções Fiscais confere explícita prerrogativa ao executado no sentido de garantir a satisfação da dívida consubstanciada na certidão de dívida ativa, com a possibilidade de posterior oposição de embargos à execução – caso em que, a propósito, a conversão em renda (liquidação) da garantia apresentada somente poderá ocorrer após o trânsito em julgado de decisão eventualmente favorável à Fazenda Pública (art. 32, § 2º[319]).

Pois é dessa distinção de regimes (entre Código de Processo Civil/2015 e Lei de Execuções Fiscais, reitere-se) que resulta a impossibilidade de a penhora ser ordinariamente praticada antes da citação no âmbito das execuções fiscais – do contrário, a efetivação de penhora de ativos financeiros antes de o executado ser citado seria o mesmo que dizer

---

317. "Art. 829. O executado será citado para pagar a dívida no prazo de 3 (três) dias, contado da citação."

318. "Art. 8º O executado será citado para, no prazo de 5 (cinco) dias, pagar a dívida com os juros e multa de mora e encargos indicados na Certidão de Dívida Ativa, ou garantir a execução, observadas as seguintes normas: [...]."

319. "Art. 32. [...]
§ 2º Após o trânsito em julgado da decisão, o depósito, monetariamente atualizado, será devolvido ao depositante ou entregue à Fazenda Pública, mediante ordem do Juízo competente."

que a citação prevista pela Lei de Execuções Fiscais abre a alternativa única ao devedor de pagar o crédito exequendo, em violação frontal de seu art. 8º.

Ainda que se possa cogitar que a penhora do art. 854 do Código de Processo Civil/2015 equivaleria a uma medida acauteladora do crédito em execução, evitando a frustração de sua satisfação, fato é que, na prática, efetivada a penhora em dinheiro, sua substituição por outra garantia é quase que impossível, mormente se perseguida a ideia de menor liquidez perante o depósito.

Não fosse isso, lembre-se que, realizada essa penhora, na remota hipótese de sua substituição, ainda seria possível opor a exigência do acréscimo de 30% de que trata o art. 835, § 2º,[320] do Código de Processo Civil/2015 – mais um ponto que enaltece a importância da distinção dos regimes.

Além de retirar a opção de oferecer garantia (opção essa, repise-se, preconizada pelo art. 8º da Lei de Execuções Fiscais), a aplicação generalizada do art. 854 do Código de Processo Civil/2015 a executivos fiscais compromete o exercício do direito à menor onerosidade, direito esse objetivamente realizável pelo devedor mediante a seleção da garantia que pretende disponibilizar, nos termos do art. 9º[321] da Lei de Execuções Fiscais.

Julgado produzido em 2019, também no âmbito do Superior Tribunal de Justiça, caminha nessa linha, à medida que permite o bloqueio de dinheiro via BacenJud antes da citação somente quando o exequente for capaz de demonstrar o cumprimento dos requisitos que autorizam

---

320. "Art. 835. [...]
§ 2º Para fins de substituição da penhora, equiparam-se a dinheiro a fiança bancária e o seguro garantia judicial, desde que em valor não inferior ao do débito constante da inicial, acrescido de trinta por cento."

321. "Art. 9º Em garantia da execução, pelo valor da dívida, juros e multa de mora e encargos indicados na Certidão de Dívida Ativa, o executado poderá: [...]."

a emissão de tutela provisória. Reconhece-se, portanto, o caráter excepcional da medida.

É o que consta no voto do Ministro Og Fernandes no REsp 1.832.857, quando afirma que "a jurisprudência deste Tribunal firmou-se no sentido de que o arresto executivo deve ser precedido de prévia tentativa de citação do executado ou, no mínimo, que a citação seja com ele concomitante", pois "mesmo após a entrada em vigor do art. 854 do Código de Processo Civil/2015, a medida de bloqueio de dinheiro, via BacenJud, não perdeu a natureza acautelatória e, assim, para ser efetivada, antes da citação do executado, exige a demonstração dos requisitos que autorizam a sua concessão" (2ª Turma, julgado em 17.09.2019, *DJe* 20.09.2019).

Decisão monocrática proferida em 24.03.2022 pelo Ministro Mauro Campbell Marques no REsp 1.986.019 mantém esse entendimento, reconhecendo que "a orientação das Turmas que integram a Primeira Seção do Superior Tribunal de Justiça pacificou-se no sentido de que, 'mesmo após a entrada em vigor do art. 854 do Código Processual de 2015, a medida de bloqueio de dinheiro, via BacenJud, não perdeu a natureza acautelatória e, assim, para ser efetivada, antes da citação do executado, exige a demonstração dos requisitos que autorizam a sua concessão'" e, completa, "em se tratando de medida de natureza acautelatória, o seu deferimento pressupõe o preenchimento dos pressupostos cautelares específicos" (publicada no *Diário de Justiça eletrônico* de 28.03.2022).

Em reforço dessa ideia, por fim, é preciso esclarecer que o art. 854 do código processual de 2015não representa (nem em relação às execuções comuns, muito menos em relação às fiscais) uma "especial" autorização para a postergação do contraditório – garantia assegurada pela citação prévia –, papel excepcionalmente cumprido pelas tutelas provisórias, mas desde que preenchidos os respectivos requisitos. O que o dispositivo faz, com efeito, é atuar sobre a noção de publicidade, adiando-a, sob a premissa de que o conhecimento prévio do deferimento do pedido de bloqueio poderia inviabilizá-lo na prática – sem que isso signifique rompimento, por óbvio, com a linearidade procedimental fixada pela Lei de Execuções Fiscais, em especial em seus arts. 8º e 9º.

7.3 Controle de legalidade do crédito tributário como dever jurídico da administração tributária

Esdras Boccato

Não é de hoje que a Administração Pública detém a prerrogativa de revisar por si mesma os atos que pratica. Há muito se tem por assentado em nossa jurisprudência que a anulação de atos jurídicos não é de competência exclusiva do Poder Judiciário (Supremo Tribunal Federal, Recurso Extraordinário 27.031, *Diário de Justiça* de 04.08.1955), podendo ser obtida a partir de postulação perante o órgão público que emitiu o ato administrativo tido por ilegal (art. 5º, XXXIV, alínea "a", Constituição Federal/1988). Ao Estado é facultada a revogação de atos que repute terem sido ilegalmente praticados (Supremo Tribunal Federal, Recurso Extraordinário 524.296, *Diário de Justiça* de 13.02.2012), podendo fazê-lo sem prévia provocação, inclusive. Afinal, nas palavras do Ministro Hermes Lima, "não há lei que o proíba" (Supremo Tribunal Federal, mandado de segurança 12.512, *Diário de Justiça* de 01.10.1964).

Assim o é porque a Administração Pública está presa à lei, cuja observância não só se impõe no momento em que o ato administrativo é emanado, mas também enquanto detiver aptidão para produzir efeitos nas relações jurídicas existentes. Em não existindo causas de cristalização do ato – como, por exemplo, sentença judicial transitada em julgado a tê-lo por legal – é dado à Administração o dever de reapreciá-lo em cumprimento ao princípio da legalidade (art. 37 da Constituição Federal/1988).

Ainda que, à primeira vista, tenha sido considerado válido, o ato administrativo pode ser anulado por uma ilegalidade posteriormente percebida, portanto. Isso, além de ser mandamento constitucional, tem simultâneo condão de desafogar o Judiciário de demandas que, justamente pelo poder de autotutela (Súmula 346 do Supremo Tribunal Federal), podem ser diretamente resolvidas pelas partes interessadas.

A construção do sistema de normas que tratam das etapas de cobrança dos tributos, caminhando nessa exata linha, sempre se norteou pela prerrogativa de revisão dos atos administrativos no âmbito da própria Administração. Um bom exemplo disso veio com a Lei de Execuções Fiscais (Lei federal 6.830/1980), na definição da natureza da inscrição em dívida ativa. Se, antes, o ato de inscrever débitos em dívida ativa era considerado de natureza meramente contábil porque feito para realocação orçamentária do tributo enquanto receita corrente (art. 11, § 4º, Lei federal 4.320/1964), após a edição da, à época, nova lei, a inscrição tornou-se ato de controle administrativo da legalidade (art. 2º, § 3º).

Pelo que se vê, ao passo que conferiu à Administração a prerrogativa de constituir por si mesma um título executivo extrajudicial capaz de gerar limitações à propriedade (art. 185-A do Código Tributário Nacional), a inovação legal impôs uma etapa de reanálise obrigatória da legalidade.

No processo tributário, o exercício da competência de revisar atos administrativos não é, pois, mera faculdade, é dever. Por isso, nos casos em que o crédito tributário foi constituído à revelia da vontade do contribuinte, a legalidade deve sempre ser checada em, pelo menos, duas oportunidades: na do lançamento e, caso mantido o inadimplemento, no da inscrição em dívida ativa. Independentemente de provocação, os órgãos públicos integrantes da administração tributária (art. 145, § 1º, Constituição Federal/1988) são chamados a reavaliar a observância da lei na constituição e na cobrança dos créditos tributários. Na esfera federal, tal atribuição historicamente cabe à Procuradoria-Geral da Fazenda Nacional (art. 4º, inciso XIII, Lei federal 2.642/1955).

Por outro lado, dadas as complexidades da tributação e do processo administrativo tributário, o exercício de autotutela pela administração tributária na etapa da inscrição em dívida ativa não é pleno, apesar de amplo. Por ser feito de ofício e sem a participação do devedor, fica adstrito à verificação de vícios formais eventualmente ocorridos no ato de lançamento (art. 10 do Decreto federal 70.235/1972), de vícios procedimentais talvez praticados no correr do contencioso administrativo e de fatos impeditivos, modificativos ou extintivos dos créditos tributários (arts. 151, 156 e 180 do Código Tributário Nacional). Não alcança nem mesmo todas as hipóteses que legalmente permitem a revisão de lançamento (art. 149 do Código Tributário Nacional), pois algumas delas dependem de produção de prova com a necessária colaboração do contribuinte (incisos IV e VIII), o que não é possível fazer *ex officio*. Não implica – nem poderia – revisão do *mérito administrativo*, pois, se assim o fosse, transmutar-se-ia o controle de legalidade da inscrição em uma nova instância recursal do processo administrativo tributário.

Apesar dessas limitações, não há como negar que a inserção do controle de legalidade nessa específica etapa do processo de positivação da norma tributária trouxe aprimoramentos à segurança jurídica. Ao transformar em dever a faculdade que o Supremo Tribunal Federal há tempos reconheceu pertencer à Administração Pública (Súmula 473 do Supremo Tribunal Federal), a reconstrução do sistema jurídico de execução fiscal feito na Lei federal 6.830/1980 viabilizou uma dupla verificação da legalidade no fenômeno da tributação, o que é sempre de bom tom, dado o caráter vinculado da atividade administrativa na apuração, constituição e cobrança dos tributos (art. 3º do Código Tributário Nacional).

Além disso, pavimentou o terreno para a construção normativa de outras possibilidades de resolução de potenciais conflitos entre Fisco e contribuintes na esfera de atuação da administração.

No âmbito federal, as inovações trazidas pela Portaria da Procuradoria-Geral da Fazenda Nacional 33/2018 vêm ao encontro dessa perspectiva, a começar pelo alargamento do espectro do controle de legalidade pela legitimação da não cobrança de créditos tributários cujo fundamento tenha sido declarado indevido pela jurisprudência pacífica dos tribunais superiores (art. 5º, § 1º). Mas não só por isso. Sobretudo por introduzir institutos jurídicos até então inexistentes – como a oferta antecipada de garantia (art. 8º) – ou pouco utilizados após a inscrição em dívida ativa – como o pedido de revisão de dívida inscrita (art. 15). Todos com o propósito de qualificar os créditos tributários que venham a ser levados à cobrança perante o Judiciário, e de reduzir uma litigiosidade potencialmente estéril, já que passa a ser depurada ainda na esfera administrativa.

Não há perdedores quando o Estado aprimora o controle administrativo de legalidade: todos ganham. Inviabiliza-se uma cobrança tributária feita a qualquer custo. Por decorrência, diminui-se a tentação de se adotar condutas meramente arrecadatórias, a serviço de políticas transitórias de governo e em desrespeito à legalidade. E tudo isso acrescido de uma vantagem estratégica: os mecanismos multiportas de controle de legalidade não encontram barreiras na legislação para serem cada vez mais aperfeiçoados, pois, como ressaltado pelo Ministro Hermes Lima lá nos idos dos anos 60, “não há lei que o proíba” – vale repetir.

7.4 O direito à celeridade na inscrição da dívida ativa

Carla de Lourdes Gonçalves

O advento de novos instrumentos legais voltados à solução de conflitos tributários, materializados, fundamentalmente, nos institutos do negócio jurídico processual e da transação tributária, têm provocado sensíveis alterações na forma de relacionamento entre fisco e contribuinte, ocasionando a redução da litigiosidade fiscal, a distância relacional entre os sujeitos (ativo e passivo) tributários, bem como alterando os rumos dos processos executivos fiscais.

O negócio jurídico processual, cujo regime jurídico consta dos arts. 190[322] e 191[323] do Código de Processo Civil/2015, quando aplicado aos litígios de cunho tributário, constitui um importante instrumento de promoção da efetividade do processo de realização do crédito tributário, já que admite às partes litigantes, fisco e contribuinte, realizar concessões mútuas sobre o procedimento segundo as especificidades do processo de cobrança, entoando a ideia de instrumentalidade trabalhada nos demais artigos deste livro. Além de trazer maior segurança em relação aos bens aptos a garantir os executivos em curso, dependendo

322. "Art. 190. Versando o processo sobre direitos que admitam autocomposição, é lícito às partes plenamente capazes estipular mudanças no procedimento para ajustá-lo às especificidades da causa e convencionar sobre os seus ônus, poderes, faculdades e deveres processuais, antes ou durante o processo.
Parágrafo único. De ofício ou a requerimento, o juiz controlará a validade das convenções previstas neste artigo, recusando-lhes aplicação somente nos casos de nulidade ou de inserção abusiva em contrato de adesão ou em que alguma parte se encontre em manifesta situação de vulnerabilidade."

323. "Art. 191. De comum acordo, o juiz e as partes podem fixar calendário para a prática dos atos processuais, quando for o caso.
§ 1º O calendário vincula as partes e o juiz, e os prazos nele previstos somente serão modificados em casos excepcionais, devidamente justificados.
§ 2º Dispensa-se a intimação das partes para a prática de ato processual ou a realização de audiência cujas datas tiverem sido designadas no calendário."

do acerto desenhado entre fisco e contribuinte, se somada alguma das hipóteses do art. 151 do Código Tributário Nacional, é possível vislumbrar a suspensão da exigibilidade dos créditos tributários também.

Contudo, a viabilidade de utilização desse novel instituto pressupõe a necessária ocorrência do ato de inscrição em dívida ativa. Tal providência, outrora considerada um expediente meramente formal, atualmente ganhou contornos de destaque, representando o marco a partir do qual se torna possível a composição das partes dentro dos limites legais e regulamentares impostos.[324]

A oportunidade para a realização do ato de inscrição em dívida ativa, vale lembrar, inicia-se após o crédito tributário tornar-se definitivo no âmbito administrativo, fenômeno esse que, na hipótese de lançamento de ofício,[325] pressupõe o transcurso do prazo de vencimento ou para impugnação administrativa ou o encerramento do processo administrativo tributário, com decisão parcial ou totalmente desfavorável ao contribuinte. Por outro lado, tratando-se de lançamento por homologação, a inscrição do débito em dívida exige o mero vencimento da obrigação.

É preciso asseverar, contudo, que a promoção do ato de inscrição não pode ficar à mercê da vontade do ente tributante. Trata-se, como sói ocorrer de atividade administrativa de natureza vinculada, de ato a ser praticado dentro de limites, temporais inclusive, expressamente estabelecidos em lei.

Há de se observar, assim, o preceituado no decreto-lei 147, de 03.02.1967, que, em seu art. 22,[326] estabelece o prazo

---

324. Como, por exemplo, a Lei 13.988/2020 e a Portaria 742/2018 da PGFN.

325. A expressão inclui a lavratura de auto de infração, por se tratar de providência conduzida pela autoridade administrativa.

326. "Art. 22. Dentro de noventa dias da data em que se tornarem findos os processos ou outros expedientes administrativos, pelo transcurso do prazo fixado em lei, regulamento, portaria, intimação ou notificação, para o recolhimento do débito

de 90 dias da data em que se tornarem findos os processos ou expedientes administrativos para que as autoridades competentes encaminhem o crédito tributário à Procuradoria da Fazenda Nacional a fim de que inicie o procedimento de cobrança amigável ou judicial da dívida, que se instala (o procedimento) com a promoção do ato de inscrição em dívida ativa.

Esse dispositivo estava, por certo, com sua aplicabilidade adormecida até o advento do instrumento de composição de conflito tributário supramencionado, de sorte que, a partir do momento em que o ato de inscrição se tornou condição necessária à instauração dos procedimentos compositivos extrajudiciais tributários,[327] tornou-se premente sua observância.

Trata-se, não há dúvidas, de prazo de natureza peremptória, a ser rigorosamente observado pelo ente tributante de modo a garantir, de um lado, a efetividade da cobrança dos débitos e, de outro, permitir ao contribuinte soluções alternativas de composição de seus litígios e de equalização de suas garantias.

A inobservância do prazo em comento pode dar azo, inclusive, à adoção de medidas judiciais voltadas ao cumprimento do dever de inscrição do fisco que, deveras, compreende, um direito do contribuinte,[328] com vistas a per-

---

para com a União, de natureza tributária ou não tributária, as repartições públicas competentes, sob pena de responsabilidade dos seus dirigentes, são obrigadas a encaminha-los à Procuradoria da Fazenda Nacional da respectiva unidade federativa, para efeito de inscrição e cobrança amigável ou judicial das dívidas deles originadas, após a apuração de sua liquidez e certeza."

327. A expressão está no plural integrando a transação como mecanismo alternativo de solução de conflito de interesse, objeto de outro artigo em autoria com Camila Campos Vergueiro.

328. A esse respeito, leciona Paulo Cesar Conrado: "De todo modo, se é fato, no mundo vivo, que a inércia (processualmente lícita) da Administração projeta efeitos prejudiciais (materialmente falando) em relação a esse outro sujeito, não é possível negar que o processo de execução fiscal, tal como vínhamos falando, ostenta um

mitir ao contribuinte, por exemplo, aderir aos editais de transação lançados para hipóteses e temas específicos.

De fato, a omissão injustificada em praticar o ato que deve ser efetivamente promovido pelo fisco, de modo a impedir o contribuinte de quitar seus débitos de forma menos onerosa ou, ainda, promover a calendarização de suas garantias, constitui ofensa flagrante a direito subjetivo do sujeito passivo, legitimando a insurgência do sujeito passivo.

Atenta a isso, a Fazenda Nacional editou, em 26.05.2021, a Portaria da Procuradoria-Geral da Fazenda Nacional/Ministério da Economia 6.155, que reforça a necessidade de observância do prazo de noventa dias para a promoção do ato de inscrição do débito tributário em dívida ativa, sendo certo que o fundamento legal da citada portaria é, justamente, o Decreto-lei 147/1967.

A despeito do acerto quanto à fixação do prazo para a prática do ato de inscrição, o mesmo dispositivo infralegal acima referido estabeleceu que a inscrição do débito deve ser realizada por intermédio do sistema "Inscreve Fácil", cujo prazo de implementação e adaptação para utilização é de um ano.

Nesse contexto, parece-nos evidente que eventual demora na realização da inscrição em dívida ativa decorrente das dificuldades na implementação do sistema "Inscreve Fácil" pode ser extremamente prejudicial ao sujeito passivo, sobretudo no atual contexto da pandemia decorrente da Covid-19, em que muitos contribuintes se encontram

---

'duplo viés': representa, para a Administração, um direito e um dever; vista como dever da Administração, execução representa, por outro lado, um direito do contribuinte-administrado (o de ser executado e, com isso, garantir o cumprimento da obrigação exequenda, com todas as consequências materiais que daí derivam – inclusive a preconizada pela combinação dos arts. 205 e 206, já copiados, do Código Tributário Nacional)" (*Antecipação de garantia tendente à satisfação de crédito que esteja por ser executada: o que muda (se é que muda) com o novo CPC?*. *In:* CONRADO, Paulo César (org.). *Processo tributário analítico*. São Paulo: Noeses, 2016. v. III, p. 247-263).

inadimplentes ou em mora em relação às suas obrigações tributárias.

O direito do sujeito passivo de aderir aos vigentes programas de composição alternativa de conflitos tributários não pode ser tolhido em razão de expedientes que são de responsabilidade exclusiva dos órgãos fazendários. É direito subjetivo do contribuinte não só que essa inscrição se dê de maneira célere, e dentro do prazo há muito fixado, mas também que eventual omissão das autoridades fiscais não lhe seja prejudicial.

Uma vez que a inscrição em dívida ativa dos débitos tributários materializa verdadeiro direito subjetivo do contribuinte e, em virtude da imprescindibilidade da celebração do ato formal como condição para o exercício de direitos pelo contribuinte, é cabível a adoção de medidas judiciais para fazer cumprir o prazo de 90 dias insculpido no Decreto-lei 147/1967.

7.5 Execução fiscal, cobrança indireta, devido processo legal e desjudicialização

Paulo Cesar Conrado

A expressão "cobrança indireta" vem sendo tão frequentemente usada que já ganhou raízes, podemos dizer, no glossário jurídico. Honestamente, não apreciamos seu emprego, embora isso não tenha lá muita relevância – admitimos.

De toda forma, vale explicar nossa "implicância": quando apomos o predicado "indireto(a)" diante de um certo substantivo normalmente o fazemos, em Direito, para designar algo atípico, impróprio e que, por isso mesmo, não tem a ver, a não ser por "forçação de barra", com a realidade designada pelo substantivo em foco (no caso, "cobrança").

No ambiente tributário, esse estado de coisas parece muito claro: a "cobrança indireta" manobrada pelas fazendas não "cobra" nada; remete, isso sim, a uma série de estímulos negativos – desconfortos, incômodos, para sermos mais claros –, cujo emprego é autorizado pelo sistema jurídico para criar no espírito do contribuinte faltante "desejo" suficientemente forte de cumprir o dever inadimplido. Admitamos: protesto, inclusão em cadastros (públicos e privados), entre outros instrumentos habilitados em nosso regime, não satisfazem, nem nunca satisfarão, por si mesmos, o crédito tributário pendente; servem, na melhor das hipóteses, para estimular a entrega voluntária do valor pretendido.

Aí a razão de nossa antipatia à qualificação dessas medidas como "cobrança", o que não quer significar, ressalve-se sempre, que estamos de mal com quem o faça – falar assim ou assado não qualifica, desqualifica ou requalifica os institutos envolvidos, muitos estudos, aliás, bastante eficientes no que postulam – substituir a atividade cobrança propriamente dita.

Lembrem-se, porém: se o incômodo gerado pelos instrumentos de que falamos não for suficiente para demover o íntimo do devedor, fazendo-o pagar, o crédito seguirá tão pendente quanto antes, caminhando na segura direção da prescrição.

Vale dizer: a "cobrança indireta" "cobra", mas desde que a vontade do devedor a ela se associe – como naquela história de "combinar com os russos" – e se assim as coisas não sucederem – ou seja, quando a vontade do devedor, mesmo estimulada, não adere à vontade da fazenda –, de duas uma: ou a fazenda "cobra de verdade" seu crédito (agora sim, a palavra "cobrança" aflora em seu sentido jurídico próprio), ou busca outros estímulos, agora positivos, como os que tipificam os regimes de transação, marcados por algum nível de concessão – mais uma tentativa de atrair o espírito do devedor para o plano comportamental aspirado, o do adimplemento.

Olhar as coisas a partir desse ângulo nos faz ver que a atividade de cobrança, para que se qualifique como tal e deixe de ser empregada sem rigor, supõe a substituição da postura renitente do contribuinte, como que sinalizando: "Se não entrega o valor que deve voluntariamente, dele será tomado à força". Cobrar é, nesse sentido e em suma, executar via expropriação – nada que ver com aquelas outras coisas (estrategicamente boas, eficientes etc., mas não designáveis como cobrança) –, atividade que, por imposição constitucional deve se dar de acordo com o "devido processo legal", figura objetivamente encarnada, hoje, na Lei federal 6.803/1980 e no Código de Processo Civil de 2015.

Sobre uma ou outra peça integrante desse subsistema de normas, por certo que variantes interpretativas há (e assim sempre será); sobre o eixo normativo que dá vida ao devido processo legal, entretanto, não! Ninguém deve duvidar de que a coluna de sustentação da cobrança tributária encontra-se ali, naqueles dois diplomas, cravada – abrir mão disso é negar o devido processo legal.

Judicial e rigorosamente submetido a um protocolo de atos: pois é assim que caracterizamos, em síntese, a cobrança preordenada nos diplomas antes referidos. E vejam, com esse registro – simples, mas muitas vezes incompreendido –, como é de fato desinteressante dizer que aquelas medidas outras, as de estímulo indireto representam, em si, forma de cobrança: no mais das vezes, sua realização ocorre em ambiente administrativo (nada tendo que ver com a judicialidade inerente ao devido processo legal sustentado em nosso ordenamento), além de se mostrarem estranhas ao ciclo procedimental executivo.

Acresçamos a esses dados um outro (o último necessário para concluir o trajeto proposto nesse texto): todos devem ter na memória o debate, há anos travado em nosso país, sobre a potencial desjudicialização da cobrança do crédito tributário, providência que implicaria o traslado da atividade de expropriação patrimonial para o âmbito administrativo. Usando outras palavras: os atos de cobrança, legalmente entendidos até aqui como jurisdicionais, passariam a figurar, nesse regime, como atos administrativos.

A extensão desse debate deriva, em grande medida, da compreensão, para alguns, de que o "devido processo legal" só se apresenta no lócus judicial e que a legislação ordinária não pode transigir sobre isso.

Não pensamos dessa forma, mas não vamos entrar, não pelo menos aqui e agora, nessa discussão, muito mais de tom histórico-ideológico do que qualquer outra coisa. O que queremos é chamar a atenção de nosso leitor para o lado pragmático que o problema suscita, fazendo-o a partir de uma pergunta – aparentemente simples, quase infantil, mas altamente provocadora: "devido processo legal" é o que se dá nos termos da lei ou o que se dá no ambiente judicial? Ou, por outros termos: basta que a execução transite no Judiciário para que se a enxergue compatível com o "devido processo legal"?

A resposta, parece, está na pergunta (sobretudo em sua segunda versão): para que a cobrança se repute ajustada ao devido processo legal é preciso que ela se dê nos termos da lei, não bastando sua judicialidade.

É bem certo que a lei prevê, hoje, que seu processamento (da cobrança) dar-se-á em ambiente judicial – esse é um dos aspectos que tipifica o devido processo legal reinante, portanto. Mas, indo bem além do lócus, a mesma lei (Código de Processo Civil/2015 e Lei federal 6.830/1980, ambos os diplomas) estabelecem um protocolo rígido a ser conduzido pela autoridade responsável pelo processo. Conclusão: não é "devido" o processo que, posto tramite no Judiciário, escape da pauta legal em sua estruturação.

Quando olhamos a questão por esse ângulo, não lhes parece que as coisas mudam de coloração? A intransigência quanto à judicialidade do processo não lhes parece dissociada de razão? E daí partimos para outra questão: quem não transige sobre manter a cobrança no ambiente judicial, o faz pelo lócus ou pelo respeito aos atos impostos pela lei e que conformariam, aí sim, o tão desejado devido processo legal? Mas e se o processo, ainda que transite no Judiciário, for conduzido fora dos padrões da lei, tudo bem? Os defensores da "judicialidade perene e imutável" vão ficar satisfeitos? Só mais uma pergunta: se a atividade de cobrança se der em ambiente administrativo, mas seguindo o padrão fixado em lei, valerá menos pragmaticamente?

Sempre me faço essas perguntas, confesso, quando tomo conhecimento, aqui ou acolá, sobre execuções fiscais que têm como ato inaugural ordinário a indisponibilização, via SisbaJud, do valor executado, pensando-se em citação¸ *si et in quantum*, só depois disso – algo que, *data venia*, parece completamente estranho à lei, mas que, numa visão estática e recheada de retórica interpretativa, poderia receber o selo do "devido processo legal" pelo simples fato de estar no ambiente judicial (como se o lócus determinasse a qualidade do ato emanado).

Talvez seja momento de entendermos – mais uma vez lanço o apelo pragmático – que o devido processo legal é o que, transitando judicial ou administrativamente, caminha na conformidade das regras postas e não segundo as conveniências do agente público – judicial ou administrativa, insistamos. Mais: talvez seja momento de entendermos, saindo do estado de adolescência civilizatória que já vai tarde, que o rótulo judicial não faz brancas as páginas do processo, autorizando a escritura, ali, do que se desejar: processo democrático é o que tramita segundo a lei e tanto faz quem vai conduzi-lo, desde que também definido em lei como competente para tal, Judiciário ou Administração.

De mais a mais, ninguém com olhar minimamente pragmático deve duvidar: o Judiciário tem boa caneta para controlar atos administrativos descabidos (um bloqueio precipitado, por exemplo, caso a cobrança se "administrativizasse"), embora não a tenha na mesma medida para controle de seus próprios impulsos executivos.

7.6 O peculiar sincretismo processual na cobrança do crédito tributário – hipótese: ação antiexacional e depósito em dinheiro do montante controvertido

Luis Claudio Ferreira Cantanhêde

A expropriação forçada para a cobrança do crédito tributário depende da instauração de uma relação jurídica processual autônoma e específica, que se denomina execução fiscal.

Neste tópico, todavia, pretende-se desfazer a relação biunívoca identificada entre a inadimplência do crédito tributário e a solução processual pela via da execução fiscal, o que se fará abordando um fenômeno recorrente no âmbito do processo tributário:

- o do sincretismo processual na prestação da tutela jurisdicional executiva, isto é, aquela voltada a implementar a realização do crédito tributário com a expropriação forçada do patrimônio do devedor.

Abordar o sincretismo na cobrança como situação recorrente pode soar estranho a quem não seja afeito à pragmática do processo tributário, uma vez que a prestação da tutela jurisdicional executiva está intimamente relacionada ao processo de execução fiscal, que pressupõe o título executivo extrajudicial denominado certidão da dívida ativa. Como, então, é viável falar em sincretismo se há previsão de relação processual exclusivamente voltada à realização do crédito tributário?

Sincretismo é expressão que representa a instrumentalização de diversas espécies de tutelas jurisdicionais no âmbito de uma única relação processual. É a tônica atual do processo civil brasileiro, em que as tutelas jurisdicionais voltadas à garantia, ao acertamento e à realização do direito são veiculadas em um único processo.

É o que se dá, *exempli gratia*, nas demandas antiexacionais preventivas e repressivas, em que a tutela provisória de natureza cautelar é concedida no mesmo processo em que o direito é acertado. Nas reparatórias (ação de repetição do indébito tributário), a mesma relação processual define o indébito tributário (direito vindicado) e abrange a realização desse direito mediante a instauração do cumprimento de sentença para a restituição do indébito.

Mas não é a esse sincretismo (que nomeamos ordinário para contrapô-lo àquele que se manifesta na cobrança do crédito tributário, que ousamos denominar especial) que nos referimos. Aqui nos interessa a peculiar perspectiva desse fenômeno em que não haverá a formação de um título executivo judicial com expresso comando condenatório a ser objeto de cumprimento de sentença no contexto da mesma relação processual em que foi formado.

Referimo-nos à hipótese em que o crédito a ser realizado é o tributário e sua satisfação dar-se-á pela expropriação forçada do patrimônio do devedor no âmbito de um processo antiexacional[329] julgado improcedente. E aqui assoma a peculiaridade distintiva do sincretismo na cobrança do crédito tributário: ele se dá no âmbito processual de uma demanda antiexacional improcedente, à míngua de qualquer condenação expressa a favor do requerido (o fisco).

Esse sincretismo peculiar, como é de se imaginar, não ocorre em qualquer situação. Ao contrário, somente far-se-á presente em um contexto específico: sendo próprio dos processos antiexacionais preventivos ou repressivos, exige que

329. Apenas relembrando: ação antiexacional é aquela de iniciativa do contribuinte.

o autor da demanda (sujeito passivo da obrigação tributária) deposite o montante integral da obrigação tributária, uma vez que nesses casos os valores em questão deixam de estar à sua disposição (sujeito passivo da obrigação tributária) e passam a ter destinação atrelada ao desfecho da demanda.[330]

Impõe-se, ainda, como segundo requisito a improcedência do pedido, pois nessa hipótese o montante depositado será convertido em renda do ente tributante e a obrigação tributária extinta, de modo que em uma única relação processual serão exercidas as atividades de cognição e de realização do crédito tributário. Satisfeitos esses pressupostos, exsurge a especial hipótese de sincretismo na cobrança do crédito tributário.

Notoriamente vantajoso para o fisco, à medida que várias etapas do procedimento de cobrança do crédito tributário via título executivo extrajudicial e ajuizamento de execução fiscal são suplantadas,[331] não deixa de ser uma

---

330. "A 1ª Seção desta Corte tem entendimento consolidado segundo o qual a movimentação de valores judicialmente depositados, em atendimento ao disposto no art. 151, II, do CTN, fica condicionada ao trânsito em julgado da demanda à qual vinculados" (AgInt no TP 178/SP, Rel. Ministra Regina Helena Costa, Primeira Turma, julgado em 13.06.2017, *DJe* 21.06.2017).
Paulo Cesar Conrado vê na hipótese a expressão de uma execução passiva, *in verbis*: "Para além dos estímulos potencialmente geradores de pagamento – instrumentos que, insista-se, supririam, se bem sucedidos, à cobrança executiva –, é possível enxergar executividade de origem passiva. Nesse escaninho, devemos depositar os casos em que, proposta medida antiexacional, o sujeito passivo debate o crédito fazendário e, ao mesmo tempo, garante sua satisfação. É o que ocorre, por exemplo, quando, nos domínios tributários, o contribuinte ajuíza ação anulatória e em seu bojo deposita o montante integral do crédito debatido. É sabido que, em situações como essa, suspensa a exigibilidade do crédito, a Fazenda não pode propor execução. A questão, por lógica, vai além dessa afirmação, porém: a satisfação do crédito já se encontra assegurada pelo depósito, funcionando a ação anulatória, conquanto antiexacional, como suporte executivo; basta para que essa eficácia antagônica se concretize que o contribuinte saia definitivamente derrotado na demanda, hipótese em que, sabe-se, o valor depositado é revertido em favor da Fazenda" (CONRADO, Paulo Cesar. *Execução fiscal*. São Paulo: Noeses, 2020).

331. A expropriação forçada ocorrerá logo em seguida ao trânsito em julgado da decisão de improcedência da demanda, quando o valor depositado será convertido em renda no caso de improcedência, sem que se cogite da propositura de execução

opção muito interessante para o contribuinte, que disporá da suspensão da exigibilidade do crédito tributário[332] com todos os efeitos dessa condição decorrentes, *exempli gratia*: certidão de regularidade fiscal, suspensão de medidas coativas de cobrança (protesto, inscrição em cadastros de inadimplência). Em contrapartida arcará com o ônus de não dispor mais do montante depositado, cuja sorte dependerá do que vier a ser decidido no processo.

Uma vez que o depósito integral e em dinheiro consiste em causa suspensiva da exigibilidade do crédito tributário, o fisco, a rigor, sequer poderá cogitar do ajuizamento de execução fiscal ou mesmo da inscrição do crédito tributário em dívida ativa, caso aquele os anteceda, pelo que não é equivocado asseverar que a prestação da tutela jurisdicional executiva (expropriação forçada) na hipótese prescinde, tanto do ajuizamento da execução fiscal, quanto da existência mesmo de um título executivo extrajudicial.

E aqui escancara-se mais uma peculiaridade desse sincretismo:

- ➢ a cobrança judicial do crédito tributário no bojo do processo antiexacional preventivo ou repressivo com depósito integral, além de prescindir da existência da certidão de dívida ativa, também dispensa a existência de uma decisão judicial de cunho condenatório.

Como o sincretismo emana exclusivamente do interesse do autor em realizar o depósito do montante integral do crédito tributário, vale sublinhar outro relevante benefício para o devedor que opta por discutir o tributo depositando

---

fiscal ou mesmo de cumprimento de sentença.

332. CTN:
"Art. 151. Suspendem a exigibilidade do crédito tributário:
[...]
II – o depósito do seu montante integral".

o seu montante integral: a cessação da responsabilidade pelos juros de mora e pela atualização monetária incidentes sobre o crédito tributário.[333]

Sopesados ônus e bônus, para aqueles contribuintes que disponham da quantia necessária para o depósito do montante integral do crédito tributário, há evidentes vantagens, sendo, portanto, recomendável que o façam, pois, ao cabo do processo, em qualquer hipótese,[334] a obrigação tributária restará extinta, seja pelo reconhecimento de sua nulidade, seja pela conversão em renda do valor depositado.

7.7 O peculiar sincretismo processual na cobrança do crédito tributário – hipótese: ação antiexacional e garantia por fiança bancária ou seguro garantia

Luis Claudio Ferreira Cantanhêde

O peculiar sincretismo caracterizado pela prestação da tutela jurisdicional executiva no âmbito de uma ação antiexacional improcedente independentemente de título executivo e de ajuizamento de execução fiscal presenta-se

333. Lei 6.830/1980:
"Art. 9º. [...]
§ 4º Somente o depósito em dinheiro, na forma do art. 32, faz cessar a responsabilidade pela atualização monetária e juros de mora."

334. Ressaltamos que até na hipótese de extinção do processo sem apreciação do mérito, havendo depósito, esse valor deve ser convertido em renda para o Fisco, posição que, por exemplo, encontra guarida em julgamentos do Superior Tribunal de Justiça, a exemplo do quanto decidido nos Embargos de Divergência 479.725/BA: "O depósito judicial efetuado para suspender a exigibilidade do crédito tributário é feito também em garantia da Fazenda e só pode ser levantado pelo depositante após sentença final transitada em julgado em seu favor"; No mesmo sentido tem-se ainda os Embargos de Divergência n. 813.554/PE, que textualmente expõe a posição da 1ª Seção do STJ: "2. A Primeira Seção firmou entendimento de que, mesmo sendo extinto o feito sem julgamento do mérito, os depósitos para suspensão da exigibilidade do crédito tributário devem ser convertidos em renda da Fazenda Pública e não levantados pelo contribuinte" (EREsp 813.554/PE, Rel. Ministra Eliana Calmon, Primeira Seção, julgado em 22.10.2008, *DJe* 10.11.2008).

em um contexto especial que exige processo antiexacional preventivo ou repressivo improcedente e depósito do montante integral da obrigação tributária.

Eis o caráter especial do sincretismo aqui tratado: em uma única relação processual são exercidas as atividades de cognição e de realização do crédito tributário, solucionando-se, no mesmo processo, os conflitos acerca da legitimidade do tributo e de sua inadimplência.

São notórias as vantagens decorrentes desse sincretismo: a efetividade na cobrança é evidente, pois o fisco, no caso de improcedência, é agraciado, nos mesmos autos, com a tutela jurisdicional executiva, uma vez que o valor depositado, que já se encontrava fora da esfera de disponibilidade do contribuinte, é expropriado com a sua conversão em renda; o contribuinte, de outra senda, além de gozar, desde logo e independentemente de qualquer decisão judicial concessiva de tutela provisória, do efeito suspensivo da exigibilidade do crédito tributário, também se vê a salvo dos efeitos da mora, deixando de responder, desde o momento do depósito, pelos juros e pela correção monetária.

Diante de tantos ganhos de efetividade, servindo uma mesma e única relação processual como firme instrumento de solução de conflitos de interesse, seja o decorrente da alegação da ilegitimidade do tributo, plasmado na petição inicial, seja aquele atinente à inadimplência de obrigação tributária exigível, trazido ao processo mediante depósito, inevitável questionar se não é viável que essa mesma hipótese de sincretismo aplique-se a outras situações em que se dá a garantia do crédito no bojo de um processo antiexacional.

Parece-nos que a resposta deve, necessariamente, passar pela verificação de situações em que os benefícios experimentados pelo contribuinte assemelhem-se àqueles decorrentes do depósito integral e que a garantia apresentada fique atrelada ao desfecho do processo, saindo da disponibilidade do sujeito passivo do crédito tributário, autor da demanda antiexacional, apresentando-se, ainda, de rápida e fácil liquidação, com o que restariam acautelados os interesses do fisco, outro polo da relação jurídico-tributária.

No contexto atual, mormente após a vigência do Código de Processo Civil de 2015, as garantias que assomam aptas à satisfação desses requisitos são a fiança bancária e o seguro garantia. Isso já se apresenta no enunciado do art. 835, § 2º, do código processual vigente,[335] que é expresso ao assertar que a fiança bancária e o seguro garantia judicial equiparam-se a dinheiro.

Posto que a equiparação seja para fins de substituição da penhora, considerando a grande liquidez destas modalidades de garantia do crédito tributário, não soaria despropositado pensá-la para outras finalidades, como a suspensão da exigibilidade do crédito tributário.

É cediço que a jurisprudência dominante do Superior Tribunal de Justiça é contrária a esse entendimento,[336] o que, pelo menos até o presente momento, é bastante

---

335. "Art. 835. A penhora observará, preferencialmente, a seguinte ordem:
I – dinheiro, em espécie ou em depósito ou aplicação em instituição financeira;
[...]
§ 2º Para fins de substituição da penhora, equiparam-se a dinheiro a fiança bancária e o seguro garantia judicial, desde que em valor não inferior ao do débito constante da inicial, acrescido de trinta por cento."

336. "TRIBUTÁRIO. RECURSO ESPECIAL REPRESENTATIVO DE CONTROVÉRSIA. ART. 543-C, DO CPC. CAUÇÃO E EXPEDIÇÃO DA CPD-EN. POSSIBILIDADE. SUSPENSÃO DA EXIGIBILIDADE DO CRÉDITO TRIBUTÁRIO. ART. 151 DO CTN. INEXISTÊNCIA DE EQUIPARAÇÃO DA FIANÇA BANCÁRIA AO DEPÓSITO DO MONTANTE INTEGRAL DO TRIBUTO DEVIDO PARA FINS DE SUSPENSÃO DA EXIGIBILIDADE. SÚMULA 112/STJ. VIOLAÇÃO AO ART. 535, II, DO CPC, NÃO CONFIGURADA. MULTA. ART. 538 DO CPC. EXCLUSÃO.1. A fiança bancária não é equiparável ao depósito integral do débito exequendo para fins de suspensão da exigibilidade do crédito tributário, ante a taxatividade do art. 151 do CTN e o teor do Enunciado Sumular 112 desta Corte... (Acórdão submetido ao regime do art. 543-C do CPC e da Resolução STJ 08/2008" (REsp 1156668/DF, relator Ministro Luiz Fux, Primeira Seção, julgado em 24.11.2010, *DJe* 10.12.2010).

festejado pelas fazendas públicas, uma vez que, figurando – a fiança e o seguro – como contracautelas, à míngua de decisão concedendo tutela cautelar, veem-se autorizados a adotar todas as medidas voltadas à cobrança do crédito, sejam judiciais, sejam extrajudiciais.

Todavia, esse cenário pode mudar caso se perceba que a equiparação traria a possibilidade de execução da garantia nos autos do processo antiexacional improcedente, sem a necessidade de inscrição em dívida ativa, ajuizamento de execução fiscal, traslado da garantia para estes autos e abertura de prazo para oposição de embargos.

Sem dúvida haveria um relevante ganho de efetividade na cobrança do crédito tributário, a troco de o contribuinte ter a seu favor a suspensão da exigibilidade do crédito tributário sem a necessidade da concessão de tutela provisória, tão só por contratar fiança bancária ou seguro garantia judicial e apresentá-los nos autos.

Haja vista que o contribuinte gozaria imediatamente dos benefícios da suspensão de exigibilidade, como são menos custosas que o dinheiro depositado, é natural que sejam utilizadas em maior escala, amplificando os efeitos benéficos de redução de litigiosidade para além dos lindes da relação jurídico-tributária conflituosa.

O sincretismo na cobrança do crédito tributário, que é peculiar por viabilizar a solução do conflito de inadimplência no âmbito de um processo antiexacional em que ele sequer está posto na petição inicial, amplificado para abranger outras espécies de garantia como o seguro e a fiança, tem potencial para funcionar como importante fator na diminuição do número de execuções fiscais, contribuindo, consequentemente, para a política de redução de litigiosidade e melhoria da qualidade da prestação jurisdicional.

Diante desse quadro, reforça-se o argumento em prol da alteração do entendimento jurisprudencial que hoje não admite equiparação entre fiança, seguro e dinheiro para fins de suspensão da exigibilidade do crédito tributário.

Não há dúvidas de que o contexto é de suma importância para a interpretação jurídica, de modo que a efetividade alcançada com a ampliação do sincretismo na cobrança do crédito tributário ostenta fortíssimo poder persuasivo.

Nesse caso, não é só o fisco (Executivo) que experimenta vantagem, mas também e principalmente o Poder Judiciário, que se deparará com uma única relação processual a solucionar os conflitos de interesse surgidos no plano do direito material.

Aos contribuintes, sobraria a tranquilidade de litigar sem sofrer medidas de cobrança. Todos saem ganhando. Mais resultado com menos dispêndio é a fórmula da eficiência, que, no processo, se traduz com efetividade.

Pelo aqui e no artigo anterior aduzido, é forçoso concluir que o peculiar sincretismo se caracteriza pela prestação da tutela jurisdicional executiva no âmbito de uma ação antiexacional improcedente, sem, portanto, cogitar-se do ajuizamento de execução fiscal.

Os pressupostos que viabilizam esse especial modo de "cobrança" do crédito tributário são: (*i*) processo antiexacional preventivo ou repressivo, (*ii*) garantia do crédito tributário discutido por meio de depósito do montante integral da obrigação tributária, apresentação de fiança bancária ou seguro garantia e (*iii*) improcedência da demanda, quando então os valores depositados serão convertidos em renda do ente tributante ou executadas as garantias fidejussórias com a consequente extinção da obrigação.

O fenômeno, ao cabo, caracteriza-se pela solução, em uma única relação processual, dos conflitos atinentes à legitimidade do crédito tributário e à sua inadimplência, modelo que apresenta notórios ganhos de efetividade para as partes (fisco e sujeito passivo da obrigação tributária), além de outros que transcendem os lindes subjetivos da relação jurídico-tributária conflituosa, espraiando-se por todo o ordenamento, haja vista que sua ampliação atua em prol da política de redução de litigiosidade e da melhoria da qualidade da prestação jurisdicional na exata medida em que contribui para a diminuição do ajuizamento de execuções fiscais.

7.8 Peculiar sincretismo e defesa do contribuinte – hipótese: impugnação rescisória em ação antiexacional improcedente

Luis Claudio Ferreira Cantanhêde

Não há dúvidas que a opção pelo sincretismo na cobrança do crédito tributário traz inúmeros ganhos de eficiência ao Estado, tanto no que concerne à efetividade na cobrança do crédito tributário, quanto no que concerne à política de gestão do Poder Judiciário.

Há também benefícios relevantes para os contribuintes, dado que discutem a legitimidade da cobrança sem o risco de sofrer medidas coativas ou expropriatórias. E, neste âmbito, não se pode esquecer que a instrumentalidade e a efetividade processual estão à serviço, também, da garantia de ampla defesa e contraditório, o que impõe cogitar acerca da defesa do contribuinte no âmbito dessa cobrança sincrética.

Dessarte, mister trazer à baila a possibilidade do sujeito passivo da obrigação tributária derrotado na demanda antiexacional lançar mão da impugnação rescisória, prevista no art. 525, § 1º, inciso III, e § 12, do Código de Processo Civil/2015, quando se vir diante do cumprimento de sentença para conversão em renda do depósito ou execução da garantia fidejussória.[337]

337. "Art. 525. Transcorrido o prazo previsto no art. 523 sem o pagamento voluntário, inicia-se o prazo de 15 (quinze) dias para que o executado, independentemente

É cediço que esta mesma previsão consta do art. 535[338] daquele código, que trata do cumprimento de sentença que reconhece obrigação de pagar quantia certa pela Fazenda Pública, de modo que o princípio da isonomia, ao preconizar tratamento equitativo entre as pessoas sempre que não houver fator razoável de discriminação, por si sustenta o reconhecimento da legitimidade de sua utilização também pelo sujeito passivo na execução sincrética.

Mas não é só isso, o próprio fundamento teleológico do sincretismo processual sustenta essa aplicação, pois o entendimento contrário à possibilidade aventada imporia o ajuizamento de uma ação rescisória pelo sujeito passivo da obrigação tributária, ainda que a decisão do Supremo Tribunal Federal reconhecendo a inconstitucionalidade do tributo tenha sido proferida antes do trânsito em julgado da decisão que julgou improcedente a ação anulatória (cujo objeto coincide com aquele tratado no julgamento do Supremo Tribunal Federal que afeta a resolução dada no caso individual).

Mister, ainda, ter em conta que se não fosse a possibilidade da execução imediata da garantia no âmbito do processo antiexacional preventivo ou repressivo, o fisco deveria prosseguir o iter de cobrança por meio da inscrição do crédito tributário em dívida ativa, extração da competente

---

de penhora ou nova intimação, apresente, nos próprios autos, sua impugnação.
§ 1º Na impugnação, o executado poderá alegar:
[...]
III – inexequibilidade do título ou inexigibilidade da obrigação;
[...]
§ 12. Para efeito do disposto no inciso III do § 1º deste artigo, considera-se também inexigível a obrigação reconhecida em título executivo judicial fundado em lei ou ato normativo considerado inconstitucional pelo Supremo Tribunal Federal, ou fundado em aplicação ou interpretação da lei ou do ato normativo tido pelo Supremo Tribunal Federal como incompatível com a Constituição Federal, em controle de constitucionalidade concentrado ou difuso."

338. "Art. 535. A Fazenda Pública será intimada na pessoa de seu representante judicial, por carga, remessa ou meio eletrônico, para, querendo, no prazo de 30 (trinta) dias e nos próprios autos, impugnar a execução, podendo arguir: [...]."

certidão, ajuizamento de execução fiscal, oportunidade em que ao devedor, agora executado, poderia alegar a inconstitucionalidade da cobrança pela via dos embargos à execução fiscal, ou, ainda, em exceção de pré-executividade.[339]

Derradeiramente, pode-se levantar contra a tese aqui aventada a impossibilidade de se cogitar de cumprimento de uma decisão de improcedência, o que inviabilizaria o uso, pelo devedor (contribuinte), da impugnação rescisória, cabível apenas neste específico contexto.

Ocorre que, contra este argumento, convoca-se orientação adotada no Superior Tribunal de Justiça que já reconheceu a viabilidade de cumprimento de decisões de improcedência, conforme se vê no julgamento do REsp 1.481.117/PR, em cujo voto foi afirmado, naquilo que interessa para o objeto do presente artigo:

"Nos termos do art. 475-N, I, do Código de Processo Civil, introduzido pela Lei nº 11.232/2005, considera-se título executivo judicial 'a sentença proferida no processo civil que reconheça a existência de obrigação de fazer, não fazer, entregar coisa ou pagar quantia'. Assim, as sentenças que, mesmo não qualificadas como condenatórias, ao declararem um direito, atestem, de forma exauriente, a existência de obrigação certa, líquida e exigível, são dotadas de força executiva. [...] Referido dispositivo processual aplica-se também às sentenças declaratórias que, julgando improcedente o pedido do demandante, reconhecem a existência de obrigação do autor em relação ao réu da demanda, independentemente de constar na contestação pedido de

339.Danilo Monteiro de Castro, com mestria, defende essa possibilidade, admitindo os embargos à execução fiscal e/ou a exceção de pré-executividade com efeitos rescisórios ainda que a decisão do Supremo Tribunal Federal tenha sido proferida após o trânsito em julgado da ação antiexacional improcedente. Vide: CASTRO. Danilo Monteiro de. Coisa julgada e a desnecessidade de ação rescisória proposta pelo contribuinte quando o crédito tributário ainda estiver em cobrança (Execução fiscal). *In*: CONRADO, Paulo Cesar; ARAUJO, Juliana Furtado Costa (coord.). *Processo tributário analítico*. São Paulo: Noeses, 2019. v. IV.

satisfação de crédito, legitimando o réu a propor o cumprimento de sentença [...]".[340]

A despeito de aludir ao contexto do Código de Processo Civil/1973 revogado, exsurge evidente que o vigente traz previsão em tudo similar àquela, pois no art. 515, inciso I, do Código de Processo Civil /2015 está expresso que configuram títulos executivos judiciais "as decisões proferidas no processo civil que reconheçam a exigibilidade de obrigação de pagar quantia, de fazer, de não fazer ou de entregar coisa", não constituindo, portanto, qualquer aberração ver no procedimento de conversão do depósito em renda ou da execução de garantia fidejussória nos processos antiexacionais improcedentes um verdadeiro cumprimento de sentença que reconhece a exigibilidade do crédito tributário.

Sendo assim, por qualquer ângulo que se veja a questão, apresenta-se desarrazoada qualquer interpretação que não admita ao sujeito passivo, no cumprimento de sentença instaurado no contexto do peculiar sincretismo aqui tratado, lançar mão do instituto da impugnação rescisória sempre que houver decisão do Supremo Tribunal Federal prolatada antes do trânsito em julgado da decisão de improcedência da ação antiexacional, isso porque, no caso em que a decisão da Suprema Corte for posterior, há de ser ajuizada ação rescisória, tudo por força do disposto nos §§ 14 e 15 do art. 525 do Código de Processo Civil/2015.[341]

---

340. REsp 1481117/PR, rel. Ministro João Otávio de Noronha, 3ª Turma, julgado em 03.03.2015, *DJe* 10.03.2015.

341. "Art. 525. Transcorrido o prazo previsto no art. 523 sem o pagamento voluntário, inicia-se o prazo de 15 (quinze) dias para que o executado, independentemente de penhora ou nova intimação, apresente, nos próprios autos, sua impugnação.
[...]
§ 14. A decisão do Supremo Tribunal Federal referida no § 12 deve ser anterior ao trânsito em julgado da decisão exequenda.
§ 15. Se a decisão referida no § 12 for proferida após o trânsito em julgado da decisão exequenda, caberá ação rescisória, cujo prazo será contado do trânsito em julgado da decisão proferida pelo Supremo Tribunal Federal."

7.9 Ações antiexacionais excepcionalmente exacionais: a auto execução fiscal

Íris Vânia Santos Rosa

Partamos da premissa de que, efetivo o crédito tributário, com ou sem a verificação do estado de inadimplência correlato, o sujeito passivo toma a iniciativa de debater sua exigibilidade.

Esse é nosso pano de fundo.

Judicialmente, sabemos, o debate tributário provocado pelo sujeito passivo pode se dar por meio de dois tipos processuais básicos – o das ações chamadas declaratórias e o das anulatórias (há outros, por certo, mas retemo-nos, aqui, a essas duas referências, para que fique clara a oposição entre preventidade e repressividade). No primeiro grupo – das declaratórias –, o pressuposto é de que a exigibilidade do crédito é potencial ou iminente; no segundo, a exigibilidade pressuposta é do tipo "efetiva", estado derivado da constituição do crédito, o que reforça a estratégica necessidade de assunção de conduta processual proativa que, justamente por isso, tende a evitar a expropriação forçada.

O contribuinte quando assim atua o faz de modo a interferir no ciclo de positivação do direito, seja de modo preventivo, seja de modo repressivo (antes ou depois do lançamento tributário), operando na intenção de desconstituir a relação jurídica posta ou pressuposta.

Aderente a essa postura processual, ao sujeito passivo é dada a sincrônica possibilidade de ver suspensa a exigibilidade do crédito tributário, tal como prescrito no art. 151 do Código Tributário Nacional.

"Art. 151. Suspendem a exigibilidade do crédito tributário:

I – moratória;

II – o depósito do seu montante integral;

III – as reclamações e os recursos, nos termos das leis reguladoras do processo tributário administrativo;

IV – a concessão de medida liminar em mandado de segurança.

V – a concessão de medida liminar ou de tutela antecipada, em outras espécies de ação judicial;

VI – o parcelamento.

Parágrafo único. O disposto neste artigo não dispensa o cumprimento das obrigações assessórios dependentes da obrigação principal cujo crédito seja suspenso, ou dela consequentes".

Pensando nas hipóteses desenhadas em tal dispositivo, não há como negar que a do inciso II ("depósito do montante integral"), aplicável tanto em nível preventivo como repressivo, expressa a forma mais óbvia de temporária ruptura da exigibilidade, à medida que, para além da ideia de suspensão expressa no citado art. 151, dela deriva o asseguramento da satisfação da obrigação debatida, com a consequente obstaculização da contagem de juros e multa.

Com o depósito, em suma, estará antecipadamente garantido o cumprimento da obrigação levada a debate judicial.

No âmbito federal, esse depósito, segundo a Lei federal 9.703/1998, será efetivado na Caixa Econômica Federal, que repassará o respectivo montante para a conta única do Tesouro Nacional, fazendo-o, independentemente de qualquer formalidade, no mesmo prazo fixado para recolhimento dos tributos e das contribuições federais. Vale dizer: para esses casos, o depósito é juridicamente traduzido como verdadeiro pagamento provisório, ficando a conversão em favor do ente público ou o levantamento dependentes do destino dado ao processo aparelhado, nos termos do § 2º art. 32 da Lei de Execuções Fiscais, ou seja, "após o trânsito em julgado da decisão, o depósito, monetariamente atualizado, será devolvido ao depositante ou entregue à Fazenda Pública, mediante ordem do Juízo competente".

Note-se que, na sombra desse procedimento, encontra-se assentada a ideia de autoexecutoriedade, à medida que, do manejo de ações antiexacionais adicionadas de depósito, o sujeito passivo antecipa os efeitos da atividade de cobrança, numa verdadeira modificação de todos os atos que em princípio tenderiam à expropriação (inscrição em dívida ativa, emissão de certidão de dívida ativa, ajuizamento da ação exacional "clássica" etc.).

De outro enfoque, se o caso for de fiança bancária ou seguro-garantia, a qualidade dessas garantias sofre modificações, dependendo de algumas condições.

Sabe-se que a carta fiança bancária tem seus contornos definidos em regulamentação emanada do Conselho Monetário Nacional, nos termos do art. 9º, § 5º,[342] da Lei de Execuções Fiscais, exercitando competência outorgada pelas Resoluções Bacen 724/1982 e 2.325/1996. O mesmo vale para o seguro garantia, cuja regulamentação é definida pela Superintendência de Seguros Privados (Susep) e avalizada pelo Instituto de Resseguros do Brasil – disciplina inaugurada com a Circular Susep 232/2003, posteriormente revogada pela Circular Susep 477/2013, passando, desde o advento da Lei federal 11.382/2006, a integrar o ordenamento processual civil brasileiro como opção de caução menos onerosa ao devedor.

342. "Art. 9º Em garantia da execução, pelo valor da dívida, juros e multa de mora e encargos indicados na Certidão de Dívida Ativa, o executado poderá: [...]
II – oferecer fiança bancária ou seguro garantia;
§ 5º A fiança bancária prevista no inciso II obedecerá às condições pré-estabelecidas pelo Conselho Monetário Nacional."

Segundo o art. 15, I,[343] da Lei de Execuções Fiscais, a fiança bancária e o seguro-garantia são equivalentes ao depósito em dinheiro em termos de asseguramento da satisfação da obrigação tributária, embora não o sejam para fins de suspensão de exigibilidade.

Seja como for, essa equiparabilidade do depósito em relação à fiança e ao seguro (equiparabilidade como instrumentos de garantia do cumprimento da obrigação, insistamos) nos autoriza a dizer que é lícito estender, para esses casos, a solução "autoexecutiva", ou seja, a fiança ou o seguro representariam, quando prestados em demanda antiexacional, um caminho de executabilidade nos próprios autos da ação proposta pelo contribuinte (declaratória ou anulatória), condicionando tanto o banco, quanto à seguradora, caso intimados, a cumprir a obrigação então assumida.

As consequências desse tratamento são visivelmente positivas – a racionalização do sistema é evidente, à medida que se maximizam os efeitos de um único processo; a segurança proporcionada à fazenda é igualmente clara, visto que, beneficiada pelo asseguramento da satisfação do crédito debatido por iniciativa do contribuinte, está em princípio liberada quanto aos efeitos de possível prescrição; ao contribuinte, finalmente, é dado conviver com a lide sem o trauma da insegurança por ela projetada, já que, além de garantida a percepção, nesses casos, de certidão positiva com efeitos negativos, sua derrota não implicaria a emissão de atos de cobrança – todos antecipados e sincretizados na demanda por ele mesmo aparelhada.

---

343. "Art. 15. Em qualquer fase do processo, será deferida pelo Juiz:
I – ao executado, a substituição da penhora por depósito em dinheiro, fiança bancária ou seguro garantia; e [...]."

7.10 Legitimidade passiva: contribuinte, responsável e o art. 4º da Lei de Execuções Fiscais

Luis Claudio Ferreira Cantanhêde

É cediço que o instrumento, por definição, concebido pelo legislador ordinário para viabilizar a cobrança do crédito tributário inscrito em dívida ativa é o processo de execução fiscal, regido, primordialmente, pela Lei federal 6.830/1980, popularmente conhecida como Lei de Execução Fiscal.

A presente abordagem terá ênfase na figura do devedor, que no panorama processual é, costumeiramente, denominado executado, ou seja, aquele que figura como sujeito passivo no processo executivo fiscal, contra quem o Estado-fisco requer a prestação de tutela jurisdicional executiva, consistente, como sabido, na expropriação patrimonial forçada.

Tal estudo, porque focado na cobrança do crédito de natureza tributária, implicará um diálogo constante com o Código Tributário Nacional, notadamente os dispositivos que tratam da sujeição passiva tributária.

Nesse passo, coloca-se de pronto a distinção feita pela lei complementar tributária entre contribuinte e responsável,[344] duas classes do gênero sujeição passiva tributária que, mutuamente, excluem-se, de modo que contribuinte é aquele que mantém relação pessoal e direta com a ocorrência tributária, enquanto o responsável é qualificado por

344. "Art. 121. Sujeito passivo da obrigação principal é a pessoa obrigada ao pagamento de tributo ou penalidade pecuniária.
Parágrafo único. O sujeito passivo da obrigação principal diz-se:
I – contribuinte, quando tenha relação pessoal e direta com a situação que constitua o respectivo fato gerador;
II – responsável, quando, sem revestir a condição de contribuinte, sua obrigação decorra de disposição expressa de lei.

exclusão, consistindo naquele que, figurando no polo passivo da obrigação tributária, não é contribuinte.

Trocando em miúdos, a sujeição passiva será do contribuinte sempre que no aspecto pessoal passivo da obrigação tributária figurar a mesma pessoa que pratica a ação descrita no aspecto material da norma tributária, ou seja, aquele que dispõe da riqueza tributável, enquanto responsável será o devedor (sujeito passivo da obrigação tributária) que não é detentor desta riqueza.

Mudando o foco para a relação jurídico-processual que se estabelece para instrumentalizar a cobrança do crédito tributário inadimplido, uma primeira conclusão impõe-se: tanto o contribuinte quanto o responsável poderão assumir a condição devedores, na exata acepção dada pelo art. 4º, inciso I, da Lei de Execuções Fiscais.[345]

Assim é, porque a legislação tributária discerne uma e outra figura (contribuinte e responsável) com a intenção de justificar a possibilidade, desde que satisfeitos os pressupostos que garantam o respeito ao princípio da capacidade contributiva, de constituir-se a obrigação tributária em face de terceiros que não titularizam a riqueza tributável.

Mas se é assim, por que então o mencionado artigo prevê, no inciso V, que a execução fiscal poderá ser promovida em face do "responsável, nos termos da lei, por dívidas, tributárias ou não, de pessoas físicas ou pessoas jurídicas de direito privado"?

É no mínimo desconcertante afirmar que devedor, segundo o disposto na Lei de Execução Fiscal, é conceito que abrange, tanto o responsável, quanto o contribuinte, para logo em seguida constatar que esse mesmo dispositivo legal

345. Art. 4º – A execução fiscal poderá ser promovida contra:
I – o devedor;
V – o responsável, nos termos da lei, por dívidas, tributárias ou não, de pessoas físicas ou pessoas jurídicas de direito privado; e [...]."

trata, em separado, da hipótese de legitimação passiva do responsável tributário.

Apresso-me em afiançar que a incoerência é apenas aparente e se dissipa imediatamente quando se constata que o fenômeno da responsabilidade tributária não se restringe à constituição da obrigação tributária no momento do lançamento/autolançamento.

Pelo contrário, as mesmas normas que tratam desse fenômeno fomentam, além da contribuição para a edificação da obrigação tributária, a atribuição de responsabilidade patrimonial a terceiros que não figuram como devedores originais do crédito, bastando para comprovar essa situação aludir à já decantada hipótese de redirecionamento da execução fiscal em razão do encerramento irregular da empresa, quando os sócios administradores, com fundamento no inciso III[346] do art. 135 do Código Tributário Nacional, são incluídos no polo passivo do processo executivo e passam a ter seu patrimônio passível de expropriação forçada.[347]

Ora, esses sócios não poderiam ser alçados, por ocasião da constituição da obrigação tributária, à condição de sujeitos passivos, porque à época do lançamento o evento determinante de sua responsabilização ainda não tinha ocorrido, de modo que não haveria fundamento para tal medida.

Sucedendo o encerramento da empresa em momento posterior ao do lançamento, viável o redirecionamento da execução fiscal, quando se aplicará o disposto no inciso V do

346. "Art. 135. São pessoalmente responsáveis pelos créditos correspondentes a obrigações tributárias resultantes de atos praticados com excesso de poderes ou infração de lei, contrato social ou estatutos: [...]
III – os diretores, gerentes ou representantes de pessoas jurídicas de direito privado."

347. "Presume-se dissolvida irregularmente a empresa que deixar de funcionar no seu domicílio fiscal, sem comunicação aos órgãos competentes, legitimando o redirecionamento da execução fiscal para o sócio-gerente" (Súmula 435, 1ª Seção, julgado em 14.04.2010, *DJe* 13.05.2010).

art. 4º da Lei de Execuções Fiscais, viabilizando o redirecionamento da execução fiscal em face dos responsáveis tributários, dando ensejo a uma hipótese de litisconsórcio passivo ulterior.

Sendo assim, afirmar que contribuinte e responsável tributário enquadram-se na classe de devedores para fins de legitimação passiva no processo de execução fiscal, subsumindo-se à hipótese do inciso I do art. 4º da Lei de Execuções Fiscais é correto, mas limita-se à situação em que o responsável consta no polo passivo da obrigação tributária desde o momento de sua constituição, seja pelo lançamento ou pelo autolançamento.

De outro lado, materializa a legitimidade passiva do responsável que não figura como devedor da obrigação tributária, o inciso V do art. 4º da mesma Lei, figurando, portanto, aí a grande importância de sua previsão, reafirmando a correção do tradicional adágio jurídico que teima em nos lembrar que: "a lei não contém palavras inúteis".

7.11 Redirecionamento da execução fiscal: não basta o mero inadimplemento

Luis Claudio Ferreira Cantanhêde

O tema da legitimidade passiva na execução fiscal exige que se estabeleça um necessário diálogo entre o Código Tributário Nacional e a Lei de Execuções Fiscais, o que permite, por exemplo, compreender que o responsável tributário pode figurar como devedor da execução desde o seu ajuizamento, encontrando, portanto, no inciso I do art. 4º da Lei de Execuções Fiscais, a regra que lhe atribui legitimidade passiva, mas também pode figurar na qualidade de terceiro a quem a execução é redirecionada em virtude da incidência de alguma das hipóteses previstas nos arts.

134 e 135 do Código Tributário Nacional,[348] situação na qual a sua legitimação encontrará fundamento no inciso V do art. 4º daquela Lei.

Essa recordação é fundamental para explorar o tema do redirecionamento da execução fiscal em face de terceiros. Nesses casos, por ser terceiro nos aspectos material e processual, o responsável não figura no polo passivo da obrigação tributária, tampouco na qualidade de devedor na certidão de dívida ativa e na petição inicial da execução fiscal.

Todavia, no curso do processo executivo, porque surgem provas de um fato jurídico que, enquadrado em uma das hipóteses previstas nos arts. 134 e 135 do Código Tributário Nacional e aliado à permanência da situação de inadimplência do crédito, viabiliza-se o redirecionamento da cobrança executiva em face de um terceiro, o qual, após pedido expresso da exequente baseado no arcabouço probatório deduzido e deferimento por parte do juiz, passa a

---

348. "Art. 134. Nos casos de impossibilidade de exigência do cumprimento da obrigação principal pelo contribuinte, respondem solidariamente com este nos atos em que intervierem ou pelas omissões de que forem responsáveis:
I – os pais, pelos tributos devidos por seus filhos menores;
II – os tutores e curadores, pelos tributos devidos por seus tutelados ou curatelados;
III – os administradores de bens de terceiros, pelos tributos devidos por estes;
IV – o inventariante, pelos tributos devidos pelo espólio;
V – o síndico e o comissário, pelos tributos devidos pela massa falida ou pelo concordatário;
VI – os tabeliães, escrivães e demais serventuários de ofício, pelos tributos devidos sobre os atos praticados por eles, ou perante eles, em razão do seu ofício;
VII – os sócios, no caso de liquidação de sociedade de pessoas.
Parágrafo único. O disposto neste artigo só se aplica, em matéria de penalidades, às de caráter moratório.
Art. 135. São pessoalmente responsáveis pelos créditos correspondentes a obrigações tributárias resultantes de atos praticados com excesso de poderes ou infração de lei, contrato social ou estatutos:
I – as pessoas referidas no artigo anterior;
II – os mandatários, prepostos e empregados;
III – os diretores, gerentes ou representantes de pessoas jurídicas de direito privado."

compor o polo passivo da execução fiscal para ter seu patrimônio submetido à expropriação forçada.

Ora, essa situação converte aquele terceiro em parte da demanda, dando azo a um litisconsórcio passivo ulterior, submetendo o seu patrimônio à atividade expropriatória. Convém destacar que o exemplo mais comum de fato jurídico que, aliado à inadimplência da obrigação tributária, justifica o redirecionamento da execução fiscal é o propalado caso da dissolução irregular da empresa, que na realidade consiste na paralisação das atividades empresariais sem o devido procedimento de liquidação.

Essa específica hipótese submete-se ao disposto no inciso III do art. 135 do Código Tributário Nacional que prevê a responsabilidade de diretores, gerentes e representantes de pessoas jurídicas de direito privado pelos créditos correspondentes a obrigações tributárias resultantes de atos praticados com excesso de poderes ou infração à lei, ao contrato social ou ao estatuto e se tornou tão comum que deu ensejo à edição, pela 1ª Seção do Superior Tribunal de Justiça, da Súmula 435, com o seguinte teor:

> "Presume-se dissolvida irregularmente a empresa que deixar de funcionar no seu domicílio fiscal, sem comunicação aos órgãos competentes, legitimando o redirecionamento da execução fiscal para o sócio-gerente".

Como se nota, a responsabilização patrimonial de terceiros no âmbito da execução fiscal depende da satisfação de alguns requisitos, entre os quais assoma a necessidade de que a sua atuação se mostre ilícita, seja porque desbordante dos limites dos poderes que pode exercer no âmbito da empresa, seja porque gere a impossibilidade de adimplemento da obrigação por parte do sujeito passivo originário. A primeira hipótese está prevista no art. 135, enquanto a segunda, no 134, ambos do Código Tributário Nacional.

Constatar que há requisitos específicos a serem cumpridos para que se possa cogitar, legitimamente, redirecionar uma execução fiscal em face de um terceiro permite que se reflita sobre o teor de um outro enunciado sumular do Superior Tribunal de Justiça, qual seja, o de n. 430, que prevê: "O inadimplemento da obrigação tributária pela sociedade não gera, por si só, a responsabilidade solidária do sócio-gerente".

A reflexão proposta gira em torno da antiga e conhecida distinção entre débito (*shuld*) e responsabilidade (*haftung*), divisão que os civilistas anteviam dentro do mesmo vínculo obrigacional,[349] mas que preferimos dividir em dois vínculos normativos distintos, o débito surge com o lançamento e vincula o sujeito passivo ao Estado que detém um direito subjetivo à prestação, enquanto que a responsabilidade somente se faz presente com o inadimplemento (descumprimento da prestação) e por meio dela, em síntese, o Estado passa a ver-se encarnado do poder de, valendo-se

---

349. "O vínculo jurídico que ligava o devedor ao credor nos primórdios de Roma, como já exposto, tinha caráter estritamente pessoal, notando-se um direito do credor sobre a pessoa do devedor, como num estágio tendente à escravidão deste último. Posteriormente, o vínculo atenua-se paulatinamente, torna-se mais humano, mais conforme aos princípios da liberdade e autonomia da vontade. Modernamente, podemos dizer que o vínculo tem caráter pessoal, porém diverso da rudeza antiga, porque se tem em mira um dever do devedor em relação ao credor. Esse caráter legitima uma expectativa do credor de que o devedor pratique uma conduta esperada pelo primeiro. Como vimos, nesse caráter obrigacional há uma executividade eminentemente patrimonial, tendo em vista os meios que o ordenamento coloca à disposição do credor para a satisfação de seu crédito.
Nessas noções preliminares e introdutórias até aqui vistas, já acenamos que, normalmente, na obrigação existe um elemento pessoal e um elemento patrimonial. O primeiro é relativo à decantada atividade do devedor, ou mais exatamente a um comportamento deste, já que a obrigação pode ser negativa; comportamento esse que se liga à vontade do credor. O segundo elemento, o patrimonial, é passivo com relação ao devedor, pois se refere à disposição de seu patrimônio para a satisfação do credor. O devedor deve suportar a situação de servir seu patrimônio de adimplemento da obrigação.
Nitidamente, pois, divisam-se os dois elementos da obrigação: o débito (*debitum, Shuld*, em alemão) e a responsabilidade (*obligatio, Haftung*)" (VENOSA, Sílvio de Salvo. *Direito civil, teoria geral das obrigações e teoria geral dos contratos*. 3. ed. São Paulo: Atlas, 2003. v. 2, p. 42-43).

do devido processo legal, expropriar o patrimônio do devedor inadimplente.

Como parece claro, a responsabilidade do sujeito passivo da obrigação tributária (*shuld*) contenta-se com o simples e puro inadimplemento do crédito. Nada mais é necessário para que o titular do direito subjetivo inadimplido tome as providências necessárias ao ajuizamento da execução fiscal e logre, por intermédio da atividade jurisdicional substitutiva, expropriar o seu patrimônio.

De outro lado, e aqui destaca-se a importância do enunciado da Súmula 430 do Superior Tribunal de Justiça, a responsabilidade patrimonial de terceiros a quem se pretenda redirecionar uma execução fiscal exige a concomitância do inadimplemento com um dos fundamentos previstos nos já mencionados arts. 134 e 135 do Código Tributário Nacional.

Isso se justifica porque ele, o terceiro, não é devedor originário, não figura no polo passivo da relação jurídica tributária fruto da aplicação da regra matriz, jamais, portanto, foi titular do dever jurídico de pagar. Se ele não era devedor, não se lhe pode infligir a sanção consistente na expropriação forçada em decorrência de um fato jurídico ilícito cuja prática não se lhe pode imputar.

Assim, porque descabe sancionar alguém sem que se lhe atribua uma atuação descumpridora de uma regra jurídica, de um dever, para tanto o terceiro deve praticar conduta que, aliada ao inadimplemento da obrigação por parte do sujeito passivo, legitime a submissão do seu patrimônio à expropriação forçada para o pagamento de débito alheio, dando ensejo à sua responsabilidade (*haftung*).

E é na definição dessas condutas que os arts. 134 e 135 do Código Tributário Nacional sobressaem em importância, quando a questão é a atribuição da condição de devedor ao responsável tributário.

7.12 Entre o que se disse e o que se quis dizer: a Súmula 392 do Superior Tribunal de Justiça

Esdras Boccato

Não foi o que eu quis dizer. Quem de nós já não teve de dizer, de outro modo, o que já havia dito antes, para eliminar os mal-entendidos? Como é difícil dizer as palavras certas. Enunciar, em linguagem, o que se quer dizer. Nem mais, nem menos. Para uma boa comunicação, não há como prescindir de uma criteriosa construção frasal diante do farto cardápio que a língua portuguesa nos apresenta. Sem isso, a disparidade entre declaração e vontade declarada tende a ser perigosamente significativa, com perdas óbvias à interlocução. Com frequência, os conflitos intersubjetivos iniciam-se justamente com ressentimentos de quem, recebendo mensagens com baixa clarividência, interpreta-as em significado e extensão diversos dos que subjetivamente quis o emissor.

Os prejuízos de uma má compreensão advinda da dissonância comunicacional entre a mensagem e a intenção são sobremaneira mais dramáticos na fenomenologia jurídica. Afinal, "ao disciplinar a conduta humana, as normas jurídicas usam palavras, signos linguísticos que devem expressar o sentido daquilo que deve ser".[350] A desorientação produzida por vaguezas, ambiguidades, contradições e imprecisões metonímicas invariavelmente presentes na composição linguística das regras jurídicas distancia-as da propalada razão de ser do Direito, que seria a regulação uniforme e estável da conduta humana. Na indefinição de qual é a "regra do jogo", cada qual se orienta por aquilo que supõe deveria sê-la. Age, conforme diz o relato bíblico, tal como quando não havia rei em Israel, ocasião em que

350. FERRAZ JR., Tercio Sampaio. *Introdução ao estudo do direito.* 4. ed. São Paulo, Atlas, 2003. p. 255.

"cada um fazia o que parecia bem aos seus olhos" (Livro dos Juízes 21:25).

Tradicionalmente, o desafio da enunciação clara, precisa e lógica dos preceitos normativos se põe à prova no seio do processo legislativo. Tanto é assim que até a Assembleia Constituinte de 1987 teve por bem inserir no texto constitucional o dever de se legislar regras metodológicas para a elaboração, redação, alteração e consolidação das leis (art. 59, parágrafo único, da Constituição Federal/1988). Não à toa foi editada a Lei Complementar 95/1998, cujo art. 11 pretende parametrizar formas redacionais idôneas a evitar os mal-entendidos o que se objetivava ser a 'regra do jogo' e o que se depreende enquanto tal a partir do texto legal posto. Entre outros propósitos, quer-se, com isso, que os textos legais não apresentem disparidades semânticas entre as clássicas metáforas da *mens legislatoris* e da *mens legis*, especialmente quando recém-editadas.

Nas últimas décadas, porém, as preocupações com as dissonâncias semânticas entre "o que se diz" e "o que se quer dizer" passaram a ter mais um objeto peculiar de análise: as súmulas editadas pelos Tribunais superiores. Se, antes, os órgãos legislativos eram o *locus* onde residiam os esforços linguísticos de construções normativas consequentes, há alguns anos os órgãos judiciais também adentraram a esse espaço, quando começaram a adensar o exercício da competência de sintetizar jurisprudência em verbetes sumulares. Enunciar, em poucas palavras, uma certa e reiterada interpretação judicial acerca de determinada questão jurídica mostrou-se tarefa tão ou mais desafiadora do que aquela já empreendida pelos parlamentos na produção de textos normativos, especialmente porque, diferentemente do que é a atividade legislativa, a de consolidação jurisprudencial não tem respaldo constitucional para inovar o sistema jurídico com a força da soberania popular representada (art. 1º da Constituição Federal/1988).

Não tardou para que ficassem notórias as dificuldades de se sintetizar em breves termos linguísticos uma orientação jurisprudencial consolidada, em moldes de definição denotativa. Escritos em formato mimético a dos textos de lei, por vezes os verbetes sumulares assumem graus de generalidade e abstração similares incompatíveis com a subserviência que a jurisprudência há de ter com a controvérsia jurídica subjacente a sua formulação. Não raro, uma súmula é redigida – pior, é aplicada – como se fosse um texto de lei, a se relacionar com as demais normas do sistema jurídico sob a mesma lógica de antinomias prevista no art. 2º da Lei de Introdução às Normas do Direito Brasileiro, e como se estivesse desprendida dos limites contextuais fáticos e jurídicos que serviram de pano de fundo para a formação dos reiterados julgados.

Talvez o exemplo mais emblemático dessa dissonância comunicacional tenha sido a já cancelada Súmula 276 do Superior Tribunal de Justiça.[351] Escrita de forma assertiva e atemporal, traduzia uma enganosa percepção de esgotamento da controvérsia jurídica sobre a isenção ou não daquelas entidades. Por isso, por vários anos foi utilizada pelo próprio Superior Tribunal de Justiça como fundamento central para a rejeição da incidência do art. 56 da Lei federal 9.430/1996, cujo preceito era justamente o de tributar com Cofins as sociedades civis anteriormente isentas pelo art. 6º, inciso II, Lei Complementar 70/1991, ignorando-se que os precedentes que conduziram sua enunciação concerniam à questão da ilegalidade do Parecer Normativo Cosit 34/1994 perante a Lei Complementar 70/1991 (REsp 260.960/RS), nada tem de ver com a previsão legal contida na Lei federal 9.430/1996. Por sua má aplicação e sua consequente incompatibilidade com a orientação firmada pelo Supremo Tribunal Federal no Recurso Extraordinário

351. Súmula 276. "As sociedades civis de prestação de serviços profissionais são isentas da Cofins, irrelevante o regime tributário adotado".

377.457/PR, foi posteriormente cancelada com o Agravo Regimental 3.761/PR.

Entre outros, ainda remanesce um verbete sumular que, se não necessita ser cancelado, precisa ser reescrito, sob pena de reverberar a mesma insegurança jurídica que sua formulação inicial pretendeu solucionar. Este é o da Súmula 392 do Superior Tribunal de Justiça.[352] Em parte, é mera repetição do art. 2º, § 8º, da Lei de Execuções Fiscais, a assegurar a prerrogativa de substituição da certidão de dívida ativa até a decisão de primeira instância. Em outra parte – e é o que aqui importa –, é a enunciação de uma regra de exceção, ou, melhor dizendo, a explicitação de uma limitação àquela faculdade processual da Fazenda Pública assegurada pelo texto legal do § 8º do art. 2º: a de ser descabida a substituição da certidão de dívida ativa para a modificação do sujeito passivo da execução fiscal.

Lida da forma como foi escrita, é natural que a inferência a partir dessa súmula seja a de que a jurisprudência consolidada do Superior Tribunal de Justiça rejeita a alteração processual do polo passivo da execução fiscal por ato da parte exequente. A assertividade da expressão *"vedada a modificação do sujeito passivo da execução"* não abre margem a uma exceção da exceção, ou mesmo a uma ressalva da própria limitação ali contida. Segundo o teor sumulado, não é admissível substituir a certidão de dívida ativa no curso de uma execução fiscal se esta substituição provocar a modificação na relação jurídico-processual inicialmente instaurada com a certidão de dívida ativa originária. Isso porque, também conforme se pode concluir do verbete sumular, a alteração do sujeito passivo indicado na certidão de dívida ativa não pode ser considerado correção de erro material ou formal do título executivo

352. Súmula 392. "A Fazenda Pública pode substituir a certidão de dívida ativa (CDA) até a prolação da sentença de embargos, quando se tratar de correção de erro material ou formal, vedada a modificação do sujeito passivo da execução".

extrajudicial, única hipótese que autorizaria o exercício da prerrogativa prevista no art. 2º, § 8º, da Lei de Execuções Fiscais. O texto da referida Súmula 392 sugere, portanto, que a questão jurídica resolvida pelo Superior Tribunal de Justiça foi a de uma potencial controvérsia sobre a suficiência e exclusividade da limitação temporal "até a decisão de primeira instância" contida no § 8º do art. 2º, acerca da qual teria prevalecido uma orientação jurisprudencial a agregar outras limitações processualmente preclusivas àquela inicialmente prevista na Lei de Execuções Fiscais, e que estariam descritas nos diversos acórdãos formadores da jurisprudência sumulada.

Porém, contrariamente ao que seria de se esperar, a jurisprudência do Superior Tribunal de Justiça não diz o que sua Súmula 392 expressa. Não, pelo menos, da forma ampla e absoluta com que a vedação contida no texto da súmula se apresenta. Em verdade, um ligeiro passar de olhos nas ementas dos acórdãos formadores da Súmula 392 é suficiente para se notar que apenas nos casos em que modificação do executado pressupuser a alteração do sujeito passivo da relação jurídica constituída pelo lançamento tributário é que estará vedada a substituição da certidão de dívida ativa desencadeadora de tal efeito processual. Nos demais casos, por exclusão, vale a abertura semântica que a redação do art. 2º, § 8º, da Lei de Execuções Fiscais, limitada somente à anterioridade de sentença em embargos de devedor. A exemplificar, cite-se o acórdão proferido no agravo regimental no agravo de despacho denegatório 815.732/BA, em cuja ementa se evidencia a exceção da exceção à expressão sumular "vedada a modificação do sujeito passivo da execução", ao se prescrever que é "inviável a substituição da CDA nos casos em que haja necessidade de se alterar o próprio lançamento".

O vetor interpretativo adotado pela jurisprudência do Superior Tribunal de Justiça sobre o alcance da prerrogativa processual prevista no art. 2º, § 8º, da Lei de Execuções Ficais nada tem de ver com a literalidade da mencionada súmula 392. Se, de um lado, os acórdãos e a súmula convergem quanto à existência de outros limites à substituição da certidão de dívida ativa, divergem quanto a quais seriam esses. De acordo com a súmula, o limite é processual: vedada a substituição da certidão de dívida ativa que modifique o polo passivo da execução fiscal. Ponto. Já de acordo com os acórdãos que embasaram a súmula, o limite é material: vedada a substituição da certidão de dívida ativa que faça as vezes da revisão de lançamento (art. 149 do Código Tributário Nacional), como se lhe fosse um sucedâneo processual. Pela súmula, por exemplo, seria inadmissível substituir uma certidão de dívida ativa inicialmente formalizada somente contra o contribuinte (art. 121, inciso I, do CTN) por outra certidão de dívida ativa a incluir os demais responsáveis tributários (art. 121, inciso II, do Código Tributário Nacional) após o esgotamento da discussão sobre a responsabilidade dos sócios-administradores perante os tribunais administrativos. Pela jurisprudência do Superior Tribunal de Justiça, por sua vez, seria perfeitamente admissível, desde que respeitado o limite temporal previsto no art. 2º, § 8º, da Lei de Execuções Fiscais.

Como se vê, a diferença semântica é abissal e absolutamente odiosa, pois, indo na contramão da razão de ser de uma súmula jurisprudencial, provoca decisões judiciais completamente diferentes para controvérsias idênticas bastante comuns no dia a dia do processo tributário. É certo – já o dissemos – que nenhuma súmula deve ser aplicada como se fosse um dispositivo legal, de modo desconectado da controvérsia jurídica cuja solução se reiterou na jurisprudência. Há sempre de se ter em vista a orientação jurisprudencial efetivamente consagrada, que nem sempre está posta adequadamente no texto sumular. Porém, temos de convir: se uma súmula não dialoga com a jurisprudência que a fundou, não lhe resta serventia, que não apenas a de tumultuar a segurança jurídica que se pretende com uma consolidação jurisprudencial. Deve ser revista, ou revogada, como é justamente o caso da Súmula 392. Afinal, tratando-se de Direito, se "não foi o que eu quis dizer", melhor é que "não se diga nada".

7.13 Autoexecutoriedade e medidas indutivas de conduta do contribuinte

Camila Campos Vergueiro

Há algumas semanas, as mídias jurídicas noticiaram que o Supremo Tribunal Federal reconheceu a constitucionalidade do art. 139, inciso IV, do Código de Processo Civil/2015, ao julgar improcedente a ação direta de inconstitucionalidade 5.941. Nessa ocasião, restou definida a possibilidade de o magistrado adotar medidas "não convencionais"[353] a fim de dar cumprimento às suas decisões – são exemplos a apreensão de passaporte e de carteira de habilitação, a aplicação de multa diária para coagir o cumprimento do comando judicial, o bloqueio do cartão de crédito ou seu cancelamento, a proibição de licitar com o poder público etc.

Conquanto os operadores do direito de conflitos não tributários tenham ficado melancólicos com esse julgamento – por entenderem que tais medidas, quando materializadas em processos individuais, podem gerar restrições ao

353. A expressão utilizada tem sido "medidas judiciais atípicas", contudo, porque estabelecidas em dispositivo normativo estão tipificadas. O fato de não estarem nominadas uma a uma, por serem admitidas em lei devem ser reconhecidas típicas. A expressão que reputamos melhor as qualifica é "não convencionais", a um, porque, por não estarem previstas no ordenamento jurídico até a entrada em vigor do CPC/2015 não eram utilizadas historicamente no exercício da jurisdição (e nem podiam ser, já que não admitidas normativamente), a dois, por se tratar de medidas cuja adoção deve se dar em caráter excepcional, a três, porque, parece-nos, a ideia de convenção está atrelada ao costume forense, não convencionais porque não são da praxe forense.

exercício de garantias constitucionais fundamentais, como os direitos de ir e vir, de propriedade e da liberdade econômica, o mesmo não se pode dizer quanto aos que atuam com conflitos tributários.

Ora, a solução de conflitos tributários, apesar de operacionalizada pelas regras gerais do sistema processual civil, tem suas especificidades, as quais decorrem não só da natureza do direito material controvertido, mas também porque instaurado (o conflito) numa relação em que um dos sujeitos é a Fazenda Pública.

Por essa perspectiva o julgado adrede referido nos interessa, menos para discutir se são (in)constitucionais medidas não convencionais e, mais, para demonstrar que no âmbito do direito tributário em conflito já se convive "desde sempre" com providências indutoras de conduta, inclusive propagadas independentemente da interferência judicial.

Como aponta Paulo Cesar Conrado, medidas desse quilate integram o grupo de "estímulos negativos – desconfortos, incômodos, para sermos mais claros –, cujo emprego é autorizado pelo sistema jurídico para criar no espírito do contribuinte faltante 'desejo' suficientemente forte de cumprir o dever inadimplido".[354]

O primeiro aspecto que merece destaque a respeito das medidas não convencionais indutoras de conduta do devedor é o do seu foco ejetor, se judicial ou extrajudicial.

Tratando-se de conflitos não tributários, as medidas não convencionais compreendem atos produzidos no domínio de um processo judicial individual e objetivam materializar o que foi decidido.

Se estamos diante de um conflito tributário, portadora que é a Fazenda Pública do poder de autoexecutoriedade de

354. Artigo 7.5 do presente Capítulo.

seus atos (até o limite da expropriação patrimonial, âmbito em que a provocação da jurisdição por meio do processo executivo é imprescindível), as medidas não convencionais são produzidas extrajudicialmente e buscam encorajar o pagamento espontâneo[355] da dívida tributária.

Esse primeiro ponto imbrica no segundo, atinente ao sujeito legitimado para a determinação das medidas.

Nos conflitos não tributários, a autoridade investida de competência para determinar as medidas não convencionais é o juiz. Por sua vez, nos conflitos tributários, elas são aplicadas pelo próprio ente tributante, tão logo detecte o inadimplemento do crédito tributário,[356] dispensando-se, portanto, a interferência judicial.

Assim, em âmbito administrativo, a autoridade tributária está autorizada (havendo previsão legal) a bloquear a emissão de certidão de regularidade fiscal (CND), vedar a participação em licitação com o poder público, inscrever o nome do contribuinte-devedor nos cadastros de restrição ao crédito (públicos e privados – ex.: Cadin, Serasa), protestar as certidões de dívida ativa, obter informações de ativos financeiros durante o período de fiscalização (a conhecida quebra do sigilo bancário) etc. Esse "pacote" de medidas constituem o que denominamos de meios não convencionais de indução ao adimplemento do crédito tributário.

Outra peculiaridade que se detecta quando da adoção dessas medidas não convencionais, é o fato de que, à luz do Código de Processo Civil/2015, as providências do art. 139, inciso IV nos conflitos não tributários almejam o

355. Admite-se aqui a ideia de espontaneidade pressuposta ao exercício da coação estatal no processo executivo onde serão praticados atos de constrição e alienação patrimonial se não efetivado o pagamento pelo contribuinte-executado.

356. A expressão crédito tributário está sendo utilizada aqui no sentido de prestação pecuniária, e não no sentido de direito subjetivo.

cumprimento de ordem judicial, portanto, dar efetividade[357] ao processo[358] instalado. Por sua vez, no conflito tributário o uso dessas diligências se volta a estimular o adimplemento antes do ajuizamento da execução fiscal, o que demonstra nítido propósito de desjudicialização.

Esse aspecto, o da desjudicialização inerente às medidas, deixa claro que, ao menos no tocante à relação tributária em conflito, a regulamentação de meios não convencionais que fomentam o cumprimento dos deveres pecuniários inadimplidos é uma realidade (ácida para muitos) de longa data legitimada, inclusive pelo mesmo Supremo Tribunal Federal, o que nos leva à conclusão de que, no direito tributário, especificamente sobre o assunto tratado, a desjudicialização é um valor que integra as especulações processuais muito antes da vigência do Código de Processo Civil de 2015.

7.14 Medida indutiva de conduta e limite: intervenção patrimonial

Íris Vânia Santos Rosa

A cobrança dos créditos tributários inadimplidos conta com um instrumental jurídico-normativo que, se comparado aos meios privados de cobrança, é substancialmente

---

357. Como preleciona Cassio Scarpinella Bueno, o princípio da efetividade do processo *"volta-se mais especificamente aos resultados da tutela jurisdicional no plano material, exterior ao processo"*, por isso sugere que a expressão "efetividade do processo" seja substituída por outra que *"coloque ênfase onde ela deve ser posta: efetividade do direito **pelo** e **no** processo"*, já que a "efetividade do processo" deve ser medida "*pela sua capacidade de tornar reais (concretizados) os direitos controvertidos, ameaçados ou lesionados*" (*Manual de direito processual civil* [livro eletrônico]. 4. ed. São Paulo: Saraiva Educação, 2018.

358. A expressão processo aqui, está sendo utilizada no sentido de relação jurídica processual judicial triádica, dessa forma, composta pela conjunção de seus três atores, autor, juiz e réu.

qualificado. Isso não significa, todavia, que sejam ilimitados os poderes coercitivos conferidos às fazendas públicas, os quais devem ser exercidos de forma parcimoniosa, proporcional e razoável.

Há tempos os contribuintes inadimplentes vêm sendo submetidos a medidas coercitivas atípicas, de cunho restritivo, destinadas a estimular o adimplemento espontâneo do crédito tributário. Estamos a falar, aqui, daquilo que comumente se denomina "cobrança indireta".

Tais medidas, por sua vez, não têm natureza expropriatória, de sorte que somente poderão ser implementadas para estimular o pagamento do tributo, eis que não se prestam a realizar, por si sós, o crédito tributário inadimplido. Em verdade, como bem destaca Paulo Cesar Conrado no artigo 7.5 do presente Capítulo, essas medidas "não satisfazem, nem nunca satisfarão, por si mesmas, o crédito tributário pendente; servem, na melhor das hipóteses, para estimular a entrega voluntária do valor pretendido".

É nesse contexto que exsurge a questão atinente à aplicabilidade ou não do novel instrumento de coação judicial previsto no art. 139, inciso IV,[359] do Código de Processo Civil/2015, para fins de "estimular" o adimplemento de créditos tributários.

Nesse tocante, não há como deixar de analisar a questão à luz dos desdobramentos pragmáticos da decisão exarada pelo Supremo Tribunal Federal, que reconheceu a constitucionalidade do art. 139, inciso IV, do Código de Processo Civil/2015 ao julgar improcedente a Ação Direta de Inconstitucionalidade 5.941, autorizando a adoção de

---

359. "Art. 139. O juiz dirigirá o processo conforme as disposições deste Código, incumbindo-lhe: [...]
IV – determinar todas as medidas indutivas, coercitivas, mandamentais ou sub-rogatórias necessárias para assegurar o cumprimento de ordem judicial, inclusive nas ações que tenham por objeto prestação pecuniária; [...]."

medidas indutivas para assegurar o cumprimento de ordem judicial.

Sob a perspectiva processual geral, a aplicação das medidas atípicas materializa-se, por exemplo, sob a forma de (i) retensão da carteira nacional de habilitação e/ou suspensão do direito de dirigir; (ii) a apreensão de passaporte; (iii) proibição de participação em concurso público; e (iv) proibição de participação em licitação pública.

É preciso reconhecer, desde logo, que a viabilidade jurídica da utilização deste instrumento coercitivo em ambiente executivo fiscal ser algo altamente questionável, dado o fato de a Fazenda Pública possuir, tal como supramencionado, diversos e privilegiados instrumentos de cobrança, direta e indireta, os quais, por si sós, são suficientes para induzir a realização do crédito tributário inadimplido.

É essa, aliás, a orientação vencedora no julgamento do *habeas corpus* 453.870/PR, exarado pela 1ª Turma do Superior Tribunal de Justiça, sob relatoria do Ministro Napoleão Nunes Maia Filho.

"Constitucional. *Habeas Corpus*. Direitos e garantias fundamentais. Processual civil. Execução fiscal. Direito de locomoção, cuja proteção é demandada no presente *habeas corpus*, com pedido de medida liminar. Acórdão do TC/PR condenatório ao ora paciente à penalidade de reparação de dano ao erário, submetido à execução fiscal promovida pela fazenda do Município de Foz do Iguaçu/PR, no valor de R$ 24 mil. Medidas constrictivas determinadas pela Corte Araucariana para garantir o débito, em ordem a inscrever o nome do devedor em cadastro de maus pagadores, apreender passaporte e suspender carteira de habilitação. Contexto econômico que prestigia usos e costumes de mercado nas execuções comuns, norteando a satisfação de créditos com alto risco de inadimplemento. Reconhecimento de que não se aplica às execuções fiscais a lógica de mercado, sobretudo porque o poder público já é dotado, pela Lei 6.830/1980, de altíssimos privilégios processuais, que não justificam o emprego de adicionais medidas aflitivas frente à pessoa do executado. Ademais, constata-se a desproporção do ato apontado como coator, pois o executivo fiscal já conta com a penhora de 30% dos vencimentos do réu. Parecer do MPF pela concessão da ordem. *Habeas corpus* concedido, de modo a determinar, como forma de preservar o direito fundamental de ir e vir do paciente, a exclusão das medidas atípicas constantes do aresto do TJ/PR, apontado como coator, quais sejam, (i) a suspensão da Carteira Nacional de Habilitação, (ii) a apreensão do passaporte, confirmando-se a liminar deferida" (HC 453.870/PR, Rel. Ministro Napoleão Nunes Maia Filho, 1ª Turma, julgado em 25.06.2019, *DJe* 15.08.2019).

É preciso ressaltar, nesse tocante, que essa questão está pendente de definição no âmbito jurisprudencial, sendo certo que o Superior Tribunal de Justiça já selecionou dois recursos especiais como representativos da controvérsia a fim de demarcar os limites de atuação do magistrado para adotar, de modo subsidiário, meios executivos atípicos.

A referência é ao Tema 1.137 que tem como objeto os Recursos Especiais 1.955.539 e 1.955.574, sob a relatoria do Ministro Marco Buzzi, no bojo dos quais o colegiado determinou a suspensão de todos os processos e recursos pendentes que versem sobre essa questão, em todo o território nacional, nos termos do art. 1.037, II,[360] do Código de Processo Civil/2015.

---

360. "Art. 1.037. Selecionados os recursos, o relator, no tribunal superior, constatando a presença do pressuposto do caput do art. 1.036, proferirá decisão de afetação, na qual: [...]
II – determinará a suspensão do processamento de todos os processos pendentes, individuais ou coletivos, que versem sobre a questão e tramitem no território nacional."

De toda sorte, na hipótese de admitir-se a utilização desse instrumento em ambiente executivo fiscal, a adoção das medidas atípicas de que trata o art. 139, inciso IV, do Código de Processo Civil/2015 devem se voltar a garantir a eficácia do processo executivo fiscal e com a potência de atingir seu fim, qual seja, o pagamento da dívida, sem que isso, no entanto, configure violação aos princípios da razoabilidade, da proporcionalidade e da menor onerosidade (arts. 8º,[361] 789[362] e 805[363] do Código de Processo Civil/2015).

Assim, a partir de uma interpretação sistemática do ordenamento jurídico, é possível inferir que a adoção de medidas coercitivas atípicas negativas, em ambiente executivo fiscal, estará limitada pelas balizas e meios de controle efetivos, a partir de indícios que confirmem que o contribuinte tenha patrimônio expropriável.

Isso porque a responsabilidade do devedor, tal como posta no art. 789 do Código de Processo Civil/2015, autoriza a persecução dos bens presentes e futuros do executado, de maneira que as medidas a serem determinadas pelo magistrado necessariamente devem se voltar à constrição patrimonial.

Desse modo, as medidas atípicas negativas devem ser, necessariamente, aplicadas de modo subsidiário e excepcional, e desde que existam elementos concretos de que o contribuinte possa adimplir o crédito tributário com seu patrimônio. Nessa medida, a mera falta de localização de bens em nome do contribuinte, por si só, não ensejará a

---

361. "Art. 8º Ao aplicar o ordenamento jurídico, o juiz atenderá aos fins sociais e às exigências do bem comum, resguardando e promovendo a dignidade da pessoa humana e observando a proporcionalidade, a razoabilidade, a legalidade, a publicidade e a eficiência."

362. "Art. 789. O devedor responde com todos os seus bens presentes e futuros para o cumprimento de suas obrigações, salvo as restrições estabelecidas em lei."

363. "Art. 805. Quando por vários meios o exequente puder promover a execução, o juiz mandará que se faça pelo modo menos gravoso para o executado."

adoção de medidas indutivas para assegurar o cumprimento de ordem judicial de pagamento.

Esse cenário permite concluir que o desdobramento pragmático da extensão dos poderes de atuação do juiz fundado no inciso IV do art. 139 do CPC será capaz de reviver a discussão acerca da aplicação de meios não convencionais de indução ao adimplemento do crédito tributário.

7.15 Defesa em execução fiscal: exceção de pré-executividade ou embargos à execução?

Íris Vânia Santos Rosa

O processo de execução fiscal, sabe-se, é manejável pela Fazenda Pública na intenção de ver satisfeito o direito creditório apontado, em seu proveito, num específico documento – a assim designada certidão de dívida ativa, compreensiva tanto de dívidas tributárias, como das não tributárias.

Supondo, portanto, o estado de inadimplemento, o processo de que falamos tem por escopo promover sua reversão, ou, de forma mais direta, o adimplemento "forçado" do crédito fazendário – incluso nesse conceito, naturalmente, o crédito tributário, aquele a que nos dedicamos.

Observado esse sentido, os atos dali (da execução) emanados projetam-se na direção da expropriação do patrimônio do sujeito passivo, tudo a bem da satisfação da dívida então pendente.

Como bem destacado em texto produzido por Luis Cláudio Cantanhêde no artigo 7.1 deste livro: "É por meio da prestação da tutela jurisdicional executiva que o Poder Judiciário vai solucionar este específico conflito decorrente da inadimplência pura e simples, que exige do Fisco o exercício do direito de ação, com a consequente instauração de uma relação jurídica processual especialmente regulada pela Lei de Execuções Fiscais, Lei federal 6.830/1980".[364]

Nessa pretensão, todavia, é obviamente cabível a oposição de resistência, caminho a ser formalmente trilhado ou por meio da chamada exceção de pré-executividade, ou, como mais ordinariamente admitido, por meio dos embargos.

Embora voltados a propósitos análogos, os instrumentos em foco diferenciam-se em muitos aspectos, circunstância que faz relevante a questão lançada no título deste artigo.

Os embargos, lembremos de pronto, só propiciam a suspensão da atividade executória se previamente formalizada garantia do cumprimento da obrigação questionada. Para além disso, operando subsidiariamente em relação à Lei federal 6.830/1980, o Código de Processo Civil/2015, por seu art. 919, § 1º,[365] ainda exige a formulação de expresso requerimento do embargante em tal sentido (da atribuição de efeito suspensivo, repise-se), a relevância da argumentação deduzida nos embargos e a demonstração de risco de dano grave de difícil ou incerta reparação.

O racional da exceção de pré-executividade atua, a seu turno, em sentido diverso.

Constituindo-se, com efeito, como defesa dedutível na própria execução, exige que o executado esteja acautelado de prova documental irrefragável, sendo oponível antes e independentemente da suplantação da fase de prestação de garantia – como se usa dizer na prática forense, aliás, é por meio de "simples petição", materializada nos próprios autos da execução fiscal que a exceção se formaliza.

---

364. Artigo sob o título: "A tutela jurisdicional executiva e a solução do conflito de inadimplência".

365. "Art. 919. Os embargos à execução não terão efeito suspensivo.
§ 1º O juiz poderá, a requerimento do embargante, atribuir efeito suspensivo aos embargos quando verificados os requisitos para a concessão da tutela provisória e desde que a execução já esteja garantida por penhora, depósito ou caução suficientes."

É clara, nessa perspectiva, a inclinação que se teria, no confronto dos dois meios, pela exceção de pré-executividade – dissociada de tempo específico de apresentação da prévia prestação de garantia, ela permitiria que o julgador apurasse eventual irregularidade na pretensão executiva, fazendo-o ou para determinar sua regularização (se possível) ou para extinguir o processo, tudo de modo a assegurar ao executado, no fim das contas, o direito de não ter seu patrimônio afetado sem justa causa.

Do assunto trata, sinteticamente, a Súmula 393 do Superior Tribunal de Justiça, vazada nos seguintes termos: "A exceção de pré-executividade é admissível na execução fiscal relativamente às matérias conhecíveis de ofício que não demandem dilação probatória".

Conquanto refira as "matérias conhecíveis de ofício" como aparente conteúdo da exceção, o enunciado deixa bem claro, na sua sequência, que o instrumento é de possível emprego se os temas nele cogitados não se sujeitem à dilação instrutória.

Vale dizer: o(s) vício(s) arguido(s) com a exceção deve(m) estar atestado(s) em prova pré-constituída; do contrário, ao executado será dada apenas a oposição de embargos.

O que se mostra(va) como instrumento desejável, fixada essa linha, revela sua face, digamos, "difícil": os temas a que a exceção se reporta não são quaisquer – como em princípio se admitiria em relação aos embargos, via processual em que se autorizam, além dos temas citados (os tipificadores do campo de incidência da exceção), aqueles que demandam ampliação cognitiva, o que ocorre, por exemplo, quando os fatos suscitados exigem a produção prova pericial contábil, aspecto relativamente comum na prática tributária.

Se rejeitada – ou porque formalmente incabível ou porque meritoriamente improcedente –, a exceção dará lugar a um específico tipo decisório: a assim designável decisão interlocutória, desafiando o recurso de agravo de instrumento. Esse aspecto não se identifica em relação aos embargos, cujo julgamento formal ou improcedência (assim como a procedência ou procedência parcial) é sempre formalizada por sentença, impondo, no caso de insatisfação, o manejo de recurso de apelação (também no plano recursal, como se vê, os instrumentos apresentam distinções que não podem ser ignoradas).

Lembremo-nos, a par disso tudo, de que, no meio do caminho, casos há em que o tema de resistência do executado, conquanto possa ser conhecido de plano (como a inconstitucionalidade já decretada em precedente vinculante), precisa ser concretamente apurada, definindo-se se, quando e em que medida a pretensão fazendária coincide com o estabelecido no julgado invocado.

Para tais situações, a indagação que nos dispomos a enfrentar demanda avaliação cuidadosa, pois, se não é desejável submeter o contribuinte aos ônus derivados dos embargos, é igualmente desejável que sua defesa aponte concretamente para a subsunção do caso posto ao caso precedente.

A linha divisora dos embargos em relação à exceção mostra-se, nessa situação, bastante permeável, dependendo intensamente da forma como atuam as partes: o contribuinte, na formulação de sua defesa, e a fazenda, no que toca ao dever de, em cooperação, buscar levantar a efetividade afinidade do crédito com o obstáculo derivado do precedente.

7.16 As técnicas de defesa na execução fiscal: limites e conflitos

Íris Vânia Santos Rosa

No ambiente executivo fiscal, o exercício da ampla defesa e do contraditório pelo sujeito passivo devedor pode se dar de duas formas distintas: (1) mediante a apresentação de exceção de pré-executividade, protocolizada nos autos da própria execução fiscal; ou (2) da oposição de embargos à execução fiscal, instrumento que conforma nova relação processual, porque assume forma processual de típica ação, a despeito de consubstanciar, em essência, verdadeira defesa.

À luz da orientação jurisprudencial do Superior Tribunal de Justiça consolidada em sua Súmula 393, admite-se como causas de pedir na exceção de pré-executividade questões de ordem pública que podem ser conhecidas de ofício pelo juiz e que prescindem de dilação probatória.

Pretendemos cogitar acerca da possibilidade, ou não, de o sujeito passivo devedor reproduzir no âmbito da nova relação processual formada a partir da oposição dos embargos à execução fiscal questões anteriormente arguidas em exceção de pré-executividade.

O desate do nó górdio que constitui o objeto deste texto, portanto, passa por saber se a fundamentação convocada na decisão que apreciou a exceção pré-executividade limita o espectro de causas de pedir dos embargos. Eis a pergunta a ser respondida: é possível falar em perda do direito do devedor de ver apreciado, no julgamento de seus embargos, questões já arguidas, via exceção de pré-executividade, no bojo do processo executivo fiscal?

Já de início, devemos descartar qualquer possibilidade de invocar, para a resolução do problema, o quanto prescrito no art. 507[366] do Código de Processo Civil/2015, que dispõe sobre o fenômeno processual extintivo de direitos denominado "preclusão".

---

366. "Art. 507. É vedado à parte discutir no curso do processo as questões já decididas a cujo respeito se operou a preclusão."

Com efeito, a preclusão processual pode ser definida como a figura que se corporifica na perda do direito de praticar determinado ato processual, formalmente considerado e no bojo de um mesmo processo, em razão de um comportamento anterior adotado pela parte, podendo ser (1) temporal (comportamento omissivo da parte); (2) consumativa (comportamento comissivo e exauriente do direito da parte), ou (3) lógica (comportamento, comissivo ou omissivo, contraditório da parte).

A preclusão temporal opera-se nas ocasiões em que há omissão da parte em praticar ato processual dentro do prazo prescrito normativamente, ou seja, perde ela o prazo para se manifestar nos autos sobre determinado assunto ou para interpor algum recurso.

A preclusão consumativa, por sua vez, consiste na impossibilidade da prática de um ato processual em razão de ele já ter sido praticado, gerando efeitos imediatos e próprios, dentro do processo.

A preclusão lógica, por fim, manifesta-se a partir de uma contradição entre o ato processual que se pretende levar a efeito e outra conduta anteriormente adotada pela parte no processo, dada a incompatibilidade do primeiro em face da segunda. Isso ocorre, por exemplo, quando a parte expressamente concorda com uma decisão judicial, mas, a despeito disso, interpõe recurso contra essa mesma decisão.

A impossibilidade de falarmos, *in casu*, em preclusão do direito do devedor à apreciação de matéria trazida em suas razões de embargos que tenho sido anteriormente arguida em exceção de pré-executividade escora-se nas seguintes razões: (1) o fato de a preclusão ter por objeto a prática de um ato processual formalmente considerado, independentemente de seu conteúdo material; e (2) a circunstância de a preclusão caracterizar fenômeno eminentemente interno, isto é, intraprocessual, não havendo que se falar em preclusão processual do direito de praticar um ato no bojo de determinado processo em razão de comportamento da parte verificado em outro processo.

Essa constatação, no entanto, não nos autoriza a concluir que o devedor tributário está totalmente livre para reproduzir em suas razões de embargos o quanto anteriormente alegado, incidentalmente, em exceção de pré-executividade.

Em verdade, a análise acerca do direito à apreciação de matérias de defesa trazidas nas razões de embargos do devedor que já tenham sido alegadas em exceção de pré-executividade supõe considerar, necessariamente, o conteúdo e os efeitos da decisão que rejeitou, total ou parcialmente, a defesa incidental.

É que, no caso de recebimento e não conhecimento da exceção, isto é, nas situações em que as alegações trazidas na defesa não tenham sido efetivamente apreciadas, não há que se falar em análise de mérito e, consequentemente, em formação de coisa julgada material. De outro lado, verificando-se o recebimento e conhecimento (total ou parcial) da exceção, com apreciação e rejeição efetiva do conteúdo material invocado na defesa, tem-se decisão de mérito, a qual, após esgotadas as vias recursais, dará ensejo à formação de coisa julgada material, tal como definida no art. 502[367] Código de Processo Civil/2015.

No primeiro caso – rejeição da exceção de pré-executividade sem apreciação efetiva do mérito da defesa – não haverá óbice algum à reconvocação dos argumentos e alegações nas razões de embargos, pois, não tendo sido elas apreciadas na decisão que rejeitou a exceção de pré-executividade, não incidem os efeitos – imutabilidade e indiscutabilidade – que são próprios à coisa julgada material.

367. "Art. 502. Denomina-se coisa julgada material a autoridade que torna imutável e indiscutível a decisão de mérito não mais sujeita a recurso."

Já nas situações em que o juízo da execução fiscal tenha apreciado e afastado, em decisão interlocutória de mérito, as razões de defesa apresentadas pelo devedor na exceção de pré-executividade, a matéria decidida não poderá ser novamente discutida e conhecida no processo de embargos.

Trata-se, aqui, de uma decorrência direta do fenômeno conhecido por "eficácia preclusiva da coisa julgada", expressamente prescrito no art. 505, *caput*, do Código de Processo Civil/2015, o qual, ao vedar ao juiz a possibilidade de reapreciar as questões já decididas relativas à mesma lide, impede que as questões de fato e de direito efetivamente decididas no processo executivo fiscal por ocasião da apreciação da exceção de pré-executividade, possam ser reapreciadas por ocasião do julgamento dos embargos do devedor.

Assim, na hipótese de não conhecimento da exceção, como o juiz não se pronunciou sobre os fundamentos de defesa do sujeito passivo devedor, não se corporificaram as "questões decididas" a que alude o art. 505, *caput*, do Código de Processo Civil/2015, de maneira que não se reconhece a eficácia externa (preclusiva) da coisa julgada formada no processo executivo fiscal, o que autoriza a reiteração, nas razões de embargos, de todos os fundamentos trazidos anteriormente na exceção.

Conhecida e, no mérito, rejeitada a exceção, após esgotados os meios recursais, tem-se a formação de típica coisa julgada material, ocasião em que, ainda que se esteja diante de uma nova relação jurídico-processual decorrente da oposição dos embargos, as matérias convocadas e rejeitadas na defesa incidental não poderão ser reiteradas e reapreciadas pelo juízo, haja vista o óbice imposto pelo indigitado art. 505[368] do Código de Processo Civil/2015.

---

368. "Art. 505. Nenhum juiz decidirá novamente as questões já decididas relativas à mesma lide, salvo:
I – se, tratando-se de relação jurídica de trato continuado, sobreveio modificação no estado de fato ou de direito, caso em que poderá a parte pedir a revisão do que foi estatuído na sentença;
II – nos demais casos prescritos em lei."

7.17 Prazo para oposição dos embargos à execução fiscal e Código de Processo Civil de 2015: dias úteis ou não?

Paula Fróes Machado e Camila Campos Vergueiro

No limbo entre os comandos normativos e as interpretações a eles concedidas está o direito tributário em conflito. A construção de sentido do universo normativo[369] não se encerra apenas no direito material, atingindo, diretamente, o processo. E no centro das interpretações processuais figuram os embargos à execução fiscal, instrumento voltado, por excelência, para combater a pretensão constante da certidão de dívida ativa, isto é, o crédito tributário. Por quê?

Anterior ao Código de Processo Civil de 2015, a Lei de Execuções Fiscais determina, em seu art. 16,[370] que o executado terá trinta dias para protocolar os embargos à execução fiscal, prazo sobre o qual, até a entrada em vigor do referido código, não recaia dúvida sobre sua forma de contagem, havendo consenso de que formatado em dias corridos, à luz do conteúdo do art. 178[371] do Código de Processo Civil/1973. Entretanto, com o advento do Código de Processo Civil/2015, os prazos processuais passaram a ser contados em dias úteis, de acordo com seu art. 219.[372]

---

369. SOLON, Ari Marcelo. O surgimento da hermenêutica no romantismo: possível interpretação sobre as raízes da hermenêutica jurídica. *In:* SOLON, Ari Marcelo. *Hermenêutica jurídica radical*. São Paulo: Marcial Pons Editora do Brasil, 2017. p. 20-35.

370. "Art. 16. O executado oferecerá embargos, no prazo de 30 (trinta) dias, contados: [...]."

371. "Art. 178. O prazo, estabelecido pela lei ou pelo juiz, é contínuo, não se interrompendo nos feriados."

372 "Art. 219. Na contagem de prazo em dias, estabelecido por lei ou pelo juiz, computar-se-ão somente os dias úteis.
Parágrafo único. O disposto neste artigo aplica-se somente aos prazos processuais."

Ora, uma vez que a Lei de Execuções Fiscais expressamente determina, em seu art. 1º, a aplicação subsidiária das regras do Código de Processo Civil, ainda que editado posteriormente, forçoso concluir que os prazos processuais no processo executivo fiscal também passaram a ser contados em dias úteis.

Em que pese a aparente clareza dessa conclusão acerca da forma de contagem dos prazos processuais em dias úteis no executivo fiscal, há que se avaliar se essa regra é aplicável no cômputo do prazo para oposição dos embargos à execução fiscal.

Portanto, a dúvida que o presente artigo pretende responder é:

- o prazo de trinta dias para oposição de embargos à execução fiscal pode ser contado em dias úteis?

Como a literalidade da disposição do Código de Processo Civil/2015 enuncia, em dias úteis são contados os prazos processuais, ou seja, aqueles que se referem a atos produzidos dentro de um processo em curso, e não os prazos aplicáveis para início de novas demandas judiciais.

É nesse ponto que a identificação da natureza dos embargos à execução fiscal se torna de suma importância para a definição da forma de contagem do prazo para sua apresentação, se em dias úteis ou corridos.

O enquadramento dos embargos à execução como instrumento de defesa ou como processo é imprescindível para a definição da aplicabilidade, ou não, da contagem do prazo em dias úteis.

Preleciona Paulo Cesar Conrado, que materialmente os embargos possuem conteúdo de defesa, mas em termos processuais se comporta como uma demanda autônoma, justamente porque formam uma nova relação processual.[373]

373. *Execução fiscal*. 3. ed. São Paulo: Noeses, 2017. p. 241-272.

Ou, como relembra Rodrigo Dalla Pria: "é tão antiga quanto atual a polêmica acerca da natureza jurídica dos embargos do executado", girando a discussão "em torno, precisamente, de lhes atribuir a condição de típica ação (demanda) voltada à desconstituição do título executivo extrajudicial no qual se funda a pretensão executiva, ou diferentemente, de conferir-lhes a condição de ato vocacionado a resistir à pretensão executiva, assumindo natureza de verdadeiro instrumento de defesa dos interesses e do patrimônio do executado".[374]

Seu aspecto processual, como meio de defesa, pode ser identificado por conformar exercício do direito de ação em caráter secundário porque dependente da execução fiscal – o processo principal –, bem como pelo fato de sofrer limitações quanto ao que pode ser alegado a título de defesa, como, por exemplo, a impossibilidade de reconvenção e arguição de matérias preliminares.

Por outro lado, as características que endossam a natureza de ação dos embargos estão relacionadas à existência das quatro fases processuais (postulatória, saneadora, instrutória e decisória), a obediência ao rito que segue todo e qualquer processo, inclusive as etapas recursais e a ausência de limitação de fundamentos em seu conteúdo.[375]

A partir do Código de Processo Civil/2015, portanto, a definição da natureza jurídica dos embargos à execução, se ação ou defesa, é importante justamente porque se uma ou outra, a forma de contagem do prazo para sua oposição será em dias úteis ou em dias corridos.

Sobre esse ponto, acompanhamos a orientação doutrinária no sentido de que se trata de verdadeiro instrumento de defesa, pois, muito embora procedimentalmente sigam

---

374. *Direito processual tributário*. São Paulo: Noeses, 2020. p. 523-524.

375. CONRADO, Paulo Cesar. *Execução fiscal*. 3. ed. São Paulo: Noeses, 2017. p. 241-272.

o rito de uma ação, "os embargos à execução se prestam, primária e fundamentalmente, à defesa dos interesses do devedor-executado em face da pretensão executiva contra ele deduzida, cujo ajuizamento é pressuposto necessário ao manejo do indigitado instrumento".[376]

Admitindo-se que o ajuizamento da execução fiscal é condição necessária[377] para a oposição dos embargos à execução, não escapa a identificação de sua natureza de defesa e, consequentemente, a conclusão é a de que o prazo é processual, sujeitando-se, destarte, à contagem em dias úteis.

Retomando a questão suscitada no início do presente, a resposta é:

- sim, o prazo de trinta dias para oposição de embargos à execução fiscal pode ser contado em dias úteis.

7.18 Embargos à execução fiscal e compensação tributária

Rodrigo Dalla Pria

A teor do que dispõe o art. 16, § 3º,[378] da Lei federal 6.830/80 (Lei de Execuções Fiscais), o executado deverá se utilizar dos embargos do devedor com a exclusiva finalidade de se opor ao débito fiscal exequendo, estando-lhe

---

376. PRIA, Rodrigo Dalla. *Direito processual civil.* São Paulo: Noeses, 2020. p. 527.

377. "Uma condição necessária para que se produza um acontecimento determinado é uma circunstância em cuja ausência o evento não possa ocorrer. [...] Uma condição suficiente para a ocorrência de um evento é uma circunstância em cuja presença o evento deve ocorrer" (COPI, Irving M. Tradução Álvaro Cabral. *Introdução à lógica*. 2. ed. São Paulo: Mestre Jou, 1978. p. 329).

378. "Art. 16. [...]
§ 3º Não será admitida reconvenção, nem compensação, e as exceções, salvo as de suspeição, incompetência e impedimentos, serão arguidas como matéria preliminar e serão processadas e julgadas com os embargos."

vedada a possibilidade de promover, pela via dos embargos, a compensação do débito exequendo com créditos de sua titularidade.

O alcance dessa vedação, vale advertir, constitui índice temático de uma intrincada discussão judicial que vem sendo dirimida, ano após ano, com idas e vindas, no âmbito do Superior Tribunal de Justiça, intérprete último da lei federal.

De nossa parte, não temos dúvidas de que a melhor interpretação do dispositivo legal em comento é aquela segundo a qual a restrição à utilização da "compensação" como matéria de defesa diz, exclusivamente, com eventual pretensão do executado de proceder à compensação tributária pela via da tutela jurisdicional concedida por meio dos embargos.

Trata-se, aliás, de uma vedação que não se restringe aos embargos à execução fiscal, mas a toda e qualquer ação judicial que, para além da mera declaração do direito à compensabilidade, pretenda que o Poder Judiciário profira tutela jurisdicional que tenha o condão de, por si só, constituir o fato jurídico da compensação.

Algo muito diferente disso, todavia, é a legítima pretensão do embargante de se opor à pretensão executiva, via embargos, com fundamento na regular extinção do débito fiscal exequendo operada por compensação tributária realizada pelos procedimentos administrativos próprios, mas que, em razão de óbice ilegal da Fazenda Pública, não tenha sido homologada pela autoridade fiscal.

A compensação tributária, quando realizada nos estritos termos da Lei, opera eficácia extintiva da obrigação tributária, a teor do que dispõe o art. 156, inciso II,[379] do Código Tributário Nacional. Sob esse prisma, eventual alegação

379. "Art. 156. Extinguem o crédito tributário: [...]
II – a compensação."

de fato extintivo do débito oriundo de compensação tributária, mesmo que não homologada, em nada difere da oposição à execução fundada em pagamento não reconhecido pela Fazenda Pública. Basta que o embargante se desincumba do ônus de demonstrar que a não homologação da compensação se deu ao arrepio da legislação.

Parece-nos ter sido esta, aliás, a *ratio decidendi* do precedente representativo da controvérsia REsp 1.008.343/SP, publicado em 1º.09.2015, que deu origem à tese enunciada no Tema repetitivo 294[380] do Superior Tribunal de Justiça.

Infelizmente, a exegese que o próprio Superior Tribunal de Justiça vem atribuindo à orientação jurisprudencial, de observância obrigatória, firmada no Tema repetitivo 294, tem sido outra.

Com efeito, após tentativa de instauração de divergência voltada a definir a correta interpretação do enunciado do Tema 294, a 1ª Seção do Superior Tribunal de Justiça concluiu que ambas as turmas (1ª e 2ª) que a compõe compartilham do entendimento segundo o qual a compensação tributária indeferida na esfera administrativa não pode ser questionada via embargos à execução fiscal, por óbice imposto pelo indigitado art. 16, § 3º, da Lei de Execuções Fiscais.[381]

---

380. Tese firmada no Tema repetitivo 294 do STJ: "A compensação efetuada pelo contribuinte, antes do ajuizamento do feito executivo, pode figurar como fundamento de defesa dos embargos à execução fiscal, a fim de ilidir a presunção de liquidez e certeza da CDA, máxime quando, à época da compensação, restaram atendidos os requisitos da existência de crédito tributário compensável, da configuração do indébito tributário, e da existência de lei específica autorizativa da citada modalidade extintiva do crédito tributário".

381. "PROCESSUAL CIVIL E TRIBUTÁRIO. EMBARGOS DE DIVERGÊNCIA. EMBARGOS À EXECUÇÃO FISCAL. COMPENSAÇÃO. INDEFERIMENTO. ADMINISTRATIVO. MATÉRIA DE DEFESA. INVIABILIDADE. DISSENSO ATUAL. INEXISTÊNCIA.
1. Ambas as Turmas que compõem a 1ª Seção do Superior Tribunal de Justiça entendem que não pode ser deduzida em embargos à execução fiscal, à luz do art. 16, § 3º, da Lei n. 6.830/1980, a compensação indeferida na esfera administrativa, não havendo mais que se falar em divergência atual a ser solucionada.

Significa dizer, por outros termos, que a orientação firmada no Tema 294 do Superior Tribunal de Justiça deve ser, segundo a própria Corte Superior, interpretada de forma restritiva, para admitir somente as alegações de compensação tributária deduzidas em embargos do devedor que tenham sido efetivamente homologadas (expressa ou tacitamente) pela Fazenda Pública.

Nesse cenário, caberá ao sujeito passivo que estiver na contingência de ser cobrado, via execução fiscal, por débito tributário objeto de compensação tributária ilegitimamente não homologada pelo fisco se valer de ação autônoma, de rito comum, que tenha por objeto o reconhecimento do fato extintivo do crédito tributário (a compensação tributária) e, consequentemente, a inexistência da obrigação tributária exequenda.

É preciso que diga, no entanto, que não estamos a falar de ação anulatória de débito fiscal, pois o objeto do questionamento judicial, *in casu*, não será a higidez do débito tributário exequendo – o qual, em regra, é legítimo, até porque constituído pelo próprio sujeito passivo –, mas, sim, os efeitos extintivos da compensação tributária que, a despeito de realizada nos termos da lei, fora indeferida pela Fazenda Pública.

Não se trata, aqui, de típica crise de legalidade relativa ao débito tributário exequendo a dar oportunidade à dedução de pretensão anulatória, mas sim de crise de incerteza quanto à extinção do débito fiscal, operada por meio da compensação realizada pelo sujeito passivo, a ensejar o ajuizamento de ação declaratória negativa atípica, de cunho repressivo – que também não se confunde com

---

2. Incide, na hipótese, o óbice da Súmula 168 do STJ, *in verbis*: 'Não cabem embargos de divergência, quando a jurisprudência do Tribunal se firmou no mesmo sentido do acórdão embargado'.
3. Embargos de divergência não conhecidos" (EREsp 1.795.347/RJ; 1ª Seção; relator e Ministro Gurgel de Faria; julgamento de 27.10.2021; *DJe* 25.11.2021).

a ação declaratória negativa –, voltada ao reconhecimento da inexistência da obrigação tributária exequenda desde a constituição do fato jurídico da compensação (com eficácia retrospectiva, portanto).

Trata-se, não há dúvidas, de demanda raríssima no plano tributário, conquanto muito comum no âmbito do direito privado, cujo processamento dar-se-á segundo o procedimento comum, podendo, inclusive, ser distribuída por dependência ao processo executivo fiscal, a teor do que dispõe o art. 55, § 2º, inciso I e § 3º,[382] do Código de Processo Civil/2015, tal como ocorre, aliás, com os embargos do devedor.

7.19 Ilegalidade da exigência de garantia integral em embargos à execução fiscal

Marina Júlia Tófoli e Rodrigo Dalla Pria

Disciplinada pelos enunciados contidos na Lei federal 6.830/1980, Lei de Execuções Fiscais, a ação executiva promovida pela Fazenda Pública para buscar a realização do crédito tributário, cuja responsabilidade patrimonial tenha sido plasmada na respectiva certidão de dívida ativa, embora se assemelhe em alguns aspectos ao regime jurídico das execuções reguladas pelo Código de Processo Civil/2015, apresenta peculiaridades que, regularmente, mantêm o assunto em local de destaque nos debates doutrinários e conflitos travados entre fisco e particulares.

---

382. "Art. 55. Reputam-se conexas 2 (duas) ou mais ações quando lhes for comum o pedido ou a causa de pedir. [...]
§ 2º Aplica-se o disposto no *caput*:
I – à execução de título extrajudicial e à ação de conhecimento relativa ao mesmo ato jurídico;
§ 3º Serão reunidos para julgamento conjunto os processos que possam gerar risco de prolação de decisões conflitantes ou contraditórias caso decididos separadamente, mesmo sem conexão entre eles."

A exigência da garantia na totalidade do valor do débito executado como requisito para apresentação de argumentos de defesa pelo devedor executado é um desses temas recorrentes.

Como sabemos, a ação executiva fiscal é o instrumento processual por meio do qual a Fazenda Pública busca a realização do crédito tributário, mediante a prática de atos expropriatórios do patrimônio do devedor tributário, sendo a ação exacional por excelência no âmbito do direito processual tributário.

Inadimplido o crédito tributário, o efeito jurídico dessa condição faz nascer a relação jurídica de pretensão e responsabilidade patrimonial entre fisco e devedor tributário, autorizando a submissão do sujeito passivo a atos de cobrança e exigência do crédito tributário, inclusive com efeitos patrimoniais. Realizada a inscrição em dívida ativa, tal relação será plasmada integralmente em título executivo, autorizando a prática de atos de expropriação do patrimônio do devedor que, considerando a proteção constitucional que guarnece esse mesmo patrimônio, deve ser realizada exclusivamente na esfera judicial, por meio da ação de execução fiscal.

O procedimento da Lei de Execuções Fiscais atribui ao devedor executado a prerrogativa de, citado, optar por pagar sua dívida, efetuar o parcelamento do débito ou oferecer bens para garantia do juízo a fim de manejar sua defesa contra a exigência tributária; hipótese essa que suscita litigiosidade, uma vez que a garantia da dívida executada é requisito para oposição dos embargos à execução fiscal.

Editada (a Lei de Execuções Fiscais) no contexto do Código de Processo Civil/1973, em que o regime jurídico das execuções civis, subsidiariamente aplicado às execuções fiscais, era distinto do atual, a interpretação de seus dispositivos pode ser desafiadora dentro do contexto da codificação processual de 2015.

Na verdade, conflitos marcantes entre as normas e regimes processuais na história recente a respeito desse específico ponto (a exigência de garantia como condição de admissibilidade dos embargos à execução fiscal) iniciaram com a edição da Lei federal 11.382/2006, que promoveu alterações no regime das execuções mantidas pelo Código de Processo Civil/1973.

Entre as mudanças, destaca-se a regra que afasta a necessidade de garantia do juízo para oposição dos embargos do devedor, regra essa reproduzida pelo Código de Processo Civil/2015.

São exatamente esses dois aspectos que dão fundamento para a ideia, ora defendida, segundo a qual a exigência da garantia para oposição e, especialmente, processamento dos embargos à execução fiscal, não deve corresponder, necessariamente, ao valor integral da dívida.

Pois bem.

No julgamento do REsp 1.272.827/PE, a 1ª Seção do Superior Tribunal de Justiça fixou entendimento de que "em atenção ao princípio da especialidade da Lei de Execuções Fiscais, mantido com a reforma do Código de Processo Civil/1973, a nova redação do art. 736 do Código de Processo Civil/1973 dada pela Lei federal 11.382/2006 – artigo que dispensa a garantia como condicionante dos embargos – não se aplica às execuções fiscais", ou seja, foi mantida a exigência de garantia como requisito para oposição de embargos à execução fiscal, por se considerar ausente qualquer incompatibilidade entre o regime geral e o especial da Lei de Execuções Fiscais nesse aspecto.

Emerge elevada dúvida sobre o caráter isonômico desse entendimento, pois, aos devedores que detenham a possibilidade de formalização de garantia integral da dívida, outorga-se a possibilidade de manejar sua defesa à pretensão fazendária, todavia, nas hipóteses em que o devedor não possua bens suficientes para garantia integral do Juízo o exercício do direito de defesa resta tolhido.

Tal questionamento foi dirimido com o entendimento firmado pelo Superior Tribunal de Justiça em diversos julgados,[383] que entendeu pela prescindibilidade de garantia integral para recebimento dos embargos por não estar escrito no texto da Lei de Execuções Fiscais a expressão "integral", exigindo-se, tão somente, a existência de garantia.

Todavia, a pragmática aponta em outro sentido, o de que o processamento dos embargos à execução fiscal, frequentemente, é freado pela exigência da integralidade da garantia.

Com efeito, efetivada a penhora de bens, ainda que parcial, inicia-se a contagem do prazo de trinta dias para oposição dos embargos à execução fiscal. Cumpriu-se o requisito legal, anuiu-se ao entendimento do Superior Tribunal de Justiça: a dívida ativa foi garantida mediante penhora ainda que parcial, o que autoriza o recebimento e o processamento regular dos embargos à execução fiscal até seu julgamento.

Nesse contexto, procedida a indisponibilidade de ativos financeiros pelo sistema SisbaJud, é frequente a conversão em penhora de montante parcial da dívida não suficientes para formalizar a garantia integral.

Nesse caso, cabe à Fazenda Pública exequente buscar a garantia da parcela faltante do crédito executado.

Todavia, não raro os embargos à execução fiscal são recebidos com despacho contendo ordem para que o sujeito passivo-embargante "promova a garantia integral da dívida, sob pena de extinção dos embargos sem julgamento de mérito".

---

383. Recursos Especiais 1.127.815/SP, 899.457/RS, 739.137/CE, 625.921/CE e 758.266/MG.

Ora, se: (1) os requisitos para oposição dos embargos foram cumpridos; (2) a dívida está garantida, ainda que parcialmente, (3) as partes são legítimas; (4) a defesa é tempestiva; (5) o juízo é competente e, (6) os demais requisitos formais da petição estão preenchidos; os embargos devem não apenas ser recebidos, mas processados regularmente e julgados em seu mérito.

Não se afasta a possibilidade de determinação da prática de novo ato constritivo voltado a garantir a parcela do débito remanescente, a ser praticada na ação de execução fiscal mediante requerimento expresso do exequente, nos termos do inciso II do art. 15 da Lei federal 6.830/1980.[384] O que não se pode admitir, no entanto, é que a garantia parcial do débito exequendo não seja suficiente para viabilizar o processamento dos embargos.

É essencial ter em mente que, ao autorizar ao devedor tributário a possibilidade de instrumentalizar sua defesa à pretensão executiva por meio da oposição de embargos à execução fiscal, mediante garantia parcial, a manifestação jurisprudencial tutela direito constitucional de elevado conteúdo axiológico diretamente relacionado às noções de ampla defesa e contraditório, entendimento esse que merece ser replicado nas instâncias ordinárias a fim de manter a esperada unicidade interpretativa e isonomia de tratamento, valores esses tidos como verdadeira base de sustentação do microssistema de normas processuais, especialmente, pelo modelo constitucional de processo.

---

384. A ilegalidade da determinação de reforço de penhora de ofício pelo magistrado foi reconhecida pelo STJ, no julgamento do Recurso Especial repetitivo 1.127.815/SP que fixou o Tema 260, segundo o qual, em executivos fiscais "o reforço da penhora não podeser deferido *ex officio*".

7.20 Interlocutória antecipada parcial de mérito, execução fiscal e recurso

Milena Martinelli e Rodrigo Dalla Pria

A crise de inadimplemento instaurada na relação jurídica de direito material entre fisco e contribuinte por ocasião do não pagamento de um crédito tributário vencido é o pretexto necessário para o desencadeamento de atos normativos subsequentes – inscrição do débito em dívida ativa e emissão da respectiva certidão – que resultarão no ajuizamento da execução fiscal.

É a partir desse meio processual (o executivo fiscal), cujo objetivo último é a realização do direito material mediante a prática de atos constritivos e expropriatórios do patrimônio do devedor, que se torna possível estabelecer o vínculo de conexidade instrumental entre direito material e direito processual, naquilo que se denominou causalidade circular.[385]

Pela ótica do executado, a presunção *juris tantum* de certeza, liquidez e exigibilidade do crédito tributário inadimplido (art. 3º da Lei federal 6.830/1980), decorrente que é (a presunção) da natureza do título extrajudicial que a materializa, limita os meios de defesa do devedor, o qual poderá se valer da exceção de pré-executividade e os embargos à execução, por meio dos quais a pretensão (na acepção de direito material, isto é, o direito de exigir) da Fazenda Pública poderá ser afastado.

---

385. "Note-se que tudo começa e termina na seara material, num deslocamento cíclico que pode ser chamado de causalidade circular. Neste movimento, o processo configura mero parêntese no ciclo de concretização do direito, estando destinado a possibilitar a constituição de normas individuais e concretas efectuais (materiais) que, ao se tornarem definitivas, retornarão ao ponto inicial para retomar ou encerrar o processo de positivação" (PRIA, Rodrigo Dalla. O direito ao processo. *In:* CONRADO, Paulo César (org.). *Processo tributário analítico.* 3. ed. São Paulo: Noeses, 2015. v. 1, p. 29).

Voltando-se a atenção especialmente para a exceção de pré-executividade, observa-se que o manejo dessa via excepcional tem o condão de transmutar a atuação executiva fiscal em atividade tipicamente cognitiva do direito material tributário,[386] cenário ideal para a prolação do que o Código de Processo Civil de 2015 denominou de decisões antecipadas parciais de mérito, principalmente em face da circunstância de não ser incomum que um mesmo título executivo, por comodidade e economia processual, materialize uma pluralidade de fatos tributáveis, aos quais podem ser contrapostas diversas causa de pedir.

O ponto que se põe a debate está relacionado com o regime do recurso cabível contra essa decisão antecipada parcial de mérito que, conquanto tenha o conteúdo definido pelo art. 487,[387] isto é, trate do mérito da causa, assume, por expressa disposição do art. 356[388] do Código de Processo Civil/2015, natureza de típica decisão interlocutória, resultando numa disparidade de tratamento entre as partes litigantes.

Disso decorre, quase que intuitivamente, a seguinte indagação: em homenagem ao art. 7º[389] do Código de Processo Civil/2015, não seria razoável atribuir ao agravo de instrumento que impugna decisão interlocutória antecipada parcial de mérito o mesmo regime jurídico da apelação?

No artigo 2.11 do Capítulo 2 deste livro, atendo-se às ações antiexacionais, tratou-se das decisões antecipadas parciais de mérito, destacando-se, ali, que havendo mais de

---

386. PRIA, Rodrigo Dalla. *Direito processual civil.* São Paulo: Noeses, 2020. p. 521

387. "Art. 487. Haverá resolução de mérito quando o juiz: [...]."

388. "Art. 356. O juiz decidirá parcialmente o mérito quando um ou mais dos pedidos formulados ou parcela deles:
I – mostrar-se incontroverso;
II – estiver em condições de imediato julgamento, nos termos do art. 355."

389. "Art. 7º É assegurada às partes paridade de tratamento em relação ao exercício de direitos e faculdades processuais, aos meios de defesa, aos ônus, aos deveres e à aplicação de sanções processuais, competindo ao juiz zelar pelo efetivo contraditório."

um pedido ou diversidade de causas de pedir na ação submetida à apreciação do Judiciário, o art. 356 do Código de Processo Civil/2015 autoriza que o juiz, mediante decisão interlocutória antecipada parcial, mas com cognição plena e exauriente, resolva o mérito, cuja decisão, na ausência de interposição de recurso (o referido agravo de instrumento), resulta em coisa julgada material (art. 356, § 3º,[390] do Código de Processo Civil/2015).

Aplicando esse regramento ao âmbito da execução fiscal, tratando-se de pretensão executiva relativa a mais de um período ou débito executado[391] e arguindo-se na exceção de pré-executividade, por exemplo, prescrição, decadência ou inconstitucionalidade da exação, causas de pedir típicas de mérito, à luz do art. 487, I e II,[392] do Código de Processo Civil/2015, e que afetarão apenas parte do crédito tributário, prosseguindo-se o feito executivo em relação ao restante, o juiz deverá proferir decisão antecipada parcial de mérito, cuja recorribilidade será exercitada por meio do agravo de instrumento.

Assim, se a exceção impugna total ou parcialmente os débitos exequendos, mas é acolhida parcialmente ou rejeitada integralmente, o vencido – o executado e, também, o exequente frente ao conteúdo acolhido – sujeitar-se-ão ao regime do recurso de agravo de instrumento, dotado de efeito meramente devolutivo, sem possibilidade de sustentar oralmente suas razões ou de se valer da técnica de

---

390. "Art. 356. [...]
§ 3º Na hipótese do § 2º, se houver trânsito em julgado da decisão, a execução será definitiva."

391. A certidão de dívida ativa pode conter diversos períodos de apuração e, também, tributos distintos, como por exemplo, taxa e IPTU, IRPJ, PIS, Cofins e CSLL.

392. "Art. 487. Haverá resolução de mérito quando o juiz:
I – acolher ou rejeitar o pedido formulado na ação ou na reconvenção;
II – decidir, de ofício ou a requerimento, sobre a ocorrência de decadência ou prescrição."

julgamento prevista no art. 942[393] do Código de Processo Civil/2015, se o acórdão ratificar os termos da decisão agravada (art. 942, § 3º, II,[394] do mesmo código).

Por sua vez, estivéssemos diante de exceção acolhida integralmente, extinguindo o feito executivo, o conteúdo de mérito teria sido veiculado em sentença, oportunizando à fazenda a interposição de recurso de apelação, dotado de efeito suspensivo automático, que permite sustentação oral e a ampliação da colegialidade quando o resultado do acórdão não for unânime (técnica de julgamento prevista no art. 942 do Código de Processo Civil/2015), mesmo na hipótese em que o acórdão confirme o conteúdo da decisão recorrida.

Embora o teor da decisão que acolhe integralmente a defesa incidental ofertada para extinguir a execução fiscal – sentença – seja exatamente o mesmo daquela que acolhe parcialmente as alegações (ou integralmente a impugnação parcial) da exceção – decisão antecipada parcial de mérito –, qual seja, o afastamento do direito de exigir (pretensão) da Fazenda Pública, há discrepância entre o regime recursal a que se submete esse tipo decisório, se comparado àquele que é próprio às sentenças de mérito.

Indiscutível a escolha legislativa pela adoção de um duplo critério para distinguir sentença de decisão interlocutória (art. 203, §§ 1º e 2º,[395] do Código de Processo Civil/2015),

---

393. "Art. 942. Quando o resultado da apelação for não unânime, o julgamento terá prosseguimento em sessão a ser designada com a presença de outros julgadores, que serão convocados nos termos previamente definidos no regimento interno, em número suficiente para garantir a possibilidade de inversão do resultado inicial, assegurado às partes e a eventuais terceiros o direito de sustentar oralmente suas razões perante os novos julgadores."

394. "Art. 942. [...]
§ 3º A técnica de julgamento prevista neste artigo aplica-se, igualmente, ao julgamento não unânime proferido em:
II – agravo de instrumento, quando houver reforma da decisão que julgar parcialmente o mérito."

395. "Art. 203. Os pronunciamentos do juiz consistirão em sentenças, decisões inter-

isto é, a finalidade do ato (se extingue ou não o processo) e o conteúdo do pronunciamento judicial (se contém uma das situações dos arts. 485[396] e 487), aspecto este, inclusive, confirmado pelo Superior Tribunal de Justiça.

Contudo, reputamos que, nas hipóteses em que a decisão interlocutória versa sobre o mérito da demanda, ou seja, é dotada de conteúdo do art. 487 do Código de Processo Civil/2015, embora o recurso cabível seja o agravo de instrumento, o regime jurídico recursal a ser observado deve ser o mesmo destinado à apelação.

Isso porque, normativamente, como apontado, há um duplo critério para definir o regime recursal do ato decisório, que diz justamente com a finalidade do ato decisório (extinção ou não do processo, no caso, o executivo fiscal) e o conteúdo do pronunciamento (se de mérito ou não). Entretanto, o regime recursal aplicável a cada tipo decisório, *in casu*, é injustificadamente distinto, muito embora haja expressa determinação legal de garantir a paridade de tratamento dos meios de defesa (art. 7º do Código de Processo Civil/2015) e a isonomia entre as partes.

Não negamos que o acolhimento parcial de mérito da exceção (ou a sua improcedência em função do seu conteúdo) ensejará a interposição de agravo de instrumento, mas, porque toca o mérito, o procedimento desse agravo deve ajustar-se à possibilidade de sustentação oral,[397] inter-

locutórias e despachos.
§ 1º Ressalvadas as disposições expressas dos procedimentos especiais, sentença é o pronunciamento por meio do qual o juiz, com fundamento nos arts. 485 e 487 , põe fim à fase cognitiva do procedimento comum, bem como extingue a execução.
§ 2º Decisão interlocutória é todo pronunciamento judicial de natureza decisória que não se enquadre no § 1º."

396. "Art. 485. O juiz não resolverá o mérito quando: [...]."

397. A propósito, no Anteprojeto do Código de Processo Civil havia possibilidade de sustentação oral no recurso de agravo de instrumento que impugna decisão interlocutória de mérito (http://www2.senado.leg.br/bdsf/handle/id/496296). Essa seria a previsão do enunciado do art. 875 do Código, caso não tivesse sido vetado:

posição de recurso adesivo,[398] ampliação da colegialidade, inclusive nas hipóteses em que o resultado do julgamento do recurso mantiver (e não reformar) a decisão de origem

---

"Art. 857. Na sessão de julgamento, depois de feita a exposição da causa pelo relator, o presidente, se o recurso não for de embargos declaratórios de agravo de instrumento ou de agravo interno, dará a palavra, sucessivamente, ao recorrente e ao recorrido, pelo prazo improrrogável de quinze minutos para cada um, a fim de sustentarem as razões do recurso ou do pedido de rescisão. § 1º Assegura-se a defesa oral prevista no caput à ação rescisória e ao agravo de instrumento interposto de decisões interlocutórias que versem sobre o mérito da causa (grifo nosso). § 2º. [...]".
Na doutrina, esse entendimento também vem sendo construído:
"Reproduzindo o direito anterior (art. 875, *caput*, do CPC de 1939, e art. 554 do CPC de 1973), ao veto à sustentação no agravo de instrumento, exceto na hipótese do art. 937, VIII, falta base plausível, haja vista a importância assumida por esse recurso. Por exemplo, o agravo de instrumento interposto contra a extinção parcial do processo (art. 354, parágrafo único) e o julgamento antecipado parcial do mérito (art. 356, § 5º). E, de toda sorte, comportando o agravo de instrumento questões processuais de maior relevo, isso fato limitando o número de decisões agraváveis, já não se pode temer o excesso de sustentações orais em agravo de instrumento e o prolongamento das sessões do tribunal por esse motivo. Seja como for, não é o objeto virtual do agravo de instrumento o motivo do veto. Por um lado, suscitada como preliminar nas razões ou nas contrarrazões da apelação (art. 1.009, § 1º), a matéria nela versada será objeto de debate oral; de outro, decisões sobre o juízo de admissibilidade e o juízo de mérito, debatidas oralmente quando objeto de apelação, nos exemplos ministrados, não comportam sustentação só porque veiculadas em agravo de instrumento. Essa desconcertante contradição e a inconsistência geral depõem contra o critério legal. Não é decididamente, ponto alto da lei. Por isso, o art. 7º, IX da Lei 8.906/1994 assegura a sustentação em qualquer recurso, regra posteriormente declarada inconstitucional. 241. E as hipóteses dos arts. 354, parágrafo único, e 356, § 5º, tornarão a polêmica duradoura. Já há quem admita a sustentação oral no agravo de instrumento versando sobre o mérito (art. 1.015, II)" (ASSIS. Araken. *Manual dos recursos*. 9. ed. São Paulo: Revista dos Tribunais, 2017. p. 400).

398. No âmbito do direito privado, já é possível identificar julgados que atribuem esse tratamento igualitário quanto ao recurso adesivo:
"AGRAVO DE INSTRUMENTO. RECURSO ADESIVO. NÃO CABIMENTO. ASTREINTES. CRITÉRIOS DE FIXAÇÃO. RAZOABILIDADE E PROPORCIONALIDADE. EFEITO COERCITIVO. 1. O art. 997, § 2º, inciso II, CPC,
limita as hipóteses de cabimento de recurso adesivo à apelação, recurso extraordinário e recurso especial; 2. Somente seria admissível o recurso adesivo em agravo de instrumento se interposto em face de decisão proferida na forma prevista pelo art. 356, CPC, que admite a solução de mérito parcial quando formulado mais de um pedido e um ou mais deles mostrarem-se incontroversos e estiverem em condições de julgamento imediato; 3[...]. 5. Agravo de instrumento conhecido e desprovido. Recurso adesivo não conhecido" (TJDFT. Agravo de Instrumento n. 0726458-80.2019.8.07.0000. Relator desembargador Romeu Gonzaga Neiva. 7ª Turma. Data do julgamento: 11.03.2020. Data da publicação no *DJE* 28.04.2020).

(art. 942[399] do Código de Processo Civil/2015), bem como assegurar o efeito suspensivo automático.

Estamos, assim, reconhecendo a inaplicabilidade, a essa específica situação, do quanto disposto no art. 356, § 2º, do Código de Processo Civil/2015, perante a necessidade de preservação das ideias de isonomia, garantida às partes em relação ao exercício de seus direitos, faculdades processuais e meios de defesa, além de resguardar a coerência do microssistema processual.

399. "Art. 942. Quando o resultado da apelação for não unânime, o julgamento terá prosseguimento em sessão a ser designada com a presença de outros julgadores, que serão convocados nos termos previamente definidos no regimento interno, em número suficiente para garantir a possibilidade de inversão do resultado inicial, assegurado às partes e a eventuais terceiros o direito de sustentar oralmente suas razões perante os novos julgadores."

CAPÍTULO 8
RECURSOS E PROCESSO TRIBUTÁRIO

8.1 Ações tributárias: jurisdição, delimitação da causa de recorrer e instrumentalidade

Lázaro Reis Pinheiro Silva

O processo judicial não é um fim em si mesmo: ao contrário, encontra sentido enquanto instrumento destinado à solução de um conflito de interesses que lhe serve de antecedente material, constatação que, no âmbito tributário, fica ainda mais evidente quando se tem em conta a relação indissociável entre o estágio do processo de concretização da obrigação tributária e a escolha do instrumento processual adequado à solução do conflito instaurado.[400]

Essa instrumentalidade, conquanto assuma diferente roupagem no plano recursal, não deixa de se fazer presente, afinal os recursos são verdadeiros desdobramentos dos direitos de ação e de contradição,[401] desenvolvendo-se numa mesma relação jurídica formal (processual) e, por isso, também se destinam à solução de um conflito no plano do Direito material, aqui identificado com a crise de exigibilidade do tributo.

Tal afirmação, embora carregada de significativa obviedade à primeira vista, parece encontrar pouca ressonância na prática forense e, sobretudo, na recursal. De fato, aos operadores do Direito que atuam preponderantemente em última instância recursal (perante o Supremo Tribunal Federal e o Superior Tribunal de Justiça) não causaria estranheza a afirmação de que a noção de instrumentalidade se perde em meio às controvérsias de índole eminentemente

400. DALLA PRIA, Rodrigo. O processo de positivação da norma jurídica tributária e a fixação da tutela jurisdicional apta a dirimir os conflitos havidos entre contribuinte e fisco. *In:* CONRADO, Paulo César (org.). *Processo tributário analítico*. 3. ed. São Paulo: Noeses, 2015. v. 1, p. 69-73.

401. Direito de contradição aqui faz referência ao exercício do direito ao contraditório (defesa) pelo réu quando convocado para compor a relação processual.

formal que, abundantes no plano recursal, acabam por inviabilizar o exame do direito material subjacente.

Ocorre que quaisquer esforços de valorização da instrumentalidade processual em grau recursal têm sua eficácia comprometida quando os próprios operadores do Direito, ao lançar mão dos instrumentos processuais recursais pertinentes, ainda perante as instâncias ordinárias, deixam de situá-la adequadamente, o que acaba por convertê-la em mero adereço retórico.

Em primeiro grau, o exercício da jurisdição tem na petição inicial o ato provocativo capaz de transformar em fato jurídico um dado conflito de Direito material que é, em suma, o próprio antecedente material da relação processual.[402] O conflito de Direito material, convertido na própria razão de existir da relação processual e servindo-lhe como ponto de partida, é ao mesmo tempo seu ponto de chegada, à medida que se busca, por meio do processo, a produção de norma jurídica capaz de solucionar o conflito.

Já em grau recursal, a atividade (re)provocativa do exercício da jurisdição, materializada pela minuta recursal, não está voltada senão *mediatamente* ao conflito de Direito material, tendo, outrossim, objeto imediato distinto, consistente no produto da atividade jurisdicional anteriormente desenvolvida: a decisão impugnada.[403]

No plano abstrato, pertinente à incidência da regra jurídica, opera-se um incremento objetivo da relação processual, cujo antecedente material, já não mais composto apenas do conflito de Direito material, torna-se cada vez mais complexo à medida que se prolonga a cadeia recursal,

402. CONRADO, Paulo Cesar. *Processo tributário*. 3. ed. São Paulo: Quartier Latin, 2012. p. 29-32.

403. CONRADO. Paulo Cesar. Norma processual e recurso: definindo o conceito de recurso a partir da noção de norma jurídico-processual. *Revista da Ajufe*, ano 21, n. 71, p. 232-234, 2002.

em razão do manejo sucessivo dos diversos instrumentos recursais postos pelo sistema de Direito positivo. No plano concreto, o conflito de Direito material torna-se cada vez mais distante enquanto objeto de cognição do órgão jurisdicional competente para o julgamento do recurso.

O fenômeno descrito, para além das considerações dogmáticas, tem importantes consequências práticas. A principal delas, e da qual aqui nos ocupamos, é a necessidade de escorreita distinção entre a causa de pedir aduzida na petição inicial e a causa de pedir veiculada na petição recursal, melhor nominada *causa de recorrer.*[404]

Embora a lei processual deixe evidente em diversas oportunidades que *causa de pedir* e *causa de recorrer* não se confundem,[405] a experiência demonstra que, no mais das vezes, promove-se verdadeiro amálgama de fundamentos nas petições recursais, o que acaba por prejudicar a correta delimitação do objeto dos recursos, e, consequentemente, o adequado exame da pretensão recursal pelo órgão jurisdicional incumbido do seu julgamento, em franco prejuízo à efetiva realização do Direito material.

Assim, quando se focaliza o exercício da jurisdição no plano recursal, é preciso compreender a peculiar forma de manifestação da ideia de instrumentalidade, a reclamar adequado delineamento da *causa de recorrer* pela parte insurgente (a vencida no processo), capaz de permitir sua correta identificação pelo órgão julgador e, com isso, viabilizar a apreciação efetiva do Direito material controvertido pelo órgão de jurisdição recursal.

---

404. BUENO, Cassio Scarpinella. *Curso sistematizado de direito processual civil.* 10. ed. São Paulo: Saraiva, 2021. p. 610.

405. É como se colhe de preceitos como o do art. 1.010, incisos II e III, do CPC/2015 que, ao tratar das razões do recurso de apelação, evidencia a diferença entre a "exposição do fato e do direito" e as "razões do pedido de reforma ou de decretação de nulidade".

Significa dizer, por outros termos, que no ato de (re) provocação da jurisdição realizado pela parte recorrente, materializado na petição recursal, portanto, não basta o registro da irresignação, o inconformismo convertido em vernáculo, mas, exige, sobretudo, a precisa indicação dos fundamentos em razão dos quais se pleiteia a anulação ou reforma da decisão atacada.

Tomando-se o conflito tributário como pano de fundo, ao agravo de instrumento interposto contra o indeferimento da tutela provisória cautelar que vise à suspensão da exigibilidade, por exemplo, não basta a afirmação de ilegitimidade de exigência do crédito tributário, sendo necessária ainda a indicação dos equívocos do juízo de primeira instância ao apreciar os fundamentos invocados pela parte para não reconhecer a presença dos requisitos para concessão da tutela provisória reclamada.

No mesmo sentido, ao recurso de apelação interposto em face de sentença exarada em ação declaratória ou em mandado de segurança preventivo, não basta a indicação dos vícios que eventualmente maculem a regra-matriz de incidência tributária, reclamando-se ainda a indicação e a impugnação precisa dos fundamentos que sustentam a conclusão a que chegou o juízo de origem.

O que estamos a destacar é que, para o escorreito desenvolvimento da atividade jurisdicional em grau recursal, não basta a mera reiteração dos fundamentos em razão dos quais afirma-se a frustração das pretensões arrecadatórias ou o exercício abusivo da atividade tributante, conforme se cuide de ações exacionais ou antiexacionais, respectivamente. Para além disso, a petição recursal deve apontar com clareza os erros de procedimento e de julgamento que maculam a decisão recorrida, entabulando com ela uma relação dialética.

Em suma, a relação de instrumentalidade entre o processo e o conflito de direito material, ao surgir mediada pela *decisão impugnada* em grau recursal, passa a reclamar adequado posicionamento na crescente complexidade da relação processual, para que, assim compreendida, possa então realizar-se em sua completude.

8.2 Jurisdição tributária, instrumentalidade e acesso aos tribunais superiores

Ricardo Berzosa Saliba

Se é no direito material que encontramos a razão de existência das relações processuais, pois instrumentais, em sede de recursos excepcionais não deve ser diferente, até porque, ainda que o objeto do recurso não coincida com o objeto da ação, não podemos ignorar que o que se busca em nossas Cortes de superposição[406] é o reconhecimento da violação de um direito material e/ou processual.

A partir dessas premissas, e pensando em causas que envolvam questões tributárias (direito material), decorrentes daqueles conflitos identificados nas diferentes fases do ciclo de concretização das competências normativo-tributárias (processo de positivação), urge uma necessária e renovada compreensão acerca da problemática que envolve o processo tributário até a efetiva análise do mérito no bojo dos recursos especial e extraordinário.

Neste artigo, voltamos nossas atenções para os requisitos que emolduram o *juízo de admissibilidade* (conhecimento) dos recursos, especial e extraordinário, que tenham como matéria de fundo questões de índole tributária.

---

406. Cortes de superposição: expressão que compreende a Jurisdição recursal exercida pelos Tribunais Superiores (STJ e STF) em matéria tributária.

Isso porque somente após a superação dos óbices de admissibilidade é que se avançará para o *juízo de mérito* (provimento), cujo objeto, por envolver questão que inevitavelmente tratará de aspectos relacionados ao "patrimônio" e à "receita pública", comumente está investido de significado repetitivo (arts. 928[407] e 1.036,[408] do Código de Processo Civil/2015).

Desse modo, sem descurar dos mandamentos constitucionais e legais (federais) acerca das particularidades que devem ser observadas quando do manejo de recursos dessa natureza – requisitos de admissibilidade recursal –, todos por si só suficientes para inviabilizar seu conhecimento, pontuamos a necessidade de prestigiar cânones como da isonomia, celeridade e segurança jurídica.

Para tal desiderato, é que encontraremos no exercício da jurisdição recursal uma função voltada a atender a finalidade máxima do processo para a solução de conflitos, em matéria tributária, relacionada à crise de exigibilidade do tributo.

Em termos de recorribilidade "excepcional" (Superior Tribunal de Justiça e Supremo Tribunal Federal), se, de um lado, essa questão fica circunscrita fundamentalmente ao juízo de mérito recursal, de outro, isso somente ocorrerá se atendidos primariamente os pressupostos recursais no juízo de admissibilidade dos recursos especial e extraordinário, tanto nos tribunais locais, em que assume caráter provisório, como nos superiores, em que o mesmo juízo é definitivo.

---

407. "Art. 928. Para os fins deste Código, considera-se julgamento de casos repetitivos a decisão proferida em:
I – incidente de resolução de demandas repetitivas;
II – recursos especial e extraordinário repetitivos.
Parágrafo único. O julgamento de casos repetitivos tem por objeto questão de direito material ou processual."

408. "Art. 1.036. Sempre que houver multiplicidade de recursos extraordinários ou especiais com fundamento em idêntica questão de direito, haverá afetação para julgamento de acordo com as disposições desta Subseção, observado o disposto no Regimento Interno do Supremo Tribunal Federal e no do Superior Tribunal de Justiça."

Esgotadas as instâncias ordinárias,[409] abre-se, então, o caminho para o manejo dos recursos excepcionais às Cortes superiores, também chamados de apelos extremos, diante das estritas hipóteses (constitucionais) de cabimento destes instrumentos.

Assim, vinculados às prescrições dos arts. 102, inciso III[410] (recurso extraordinário) e 105, inciso III[411] (recurso especial), ambos da Constituição Federal/1988, devem observar a legislação processual de regência, regimentos internos e, com extrema acuidade, os enunciados sumulares e precedentes persuasivos relacionados à admissibilidade recursal no âmbito do Superior Tribunal de Justiça e do Supremo Tribunal Federal, tudo para que o recurso preencha tanto os requisitos *intrínsecos* (cabimento, legitimidade, interesse recursal e inexistência de fato impeditivo ou extintivo) quanto os *extrínsecos* (tempestividade, regularidade formal e preparo).

Somente após a superação dessa etapa é que a crise na exigibilidade de tributo poderá ser analisada no âmbito dos Tribunais superiores, e ainda sim de forma restrita, pois vinculada, exclusivamente, às questões de "legalidade" e "constitucionalidade" da exigência decididas/debatidas[412] pelas instâncias ordinárias. Antes desse juízo preliminar, impossível a apreciação do mérito recursal, ainda que se

---

409. Instâncias ordinárias: expressão que compreende a jurisdição exercida pelos Juízos de primeira instância e Tribunais de segunda instância.

410. "Art. 102. Compete ao Supremo Tribunal Federal, precipuamente, a guarda da Constituição, cabendo-lhe: [...]
III – julgar, mediante recurso extraordinário, as causas decididas em única ou última instância, quando a decisão recorrida: [...]."

411. "Art. 105. Compete ao Superior Tribunal de Justiça: [...]
III – julgar, em recurso especial, as causas decididas, em única ou última instância, pelos Tribunais Regionais Federais ou pelos tribunais dos Estados, do Distrito Federal e Territórios, quando a decisão recorrida: [...]."

412. A referência aqui é a ideia de prequestionamento, a ser desenvolvido em artigo posterior.

trate de causa com potencial repetitivo (art. 1.036, § 6º, do Código de Processo Civil/2015[413]).

É certo que, com a introdução dos arts. 932, parágrafo único[414] e 1.029, § 3º,[415] do Código de Processo Civil/2015 – sem correspondentes no ordenamento pretérito –, alguns dos antigos óbices de admissibilidade formal passaram a ser mitigados em prol da plena realização do direito material, em prestígio, aliás, àquela natureza instrumental do processo a que alude Paulo Cesar Conrado.

Ainda no contexto próprio ao advento do Código de Processo Civil/2015, surgiram outros dispositivos processuais cujo propósito é justamente, superar óbices à efetiva apreciação do mérito recursal impostos por orientações firmadas pelo STJ e pelo STF: a assim chamada "jurisprudência defensiva". Exemplo, são os arts. 941, § 3º,[416] 1.003, § 4º,[417] 1.007, § 2º[418] e 1.024, § 5º,[419] todos do Código de Processo Civil/2015.

---

413. "Art. 1.036. [...]
§ 6º Somente podem ser selecionados recursos admissíveis que contenham abrangente argumentação e discussão a respeito da questão a ser decidida."

414. "Art. 932. [...] Parágrafo único. Antes de considerar inadmissível o recurso, o relator concederá o prazo de 5 (cinco) dias ao recorrente para que seja sanado vício ou complementada a documentação exigível.

415. "Art. 1.029. [...]
§ 3º O Supremo Tribunal Federal ou o Superior Tribunal de Justiça poderá desconsiderar vício formal de recurso tempestivo ou determinar sua correção, desde que não o repute grave."

416. "Art. 941. [...]
§ 3º O voto vencido será necessariamente declarado e considerado parte integrante do acórdão para todos os fins legais, inclusive de pré-questionamento."

417. "Art. 1.003. [...]
§ 4º. Para aferição da tempestividade do recurso remetido pelo correio, será considerada como data de interposição a data de postagem."

418. "Art. 1.007. [...]
§ 2º A insuficiência no valor do preparo, inclusive porte de remessa e de retorno, implicará deserção se o recorrente, intimado na pessoa de seu advogado, não vier a supri-lo no prazo de 5 (cinco) dias."

419. "Art. 1.024. [...]
§ 5º Se os embargos de declaração forem rejeitados ou não alterarem a conclusão do julgamento anterior, o recurso interposto pela outra parte antes da publicação

Sem embargo, ainda que o progresso normativo e jurisprudencial processual esteja direcionado à sua ascensão, não é menos real que alguns rigores – e *errores* – no âmbito do juízo de admissibilidade não só extrapolam a lógica processual, como ainda desprezam a necessária instrumentalidade, ambas a serviço do exercício da jurisdição voltado à efetiva solução de conflitos.

Não se pode ter dúvida: o processo tributário deve seguir forte na marcha para a realização do direito material inclusive no âmbito dos recursos excepcionais, de modo que, à exceção da tempestividade, os demais requisitos de admissibilidade devem ser observados com graus de ponderação a fim de que se consagre a máxima efetividade da jurisdição.

8.3 Instrumentalidade no plano recursal e a exigência de dialeticidade nos tribunais

Lázaro Reis Pinheiro Silva

Se a deflagração do exercício da jurisdição em primeiro grau encontra na petição inicial o ato provocativo capaz de transformar em fato jurídico um dado conflito de direito material,[420] é através da atividade (re)provocativa do exercício da jurisdição, materializada na minuta recursal, que se converte em fato jurídico a irresignação da parte, agora recorrente, constatação que nos revela a importância do adequado delineamento da causa de recorrer.

Composta pela decisão impugnada – produto da atividade jurisdicional em grau inferior – e pelos fundamentos jurídicos para sua invalidação ou reforma, a *causa de recorrer* há de

---

do julgamento dos embargos de declaração será processado e julgado independentemente de ratificação."

420. CONRADO, Paulo Cesar. *Processo tributário*. 3. ed. São Paulo: Quartier Latin, 2012. p. 29-32.

ser adequadamente delineada pelo recorrente, a fim de que o tribunal *a quo* possa divisar precisamente o objeto do recurso, ou seja, para que possa identificar as exatas dimensões da *matéria devolvida ao seu exame*, pressuposto indispensável à realização da instrumentalidade processual no plano recursal.

Num primeiro momento, o cuidadoso delineamento da *causa de recorrer* na apelação tem grande relevância para que o tribunal local possa identificar adequadamente todas as questões que foram objeto de controvérsia na primeira instância e os fundamentos que lhes são correspondentes, tenham sido ou não apreciados pelo juízo, o que, ademais de contribuir para uma prestação jurisdicional escorreita, previne uma série de óbices à admissibilidade dos recursos excepcionais, a exemplo da falta de prequestionamento e da necessidade de reexame de provas.

Contudo, em que pese a decantada relevância da causa de recorrer para uma maior efetividade da tutela jurisdicional em grau recursal, é de se questionar se, por outro lado, eventuais falhas no seu delineamento pela parte apelante seriam capazes de comprometer a insurgência recursal a ponto de obstar seu exame pelo tribunal local.

A questão não é de somenos importância, considerando a inovação trazida pelo art. 932, inciso III,[421] do Código de Processo Civil/2015, que viabiliza ao relator no tribunal deixar de conhecer do recurso que "não tenha impugnado especificamente os fundamentos da decisão recorrida". Trata-se do conhecido atributo da *dialeticidade*, a exigir que as petições recursais, para além de uma irresignação genérica quanto ao teor da decisão recorrida, ou mesmo de uma mera reiteração de fundamentos já invocados perante o órgão jurisdicional de origem, promovam efetivo confronto

421. "Art. 932. Incumbe ao relator: [...]
III – não conhecer de recurso inadmissível, prejudicado ou que não tenha impugnado especificamente os fundamentos da decisão recorrida."

entre as razões da insurgência e as adotadas na decisão que se busca invalidar ou reformar.

A problemática da inadmissão de recursos por ausência de dialeticidade ganha especial relevância quando se toma em consideração a atividade jurisdicional revisiva no recurso de apelação, marcado por seu amplo efeito devolutivo.

Sabe-se que o efeito devolutivo é característica ínsita a todos os recursos, afinal, por meio da insurgência materializada na minuta recursal, não se busca outra coisa senão o reexame de uma decisão judicial desfavorável pela instância superior.[422]

Contudo, sobredito efeito revela-se em duas dimensões distintas, quais sejam, a sua *extensão* (horizontal), pertinente àquilo que é objeto de impugnação pelo recorrente, e sua *profundidade* (vertical), referente aos fundamentos (de fato e de direito) que poderão ser examinados pelo órgão *ad quem* para julgamento do recurso.[423]

Na apelação, embora o tribunal local esteja jungido aos limites da impugnação do recorrente – perspectiva da *extensão* do efeito devolutivo –, o que se materializa na

---

422. Nesse sentido, valemo-nos das lições de Cassio Scarpinella Bueno: "O efeito devolutivo é característica essencial aos recursos. É da própria essência do recurso que ele se exteriorize no inconformismo de alguém diante de uma situação mais prejudicial ou menos benéfica do que poderia esperar, criada por uma decisão judicial no mesmo processo" (BUENO, Cassio Scarpinella. *Curso sistematizado de direito processual civil*. 11. ed. São Paulo: SaraivaJur, 2022. v. 2, p. 596).

423. "O efeito devolutivo é estudado, em geral, a partir de dois ângulos diversos: com relação à sua *extensão* e com relação à sua *profundidade*. A *extensão* do efeito devolutivo relaciona-se com a ideia do que é e do que não é impugnado pelo recorrente. Trata-se, portanto, da *quantidade* de matéria questionada em sede recursal e que será, consequentemente, apreciada pelo órgão *ad quem*. O *caput* do art. 1.013, embora inserido como regra da apelação, dá a exata compreensão da *extensão* do efeito devolutivo para todos os recursos. [...] A *profundidade* do efeito devolutivo diz respeito aos fundamentos e às questões que foram, ou não, analisados pela decisão recorrida e que viabilizam seu contraste em sede recursal, relacionando-se, assim, com a *quantidade* da matéria impugnada em sede de recurso e que poderá se reapreciada pelo órgão *ad quem*" (BUENO, Cassio Scarpinella. *Curso sistematizado de direito processual civil*. 11. ed. São Paulo: SaraivaJur, 2022. v. 2, p. 597).

conhecida máxima *tantum devolutum quantum apellatum*, incumbe-lhe, por outro lado, conhecer de todos os fundamentos suscitados no processo, tenham ou não sido apreciados pelo juízo de primeiro grau, desde que pertinentes ao capítulo impugnado – perspectiva da *profundidade* do efeito devolutivo[424] – como resulta do art. 1.013, § 1º,[425] do Código de Processo Civil/2015.

Ora, na medida em que a irrestrita *profundidade do efeito devolutivo* é característica inerente ao recurso de apelação, para que se dê a admissão do apelo bastaria, em tese, que o recorrente indicasse adequadamente, em sua minuta recursal, quais capítulos da sentença são objeto de impugnação.

Como consequência, eventuais deficiências no delineamento da causa de recorrer, conquanto induvidosamente aptas a prejudicar uma maior efetividade do recurso enquanto meio de tutela do direito material, somente poderão ser invocadas pelo tribunal como fundamento para inadmissão do apelo em casos extremos, quando a ausência de dialeticidade revelar-se acentuada a ponto de comprometer a própria regularidade formal do recurso, como no caso da apresentação de razões recursais completamente dissociadas no caso em julgamento.

---

424. Aliás, é também em função da profundidade do efeito devolutivo no recurso de apelação que se deve tomar com reservas a disseminada compreensão de que os tribunais inferiores não estão obrigados a examinar todos as alegações invocadas pela parte quando já tiverem fundamentos suficientes para decidir. A prevalecer tal compreensão, a parte vencida no julgamento do recurso inevitavelmente enfrentará severas dificuldades para preencher o requisito do prequestionamento e acessar as instâncias extraordinárias, uma vez que fundamentos relevantes que amparam sua insurgência terão sido desprezados quando do julgamento da apelação e, com isso, consagrar-se-á ausência de emissão de juízo de valor sobre a questão e a consequente ausência de prequestionamento.

425. "Art. 1.013. A apelação devolverá ao tribunal o conhecimento da matéria impugnada. § 1º Serão, porém, objeto de apreciação e julgamento pelo tribunal todas as questões suscitadas e discutidas no processo, ainda que não tenham sido solucionadas, desde que relativas ao capítulo impugnado."

Colocando o tema em perspectiva tributária, diante de uma ação anulatória de débito fiscal por meio da qual a parte autora tenha se voltado contra um dado lançamento com fundamento em decadência, prescrição e ilegalidades no arbitramento que deu ensejo ao crédito tributário, o recurso de apelação interposto contra a sentença de improcedência, ainda que veicule fundamentação deficiente quanto a quaisquer dos fundamentos apontados ou mesmo quanto a todos eles, mas que permita inferir induvidosamente o alcance horizontal da irresignação quanto ao teor da sentença – *extensão* do efeito devolutivo –, demandará plena cognição pelo tribunal competente, que não poderá invocar ausência de dialeticidade para justificar a inadmissão do recurso.

Desse modo, embora seja altamente recomendável que o apelante lance mão de ampla e congruente fundamentação, capaz não apenas de renovar os fundamentos contemplados em sua pretensão inicial ou em sua contestação, mas também de estabelecer uma relação dialética com os fundamentos da sentença recorrida, para o específico fim de admissibilidade do apelo, bastará que, do conjunto da petição recursal, seja possível identificar claramente os capítulos da sentença objeto de impugnação e, assim, não esteja caracterizada irregularidade formal.

Em suma: a dialeticidade nas instâncias ordinárias – ou, mais precisamente, a falta dela –, conquanto dotada de inegável relevância, não pode erigir-se em empecilho à plena realização do direito material no plano recursal.

8.4 Prequestionamento das questões jurídico-tributárias no âmbito recursal

Ricardo Berzosa Saliba

Quando tratamos da instrumentalidade no âmbito dos recursos extraordinário e especial, destacamos que a solução de conflitos de natureza tributária deve, fundamentalmente, nortear o adequado meio processual em prol da máxima efetividade jurisdicional.

Para o atingimento desse fim (a efetividade na prestação da tutela jurisdicional), é importante que as partes no processo se empenhem em desenvolver a máxima[426] fundamentação de suas razões de Direito, a fim de atender o prévio e indispensável questionamento, ônus cuja incumbência deve ser cumprida desde a instauração da relação conflituosa posta em juízo, portanto, desde a petição inicial.

Daí a temporal, particular e necessária delimitação do *meritum causae* (direito material e/ou processual[427]), sem prejuízo de outras que sobrevenham no curso do processo, o que, de rigor, devem ser todas suscitadas, debatidas e devidamente decididas pelos juízos competentes para que se consagre o ônus do devido questionamento adrede referido.

No que toca à lide tributária, tendo a crise na exigibilidade do tributo se baseado em premissas de ordem constitucional e/ou infraconstitucional federal, para sua análise perante os Tribunais Superiores (Supremo Tribunal Federal e Superior Tribunal de Justiça), é inafastável e necessário que se busque nas instâncias ordinárias, notadamente nos Tribunais de segunda instância, completa, efetiva e esperada prestação jurisdicional, isto é, a apreciação de todos os fundamentos convocados pelas partes na defesa

---

426. A expressão "máxima fundamentação" aqui utilizada quer indicar a necessidade de as partes apontarem com cuidado e precisão os argumentos e os dispositivos legais/constitucionais que justificam sua pretensão (seja a do autor quanto ao seu pedido, seja a do réu no exercício do contraditório).

427. Para melhor compreensão da leitora e do leitor acerca da distinção *meritum causae* material x processual, reputamos adequada a apresentação de exemplos: (1) questionada uma dada regra-matriz de incidência tributária (questão de direito material), será no bojo dos seus critérios que descrevem fatos e definem sujeitos que a insurgência em relação à incidência da norma deverá ser observada; (2) tratando-se de regra que visa reger relação jurídica instrumental de natureza tributária (direito processual), serão suas prescrições que vão particularizar o debate.

dos respectivos interesses, ainda quando se tratar de demandas repetitivas.

Contudo, não raro nos deparamos com decisões/acórdãos patentes de omissões acerca de fundamentos relevantes para o deslinde da controvérsia ou, até mesmo, sem ter adotado *motivação satisfatória para dirimir o litígio.*[428]

Em hipóteses como essa, em que as instâncias ordinárias não emitem juízo de valor a respeito de questões invocadas no processo, a parte insurgente deve se valer então da interposição dos embargos de declaração (art. 1.022[429] do Código de Processo Civil/2015), adotando em suas razões fundamentação rigorosamente específica e com indicação efetiva dos pontos objeto de omissão, a fim de evitar possível negativa de prestação jurisdicional (art. 489, inciso II e § 1º,[430] do Código de Processo Civil/2015).

Além de se tratar da via recursal adequada, serve ainda esse recurso ao propósito de prequestionamento, em cumprimento ao disposto no inciso III[431] do art. 102 e inciso III[432] do art. 105 da Constituição Federal/1988 e observân-

---

428. AgInt no AREsp 1.785.038/SP.

429. "Art. 1.022. Cabem embargos de declaração contra qualquer decisão judicial para:
I – esclarecer obscuridade ou eliminar contradição;
II – suprir omissão de ponto ou questão sobre o qual devia se pronunciar o juiz de ofício ou a requerimento;
III – corrigir erro material."

430. "Art. 489. São elementos essenciais da sentença:
[...]
II – os fundamentos, em que o juiz analisará as questões de fato e de direito;
[...]
§ 1º Não se considera fundamentada qualquer decisão judicial, seja ela interlocutória, sentença ou acórdão, que: [...]."

431. "Art. 102. Compete ao Supremo Tribunal Federal, precipuamente, a guarda da Constituição, cabendo-lhe: [...]
III – julgar, mediante recurso extraordinário, as causas decididas em única ou última instância, quando a decisão recorrida: [...]."

432. "Art. 105. Compete ao Superior Tribunal de Justiça: [...]

cia aos enunciados sumulares 98[433] do Superior Tribunal de Justiça, 282[434] e 356[435] do Supremo Tribunal Federal, a fim de ter a questão efetivamente decidida[436] para que seja possível acessar os Tribunais Superiores.

O que se espera no ponto, visando, enfim, o manejo dos recursos excepcionais (especial e extraordinário) é que ocorra o prévio pronunciamento jurisdicional fundamentado das questões postas em debate pelo Tribunal de segunda instância, seja (i) explicitamente com a indicação numérica da norma apreciada; ou (ii) implicitamente, hipótese em que "o acórdão recorrido emite juízo de valor fundamentado acerca da matéria por eles regida",[437] isso porque, consoante entendimento dos nossos Tribunais Superiores, o "que se prequestiona é a matéria jurídica, não o número do dispositivo de lei".[438]

III – julgar, em recurso especial, as causas decididas, em única ou última instância, pelos Tribunais Regionais Federais ou pelos tribunais dos Estados, do Distrito Federal e Territórios, quando a decisão recorrida: [...]."

433. Embargos de declaração manifestados com notório propósito de prequestionamento não têm caráter protelatório.

434. É inadmissível o recurso extraordinário, quando não ventilada, na decisão recorrida, a questão federal suscitada.

435. O ponto omisso da decisão, sobre o qual não foram opostos embargos declaratórios, não pode ser objeto de recurso extraordinário, por faltar o requisito do prequestionamento.

436. Vale aqui a referência à manifestação de Camila Vergueiro a respeito do que se pode compreender a respeito da expressão "*causas decididas*" contida nos arts. 102 e 105 do texto Constitucional: "deve-se entender as questões decididas, ou seja, os pontos da lide sobre os quais houve controvérsia e que implicaram manifestação do órgão julgador" (Pragmática do recurso especial ao Superior Tribunal de Justiça. *In:* CONRADO, Paulo César (org.). *Processo tributário analítico.* 2. ed. São Paulo: Noeses, 2015. v. II). E continua citando Roberto Dórea Pessoa para quem, "causas decididas" é "locução que sugere poder a matéria somente ser reexaminada pelo tribunal superior ou servir de fundamento dessa espécie de recurso (logo, para fins de impugnação) se foi efetivamente apreciada no acórdão" (*Recurso extraordinário* – Grau de cognição no juízo de mérito. São Paulo: Saraiva, 2010. p. 73).

437. A respeito remetemos o leitor e a leitora ao pronunciamento dado no julgamento do agravo interno no agravo em REsp 332.087/SP.

438. Sugerimos a leitura dos acórdãos proferidos no agravo regimental no REsp

Todavia, se mesmo após a devida interposição dos embargos de declaração continuar incompleta/insuficiente a apreciação jurisdicional promovida pelas Cortes *a quo*, seja por ter havido fundamentação genérica, padronizada ou com ausência de clareza e insuficiência de manifestação acerca dos motivos convocados pelas partes em relação à causa, esgota-se para o vencido o foro de debate na instância ordinária, abrindo-se, consequentemente, a peculiar via excepcional.

Evidenciada insurgência a ser dirimida por meio de recurso extraordinário, os argumentos recursais para a causa ficarão adstritos ao conjunto de normas constitucionais desrespeitadas frontalmente desde o primeiro e/ou segundo graus de jurisdição, e não a eventual alegação de ausência de prestação jurisdicional, isso porque, no Supremo Tribunal Federal, há entendimento solidificado de que inexiste repercussão geral da questão relacionada à violação aos arts. 5º, incisos LIV[439] e LV[440] e 93, inciso IX,[441] da Constituição Federal/1988.[442]

Por sua vez, tratando-se de hipótese desafiadora de recurso especial, além do conjunto de normas infraconstitucionais

---

1.417.199/RS e Recurso Extraordinário 429.903.

439. "Art. 5º. [...]
LIV – ninguém será privado da liberdade ou de seus bens sem o devido processo legal."

440. "Art. 5º. [...]
LV – aos litigantes, em processo judicial ou administrativo, e aos acusados em geral são assegurados o contraditório e ampla defesa, com os meios e recursos a ela inerentes."

441. "Art. 93. [...]
IX – todos os julgamentos dos órgãos do Poder Judiciário serão públicos, e fundamentadas todas as decisões, sob pena de nulidade, podendo a lei limitar a presença, em determinados atos, às próprias partes e a seus advogados, ou somente a estes, em casos nos quais a preservação do direito à intimidade do interessado no sigilo não prejudique o interesse público à informação."

442. Para confirmar a assertiva sugerimos a leitura do conteúdo do acórdão proferido na Repercussão Geral na questão de ordem no agravo de instrumento 791.292/PE.

federais outrora tidas por violadas e levadas a questionamento tanto em primeiro como em segundo graus de Jurisdição, há que ser convocada a violação aos arts. 1.022[443] e 489, inciso II[444] e § 1º,[445] do Código de Processo Civil/2015 diante do não pronunciamento jurisdicional provocado via embargos declaratórios.

Com esse cenário, é possível considerar que as razões recursais (extraordinário e especial) estarão prequestionadas, ainda que forçosamente por meio da interposição de embargos de declaração, seja de maneira expressa, implícita ou até mesmo, consoante o art. 1.025[446] do Código de Processo Civil/2015, fictamente, o que ensejará o recebimento, processamento e julgamento de mérito do recurso no âmbito dos Tribunais Superiores.

---

443. "Art. 1.022. Cabem embargos de declaração contra qualquer decisão judicial para:
I – esclarecer obscuridade ou eliminar contradição;
II – suprir omissão de ponto ou questão sobre o qual devia se pronunciar o juiz de ofício ou a requerimento;
III – corrigir erro material."

444. "Art. 489. São elementos essenciais da sentença:
II – os fundamentos, em que o juiz analisará as questões de fato e de direito."

445. "Art. 489. [...]
§ 1º Não se considera fundamentada qualquer decisão judicial, seja ela interlocutória, sentença ou acórdão, que:
I – se limitar à indicação, à reprodução ou à paráfrase de ato normativo, sem explicar sua relação com a causa ou a questão decidida;
II – empregar conceitos jurídicos indeterminados, sem explicar o motivo concreto de sua incidência no caso;
III – invocar motivos que se prestariam a justificar qualquer outra decisão;
IV – não enfrentar todos os argumentos deduzidos no processo capazes de, em tese, infirmar a conclusão adotada pelo julgador;
V – se limitar a invocar precedente ou enunciado de súmula, sem identificar seus fundamentos determinantes nem demonstrar que o caso sob julgamento se ajusta àqueles fundamentos;
VI – deixar de seguir enunciado de súmula, jurisprudência ou precedente invocado pela parte, sem demonstrar a existência de distinção no caso em julgamento ou a superação do entendimento."

446. "Art. 1.025. Consideram-se incluídos no acórdão os elementos que o embargante suscitou, para fins de pré-questionamento, ainda que os embargos de declaração sejam inadmitidos ou rejeitados, caso o tribunal superior considere existentes erro, omissão, contradição ou obscuridade."

8.5 As contrarrazões recursais e a sua (im)prescindibilidade

Mario Jabur Neto

Partindo-se das premissas segundo as quais: (1) o processo tributário não é um fim em si mesmo, mas instrumento para solucionar um conflito material; e de que (2) os recursos, por serem desdobramentos do direito de ação, na mesma medida devem ser compreendidos, o presente trabalho objetiva demonstrar que o mesmo tratamento deve dado às contrarrazões recursais.

Não se olvida de que a ausência de contrarrazões possui impacto distinto sobre a relação material conflituosa, uma vez que a não interposição do recurso propriamente dito implica a formação da coisa julgada.[447] Em que pese a não apresentação das contrarrazões não afete diretamente o conteúdo da decisão, já que supõem o exercício da recorribilidade pelo vencido, reputa-se adequado revisitar o entendimento dominante de que sua apresentação constitui mera faculdade do jurisdicionado e não se consubstancia em um ônus processual.

Sobre esse específico ponto, reputamos que o Código de Processo Civil/2015 trouxe dispositivos que tornam imperativa a apresentação das contrarrazões recursais, a depender do que se pretende discutir.

Exemplo disso é a hipótese em que a parte vencedora que obteve sentença acolhendo sua pretensão tenha que impugnar decisão interlocutória não agravável e que lhe foi desfavorável, uma vez que a referida irresignação deve ser engendrada em preliminar de contrarrazões de apelação,

447. Vale relembrar: uma das características dos recursos é impedir, ou evitar, a formação da coisa julgada.

nos termos do que prescreve o § 1º do art. 1.009[448] do Código de Processo Civil/2015.

Outra situação que pode ser levantada para confirmar nossa posição é aquela em que as contrarrazões configuram o meio adequado para (re)provocação da jurisdição pelo vencedor (recorrido, na instância recursal), nas circunstâncias em que nem todos os argumentos convocados tenham sido objeto de análise na instância *a quo*, não obstante o que dispõe o inciso IV do § 1º do art. 489[449] do Código de Processo Civil/2015, o que tolhe a parte de discutir essas questões pela via recursal, já que o vencedor, em regra, não possui interesse recursal, o qual se revela no binômio sucumbência e perspectiva de maior vantagem.

No específico contexto do processo tributário, podemos trazer como exemplo o caso do contribuinte que se insurja contra uma determinada exigência fiscal por meio da invocação de três fundamentos (causas de pedir): (1) decadência; (2) iliquidez do título executivo; e (3) ilegalidade e/ou inconstitucionalidade do tributo.

Imaginando que na sentença seja acolhida a alegação de decadência, extinguindo-se, via de consequência, o crédito tributário. Nesse caso, o contribuinte não possuirá interesse recursal,[450] pois, a princípio, figura como vencedor

---

448. "Art. 1.009. Da sentença cabe apelação.
§ 1º As questões resolvidas na fase de conhecimento, se a decisão a seu respeito não comportar agravo de instrumento, não são cobertas pela preclusão e devem ser suscitadas em preliminar de apelação, eventualmente interposta contra a decisão final, ou nas contrarrazões."

449. "Art. 489 São elementos essenciais da sentença:
[...]
§ 1º Não se considera fundamentada qualquer decisão judicial, seja ela interlocutória, sentença ou acórdão, que:
[...]
IV – não enfrentar todos os argumentos deduzidos no processo capazes de, em tese, infirmar a conclusão adotada pelo julgador."

450. O interesse em recorrer, porque extensão do direito de ação, consagra-se no binômio necessidade/utilidade do provimento a ser dado no julgamento do recurso

e, por conseguinte, supostamente, não existiria perspectiva de obtenção de maior vantagem do que a já obtida com a sentença em razão de eventual recurso a ser interposto.

Todavia, há sempre o risco de provimento do recurso da parte vencida e, para que o recorrido (contribuinte vencedor) não fique à mercê de ver revertida a decisão que lhe foi favorável, sem que sejam analisados seu segundo e terceiro argumentos, além de utilizar suas contrarrazões para impugnar as razões recursais do recorrente (vencido), deverá manejá-la inserindo uma espécie de causa de pedir eventual veiculada em suas contrarrazões recursais, a fim de que sejam analisados todos os seus argumentos, caso se entenda que apenas o primeiro não é suficiente para manter a vitória no tribunal *ad quem*.

Não se ignora que, em apelação, a teoria da causa madura permite que sejam analisadas matérias de mérito não abarcadas pela sentença, nos termos do que dispõe o art. 1.013,[451] §§ 3º e 4º, do Código de Processo Civil/2015. Entretanto, tal aspecto revela a importância do conteúdo das contrarrazões como meio adequado para demonstrar ao tribunal ad quem que, superado o reconhecimento da decadência (primeiro argumento), devem ser analisados os

---

e que supõe a pretensão do vencido de melhorar sua condição no processo mediante a provocação da jurisdição revisiva sobre o ato judicial decisório.

451. "Art. 1.013. A apelação devolverá ao tribunal o conhecimento da matéria impugnada.
§ 3º Se o processo estiver em condições de imediato julgamento, o tribunal deve decidir desde logo o mérito quando:
I – reformar sentença fundada no art. 485;
II – decretar a nulidade da sentença por não ser ela congruente com os limites do pedido ou da causa de pedir;
III – constatar a omissão no exame de um dos pedidos, hipótese em que poderá julgá-lo;
IV – decretar a nulidade de sentença por falta de fundamentação.
[...]
§ 4º Quando reformar sentença que reconheça a decadência ou a prescrição, o tribunal, se possível, julgará o mérito, examinando as demais questões, sem determinar o retorno do processo ao juízo de primeiro grau."

fundamentos da iliquidez do título executivo e ilegalidade/ inconstitucionalidade do tributo sob discussão (segundo e terceiros argumentos).

Assim como o recurso, as contrarrazões recursais constituem instrumento processual adequado à parte vencedora para obter a análise de todos os fundamentos ventilados, mas não conhecidos, em primeiro grau, e que exige, na mesma medida que o recurso do vencido, o adequado delineamento da causa de recorrer.

Tal técnica é necessária a fim de que se atinja a máxima fundamentação, que, inclusive, e segundo manifestação do Superior Tribunal de Justiça[452] é *conditio sine qua non* para o devido prequestionamento das questões, permitindo que sejam analisadas pelas instâncias superiores.

Assim, e retomando o exemplo acima, se os argumentos dois (iliquidez do título executivo) e três (tributo eivado de ilegalidade e/ou inconstitucionalidade) forem ignorados pela decisão que acatou apenas um argumento (a decadência), é essencial que o recorrido averbe os argumentos omitidos em suas contrarrazões recursais, tanto para "manter viva" a discussão acerca do segundo e terceiro argumentos, como para fins de prequestionamento voltado a viabilizar o processamento de eventuais recursos excepcionais.[453]

Ao se utilizar dessa técnica, o jurisdicionado buscará afastar decisões que deixem de apreciar o mérito da causa sob a simples alegação de que a matéria não foi prequestionada, permitindo, assim, uma maior efetividade na prestação jurisdicional pelas cortes superiores.

Previne-se a preclusão e consagra-se a máxima fundamentação a fim de solucionar, de fato, o conflito tributário.

---

452. Entendimento exarado nos Embargos de Divergência em REsp 227.767.

453. Denominamos o recurso extraordinário e o recurso especial de "recursos excepcionais".

8.6 Conversão de embargos de declaração em agravo interno e prequestionamento

Lázaro Reis Pinheiro Silva

Ao partirmos do pressuposto de que o delineamento preciso da *causa de recorrer* afigura-se indispensável ao adequado exercício da atividade (re)provocativa do exercício da jurisdição revisiva, materializada na minuta recursal, torna-se inevitável conjecturar sobre as possíveis consequências da ausência deste delineamento. Perseguindo esta ideia, constatamos que o cuidadoso esboço das questões controvertidas no processo guarda íntima relação com o que se convencionou chamar de "prequestionamento".

Uma vez que o exercício da competência recursal excepcional do Superior Tribunal de Justiça e do Supremo Tribunal Federal reclama *causa decidida*, nos termos dos arts. 105, inciso III,[454] e 102, inciso III,[455] da Constituição Federal, para que tais recursos sejam cabíveis é necessário que o tribunal local tenha decidido a questão federal ou constitucional suscitada. Apesar dos temperamentos trazidos pelo art. 1.025, do Código de Processo Civil/2015,[456] que positivou o chamado "prequestionamento ficto", está consolidada na jurisprudência dos referidos tribunais que o prequestionamento é, acima de tudo, uma atividade do

---

454. "Art. 105. Compete ao Superior Tribunal de Justiça: [...] III – julgar, em recurso especial, as causas decididas, em única ou última instância, pelos Tribunais Regionais Federais ou pelos tribunais dos Estados, do Distrito Federal e Territórios, quando a decisão recorrida: [...]."

455. "Art. 102. Compete ao Supremo Tribunal Federal, precipuamente, a guarda da Constituição, cabendo-lhe: [...] III – julgar, mediante recurso extraordinário, as causas decididas em única ou última instância, quando a decisão recorrida: [...]."

456. "Art. 1.025. Consideram-se incluídos no acórdão os elementos que o embargante suscitou, para fins de pré-questionamento, ainda que os embargos de declaração sejam inadmitidos ou rejeitados, caso o tribunal superior considere existentes erro, omissão, contradição ou obscuridade."

tribunal enunciada no acórdão mediante provocação argumentativa pelas partes.

Tem-se por *prequestionada*, portanto, a questão federal ou constitucional que restou efetivamente decidida pelas instâncias ordinárias como fundamento de sua pretensão ou de se sua resistência, oportunamente trazida pelas partes, conforme o caso. Por outro lado, se, a despeito de provocado, o Poder Judiciário deixou de pronunciar-se sobre a questão suscitada, configura-se omissão, a ser saneada pela via dos embargos de declaração (art. 1.022[457] do Código de Processo Civil/2015), o que ensejará juízo de cassação sobre o acórdão recorrido ou, ao menos, autorizará o tribunal superior a, se assim entender, tomar a questão por incluída no acórdão recorrido (a ideia de prequestionamento ficto).

É neste cenário que resplandece a relevância dos embargos de declaração para desenvolvimento da cadeia recursal. Se é bem verdade que, de regra, não servem para *inaugurar o prequestionamento*,[458] desempenham a indispensável função de aviventar o prequestionamento já realizado e, assim, documentar o vício de omissão incorrido pelo órgão julgador que deixou de pronunciar-se sobre a questão arguida pela parte.

Em tais casos, os embargos de declaração servirão como a "certidão de nascimento" de um *error in procedendo*,

---

457. "Art. 1.022. Cabem embargos de declaração contra qualquer decisão judicial para:
I – esclarecer obscuridade ou eliminar contradição;
II – suprir omissão de ponto ou questão sobre o qual devia se pronunciar o juiz de ofício ou a requerimento;
III – corrigir erro material.
Parágrafo único. Considera-se omissa a decisão que:
I – deixe de se manifestar sobre tese firmada em julgamento de casos repetitivos ou em incidente de assunção de competência aplicável ao caso sob julgamento;
II – incorra em qualquer das condutas descritas no art. 489, § 1º."

458. Registramos aqui, como ressalva, as hipóteses em que a questão federal ou constitucional é inaugurada no acórdão recorrido.

e, quando não manejados, atraem a incidência da Súmula 211[459] do Superior Tribunal de Justiça.

Infelizmente, persiste entre nós a arraigada compreensão dos embargos de declaração como um mero rito de passagem, uma providência "preparatória" à interposição do recurso da decisão.[460]

Não por outro motivo, são extremamente comuns as decisões padronizadas proferidas no âmbito dos tribunais locais ou regionais, que se limitam a rejeitar os embargos de declaração sob o lacônico fundamento não se encontrarem presentes os vícios do art. 1.022 do Código de Processo Civil/2015, ou de suficiência de fundamentação, sem que se promova minimamente o cotejo entre os fundamentos suscitados pela parte embargante e o pronunciamento judicial objeto dos embargos.

É neste contexto que se torna relevante atentar para o que dispõe o art. 1.024, § 3º, do Código de Processo Civil/2015,[461] que admite a conversão dos embargos de declaração em agravo interno "quando se entender ser este o recurso cabível".

Assim, imaginando-se um julgamento monocrático de recurso de apelação pelo relator no tribunal local, caso sobrevenha a oposição de embargos de declaração pela parte prejudicada, é possível que o órgão julgador, após oportunizada a complementação das razões pelo recorrente e franqueado o oferecimento de contrarrazões pelo recorrido, julgue desde logo a insurgência como agravo interno.

---

459. Súmula 211/STJ: "Inadmissível recurso especial quanto à questão que, a despeito da oposição de embargos declaratórios, não foi apreciada pelo Tribunal *a quo*".

460. Compreensão que, aliás, revela-se em franca contrariedade à Súmula 98 do STJ.

461. "Art. 1.024. [...]
§ 3º O órgão julgador conhecerá dos embargos de declaração como agravo interno se entender ser este o recurso cabível, desde que determine previamente a intimação do recorrente para, no prazo de 5 (cinco) dias, complementar as razões recursais, de modo a ajustá-las às exigências do art. 1.021, § 1º."

Tal possibilidade, conquanto possa resultar em ganhos quanto à celeridade processual, também possui aptidão para ocasionar grave prejuízo ao jurisdicionado, ao dificultar a caracterização do prequestionamento, o que, no plano recursal, acaba por desaguar na inviabilização da tutela do direito material no âmbito dos Tribunais Superiores.

Imagine-se que determinado contribuinte esteja a questionar determinado lançamento tributário sobre diversos fundamentos, de modo a materializar, em sua *causa de pedir* questões federais e constitucionais. Vencido em primeira instância, aviou oportuno recurso de apelação que, todavia, foi improvido monocraticamente pelo relator no tribunal local.

Na hipótese de a referida decisão monocrática ter se revelado omissa quanto a uma relevante questão federal suscitada pelo recorrente, o manejo de embargos de declaração previamente à interposição do agravo interno é providência indispensável. Isto porque, eventual agravo interno que venha a ser interposto terá como *objeto imediato* não mais a sentença de improcedência que ensejou o recurso de apelação, mas sim a própria decisão monocrática agravada, de modo que, eventuais fundamentos omitidos na decisão monocrática agravada, se não oportunamente esclarecidos, poderão implicar ausência de prequestionamento e comprometer o acesso à via excepcional dos recursos especial e extraordinário.

Diante deste cenário, percebe-se que a *conversão dos embargos de declaração em agravo interno*, embora possa revelar-se pertinente em muitos casos, também pode resultar em grave prejuízo processual ao requerente. Assim, surge indispensável que, ao dar aplicação ao art. 1.024, § 3º, do Código de Processo Civil/2015, os Tribunais locais o façam comedidamente, a fim de que a conversão em agravo interno não se torne em mais uma ferramenta de rejeição sumária de embargos de declaração que se insurgem contra omissões na decisão quanto a questões imprescindíveis à solução da controvérsia.

No mesmo sentido, é de todo recomendável que os litigantes cuidem para que, diante de decisões monocráticas omissas, não deixem de *apontar claramente os fundamentos omitidos*, *explicitar sua relevância para a solução do caso* e, por fim, *demonstrar a ausência de pronunciamento na decisão monocrática do relator*.

Mais ainda, temos por pertinente que se tome o cuidado de apontar expressamente que, no seu caso, os embargos de declaração não devem ser convertidos em agravo interno, e, diante de uma indevida conversão dos embargos em agravo interno, não deixe de se insurgir contra eventual acórdão desfavorável por meio de novos embargos de declaração.

O que se está a afirmar é a necessidade de as partes delinearem adequadamente a causa de recorrer dos embargos de declaração, de modo a evidenciar ao relator que eles não se voltam primariamente à reforma da decisão monocrática, mas sim ao efetivo saneamento de pontos omissos na decisão monocrática embargada, bem como que a solução do vício afigurar-se-á indispensável para a caracterização do prequestionamento, na hipótese de o improvimento monocrático vir a ser mantido pelo órgão colegiado no julgamento dos embargos de declaração convolados no agravo interno.

8.7 Impugnação dos capítulos autônomos de decisão monocrática de Tribunal

Lázaro Reis Pinheiro Silva, Mario Jabur Neto
e Ricardo Berzosa Saliba

Conquanto seja corriqueiro falarmos em instrumentalidade processual, é sempre necessário rememorar que, a rigor, a instrumentalidade é da tutela jurisdicional, mediante a qual viabiliza-se a solução do conflito,[462]

462. PRIA, Rodrigo Dalla. *Direito processual civil*. São Paulo: Noeses, 2020. p. 144-146.

elemento patológico das relações jurídicas e, no que interessa diante do foco temático desta obra, das relações jurídicas tributárias.

Assim, a decantada instrumentalidade, tão cara aos nossos estudos e sobremaneira almejada na prática forense, é processual porquanto há de se revelar *por meio do processo*, embora não seja propriamente *do processo*.

Trata-se de importante perspectiva, já que, observada com atenção, permite situar o papel das regras processuais, que, ao fim e ao cabo, possuem a função de assegurar que o processo não se torne um fim em si mesmo e haja a escorreita prestação jurisdicional – esta sim, instrumento de realização do direito material atingido pelo conflito.

Daí não ser adequado, sob o pretexto de realização da instrumentalidade processual, desprestigiar o procedimento, porquanto erigido como uma garantia do jurisdicionado frente à potência heterocompositiva do Estado-juiz.

Todavia, se o jurisdicionado se utiliza do recurso adequado, da forma escorreita e no tempo definido normativamente, isto é, utiliza o veículo processual apropriado segundo procedimento definido em lei, descabida a utilização de subterfúgios formais para negar a entrega da solução em seu mérito, sob pena de afronta ao princípio da primazia da solução do mérito.

Nosso foco é a noção de instrumentalidade no plano recursal, no que assume relevância o estudo das decisões monocráticas, por se tratar de excepcional tipo decisório de solução de litígio (lembremos: na órbita de um tribunal a regra é a decisão colegiada), e, de outra parte, o denominado agravo interno, via recursal conferida ao vencido para, à vista do pronunciamento singular do julgador, provocar o reexame das questões ventiladas no recurso pelo órgão colegiado competente.

Importante destacar que a solução monocrática dos conflitos em plano recursal há de ser sempre compreendida como excepcional, não porque indesejável ou rara, como se poderia apressadamente cogitar, mas apenas porque objetivamente subordinada às situações contempladas no art. 932, incisos III, IV e V, do Código de Processo Civil/2015.[463]

Não se pode olvidar que a decisão de recurso fora do ambiente da colegialidade impõe um duplo ônus ao recorrente, porquanto ao se insurgir contra o pronunciamento monocrático deverá cuidar não apenas de reavivar as questões objeto do recurso manejado, mas, sobretudo, impugnar especificamente os fundamentos ventilados na decisão recorrida, estabelecendo com ela uma relação dialética.

Nesse contexto (o da monocrática em tribunal), situação comum no contencioso tributário é a que se depara a parte recorrente, quando por meio do agravo interno pretende impugnar apenas parte da decisão monocrática, seja porque alguma das causas de pedir convocadas no processo foi pacificada por acórdãos paradigmáticos vinculantes[464] não ensejando, assim, o exercício da recorribilidade, ou mesmo por falta de interesse na manutenção de parte da discussão.

---

463. "Art. 932. Incumbe ao relator: [...]
III – não conhecer de recurso inadmissível, prejudicado ou que não tenha impugnado especificamente os fundamentos da decisão recorrida;
IV – negar provimento a recurso que for contrário a:
a) súmula do Supremo Tribunal Federal, do Superior Tribunal de Justiça ou do próprio tribunal;
b) acórdão proferido pelo Supremo Tribunal Federal ou pelo Superior Tribunal de Justiça em julgamento de recursos repetitivos;
c) entendimento firmado em incidente de resolução de demandas repetitivas ou de assunção de competência;
V – depois de facultada a apresentação de contrarrazões, dar provimento ao recurso se a decisão recorrida for contrária a:
a) súmula do Supremo Tribunal Federal, do Superior Tribunal de Justiça ou do próprio tribunal;
b) acórdão proferido pelo Supremo Tribunal Federal ou pelo Superior Tribunal de Justiça em julgamento de recursos repetitivos;
c) entendimento firmado em incidente de resolução de demandas repetitivas ou de assunção de competência; [...]."

464. Exarados em sede de recursos especiais repetitivos ou extraordinários afetados por repercussão geral.

Nesses casos, com base no art. 1.002[465] do Código de Processo Civil/2015, bem como nos princípios da efetividade e economicidade processual e, especialmente, no dever institucional de primazia do julgamento de mérito, reputa-se totalmente contraproducente, além de ilegal, a negativa de conhecimento de agravo interno com base na Súmula 182 do Superior Tribunal de Justiça.[466]

Quando o jurisdicionado entender que apenas uma parte de sua pretensão foi, com razão, afastada, mas que ainda há argumentos outros capazes de manter parte ou a totalidade da discussão de pé, plenamente possível o exercício do direito de impugnação parcial da decisão monocrática por meio do agravo interno (art. 1.021[467] do Código de Processo Civil/2015).

O que se vem notando na prática, são colegiados de tribunais, à vista da ausência de impugnação específica de *todos os fundamentos* da decisão agravada, deixarem de conhecer do agravo interno interposto, aplicando-se o art. 932, inciso III, do Código de Processo Civil/2015, entendimento esse baseado em jurisprudência formada pelo Superior Tribunal de Justiça e Supremo Tribunal Federal acerca do agravo em recurso especial e em recurso extraordinário.[468]

Todavia, essa questão restou dirimida pela Corte Especial do Superior Tribunal de Justiça, que nos Embargos de Divergência 1.424.404/SP, utilizando como fundamento o art. 1.002 do Código de Processo Civil/2015 e o interesse recursal, entendeu que no agravo interno é possível eleger

465. "Art. 1.002. A decisão pode ser impugnada no todo ou em parte."

466. É inviável o agravo do art. 545 do CPC que deixa de atacar especificamente os fundamentos da decisão agravada.

467. "Art. 1.021. Contra decisão proferida pelo relator caberá agravo interno para o respectivo órgão colegiado, observadas, quanto ao processamento, as regras do regimento interno do tribunal."

468. Art. 544 do CPC/1973, atualmente disciplinado pelo art. 1.042 do CPC/2015.

"questões jurídicas – autônomas e independentes" da decisão monocrática a serem impugnadas, concluindo pela desnecessidade de insurgência contra todos os fundamentos da decisão agravada.

É evidente a evolução do entendimento do Superior Tribunal de Justiça, demonstrando uma postura instrumental do agravo interno como veículo para solucionar o conflito.

Contudo, o entendimento manifestado não afastou a aplicação de sua Súmula 182 nos casos de agravo do art. 1.042 do Código de Processo Civil/2015, de maneira que nossa sugestão, para evitar o risco da inadmissibilidade, é interpor o agravo do art. 1.042 do Código de Processo Civil/2015 e impugnar todos os fundamentos da decisão recorrida, já que a batalha pela instrumentalidade no plano recursal ainda não foi vencida.

8.8 Impugnação à negativa de seguimento ao recurso excepcional

Mario Jabur Neto, Camila Campos Vergueiro e Rodrigo Dalla Pria

No contencioso judicial tributário, muitas teses são sedimentadas por meio de precedentes firmados em julgamentos de recursos (especial e extraordinário) representativos de controvérsia. Tais entendimentos, sabemos todos, devem ser seguidos pelos tribunais locais, pois de observância obrigatória, a teor do que prescreve o art. 927, inciso III,[469] do Código de Processo Civil/2015.

469. "Art. 927. Os juízes e os tribunais observarão:
[...]
III – os acórdãos em incidente de assunção de competência ou de resolução de demandas repetitivas e em julgamento de recursos extraordinário e especial repetitivos."

Para que uma tese jurídica seja fixada por essa via, no entanto, é necessário que o jurisdicionado transponha um dos obstáculos mais difíceis da pragmática processual, que é justamente o juízo de admissibilidade a que estão submetidos os recursos excepcionais.

Esse desafio, com efeito, é ainda mais árduo quando a acórdão recorrido invoca, equivocadamente, orientação jurisprudencial de observância obrigatória.

É que, no exame de admissibilidade do recurso especial ou extraordinário interpostos contra o acórdão proferido em consonância às orientações firmadas em *leading cases*,[470] o legislador estabelece a obrigatoriedade de prolação de "despacho" monocrático, a cargo da presidência ou da vice-presidência do tribunal a quo, que determina ou nega seguimento ao recurso, nos termos dos arts. 1.030, inciso I, alíneas "a" e "b"[471] e 1.040, inciso I,[472] do Código de Processo Civil/2015.

---

470. Para fins deste artigo, denominamos de *leading cases* os entendimentos do STF ou STJ exarados, conforme o caso, no regime de repercussão geral ou de recursos repetitivos.

471. "Art. 1.030. Recebida a petição do recurso pela secretaria do tribunal, o recorrido será intimado para apresentar contrarrazões no prazo de 15 dias, findo o qual os autos serão conclusos ao presidente ou ao vice-presidente do tribunal recorrido, que deverá:
I – negar seguimento:
a) a recurso extraordinário que discuta questão constitucional à qual o Supremo Tribunal Federal não tenha reconhecido a existência de repercussão geral ou a recurso extraordinário interposto contra acórdão que esteja em conformidade com entendimento do Supremo Tribunal Federal exarado no regime de repercussão geral;
b) a recurso extraordinário ou a recurso especial interposto contra acórdão que esteja em conformidade com entendimento do Supremo Tribunal Federal ou do Superior Tribunal de Justiça, respectivamente, exarado no regime de julgamento de recursos repetitivos;

472. art. 1.040. Publicado o acórdão paradigma:
I – o presidente ou o vice-presidente do tribunal de origem negará seguimento aos recursos especiais ou extraordinários sobrestados na origem, se o acórdão recorrido coincidir com a orientação do tribunal superior."

Esse tipo de decisão monocrática, quando negativa de seguimento do recurso, deve ser atacada pela via de agravo interno, interposto no âmbito da própria corte local, conforme estabelecem os arts. 1.030, § 2º,[473] e 1.042, *caput*,[474] do Código de Processo Civil/2015.

Em razão do princípio da unirrecorribilidade, segundo o qual contra cada ato judicial é manejável uma única modalidade de recurso, o agravo interno é o instrumento apto a viabilizar ao jurisdicionado se insurgir contra o equívoco da decisão que tenha negado seguimento ao seu recurso excepcional, cujo fundamento seja a "aplicação" inadequada de um precedente e/ou, ainda, que não tenha se desincumbido do dever de demonstrar que o caso sob julgamento se "ajusta" aos fundamentos do *leading case* invocado, nos termos do art. 489, § 1º, inciso V, do Código de Processo Civil/2015.[475]

Ao apreciar o agravo interno, o órgão colegiado do tribunal local poderá manter a decisão monocrática agravada ou dar provimento ao recurso, reconhecendo a "aplicação" indevida de precedente e devolvendo o processo à turma que proferiu o acórdão recorrido para que tenha a

473. "Art. 1.030. [...]
§ 2º Da decisão proferida com fundamento nos incisos I e III caberá agravo interno, nos termos do art. 1.021."

474. "Art. 1.042. Cabe agravo contra decisão do presidente ou do vice-presidente do tribunal recorrido que inadmitir recurso extraordinário ou recurso especial, salvo quando fundada na aplicação de entendimento firmado em regime de repercussão geral ou em julgamento de recursos repetitivos."

475. No presente artigo tratamos apenas do despacho que nega seguimento ao recurso excepcional com base no art. 1.030, inciso I, alíneas "a" e "b", por isso recorrível apenas pelo agravo internos, mas não se pode esquecer da possibilidade tratada pelo enunciado 77 do CJF: "Para impugnar decisão que obsta trânsito a recurso excepcional e que contenha simultaneamente fundamento relacionado à sistemática dos recursos repetitivos ou da repercussão geral (art. 1.030, I, do CPC) e fundamento relacionado à análise dos pressupostos de admissibilidade recursais (art. 1.030, V, do CPC), a parte sucumbente deve interpor, simultaneamente, agravo interno (art. 1.021 do CPC) caso queira impugnar a parte relativa aos recursos repetitivos ou repercussão geral e agravo em recurso especial/extraordinário (art. 1.042 do CPC) caso queira impugnar a parte relativa aos fundamentos de inadmissão por ausência dos pressupostos recursais".

oportunidade de adequar (ou não) o entendimento firmado anteriormente, mediante emissão de juízo de retratação, a teor do que dispõem os arts. 1.030, II[476] e 1.040, inciso II,[477] do Código de Processo Civil/2015.

Acaso a turma julgadora se negue a adequar seu entendimento à orientação do Tribunal Superior, o recurso excepcional deverá ser admitido e remetido ao Supremo Tribunal Federal e/ou ao Superior Tribunal de Justiça, na forma dos arts. 1.030, "c"[478] e 1.041[479] do Código de Processo Civil/2015.

Até esse ponto, o jurisdicionado navega por águas calmas e claras quanto às regras de controle de aplicação de precedentes em sede de admissibilidade de recursos excepcionais. Todavia, quando o acórdão que aprecia o agravo interno mantém a negativa de seguimento, afastando a alegação do jurisdicionado acerca da aplicação errática de um *leading case*, o mar fica revolto e a água torna-se turva, não havendo uma rota segura que permita ao jurisdicionado o acesso aos tribunais superiores.

Isso porque, além de o Superior Tribunal de Justiça já ter estabelecido ser incabível[480] a interposição de recurso contra

---

476. "Art. 1.030 [...]
II – encaminhar o processo ao órgão julgador para realização do juízo de retratação, se o acórdão recorrido divergir do entendimento do Supremo Tribunal Federal ou do Superior Tribunal de Justiça exarado, conforme o caso, nos regimes de repercussão geral ou de recursos repetitivos;"

477. "Art. 1.040. Publicado o acórdão paradigma:
[...]
II – o órgão que proferiu o acórdão recorrido, na origem, reexaminará o processo de competência originária, a remessa necessária ou o recurso anteriormente julgado, se o acórdão recorrido contrariar a orientação do tribunal superior;"

478. "Art. 1030. [...]
c) o tribunal recorrido tenha refutado o juízo de retratação."

479. "Art. 1.041. Mantido o acórdão divergente pelo tribunal de origem, o recurso especial ou extraordinário será remetido ao respectivo tribunal superior, na forma do art. 1.036, § 1º."

480. STJ: AgInt na Pet 11.755/PE, rel. Ministro Lázaro Guimarães (Desembargador convocado do TRF 5ª Região), 4ª Turma, julgado em 27.02.2018, *DJe* 02.03.2018;

acórdão proferido pelo tribunal de origem no julgamento do agravo interno do art. 1.030, § 2º, do Código de Processo Civil/2015, sua Corte Especial firmou o entendimento de que, nesses casos, a reclamação[481] também não é admissível.

A posição do Superior Tribunal de Justiça de admitir a impugnação de decisão desse quilate tão somente por meio de ação rescisória (art. 966,[482] inciso V, §§ 5º e 6º, do Código de Processo Civil/2015), implica seguir na contramão da ideia de efetividade do processo, configurando aquilo que costuma ser denominado de "jurisprudência defensiva".

É o caso de buscar, então, outros caminhos, a fim de viabilizar o acesso às cortes superiores.

Com base na doutrina e na jurisprudência (minoritária), é possível identificar algumas rotas capazes de conduzir o jurisdicionado em direção ao acesso efetivo aos tribunais superiores. Esses caminhos, vale destacar, são de difícil navegabilidade, tendo como obstáculo maior, vale repisar, a defensiva jurisprudência de nossos tribunais superiores.

Entre os expedientes processuais de possível utilização, destacam-se: (a) a possibilidade de interposição de

---

AgRg na MC 23.595/RJ, rel. Ministro Raul Araújo, 4ª Turma, julgado em 04.08.2016, *DJe* 12.08.2016.

481. Rcl 36.476/SP, rel. ministra Nancy Andrighi, Corte Especial, julgado em 05.02.2020, *DJe* 06.03.2020.

482. "Art. 966. A decisão de mérito, transitada em julgado, pode ser rescindida quando:
[...]
V – violar manifestamente norma jurídica;
[...]
§ 5º Cabe ação rescisória, com fundamento no inciso V do caput deste artigo, contra decisão baseada em enunciado de súmula ou acórdão proferido em julgamento de casos repetitivos que não tenha considerado a existência de distinção entre a questão discutida no processo e o padrão decisório que lhe deu fundamento.
§ 6º Quando a ação rescisória fundar-se na hipótese do § 5º deste artigo, caberá ao autor, sob pena de inépcia, demonstrar, fundamentadamente, tratar-se de situação particularizada por hipótese fática distinta ou de questão jurídica não examinada, a impor outra solução jurídica."

recurso especial e/ou extraordinário diretamente contra o acórdão do agravo interno[483]; (b) a própria reclamação, pois ainda que tenha sido tida por incabível pelo Superior Tribunal de Justiça, apresenta-se, segundo doutrina[484] abalizada, como o instrumento tecnicamente mais adequado à impugnação de decisões desse jaez, contando, inclusive, com o apoio de um raro julgado do Supremo Tribunal Federal;[485] e (c) o mandado de segurança, o qual, ante a inexistência de recurso hábil à impugnação da decisão, passa ser instrumento legítimo para a insurgência do jurisdicionado, sendo possível identificar, também nesse tocante, precedente exarado no âmbito do Superior Tribunal de Justiça[486] que dá respaldo a tal expediente.

Tem-se, assim, que as estratégias supraindicadas sejam capazes de viabilizar a solução para essa recalcitrância institucional, limitadora do acesso aos tribunais superiores, com vistas à máxima efetividade ao processo, bem como permitir a correção de decisões que tenham invocado, equivocadamente, precedentes de observância obrigatória, dando-se plena aplicabilidade ao quanto prescrito no art. 926, *caput,*[487] do Código de Processo Civil/2015.

---

483. BUENO, Cassio Scarpinella. *Curso sistematizado de direito processual civil:* procedimento comum, processos nos tribunais e recursos. 9. ed. São Paulo: Saraiva, 2020. v. 2, p. 754; CÂMARA. Alexandre Freitas. Novo CPC reformado permite superação de decisões vinculantes. *Revista Consultor Jurídico,* disponível em https://www.conjur.com.br/2016-fev-12/alexandre-camara-cpc-permite-superacao-decisoes-vinculantes.

484. cf. DIDIER JR., Fredie; CUNHA, Leonardo Caneiro da. *Curso de direito processual civil:* o processo civil nos tribunais, recursos, ações de competência originária de tribunal e *querela nullitatis*, incidentes de competência originária de tribunal. 18. ed. Salvador: JusPodivm, 2021. p. 406-407.

485. Rcl 30326 AgR, relator(a): min. Alexandre de Moraes, 1ª Turma, julgado em 06.09.2019.

486. AgInt no RMS 53.790/RJ, rel. Ministro Gurgel de Faria, 1ª Turma, julgado em 17.05.2021, *DJe* 26.05.2021.

487. "Art. 926. Os tribunais devem uniformizar sua jurisprudência e mantê-la estável, íntegra e coerente."

8.9 Apelação em mandado de segurança: como restaurar a suspensão da exigibilidade do crédito tributário outrora concedida?

Danilo Monteiro de Castro e Vanessa Damasceno Rosa Spina

Não é incomum, seja na excepcional via do mandado de segurança, seja por meio de procedimento ordinário (ação declaratória ou anulatória), que a obtenção de uma tutela provisória para suspender a exigibilidade do crédito tributário (ainda que em estado potencial) ocorra, tão somente, em segunda instância, isto é, com a interposição de agravo de instrumento (recurso cabível em razão da não concessão daquele provimento precário, a tutela provisória, na origem).

Também não é incomum sobrevir sentença, no nosso peculiar cenário mandamental, denegando a segurança que afasta, por conseguinte, a eficácia daquela tutela provisória concedida pelo Tribunal (pouco importa se em pronunciamento monocrático ou colegiado).[488]

Pela almejada estabilidade e coerência das decisões (sinalizada no art. 926 do Código de Processo Civil/2015) e, ainda, para evitar prejuízos à parte impetrante (prejuízos vislumbrados pelo Tribunal, já que concedeu tutela provisória), louvável seria a observância, na sentença, do entendimento já sinalizado na segunda instância, mormente quando a controvérsia do caso seja, tão somente, de direito (situação corriqueira quando do uso do mandado de segurança em matéria tributária).

---

488. "[...] a sentença, de conteúdo cognoscível mais amplo que o do momento usual de concessão da tutela provisória, sobrepõe-se a esta em específico efeito substitutivo, mesmo que a tutela provisória tenha sido determinada por órgão julgador de instância superior ao do prolator da sentença. Vale adiantar, neste caso, que cabe ao atingido pela eficácia imediata da revogação buscar de tutela provisória perante o órgão *a quem [...]*" (FERREIRA, William Santos. *Comentários ao Código de Processo Civil*. Coord. Cassio Scarpinella Bueno. São Paulo : Saraiva, 2017. v. 4, p. 436).

O fato é que não há qualquer imposição para que o juízo sentenciante acate o entendimento motivador da concessão de tutela provisória em grau recursal e, diante da precariedade do provimento cautelar (estamos tratando de suspensão da exigibilidade que, por isso, assume essa natureza[489]), normal o retorno da marcha da exigibilidade do crédito tributário diante da denegação da segurança.

Nesse contexto cabe à parte impetrante ofertar apelação. Porém, aguardar o seu julgamento enquanto permanece exigível a obrigação tributária pode trazer prejuízos incalculáveis ao contribuinte (ter seu nome inscrito no Cadin; ser protestado; ter bens penhorados e, até mesmo, praceados, ainda que o produto da arrematação permaneça em juízo; dentre tantos outros).

O que fazer, então, para restaurar a suspensão da exigibilidade desse crédito tributário e evitar os problemas acima mencionados? Qual caminho processual seguir?

Antes da vigência do Código de Processo Civil/2015, a opção era apresentar o recurso de apelação e, na sequência (até mesmo na petição de interposição do apelo), requerer a concessão da tutela provisória ao próprio juízo *a quo*. Se indeferido fosse tal pedido, apresentar novo recurso de agravo de instrumento ao Tribunal.

A partir do Código de Processo Civil/2015, a solução é diversa. Mesmo mantida a interposição do apelo na origem, a atribuição de seus efeitos não é mais tarefa do juiz de primeira instância, sequer o juízo de admissibilidade a ele compete (análise de tempestividade; preparo etc.).

Assim, não haverá em primeira instância, após a interposição do recurso de apelação, decisão interlocutória para

---

489. "[...] 'suspensão da exigibilidade' é, em si, expressão que designa cautelaridade (dado que ninguém pode pretendê-la como um fim, materialmente falando)..." (CONRADO, Paulo Cesar. Tutelas antecipada e cautelar e suspensão da exigibilidade do crédito tributário. *Revista de Direito Tributário*, São Paulo: Malheiros, n. 105, p. 104, 2008).

viabilizar o uso de novo agravo de instrumento. Todavia, os §§ 3º e 4º do art. 1.012 do Código de Processo Civil/2015 sinalizam a possibilidade de um mero requerimento direto no Tribunal, podendo ser formalizado mesmo antes da distribuição da apelação à segunda instância.

É certo que esses regramentos, se interpretados literalmente, versam, apenas, sobre a concessão de efeito suspensivo à apelação, o que, diante do objeto desse trabalho, nada impactariam, pois suspender a eficácia da sentença que denegou a segurança não gerará, automaticamente, o restabelecimento de uma tutela provisória (no caso a que tenha suspendido a exigibilidade do crédito tributário).

Entretanto, essa discussão é antiga (remonta à época em que inexistia previsão de tutela antecipada recursal em agravo de instrumento), e ela já havia sido superada pela doutrina[490] e jurisprudência, admitindo a reboque a concessão da tutela provisória recursal (então denominada de "efeito suspensivo ativo") quando o texto da lei versava, apenas, sobre efeito suspensivo.

Esse entendimento, felizmente, tem sido utilizado atualmente para situações como a aqui abordada – requerimento previsto no art. 1.012, §§ 3º e 4º, Código de Processo Civil/2015 –, não só para obtenção de um provimento negativo (suspensivo) como positivo (tutela provisória recursal). Nesse sentido, vejamos o recente julgado do Tribunal Regional Federal da 1ª Região, onde se afirma:

---

490. "[...] fala-se de 'suspender', e no rigor da lógica não há como 'suspender' a eficácia de pronunciamento negativo, nem seria adequado construir tal 'suspensão' à maneira de providência tendente a substituir a negação por afirmação. No entanto, argumentos de ordem prática militavam em favor de entendimento mais flexível. Não é necessariamente menos grave o risco gerado pelo indeferimento de certa providência requerida por uma das partes, nem será sempre menos urgente o remédio capaz de evitar que ele se consume. Vários julgados e pronunciamentos doutrinários admitiam o chamado 'efeito ativo', notadamente em tema de antecipação de tutela" (MOREIRA, José Carlos Barbosa. *Comentários ao Código de Processo Civil*. 12. ed. Rio de Janeiro: Forense, 2005. v. V, p. 675).

"[...] O pleito de tutela cautelar antecedente junto a esta Corte Regional pressupõe, para seu acolhimento, a existência de recurso encaminhado ou a ser enviado ao Tribunal que não seja dotado de efeito suspensivo, autorizando o art. 1.012 e parágrafos do Código de Processo Civil o relator, mediante simples requerimento da parte interessada, suspender a eficácia da sentença recorrida se o apelante demonstrar a probabilidade de provimento do apelo ou, sendo relevante a fundamentação, houver risco de dano grave ou de difícil reparação (parágrafos 3º e 4º). *A mesma demonstração se faz necessária nas hipóteses em que, sob rótulo de pedido de atribuição de efeitos suspensivo ao recurso, ou formulação de pedido nesse sentido, se busca a antecipação da tutela recursal, em face do conteúdo negativo do ato jurisdicional impugnado.* [...] Diante da existência concomitante dos requisitos legais, defiro o pedido de tutela antecipada para determinar a suspensão da exigibilidade da Cofins e do PIS sobre a parcela de ICMS ainda que a venda se dê a órgãos da Administração Pública, conforme entendimento já consolidado pela Suprema Corte, no julgamento do RE 574.706/PR" (TRF1. Pedido de Tutela Provisória ao Recurso de Apelação 1000835-56.2017.4.01.3800. Relatora convocada Rosimayre Gonçalves de Carvalho. Decisão monocrática. *DJE* 05.04.2022).[491]

Diante do cenário apresentado, de suma importância o manejo desse requerimento a ser apresentado

491. No mesmo sentido: "[...] É pacífica a orientação do Colendo Superior Tribunal de Justiça que a apelação interposta de sentença denegatória de mandado de segurança, como no caso em voga, deve ser recebida apenas no efeito devolutivo. Apenas será atribuído o efeito suspensivo ou *concedida a antecipação dos efeitos da tutela recursal, nas hipóteses em que o apelante demonstrar a probabilidade de provimento do recurso ou se, sendo relevante a fundamentação, houver risco de dano grave ou de difícil reparação (art. 1.012, § 4º, do CPC)* [...] De todo modo, o efeito suspensivo, previsto no art. 1.012, § 4º, do CPC, justifica-se em face da relevância do fundamento invocado quanto à aplicabilidade do art. 100, inciso III e seu parágrafo único, do CTN a favor da apelante/agravada e sem se olvidar do perigo de dano grave e de difícil reparação a que está sujeita" (TRF3. 4ª Turma. Agravo interno em Pedido de Efeito suspensivo a Apelação 5000092-39.2018.4.03.6143. Desembargador Relator Marcelo Saraiva. *DJe* 02.04.2020).

diretamente no Tribunal, como ferramenta apta para restaurar a suspensão da exigibilidade do crédito tributário questionado em mandado de segurança cuja sentença foi de improcedência.

8.10 Recurso especial nas tutelas provisórias e o (des) cabimento da Súmula 735 do Supremo Tribunal Federal

Ricardo Berzosa Saliba

No âmbito do contencioso judicial tributário, cujo litígio está atrelado à resistência do exercício de um direito subjetivo de um lado e o seu cumprimento de outro, instrumentos processuais estão colocados à disposição dos sujeitos dessa relação (fisco/contribuinte), em prol da efetividade jurisdicional compositiva de seus conflitos.

Nesse contexto, e considerando o momento em que se encontra o ciclo de concretização normativo-tributário, serão praticados no bojo das ações antiexacionais[492] atos cuja observância à instrumentalidade, no sentido de meio de solução da lide, se espera seja de rigor.

Contudo, a fim de que esse resultado ocorra em tempo razoável, observado o devido processo, ao qual estão submetidas tais ações, são incrementadas medidas prévias, concomitantes ou supervenientes com o intuito de, ao menos, resguardar o reconhecimento de futuras pretensões que objetivam (i) a declaração de inexistência de relação jurídica, (ii) a anulação do crédito tributário ou mesmo (iii) a recuperação do indébito. A referência é às tutelas judiciais provisórias.

492. Diante da temática objeto dos julgados que geraram o conteúdo da Súmula sob análise, os quais avaliaram a recorribilidade da concessão de medidas liminares em ações de iniciativa do particular, o presente artigo não fará referência às ações exacionais.

As tutelas provisórias, nas palavras de Rodrigo Dalla Pria, são "definidas pela análise concreta dos fundamentos que as autorizam (urgência e evidência) e, também, pela eficácia material pretendida pelo requerente (acautelatória/antecipatória)",[493] e que em termos de normatização e aplicabilidade no campo do processo judicial tributário antiexacional são identificadas no Código de Processo Civil de 2015 (arts. 294 *usque* 311) de forma geral, e de forma específica na Lei do Mandado de Segurança, Lei federal 12.016/2009 (art. 7º[494]).

Denomina-se provisória porque consagra medida que decorre de um pronunciamento não definitivo do Estado-juiz, interlocutório, disparado pelos fundamentos definidos na lei geral, se de urgência, no *fumus boni iuris* (probabilidade do direito) e no *periculum in mora* (risco de dano material ou processual), se de evidência, nos critérios fixados no art. 311 do Código de Processo Civil/2015[495] que consagra a tutela da não urgência, nominada tutela de evidência.

Assume essa medida, no processo tributário antiexacional, independentemente do fundamento convocado, natureza cautelar, diante do que dispõe o art. 151[496] do Código

493. *Direito processual tributário*. São Paulo: Noeses, 2020. p. 231.

494. "Art. 7º Ao despachar a inicial, o juiz ordenará: [...]
III – que se suspenda o ato que deu motivo ao pedido, quando houver fundamento relevante e do ato impugnado puder resultar a ineficácia da medida, caso seja finalmente deferida, sendo facultado exigir do impetrante caução, fiança ou depósito, com o objetivo de assegurar o ressarcimento à pessoa jurídica."

495. "Art. 311. A tutela da evidência será concedida, independentemente da demonstração de perigo de dano ou de risco ao resultado útil do processo, quando:
I – ficar caracterizado o abuso do direito de defesa ou o manifesto propósito protelatório da parte;
II – as alegações de fato puderem ser comprovadas apenas documentalmente e houver tese firmada em julgamento de casos repetitivos ou em súmula vinculante;
III – se tratar de pedido reipersecutório fundado em prova documental adequada do contrato de depósito, caso em que será decretada a ordem de entrega do objeto custodiado, sob cominação de multa;
IV – a petição inicial for instruída com prova documental suficiente dos fatos constitutivos do direito do autor, a que o réu não oponha prova capaz de gerar dúvida razoável."

496. "Art. 151. Suspendem a exigibilidade do crédito tributário:

Tributário Nacional, assim como o caráter *rebus sic stantibus*, pois atrelada a uma situação fática que poderá modificar-se com o tempo, ensejando, inclusive, seja conhecida, modificada, suspensa e revogada pelo próprio Juízo de 1º grau ou, até mesmo, perante os Tribunais locais, via agravo de instrumento (art. 1.015, inciso I,[497] do Código de Processo Civil/2015), especialmente quando decidida com malferição de texto de lei.[498]

Mas se aventarmos esse tema em sede de recursos excepcionais, leia-se, extraordinário e especial, pergunta-se: haveria espaço para esse debate levando-se em conta o conceito de "*causa*" previsto nos artigos. 102, inciso III[499] e 105, inciso III,[500] da Constituição Federal/1988, pressuposto indispensável para fins de conhecimento desses apelos?

Pois bem, atento ao enunciado da súmula 735 do Supremo Tribunal Federal (*Não cabe recurso extraordinário contra acórdão que defere medida liminar*), adotado por

---

I – moratória;
II – o depósito do seu montante integral;
III – as reclamações e os recursos, nos termos das leis reguladoras do processo tributário administrativo;
IV – a concessão de medida liminar em mandado de segurança.
V – a concessão de medida liminar ou de tutela antecipada, em outras espécies de ação judicial;
VI – o parcelamento."

497. "Art. 1.015. Cabe agravo de instrumento contra as decisões interlocutórias que versarem sobre: I – tutelas provisórias; [...]."

498. Enunciado 29 do Fórum Permanente de Processualistas Civis: "A decisão que condicionar a apreciação da tutela provisória incidental ao recolhimento de custas ou a outra exigência não prevista em lei equivale a negá-la, sendo impugnável por agravo de instrumento".

499. "Art. 102. Compete ao Supremo Tribunal Federal, precipuamente, a guarda da Constituição, cabendo-lhe: [...] III – julgar, mediante recurso extraordinário, as causas decididas em única ou última instância, quando a decisão recorrida: [...]."

500. "Art. 105. Compete ao Superior Tribunal de Justiça: [...] III – julgar, em recurso especial, as causas decididas, em única ou última instância, pelos Tribunais Regionais Federais ou pelos tribunais dos Estados, do Distrito Federal e Territórios, quando a decisão recorrida: [...]."

analogia e aplicado no âmbito do Superior Tribunal de Justiça,[501] instantaneamente a resposta seria negativa se tomada na sua literalidade.

E não poderia ser diferente, pois as tutelas provisórias analisadas tanto no 1º quanto no 2º graus de jurisdição se submetem a um juízo precário que tomam como objeto as condições fáticas do momento da prolação da referida decisão, além do fato de a questão jurídica de mérito objeto da causa – e convocada como alicerce do *fumus boni iuris* – somente estará decidida em única ou última instância[502] com o seu julgamento definitivo perante os Tribunais de Justiça ou Regionais Federais, ou seja, com o esgotamento de todos os recursos ordinários cabíveis.[503]

Em que pese esse cenário, merece atenção diferenciada não só a leitura como também a interpretação que merece ser dada ao conteúdo dos julgados que provocaram a produção do enunciado sumular 735 do Supremo Tribunal Federal, notadamente quando se preza à máxima efetividade jurisdicional, posto que, para fins de manejo de recurso especial, nem sempre estar-se-á buscando a análise de seu cabimento contra aspectos fáticos ou ofensa a dispositivos de lei relacionados ao próprio mérito da causa (*v.g.*, crédito tributário).

---

501. A exemplo: (i) AgInt no AREsp 1.996.993/GO, relator Ministro Manoel Erhardt (desembargador Convocado do Trf5), Primeira Turma, *DJe* 03.05.2022 e (ii) AgInt no AREsp 1.828.605/PR, relator Ministro Francisco Falcão, Segunda Turma, *DJe* 24.03.2022.

502. "[...] as decisões que concedem ou denegam antecipação de tutela, medidas cautelares ou provimentos liminares, passíveis de alteração no curso do processo principal, não configuram decisão de última instância a ensejar o cabimento de recurso extraordinário" (ARE 988731 AgR, Relator(a): Edson Fachin, Primeira Turma, julgado em 25.11.2016, processo eletrônico *DJe*-260 divulg. 06.12.2016, publ. 07.12.2016). Nos mesmos termos, RE 1077755 AgR, Relator(a): Ricardo Lewandowski, Segunda Turma, julgado em 23.03.2018, processo eletrônico *DJe*-066 divulg. 06.04.2018, publ. 09.04.2018.

503. Súmula 281/STF: "É inadmissível o recurso extraordinário, quando couber, na justiça de origem, recurso ordinário da decisão impugnada".

Isso porque, não raro, questiona-se – e essa controvérsia é admitida no Superior Tribunal de Justiça[504] – a revisão de decisão que concedeu a tutela provisória, mas cuja causa de recorrer sustenta-se apenas e tão somente na interpretação das normas que regulam o seu deferimento, isto é, nos requisitos fixados em lei federal (*fumus* e *periculum*, ou um dos fundamentos da evidência) e não, repise-se, no próprio mérito da causa que justificará a decisão definitiva (sentença) a ser prolatada no processo.

Consequentemente, se transportarmos esse entendimento para o centro dos litígios judiciais tributários antiexacionais, partindo da premissa de que o contribuinte socorrer-se-á de um requerimento de tutela (i) ainda não definitiva, (ii) fundada na urgência ou evidência, (iii) visando à satisfação de uma eficácia material (cautelar diante do conteúdo do art. 151 do Código Tributário Nacional, como adrede referido), (iv) que não envolva o mérito da causa (*v.g.*, discussão a respeito da exigibilidade do crédito/indébito tributário) e, consequentemente, sua (v) concessão, ou não, pelas instâncias ordinárias afrontar os critérios firmados nas normas processuais de regência como, por exemplo, abordar apenas o requisito do *periculum* e nada tratar a respeito do *fumus*, a hipótese é de conhecimento do apelo excepcional, sendo, assim, inaplicável o óbice da referia Súmula 735.

---

504. "A orientação jurisprudencial do STJ, nos termos da Súmula 735/STF, é pelo não cabimento do recurso especial que – ao invés de apontar violação de dispositivo legal que normatiza o deferimento da medida cautelar ou da antecipação de tutela – visa reexaminar o próprio mérito da causa" (AgRg no REsp 1385212/RJ, Rel. Ministro Mauro Campbell Marques, Segunda Turma, julgado em 12.08.2014, *DJe* 19.08.2014. Nesse mesmo sentido, os EDcl nos EDcl no REsp 1280826/MT, Rel. Ministro Herman Benjamin, Segunda Turma, julgado em 18.12.2014, *DJe* 02.02.2015 e o AgRg no AREsp 464.505/MS, Rel. Ministra Maria Isabel Gallotti, Quarta Turma, julgado em 27.03.2014, *DJe* 08.04.2014.

8.11 Recorribilidade da decisão sobre impugnação ao cumprimento de sentença

Camila Campos Vergueiro e Rodrigo Dalla Pria

Como é cediço, a sentença de procedência exarada em ação de repetição de indébito haverá de ser realizada, após transitada em julgado, pela via do procedimento de cumprimento de sentença prescrito nos arts. 534[505] e seguintes do Código de Processo Civil/2015, o qual culminará em ordem de pagamento (precatório) a ser cumprida segundo os ditames do art. 100[506] da Constituição Federal/1988.

A despeito de o procedimento de cumprimento de sentença contra a Fazenda Pública tenda à produção de atos de mero "acertamento" do *quantum debeatur*, não se pode perder de vista a prerrogativa de a Fazenda Pública impugnar a "pretensão executória" do autor da demanda, ocasião em que poderá arguir aquelas matérias que se encontram taxativamente enumeradas no art. 535[507] do Código de Processo Civil/2015.

505. "Art. 534. No cumprimento de sentença que impuser à Fazenda Pública o dever de pagar quantia certa, o exequente apresentará demonstrativo discriminado e atualizado do crédito contendo: [...]."

506. "Art. 100. Os pagamentos devidos pelas Fazendas Públicas Federal, Estaduais, Distrital e Municipais, em virtude de sentença judiciária, far-se-ão exclusivamente na ordem cronológica de apresentação dos precatórios e à conta dos créditos respectivos, proibida a designação de casos ou de pessoas nas dotações orçamentárias e nos créditos adicionais abertos para este fim."

507. "Art. 535. A Fazenda Pública será intimada na pessoa de seu representante judicial, por carga, remessa ou meio eletrônico, para, querendo, no prazo de 30 (trinta) dias e nos próprios autos, impugnar a execução, podendo arguir:
I – falta ou nulidade da citação se, na fase de conhecimento, o processo correu à revelia;
II – ilegitimidade de parte;
III – inexequibilidade do título ou inexigibilidade da obrigação;
IV – excesso de execução ou cumulação indevida de execuções;
V – incompetência absoluta ou relativa do juízo da execução;
VI – qualquer causa modificativa ou extintiva da obrigação, como pagamento, novação, compensação, transação ou prescrição, desde que supervenientes ao trânsito em julgado da sentença."

Havendo impugnação ao cumprimento de sentença, "instaura-se verdadeira atividade cognitiva acerca das questões invocadas pelo executado",[508] por intermédio da qual o juízo analisará os fundamentos deduzidos e julgará a pretensão fazendária, podendo acolhê-la total ou parcialmente, dando lugar a pronunciamentos que poderão ser de improcedência do pedido, procedência parcial ou, ainda, procedência total da impugnação.

Uma vez que o art. 1.015 do Código de Processo Civil/2015 determina que é cabível agravo de instrumento em face de decisões interlocutórias exaradas na fase de cumprimento de sentença e, ainda, que o art. 1.009[509] c.c. o § 1º[510] do art. 203 do mesmo Código dispõem que o ato decisório que põe fim à fase de conhecimento ou extingue a execução é a sentença (atacável por apelação), pairam dúvidas acerca do(s) recurso(s) a ser(em) utilizado(s) para impugnar os diferentes tipos de pronunciamentos decisórios que podem ser exarados por ocasião da apreciação da impugnação ao cumprimento de sentença contra a Fazenda Pública.

Para auxiliar na solução desse problema, convocamos a orientação adotada no REsp 1.698.344/MG, a qual reconhece ser a apelação o recurso adequado para atacar a decisão de total procedência da impugnação e que resulta na extinção do procedimento de cumprimento de sentença, bem como que o agravo de instrumento é o recurso cabível em face das decisões de improcedência e parcial procedência

---

508. TUCCI. José Rogério Cruz e. Recurso cabível contra decisão que julga procedente a impugnação. Disponível em: https://www.conjur.com.br/2018-jul-10/paradoxo-corte-recurso-cabivel-decisao-julga-procedente-impugnacao.

509. "Art. 1.009. Da sentença cabe apelação."

510. "Art. 203. Os pronunciamentos do juiz consistirão em sentenças, decisões interlocutórias e despachos.
§ 1º Ressalvadas as disposições expressas dos procedimentos especiais, sentença é o pronunciamento por meio do qual o juiz, com fundamento nos arts. 485 e 487, põe fim à fase cognitiva do procedimento comum, bem como extingue a execução."

da impugnação, ocasiões em que o cumprimento de sentença processar-se-á nos limites dessas decisões.

A racionalidade desse entendimento, queremos crer, está atrelada ao conteúdo do art. 203[511] do Código de Processo Civil/2015, cujos §§ 1º e 2º definem os conceitos de sentença e de decisão interlocutória. No primeiro escaninho (o da sentença) estão os pronunciamentos cujos conteúdos correspondam às matérias enumeradas nos arts. 485 ou 487 do Código Processual de 2015, e que tenham como efeito a capacidade de pôr fim à fase cognitiva ou extinguir a execução. No segundo escaninho (o das interlocutórias) estão, por exclusão, os demais atos decisórios que não estejam abarcados pelo conceito de sentença.

Sob essa premissa normativa, o que se verifica é que o Superior Tribunal de Justiça equiparou a procedência total da impugnação ao cumprimento de sentença à extinção total da execução, tal como disciplinada nos termos dos arts. 924, inciso III[512] e 203, § 1º, ambos do Código de Processo Civil/2015, atribuindo a esse ato decisório, portanto, a natureza de sentença, o que, por si só, justifica o manejo do recurso de apelação. Trata-se, não há dúvida, de típico pronunciamento decisório que, ao apreciar as questões enumeradas no art. 535 do CPC, tem o condão de afastar a pretensão executória e pôr fim ao procedimento de cumprimento de sentença, desafiando, assim, recurso de apelação.

E porque reconheceu (o Superior Tribunal de Justiça) que a decisão de parcial procedência ou improcedência da

---

511. "Art. 203. Os pronunciamentos do juiz consistirão em sentenças, decisões interlocutórias e despachos.
§ 1º Ressalvadas as disposições expressas dos procedimentos especiais, sentença é o pronunciamento por meio do qual o juiz, com fundamento nos arts. 485 e 487, põe fim à fase cognitiva do procedimento comum, bem como extingue a execução.
§ 2º Decisão interlocutória é todo pronunciamento judicial de natureza decisória que não se enquadre no § 1º."

512. "Art. 924. Extingue-se a execução quando: [...]
III – o executado obtiver, por qualquer outro meio, a extinção total da dívida."

impugnação não encerra o cumprimento de sentença, tratou-a como decisão interlocutória, por isso sujeita a agravo de instrumento.

Tal entendimento, em nosso sentir, resolve o problema de qual recurso é cabível contra os diferentes tipos de pronunciamentos decisórios que podem resultar do julgamento da impugnação ao cumprimento de sentença, muito embora o precedente do Superior Tribunal de Justiça acima invocado não tenha exaurido todas as variáveis decisórias de possível verificação no julgamento da impugnação ao cumprimento de sentença.[513]

Vale ressaltar, contudo, que a diretriz pretoriana é no sentido de que a apelação apenas pode ser interposta contra a decisão que afaste totalmente a pretensão "executiva" do contribuinte contra a Fazenda Pública. Tratando-se de decisão que não extinga totalmente o procedimento de cumprimento de sentença, seja porque acolhida parcialmente a impugnação, seja porque impugnada parcialmente a pretensão executória, recomendável a interposição de agravo de instrumento, haja vista tratar-se de pronunciamento decisório pertencente à classe das denominadas "decisões interlocutórias".

513. Não fez referência, por exemplo, à hipótese de total procedência de impugnação parcial ao cumprimento de sentença, que consagra típica decisão interlocutória justamente porque não extingue a "execução", prosseguindo o cumprimento quanto à parte não impugnada.

CAPÍTULO 9
SOLUÇÃO DO CONFLITO TRIBUTÁRIO E AS VIAS ALTERNATIVAS AO PROCESSO JUDICIAL

9.1 Mutualidade de concessões na transação: empatia como diretriz pragmática

Paulo Cesar Conrado

Se o que define a transação, nos termos do art. 171[514] do Código Tributário Nacional, é a perspectiva por ela instrumentalizada de resolver conflitos por meio de outorgas recíprocas, é natural supor que, em sua essência pragmática, o emprego dessa ferramenta exija a articulação, lado a lado, de tantas concessões quantas forem capazes de mobilizar o desejo dos litigantes de migrar para o campo da convergência.

Nada demais até aí, não fosse o fato de a transação instalada por obra da Lei federal 13.988/2020 demandar, em grande medida, a iniciativa, via edital, do fisco – o que se passa, de forma absoluta, no caso da transação de tese.

---

514. "Art. 171. A lei pode facultar, nas condições que estabeleça, aos sujeitos ativo e passivo da obrigação tributária celebrar transação que, mediante concessões mútuas, importe em determinação de litígio e consequente extinção de crédito tributário.
Parágrafo único. A lei indicará a autoridade competente para autorizar a transação em cada caso."

Tomando essa espécie de protagonismo fazendário como referencial (um protagonismo relativo, é bem verdade, uma vez que a vontade dela, fazenda, não é condição suficiente para formalização da transação, conquanto se apresente como condição necessária), seríamos quase que invariavelmente catapultados na direção da ideia de "eficiência", um princípio que rege a atuação administrativa – inclusive no campo tributário – e que representa uma base confortável para explicar se e quando a fazenda tomaria a iniciativa de lançar os editais que reputa interessantes, assim como para explicar as condições e concessões nos tais editais contempladas.

Lembremos de um detalhe, porém: "eficiência" é princípio genérico, governando toda a atuação administrativa, aspecto que o faz, como princípio, líquido, quando menos para explicar, pragmaticamente, o que está (ou deveria estar) por trás da ideia de transação.

Para alavancar a transação em termos concretos, a fazenda naturalmente deverá concluir que lhe interessa ceder em certos aspectos, liberando-se da insegurança que a presença de um conflito no Judiciário provoca, mormente no que se refere à ideia de arrecadação – fim último da atividade administrativo-tributária.

Mas isso basta? É assim, a partir dessas premissas, que se pavimentará, em nível prático, uma transação que se pretenda bem-sucedida? Podemos e devemos reconhecer que não.

Sendo a transação instrumento que demanda convergência de posições, as concessões a ela inerentes e que seriam *a priori* definidas pela fazenda – sobretudo nos casos de edital, como se passa, assim já dissemos, nas transações de tese – devem estar minimamente ajustadas aos interesses do contribuinte litigante, operação que exige o atravessamento de uma ideia um pouco mais sofisticada do que "eficiência" – a de "empatia".

Pode parecer estranho suscitar esse termo no contexto do direito, campo de especulação tradicionalmente atrelado a visões beligerantes, unilateralistas, quase maniqueístas, enfim. Coloquemos essas estranhezas na gaveta, no entanto, não por romantismo ou pretensão contracultural, mas simplesmente porque não é possível falar, na prática, em transação concretamente exitosa se as concessões que lhe subjazem, quando desenhadas por um dos atores, não o for de forma empática.

Não é de "autoajuda", vale frisar, que estamos falando, senão de pragmatismo em sua dimensão mais sólida – se é que é possível pensar num pragmatismo que assim não seja.

Meditemos, com efeito: se a fazenda delibera por lançar um edital de transação – de cobrança ou de tese, não importa – é porque, antes de assim fazer, estudos preparatórios indicam esse como o "caminho de ouro". Não é possível dizer, no entanto, que o lançamento do edital, assim como os estudos que o precederam, integralizariam a ideia de "eficiência" administrativa em nível real: o edital, como norma geral, só repercute pragmaticamente quando se cambia em instrumento individual, resultado cuja consecução exige a adesão do contribuinte.

Pois é aí que está o nó da questão: não dá para usar a noção de "eficiência" – princípio genérico, assim já falamos – para concluir que o melhor dos resultados foi obtido pela administração na gestão de seu acervo litigioso se, proposta a transação, as concessões projetadas em favor do contribuinte não despertarem em seu espírito o mesmo desejo, donde ressurge a pergunta: o que fazer para chegar no ponto almejado, a concretização prática da transação?

Não seria correto responder sobredita questão sem considerar que a decisão combinada de dois atores em dissenso é algo bem complexo, desafiando um certo nível de cautela – agiríamos de forma irresponsável se conduzíssemos nosso leitor para uma via simplória, desconsiderando essa complexidade a que nos referimos.

A par disso, de uma coisa não podemos nos despojar: quem opera nesse campo tão delicado só será bem-sucedido – e assim ocorrerá com o fisco, mormente quando estiver elaborando os editais relativos a transações julgadas convenientes e oportunas –, se, para além de seus valores, pensar nos que pautam sua contraparte, o sentido mais requintado de "empatia".

Longe da reducionista e singela ideia de "colocar-se no lugar do outro", pensamos numa "empatia" que suponha o reconhecimento, pela fazenda, dos anseios do contribuinte, não como se dela (fazenda) fossem, mas para que possam ser sopesados e considerados no processo de definição das vantagens preconizadas em edital – uma medida que tem um forte apelo prático, passando, por exemplo, pela apuração do nível de desconto que as situações concretas demandam, o tratamento fiscal a ser dado a esses descontos etc.

Mais rebuscada, essa "empatia" de que falamos, princípio regente, em nosso ver, da transação, pode ser traduzida pelo dever imposto à administração de pensar e entender os valores que são caros ao contribuinte, sem abrir mão evidentemente daqueles a que está submissa, operação que seguramente a conduzirá na direção de outro princípio, o que foi antes mencionado, da "eficiência", um princípio de tom mais genérico como reiteradamente assentamos e que, justamente por isso, precisa de ferramental "vivo" para aflorar.

Nada disso é fácil, reconhecemos: "empatia" e derivada "eficiência" resultam de um cálculo que é, de fato, complexo, mas que ainda assim está longe de ser impossível, notadamente se a administração estiver com olhos e ouvidos bem abertos, pronta para ver e ouvir o que se passa no seu entorno, compreendendo as demandas, sobretudo as econômicas, que dizem respeito aos contribuintes.

9.2 Direito, alteridade e transação tributária

Paulo Cesar Conrado

Um dos pilares do raciocínio psicanalítico revela um paradoxo aparente (ao menos para nós, habitués do direito), cuja compreensão, além de iluminar os caminhos que percorremos, pode nos auxiliar a entender e nos preparar para um futuro melhor.

A individualidade, segundo essa premissa, não é uma instância que se explica por si mesma; ela é reflexiva, depende da alteridade. Por outras palavras: um indivíduo só existe e se reconhece e é reconhecido como tal em razão de outro indivíduo.

Seria básico não fosse nossa mania, em direito, de contrapor e não de integrar: como nos definiríamos em nossa individualidade sem ao menos um par que nos desse visibilidade (e existência, por conseguinte)?

Em sua porção teórico-geral, o direito manobra essa ideia (ainda que sem dar crédito a outros domínios do conhecimento): não há espaço para o deôntico, assim nos ensina a teoria geral do direito, senão a partir da noção de intersubjetividade. Em outras palavras: ninguém está em relação jurídica consigo mesmo porque, em rigor, ninguém se reputa individualizável em si mesmo.

E se assim é para o direito em geral, assim também é, naturalmente, em todas as suas ramificações.

O direito tributário, o direito processual e a cópula dessas duas esferas – resultante no chamado direito processual tributário – são bases que, talvez em razão de nossa empiria, expressam com notável visibilidade as ideias apresentadas.

Tomemos o tributário, num primeiro momento.

Pondo em prática a alteridade que permeia a experiência humana, ele, o direito tributário, seria melhor compreendido (e pragmaticamente tratado) se, desfocado o objeto que o tipifica – o tributo –, passasse a ser enxergado com exclusiva atenção sobre os sujeitos que, no processo de mútua definição, se interindividualizam e passam a ter expressão não apenas jurídica, mas social (palavra tomada na intenção de "macrodimensionar" o fenômeno a que estamos nos reportando). Fisco e contribuinte: os sujeitos a que nos referimos, definidos e identificáveis em sua individualidade jurídico-tributária não por si próprios, mas em razão de sua contraparte, representam, nesse olhar, a tônica definitória do direito tributário.

O direito processual, ramo naturalmente complexo em suas estruturas, talvez seja de mais fácil compreensão quando focamos o fenômeno que lhe é próprio pelas lentes propostas – afinal, se o fato gerador das relações processuais é o conflito, a alteridade chega à beira da obviedade. A ideia do "outro", muitas vezes apontada de forma negativa, em tom inadequadamente beligerante, salta às nossas vistas.

E assim deve ser, por derivação, quando falamos de processo tributário: fisco e contribuinte se requalificam, na instância processual, como autor e réu, não necessariamente nessa ordem, um e outro se definindo existencial e juridicamente.

Mas há um ponto em especial que nos mobiliza nessa história toda, justamente quando invadimos o campo da processualidade: sua verificação nos conduz, de ordinário, ao conceito de jurisdição, circunstância que busca a alteridade, complexificando-a.

Todo processo, sabe-se, movimenta três pontas subjetivas, o que, no campo tributário, nos direciona para além das figuras tipificadoras da obrigação de fundo, como se as pontas originárias – postas em linha reta – já não mais se identificassem mutuamente, senão por intermédio de um terceiro elemento, tal como que ocultando a alteridade primitiva.

Façamos o caminho contrário para aprofundar a compreensão: se o conflito gerador do processo é substituído por elementar oposta – o estado de convergência –, a alteridade inerente à experiência original volta a operar em linha reta. Fisco e contribuinte, usando outros termos, seguem se interdefinindo sem que para isso seja preciso triangularizar o fio dialógico que os une(ia) existencialmente.

Devemos entender, por essa breve incursão, que não deve ser o estado de processualidade, tampouco o exercício da jurisdição dali derivada, que legitima(rá) fenomenologicamente o direito (inclusive o tributário). O atravessamento dessa instância vem servindo historicamente muito mais para radicar a ideia de que as individualidades estariam em risco, um grande equívoco, à medida que, insistamos, só há individualidade (e seus predicativos, inclusive jurídicos), em razão do "outro" complementar, não do "outro" contraposto.

Fisco se define como tal, em suma, em razão do contribuinte; o contribuinte, idem.

Por isso que a busca pela jurisdição judicial em função de pressupostas dissidências não deve ser vista como caminho assecuratório das dimensões individuais, medida que, literalmente considerada, significaria uma espécie de "(des)existencialismo" de um e/ou outro daqueles sujeitos, um caminho indevidamente disruptivo da alteridade.

Mais do que ilógica, a associação do exercício da jurisdição judicial, sobretudo a tributária, à ideia de instrumentalização de proteção de um e/ou de outro daqueles sujeitos em sua dimensão individual dá ao exercente da atividade jurisdicional o aparente (e igualmente equivocado) papel de reescritor da realidade existencial, como se a triangulação do diálogo (fenômeno processualmente típico) estivesse apta a distorcer a possibilidade de diálogo em linha reta e a própria interdefinição “fisco-contribuinte”.

Mesmo historicamente reiterada, essa visão felizmente vem se diluindo – e assim deve seguir ocorrendo, assim pensamos e desejamos.

Sem descurar da imprescindibilidade da jurisdição judicial, não a devemos tomar como primeira, senão como última *ratio*: fazendo-o, garantiremos maior sobrevida à dialogia em linha reta e, o que é mais importante, à visão (essencial) de que fisco e contribuinte não são elementos contrapostos em sua dimensão individual, senão complementares, inclusive e principalmente no que se refere às suas expectativas “particulares” – um e outro, relembremos, só existem individualmente quando se faceiam, nunca quando se escondem um do outro, colocando-se atrás do “pai-juiz”, o que pune e/ou protege.

Estratégias que promovem o concerto dessas ideias e que postulam a substituição da divergência pela convergência, para mais do que colocar o “pai” de lado – descomplexificando o fenômeno sociojurídico em diversos aspectos (inclusive o financeiro) –, ajudam a descortinar o que nunca deveria ter sido tirado de nosso campo visual: a experiência humana, inclusive a jurídico-tributária, não se define, essencialmente, por seu objeto, mas pelos sujeitos (e o plural aqui é de uso obrigatório) que a integram, não porque se contrapõem, mas porque se interdefinem, conferindo recíproca existência.

Um bom exemplo dessa espécie de estratégia é a transação tributária, instalada em diversas esferas políticas, mas que vem sendo mais intensamente comentada a partir da experiência federal.

Excelente caminho de preservação e respeito à alteridade, ela, a transação, põe de lado a mão judicial e tende a garantir, pelas concessões ajustadas em linha reta, não o interesse individual de um ou de outro, mas a justaposição, a amalgama, a cópula de interesses que, antes de isolados, só pode(ria)m ser legitimamente vistos em bloco interdefinitório.

Por isso o necessário impacto que ela, transação, gera no espírito dos envolvidos, uma espécie de retorno ao que de mais simples nos mobiliza em nossa experiência, o autorreconhecimento "de" e "a partir" do outro.

Uma palavra final: esse não é um "ensaio" de tom teórico – apesar das aparências. É uma exortação aos que criticam institutos como a transação porque desatende(ria)m interesses individuais aqui e acolá; uma exortação aos que se colam nessas ideias (sem recusar sua correção) para que meditem sobre uma possível forma adicional de se enxergar a questão, dando um passo atrás – necessário, em nosso modo de ver.

9.3 Transação tributária e jurisdição voluntária: união de importantes institutos

Paulo Cesar Conrado

Jurisdição voluntária, um conceito de certa forma extravagante no contexto do direito processual, raramente aparece(ia) no cotidiano tributário.

Por regra, o exercício da atividade jurisdicional sempre supôs o prévio estabelecimento de um estado de dissenso que, formalizado em linguagem tida como apropriada, era(é) levado a conhecimento do Estado-julgador, a quem se comete(ia) o encargo de desfazer o nó havido entre os envolvidos (fisco e contribuinte, no âmbito tributário).

Substitutiva da vontade divergente que imobiliza(va) os atores do conflito: assim se coloca(va) a jurisdição, em sua essência típica.

Quando falamos em jurisdição voluntária, a premissa é bem outra: no lugar do estado de divergência, o que se vislumbra é a convergência de posições, submetendo-se o ato de vontade expressivo dessa convergência a exame jurisdicional unicamente para fins de homologação – não de construção substitutiva de solução.

Aí, justamente, a "anomalia em termos" de que se reveste a expressão "jurisdição voluntária": em sentido próprio, jurisdição (a típica) evoca a produção pelo Estado-juiz de ato substitutivo da vontade das partes, supondo conflituosidade; na excêntrica jurisdição voluntária, o Estado-juiz não substitui a vontade de quem quer que seja, mas sim homologa, convalidando juridicamente, a vontade pressupostamente convergente dos atores.

Pois é na precisa direção dessa excentricidade que tipifica a jurisdição voluntária que a Lei federal 13.988/2020 – instituidora da transação tributária no plano federal – parece nos levar. Natural: em tempos como o atual, no qual tanto se enaltece o consensualismo tributário, é de certa forma imperativa a recuperação desse "esquecido" conceito (o de jurisdição voluntária). Usando outros termos: se eram raras as ocasiões em que essa forma atípica de jurisdição se coloca(va), sobretudo em nível tributário, passamos a tê-la como algo mais próximo do "comum" na exata proporção em que nos encaminhamos para o uso concreto de meios consensuais de solução de litígios, caso da transação.

Ao menos duas específicas situações preconizadas na Lei federal 13.988/2020 podem-devem sér nesse sentido realçadas.

A primeira diz respeito a créditos que, constituídos, se encontrariam sob debate administrativo.

Observados os termos da lei, é possível, nesses casos, que fisco e contribuinte ajustem a solução da contenda, retirando-se da precedente posição de divergência para a de convergência. Assim ocorrendo, a lei prescreve a possível submissão do ato à homologação judicial,[515] mecanismo que, para se materializar em termos práticos, demanda(rá) o aparelhamento de um feito de natureza não contenciosa, assim compreendido justamente em razão da inexistência, dada a transação no processo administrativo, de dissídio a ser composto.

"Homologação", pelo que se vê, é verbo que designa a atividade judicial desempenhada pelo Judiciário com o intuito de cobrir o ato praticado a partir da convergência de posições entre fisco e contribuinte do tônus legalmente desejado (vale dizer: de título judicial, tal como assinala a combinação do já indicado art. 26 da Lei federal 13.988/2020 com o art. 515[516] do Código de Processo Civil/2015, dispositivo expressamente referido por aquele outro).

Daí a necessária conclusão: quando suscitado em termos de homologação, ao Judiciário não é dado ingressar no mérito da solução apetrechada pelas partes, senão controlar sua legalidade do ponto de vista formal.

A segunda das situações de interesse nesse mesmo contexto diz respeito aos créditos tributários que, posto inscritos em dívida ativa, não foram ajuizados pela Fazenda.

Segundo o art. 18 da Lei federal 13.988/2020,[517] é possível encartar tais casos no contexto das chamadas transações

515. "Art. 26. A proposta de transação poderá ser condicionada ao compromisso do contribuinte ou do responsável de requerer a homologação judicial do acordo, para fins do disposto nos incisos II e III do caput do artigo 515 da Lei n. 13.105, de 16 de março de 2015 (Código de Processo Civil)."

516. "Art. 515. São títulos executivos judiciais, cujo cumprimento dar-se-á de acordo com os artigos previstos neste Título: [...]
II – a decisão homologatória de autocomposição judicial;
III – a decisão homologatória de autocomposição extrajudicial de qualquer natureza."

517. "Art. 18. A transação somente será celebrada se constatada a existência, na data de publicação do edital, de inscrição em dívida ativa, de ação judicial, de embargos à execução fiscal ou de reclamação ou recurso administrativo pendente de julgamento definitivo, relativamente à tese objeto da transação.
Parágrafo único. A transação será rescindida quando contrariar decisão judicial definitiva prolatada antes da celebração da transação."

"por adesão no contencioso tributário de relevante e disseminada controvérsia jurídica", caminho que, à falta de processualidade previamente instalada, imporá, por lógica, o aparelhamento de procedimento de jurisdição voluntária tal qual o que já referimos.

Afinal, reiteremos: se o crédito a que nos reportamos encontra-se inscrito, mas não ajuizada a correlata execução, supondo-se, a par disso, que as condições materiais que expressam esse mesmo crédito enquadram-se nos termos de eventual edital de "transação no contencioso", é perfeitamente viável (ou melhor, impositivo) que seja aberto campo para fins de formalização de acordo que passará a governar a conduta dos atores da relação, dali em diante.

Como na primeira, também nessa hipótese vale a advertência: não será o Judiciário demandado a praticar atos jurisdicionais típicos – voltados a dizer e/ou executar forçadamente o direito material posto –, mas a dar à vontade convergente manifestada por fisco e contribuinte a necessária cobertura jurídico-formal.

Se tais acordos envolverem a prática de atos diferidos no tempo – como o pagamento parcelado do crédito tributário, situação muito comum –, distende-se a possibilidade de intercorrente ruptura do pacto, o que faz aflorar o vigor prático da jurisdição voluntária de que falamos: uma vez colocados, no curso da vigência do acordo, em posição de divergência (desta feita não quanto ao direito em si, mas quanto ao cumprimento dos termos da transação precedentemente homologada), passam os atores a depender da atuação judicial "convencional", assim entendida a que substitui a renitência da(s) parte(s), fazendo realizar o conteúdo do ato de vontade anteriormente produzido e chancelado.[518]

---

518. Esse é um dos possíveis sentidos do art. 19, § 1º, inciso I, da Lei n. 13.988/2020, dispositivo que prescreve:
"Art. 19. Atendidas as condições estabelecidas no edital, o sujeito passivo da obrigação tributária poderá solicitar sua adesão à transação, observado o procedimento estabelecido em ato do Ministro de Estado da Economia.

Observada essa linha, note-se, a jurisdição voluntária operada no bojo da transação pode até parecer, num primeiro olhar, um agente complicador, um excesso formal dispensável, à medida que supõe mais um passo burocrático a ser vencido na construção do acordo.

A despeito dessa impressão inicial, é preciso pensar que o sentido dessa extravagante forma de exercício de jurisdição não está na sofreguidão do presente jurídico, mas sim na garantia de que, no porvir, eventual inobservância do prévio ajuste de vontades seja suprível sem a necessidade de refazimento de percursos – aspecto que facilmente se percebe nas dobras das duas situações a que nos reportamos, ambas remissivas da outorga de força de título executivo judicial às sentenças homologatórias.

9.4 Sistema multiportas e a transação entre fisco e contribuinte

Vanessa Damasceno Rosa Spina

A transação tributária em âmbito federal (Lei federal 13.988/2020), implementada como alternativa à via judicial de solução de litígios, está em vigor há pouco mais de três anos e, durante este período, as experiências vivenciadas mostraram que esse instrumento é uma medida acertada para resolver a crise de inadimplemento.

A experiência prática tem demonstrado como cada uma das modalidades de transação previstas induz a conduta dos contribuintes no sentido da resolução do litígio e

[...]
§ 1º O sujeito passivo que aderir à transação deverá:
I – requerer a homologação judicial do acordo, para fins do disposto nos incisos II e III do caput do artigo 515 da Lei n. 13.105, de 16 de março de 2015 (Código de Processo Civil)."

do adimplemento do crédito tributário. Afinal, cada uma delas atinge um tipo específico de litígio, fazendo com que o comportamento do contribuinte se altere, por isso a importância em abordá-las.

Considerando o critério da iniciativa do contribuinte na definição dos termos transacionados, segundo as disposições da Lei federal 13.988/2020, identificam-se duas modalidades de transação:[519] (1) na cobrança do crédito tributário, a transação pode se perfectibilizar por proposta individual ou por adesão; (2) no contencioso judicial ou administrativo e na hipótese do contencioso de pequeno valor a transação se consolida por adesão.[520]

Essas modalidades podem ser separadas em dois grupos, quais sejam: (1) aquele em que o crédito a ser transacionado está em discussão em execução fiscal, ou seja, já no último estágio do ciclo de concretização da obrigação tributária; e (2) e aquele no qual o crédito tributário a ser transacionado é objeto de litígio instalado pelo contribuinte em ação antiexacional ou em contencioso administrativo, ambiente no qual a discussão se dá quanto à exigibilidade do crédito tributário.

Segundo levantamento realizado pelo Insper[521] no ano de 2022, o maior volume de transações foi verificado nos casos em que os débitos fiscais já estavam inscritos em dívida ativa, o que demonstra que quanto mais avançado o estágio

---

519. VERGUEIRO, Camila Campos. *CPC/2015, regulamentação da transação e suas modalidades. In:* ARAUJO, Juliana Furtado Costa; CONRADO, Paulo Cesar (coord.). *Transação tributária na prática da Lei n. 13.988/2020*. 2. ed. São Paulo: Revista dos Tribunais, 2022. p. 29-47.

520. SPINA, Vanessa Damasceno Rosa. Transação de dívidas de pequeno valor. *In:* ARAUJO, Juliana Furtado Costa; CONRADO, Paulo Cesar (coord.). *Transação tributária na prática da Lei n. 13.988/2020*. 2. ed. São Paulo: Revista dos Tribunais, 2022. p. 411-421.

521. Disponível em: https://www.insper.edu.br/wp-content/uploads/2023/02/Insper_Nucleo-Tributacao_Observatorio-transacao-Tributaria_Relatorio.pdf.

da cobrança, maior o estímulo gerado no contribuinte para a sua regularização. Em nossa opinião, isso pode decorrer do ônus patrimonial que essa etapa da crise de inadimplemento impõe ao contribuinte.

Por outro lado, foi possível observar que as transações do contencioso não promoveram um volume de adesões apto a demonstrar a eficiência dessa específica modalidade em induzir a conduta do contribuinte de encerrar a discussão e pagar o crédito tributário eventualmente devido.[522] Algumas razões podem ser atribuídas para tal situação.

A primeira delas é a de que nesse tipo de transação, não há a constituição definitiva do crédito tributário, tão somente a discussão quanto à sua exigibilidade, ou seja, há ainda um grau de incerteza acerca do desfecho da discussão, seja em âmbito administrativo, seja em âmbito judicial, o que limita o interesse do contribuinte em abandonar o litígio, justamente porque o resultado da tese em discussão pode vir a ser favorável.

O comando indutivo perde força nessa modalidade de transação diante da impossibilidade de discussão quanto à invalidade dessa adesão na hipótese de a tese definida ser favorável aos contribuintes.[523]

Outro fator que, acreditamos, pode ser causa desse "desânimo" para adesão à transação do contencioso, é a necessidade de a desistência da ação em curso ter que abranger não só períodos passados, como também futuros,[524] além de

522. Embora na pesquisa mencionada esses dados não tenham sido captados numericamente em relação à transação do ágio em razão do não encerramento do prazo de adesão (01.07.2022).

523. A esse respeito, importantes são as considerações de Carla de Lourdes Gonçalves no artigo Rescisão da transação individual diante da declaração de inconstitucionalidade pelo STF (ARAUJO, Juliana Furtado Costa; CONRADO, Paulo Cesar (coord.). *Transação tributária na prática da Lei n. 13.988/2020*. 2. ed. São Paulo: Revista dos Tribunais, 2022. p. 273-286).

524. GOMES, Daniel de Paiva. A renúncia às alegações de direito, atuais ou futuras, sobre as quais se funda a defesa do contribuinte enquanto condição à celebração de

englobar todos os processos que tratem da tese eleita pela administração pública federal. Situação essa que nem sempre atende aos interesses do contribuinte, já que pode haver mais de uma ação discutindo a mesma tese, mas tratando de situações fáticas distintas, como ocorreu com a questão do ágio.[525]

Ainda que haja necessidade de aprimoramentos, não há como negar que a transação demonstrou ser um potente aliado da permanente busca por redução de litígios, concretizadora, portanto, da intenção do legislador processual de 2015 de promover a desjudicialização.

Diante da projeção que a transação ganhou é importante reforçar que esse instrumento não se confunde com o parcelamento, porque, este último, quando implementado atinge a totalidade dos contribuintes que tenham débitos em aberto e não objetiva resolver o conflito havido entre fisco e contribuinte.

Não é demais acrescentar que o instrumento da transação não é um remédio genérico para todos, uma vez que busca, primordialmente, a regularização de créditos tributários irrecuperáveis ou de difícil recuperação, cujos litígios normalmente se arrastam por anos; assim, visa a atingir aqueles contribuintes que por diversas razões não conseguiram cumprir, de forma regular e tempestiva, suas obrigações tributárias, mas que ao identificarem uma possibilidade de regularização a ela se conduzem.

Porque a transação é um instrumento que permite a negociação, buscando a solução de litígios de forma consensual, tem intrínseca em sua implementação a confiança recíproca entre fisco e contribuinte, que, embora ainda tímida, vem ganhando força justamente porque atende aos

transação em matéria tributária. *In:* ARAUJO, Juliana Furtado Costa; CONRADO, Paulo Cesar (coord.). *Transação tributária na prática da Lei n. 13.988/2020*. 2. ed. São Paulo: Revista dos Tribunais, 2022. p. 355-400.

525. Edital RFB/PGFN 9, de 2022.

interesses tanto da administração quanto dos contribuintes, como demonstram os números do relatório acima referido.

Assim, não há como negar: a transação veio para ficar.

9.5 Transação do contencioso de relevante e disseminada controvérsia: moldura legal

Carla de Lourdes Gonçalves e Camila Campos Vergueiro

A fim de materializar o projeto de desjudicialização e solução consensual de litígios da codificação processual civil, no âmbito do direito tributário federal foi regulamentada a figura da transação, por meio da edição da Medida Provisória 899/2019 posteriormente convertida na Lei federal 13.988 de 2020.

Considerada um dos mecanismos nominados alternativos para resolução de controvérsias, o estabelecimento de regras que possibilitam a transação representou significativo avanço nas relações entre fisco federal e contribuinte, não só por intensificar o diálogo entre eles, mas também porque outorga transparência e lealdade nesse relacionamento em que, usualmente, os sujeitos estão em lados antagônicos "da balança" sob a perspectiva de seus interesses subjetivos.[526]

Não se pode olvidar que essa iniciativa federal de, enfim, regulamentar o art. 171[527] do Código Tributário

526. O que se está a afirmar baseia-se na ideia que subjaz à transação, a de conflito, isto é, a da busca do pagamento pelo fisco e a resistência do contribuinte.

527. "Art. 171. A lei pode facultar, nas condições que estabeleça, aos sujeitos ativo e passivo da obrigação tributária celebrar transação que, mediante concessões mútuas, importe em determinação de litígio e consequente extinção de crédito tributário.
Parágrafo único. A lei indicará a autoridade competente para autorizar a transação em cada caso."

Nacional, produziu um efeito externo alheio à relação fisco federal-contribuinte, pois provocou outros entes tributantes a editarem suas próprias leis de transação, em um nítido movimento multiplicador de consolidação dos valores almejados quando da edição do Código de Processo Civil/2015.

Consolida-se a transação como instrumento cujo objetivo é a extinção do litígio, alcançado por meio da fixação de concessões mútuas que podem consistir, mas não unicamente: (a) em redução do valor principal do tributo, bem como a redução ou exclusão dos juros moratórios (remissão), para pagamento à vista; (b) em redução ou exclusão da multa de mora ou de ofício (anistia) condicionada ao pagamento à vista do tributo; (c) em dilação do prazo de pagamento; (d) em instituição de parcelamento em favor do contribuinte; (e) em dação em pagamento de bens móveis consumíveis ou fungíveis; (f) em dação em pagamento em bens imóveis.[528]

Entre as modalidades de transação "por adesão"[529] destaca-se da referida lei federal a do "contencioso por relevante e disseminada controvérsia jurídica", assim identificada aquela cuja questão tematicamente ultrapassa os interesses subjetivos dos litigantes e está atrelada com

528. Mais a respeito sugere-se a leitura do seguinte artigo de uma das autoras deste texto, Carla de Lourdes Gonçalves: Transação tributária e a superveniência de decisão favorável ao contribuinte sob sistemática repetitiva: efeitos e desdobramentos. *In:* ARAUJO, Juliana Furtado Costa; CONRADO, Paulo Cesar (coord.). *Transação tributária na prática da Lei n. 13.988/2020*. 2. ed. São Paulo: Revista dos Tribunais, 2022. p. 271.

529. Identificam-se duas modalidades para que a transação no ambiente federal se conforme: (1) a transação por adesão, cujas diretrizes são firmadas pelo fisco federal e estão à disposição de todos os contribuintes que se "encaixem" na proposta (edital publicado pelo fisco federal); (2) a transação individual, em que os termos são firmados segundo proposta personalizada de iniciativa do fisco ou do contribuinte e alcança apenas crédito tributário inscrito em dívida ativa, à luz do art. 2º da Lei federal 13.988/2020.

lides tributárias instaladas por iniciativa do contribuinte, portanto, medidas processuais antiexacionais.[530]

Mas, não só, ao analisarmos a lei federal a respeito da transação do "contencioso por relevante e disseminada controvérsia", notamos que, além do escopo de extinguir litígios sobre temas nos quais há multiplicidade de demandas, determina, em contrapartida, que a proposta de transação se restrinja a temas limitados a determinado seguimento econômico ou produtivo ou a universo de contribuintes demarcado.[531] Essa a moldura legal que deve reger a proposta (edital) de transação "por adesão" apresentada pelo fisco.

Contudo, não parece ser exatamente essa a diretriz que tem sido observada pelo fisco federal ao identificar temas para que se viabilize essa espécie de transação. Vejamos o porquê.

Desde a edição da referida lei federal, dois temas foram eleitos de modo a permitir a transação por adesão na hipótese de "contencioso de relevante e disseminada controvérsia jurídica": (1) o do pagamento de participação nos lucros e resultados (PLR) a empregados e diretores sem a incidência das contribuições previdenciárias; e (2) o do aproveitamento fiscal de despesas de amortização de ágio decorrente de aquisição de participações societárias, limitada às operações de incorporação, fusão e cisão ocorridas

---

530. Lei federal 13.988/2020:
"Art. 16. [...]
§ 3º Considera-se controvérsia jurídica relevante e disseminada a que trate de questões tributárias que ultrapassem os interesses subjetivos da causa."

531. Lei federal 13.988/2020:
"Art. 17. [...]
§ 2º A proposta de transação deverá, preferencialmente, versar sobre controvérsia restrita a segmento econômico ou produtivo, a grupo ou universo de contribuintes ou a responsáveis delimitados, vedada, em qualquer hipótese, a alteração de regime jurídico tributário."

até 31 de dezembro de 2017, cuja participação societária tenha sido adquirida até 31 de dezembro de 2014.[532]

É de se notar que os referidos temas não invocam somente argumentos meramente jurídicos, tampouco as situações fáticas que as envolvem são de análogo jaez.

Notadamente os casos que envolvem a amortização de ágio, há fundamentos diferentes a ensejar as autuações por parte do fisco, do que decorre notória multiplicidade de situações que demandam, por vezes, complexa dilação probatória.

O mesmo ocorre com as questões que envolvem o pagamento de participação nos lucros e resultados sem a incidência de contribuições previdenciárias. A despeito de transitar em um universo de situações significativamente menores em relação à plêiade daquelas concernentes ao ágio, esse universo dista de ser uniforme, repetitivo.

As escolhas desses temas distam de dar efetividade ou se enquadrar na moldura legal autorizativa dessa espécie de transação por adesão, justamente por suas especificidades casuísticas; além do que não se restringem a determinado seguimento econômico ou universo limitado de contribuintes, a menos que se considere como tal a "classe empresarial brasileira" ou "as pessoas físicas empregados ou diretores".

Agregue-se ainda a isso o fato de que são temas que não ensejam uma solução uniforme e repetitiva por parte dos tribunais responsáveis para emissão de julgamentos de

532. Em:
- 18 de maio de 2021foi publicado o edital 11/2021 que tratou da possibilidade de transação de débitos de pessoas naturais ou jurídicas relativos a contribuições previdenciárias e contribuições destinadas a outras entidades ou fundos incidentes sobre a participação nos lucros e resultados por descumprimento da Lei 10.101/2000;
- 3 de maio de 2022 foi publicado o edital 09/2022 que versa sobre a possibilidade de transação referente aos feitos que envolvem a controvérsia jurídica alusiva ao aproveitamento fiscal de despesas de amortização de ágio decorrente de aquisição de participações societárias, limitada às operações de incorporação, fusão e cisão ocorridas até 31 de dezembro de 2017, cuja participação societária tenha sido adquirida até 31 de dezembro de 2014, período de vigência dos arts. 7º e 8º da Lei 9.532/97.

casos repetitivos em última instância a respeito da legalidade (Superior Tribunal de Justiça) e/ou da constitucionalidade (Supremo Tribunal Federal) da exigência. Ao contrário. A julgar pela ampla necessidade de análise de fatos e produção de provas, ousa-se concluir que serão temas que possivelmente não serão afetados para análise repetitiva.

Somada à ausência de observância da moldura legal normativa e à diversidade de situações e fundamentos, a questão de que ambos os temas sequer têm produzido disseminada controvérsia porque limitado o número de decisões nos Tribunais Regionais Federais, constata-se nítido esvaziamento do conteúdo de significação da própria norma transacional, instrumento tão importante ao fisco federal e ao contribuinte.

Isso porque, os contribuintes, incertos sobre eventual desfecho desfavorável sobre o tema no seu caso subjetivo, à míngua de decisões que apontem para um determinado norte (os feitos têm origens, fatos e fundamentos distintos, lembre-se), deixarão de aderir à transação, exceto em situações extremas de necessidade de obtenção de certidão negativa de débitos ou positiva com efeitos de negativa, ou, ainda, casos pontuais como, exemplificativamente, a incorporação ou extinção da pessoa jurídica.

Diante desse cenário, o que se verifica é o fomento da litigiosidade, espraiando a opção, por ser temática e não seguir a diretriz da regra legal, em sentido diametralmente oposto ao que se pretende com a transação, cujo efeito e correlato é o de não promover o fim do litígio, prejudicar a arrecadação e impedir o ingresso de valores nos cofres públicos.

Parece-nos que a quadratura da regra legal objetivou abarcar na transação por adesão do "contencioso de relevante e disseminada controvérsia" assuntos mais lineares, com fundamentos jurídicos semelhantes e que possam conduzir à prolação de decisões uniformes ("precedente") por parte dos tribunais superiores, na qual os casos envolvendo participação nos lucros e resultados e os referentes ao ágio não dão azo ao seu conteúdo de significação.

Dessa forma, a escolha de temas por parte do fisco para permitir a transação nessa modalidade deve ser realizada segundo os critérios legais para que possa maximizar seus resultados, tanto para o fisco federal quanto para o contribuinte.

9.6 Pode-se muito, mas não se pode tudo: transação tributária não é parcelamento

Esdras Boccato

Demorou. Demorou muito. Demorou tanto que poucos acreditavam que um dia veriam a transação instituída pelo governo federal. A transação tributária no âmbito da União foi regulamentada pela Medida Provisória 899/2019, posteriormente convertida na Lei federal 13.988/2020, e após mais de 50 anos de vigência do art. 171 do Código Tributário Nacional trouxe consigo a oxigenação necessária para superação do histórico estado de conflito entre devedores e a fazenda nacional.

A permissão para equacionamento do passivo fiscal mediante acordo de vontade entre as partes envolvidas inovou, e muito, as alternativas que quase sempre se apresentaram como fatalistas a quem se visse na contingência da via crucies de uma execução fiscal. Com a inserção da negociabilidade entre a Fazenda Pública federal e os devedores, o que antes ficava restrito às lógicas do *pague em cinco dias sob pena de penhora de bens* (art. 8º, da Lei federal 6.830/1980) e do *localize o devedor e seus bens em até cinco anos, sob pena de ver extinto o crédito* (art. 40, § 4º, da Lei federal 6.830/1980) ganhou a companhia do *sentemos à mesa para negociar uma solução adequada a ambos*, um tanto inusitada na relação contribuinte–fisco.

Objetivando atender ao princípio da eficiência administrativa (art. 37, *caput*, da Constituição Federal/1988), inicialmente a Procuradoria-Geral da Fazenda Nacional editou a Portaria 9.917/2020 – posteriormente revogada pela Portaria 6.757/2022, em vigor até o momento – norteando-se, ao mesmo tempo, por viabilizar a transação tributária ao maior número de devedores interessados a se valer de seus possíveis estímulos ao encerramento do conflito e pagamento, bem como por alocar racionalmente os recursos humanos disponíveis às negociações pretensamente mais complexas e sensíveis ao Tesouro Nacional.

Por conta desta opção de gestão, a regulamentação da transação foi estruturada sob o alicerce de dois modelos distintos de pactuação: (i) o por adesão a uma proposta com parâmetros predefinidos pela fazenda nacional, enquanto credora, e (ii) o por negociação propriamente dita, seja por iniciativa fazendária ou dos devedores com passivo fiscal superior a R$ 15 milhões (art. 4º, § 1º, Portaria da Procuradoria-Geral da Fazenda Nacional 9.917/2020) – atualmente diminuído para R$ 10 milhões (art. 46, inciso I, Portaria da Procuradoria-Geral da Fazenda Nacional 6.757/2022). Nessa iniciativa embrionária, reservou-se aos grandes devedores, e somente a eles, a possibilidade de realização de tratativas individualizadas para que se alcance o acordo necessário à celebração da transação; aos demais devedores foi estabelecida a presunção do consenso mediante adesão aos termos do edital com os parâmetros aos quais a Fazenda Nacional está vinculada caso venha a existir o aceite do contribuinte.

Como era de esperar, desde então, muitos devedores têm procurado os canais de acesso da Procuradoria-Geral da Fazenda Nacional no intuito de resolver suas pendências por meio da celebração de alguma das modalidades de transação tributária disponíveis. Vários deles têm obtido sucesso, seja porque cumprem os requisitos previamente parametrizados pela Procuradoria-Geral da Fazenda Nacional para a pactuação da transação por adesão, seja porque demonstraram a imprescindibilidade dos estímulos positivos ao pagamento para o potencial equacionamento do seu passivo fiscal. Outros, porém, demonstram uma incompreensão quanto ao que seja a transação tributária e, consequentemente, não têm tido êxito na celebração desses acordos.

Não são poucos os devedores que se apresentam à mesa de negociação acreditando que podem obter todas as vantagens permitidas em lei em seu grau máximo, por reputar tratar-se de um direito subjetivo, oponível à administração tributária em típica atividade administrativa vinculada. De todas as dificuldades até aqui encontradas nessa nova forma de relacionamento contribuinte–fisco, esta parece ser o nó górdio a ser superado.

Existem razões práticas e teóricas que explicam essa incompreensão quanto ao que seja a transação tributária e sua função institucional. Vejamos.

Antes de a transação ser criada por lei, a única exceção ao fatalismo da expropriação judicial de bens e da prescrição intercorrente eram os parcelamentos. A via alternativa até então existente era uma só: aderir a uma modalidade de parcelamento e pagar prestações mensais em número suficiente para saldar a dívida. Concebidos como benefícios fiscais disponíveis a todo e qualquer contribuinte, esses parcelamentos estruturavam-se no binômio vontade–adequação: bastava que o contribuinte manifestasse a vontade de aderir a eles, submetendo-se aos requisitos previstos na lei para ingresso, permanência e liquidação.

Nesse momento, à administração tributária descabia qualquer juízo de conveniência ou oportunidade, pois, por presunção, tal juízo havia sido realizado politicamente no âmbito do processo legislativo com a edição da lei concessiva do parcelamento. Mas não só, por serem concedidos mediante ato administrativo plenamente vinculado, a litigiosidade subjacente a esses parcelamentos circunscrevia-se a alguma margem interpretativa dada pela legislação tributária quanto às causas de rescisão, quase sempre na dicotomia direito subjetivo do contribuinte (art. 155-A do Código Tributário Nacional) *versus* autotutela da Administração Pública (art. 155 do Código Tributário Nacional c/c art. 53 da Lei federal 9.784/1999).

A transação subverte esta lógica. De fato, ela retira o equacionamento do passivo fiscal da inexorabilidade da execução forçada excepcionada pelo direito subjetivo a parcelamentos, alçando-o à possibilidade negocial, em que os critérios de conveniência e oportunidade assumem papel central na resolução do conflito (art. 1º, § 1º, da Lei federal 13.988/2020).

Mesmo que sempre voltada ao atendimento do interesse público, a discricionariedade do ato administrativo formalizador da transação transforma-se em uma inerência, reduzindo a vinculatividade apenas e tão somente aos limites legais previstos para a concessão dos incentivos de pagamento a quem estiver disposto a transacionar com a Fazenda Nacional (art. 11, § 2º, da Lei federal 13.988/2020).

Assim, a capacidade de pagamento individualizada tornou-se o critério de referência para as negociações subjacentes à celebração da transação (art. 14, parágrafo único, da Lei federal 13.988/2020), de maneira que todo e qualquer acordo para solução do passivo fiscal depende das condições econômico-financeiras e patrimoniais apuradas, presumida ou concretamente, para cada devedor interessado em transacionar.

Tratando-se de transação tributária, a lei não cria direitos subjetivos aos contribuintes. Da lei que a institui decorre apenas a possibilidade de devedor e fazenda nacional encontrarem uma solução mediada e mediata para a satisfação dos créditos tributários em aberto.

Mesmo que seja possível negociar o oferecimento de prazos e formas de pagamento (art. 11, inciso II, da Lei federal 13.988/2020), transação não é parcelamento, pois na lei que a prevê não estão estabelecidos os requisitos objetivos para que este ou aquele contribuinte a obtenha.

Tal como os tratados-quadro no direito internacional público, a lei instituidora da transação tributária não cria direitos e deveres de *per si*, conferindo à administração tributária fazê-lo, geral (por adesão, com parâmetros definidos em edital), ou individualmente. Não há direito subjetivo a uma transação que atenda os interesses do devedor. Há apenas uma possibilidade, que só será consumada se a proposta também atender o interesse público parametrizado em atos normativos e confirmado pelas condições materiais do devedor interessado. Nada além disso.

Afinal, com a transação, pode-se muito, mas não se pode tudo.

9.7 Transação e precatórios para pagamento ou amortização das dívidas tributárias

Íris Vânia Santos Rosa e Mariane Targa de Moraes Tenório

A Procuradoria-Geral da Fazenda Nacional vem publicando atos normativos voltados à regulamentação da transação de créditos inscritos em dívida ativa da União, entre os quais destacamos a Portaria 14.402/2020,[533] 6.757/2022[534] e 10.826/2022[535] que recebem nossa atenção por aspecto prag-

533. Portaria 14.402/2020: "Estabelece as condições para transação excepcional na cobrança da dívida ativa da União, em função dos efeitos da pandemia causada pelo coronavírus (Covid-19) na perspectiva de recebimento de créditos inscritos."

534. Portaria 6.757/2022: "Regulamenta a transação na cobrança de créditos da União e do FGTS".

535. Portaria 10.826/2022: "Regulamenta, no âmbito da Procuradoria-Geral da

mático importante: autorização para o uso de *precatórios para pagamento ou amortização das dívidas tributárias*.

Precatórios, sabe-se, são requisições de pagamento expedidas pelo Judiciário para materializar a satisfação de dívidas da Fazenda Pública em favor do particular derivadas de condenação judicial definitiva.

Para o emprego do precatório de terceiro na transação, exige-se a cessão fiduciária do direito creditório estampado no precatório em favor da União, na qual deve constar o valor integral do precatório e providenciada por meio de escritura pública lavrada no Cartório de Registro de Títulos e Documentos.

Importante destacar que, apesar de a cessão fiduciária exercer a função ordinária de garantia, para fins da transação opera como meio de amortização ou liquidação do crédito tributário transacionado. Isso porque, tendo por objeto o direito creditório portado pelo titular do precatório, ela, a cessão fiduciária, realiza-se, em suma, pela transmissão do domínio creditório.

O contrato de cessão fiduciária contará, como parte cedente do crédito, o contribuinte ou o terceiro detentor do direito e, como parte cessionária, a União, que receberá, em transmissão, os direitos e deveres que lhe competem, estando representada por autoridade compositiva dos quadros funcionais da RFB no caso da transação regulamentada pela Portaria da Receita Federal do Brasil 247/2022,[536] ou pela Procuradoria-Geral da Fazenda Nacional na transação regulamentada pela Portaria 6.757/2022.

Fazenda Nacional, os requisitos formais, a documentação necessária e os procedimentos a serem observados uniformemente para a utilização de créditos líquidos e certos decorrentes de decisões transitadas em julgado para quitação de débitos inscritos em dívida ativa da União, na forma do art. 100, § 11, da Constituição".

536. Portaria 247/2022: "Regulamenta a transação de créditos tributários sob administração da Secretaria Especial da Receita Federal do Brasil".

Importante mencionar a hipótese em que o crédito do precatório seja superior à dívida tributária. Os referidos atos normativos estabelecem que, caso remanesça saldo do precatório, após a liquidação do débito transacionado, os valores poderão ser devolvidos ao contribuinte, desde que não tenha em seu nome outras inscrições ativas perante a Procuradoria-Geral da Fazenda Nacional ou débitos em aberto administrados pela Receita Federal do Brasil.

Mas, esse saldo remanescente do precatório pode ser utilizado para amortização ou liquidação do saldo devedor de parcelamento de dívida no âmbito da Receita Federal do Brasil,[537] ou tratando-se de inscrições ativas parceladas, garantidas ou suspensas por decisão judicial, esses valores permanecerão em conta à disposição do juízo até o encerramento das respectivas ações judiciais, ou também poderão servir como garantia em substituição a outras garantias anteriormente prestadas.

Tratando-se de hipótese em que não existam outros débitos ou outras inscrições ativas contra o devedor, o saldo remanescente do precatório deverá ser devolvido ao devedor-cedente.

Consoante o art. 63 da Portaria Receita Federal do Brasil 247/2022,[538] a dívida transacionada somente será

---

537. Portaria 247/2022: "Art. 64. Remanescendo saldo de precatório depositado, os valores poderão ser devolvidos ao devedor-cedente.
Parágrafo único. Se existirem débitos em aberto administrados pela RFB, inclusive parcelados, o devedor poderá optar pela utilização dos valores para amortização ou liquidação do saldo devedor".

538. "Art. 63. Depositado o precatório em conta à disposição do juízo, nos termos do art. 42 da Resolução CJF n. 458, de 4 de outubro de 2017, a equipe responsável, por meio da unidade local da Procuradoria-Geral da Fazenda Nacional, deverá solicitar a liberação dos valores para liquidação do saldo transacionado, apresentando os documentos de arrecadação correspondentes.
Parágrafo único. Em qualquer caso, deverá o contribuinte liquidar eventual saldo devedor remanescente do procedimento de liquidação a que se refere o *caput*."

reputada liquidada, isto é, extinta, quando depositado o valor do precatório em conta à disposição do juízo.

Diante dessa regra, poder-se-ia indagar: por que não se considera o momento da cessão fiduciária como fator para a extinção do crédito tributário e liberação do devedor?

Para responder a essa questão, há de se voltar ao plano constitucional onde está definido o procedimento para que se considere satisfeita a dívida expressa em precatório: (1) requisição do pagamento pelo Presidente do Tribunal que tenha proferido a decisão; (2) inclusão no orçamento da entidade tributante das verbas necessárias ao pagamento do precatório que devem ser (3) apresentados até 1º de julho de cada ano; (4) pagamento atualizado até o final do exercício seguinte ao da apresentação do precatório, observada a ordem cronológica.

O esgotamento desse *iter* definido como necessário na Constituição, parece-nos justificar legitimamente a postergação do efeito extintivo do crédito tributário tal como posta nos referidos dispositivos normativos das portarias.

Admitir que a extinção do crédito tributário somente se perfaz com o pagamento do precatório é pertinente, o que, contudo, não deixa de ser um problema para o contribuinte, pois, cientes de que esse percurso pode demorar meses, como fica, até lá, a situação fiscal do contribuinte? Seria possível considerá-la regular?

Entendemos que sim, pois esse período entre expedição e pagamento do precatório materializa nítido caso de moratória, contemplada como causa de suspensão de exigibilidade no inciso I do art. 151 do Código Tributário Nacional,[539] justamente porque consagra postergação do

539. "Art. 151. Suspendem a exigibilidade do crédito tributário:
I – moratória."

pagamento de crédito tributário até a efetiva liberação e pagamento do precatório.

Assume essa moratória caráter individual, operada mediante a assinatura de termo de transação, mas não está ela apta a gerar direito adquirido, podendo ser revogada de ofício caso o respectivo beneficiário não consiga satisfazer os termos da transação a que se vinculou.

Não temos dúvida sobre a relevância de medida desse quilate para a relação fisco e contribuinte, uma vez apta a reduzir iniquidades de nosso sistema jurídico especialmente a do pagamento de precatórios, admitindo, positivamente, a ideia do encontro de créditos e débitos da União, para com isso trazer celeridade na resolução da crise de inadimplência de ambos sujeitos da relação tributária.

9.8 Limites do negócio jurídico processual: como avaliá-los?

Paulo Cesar Conrado

O negócio jurídico processual é uma das figuras que, marcadamente vinculada ao ambiente de consensualidade posto em cena pelo Código de Processo Civil de 2015, ainda requisita um certo nível de experimentação prática para que se aproxime de nossa intimidade.

Natural: do paradigma ortodoxo, de litigiosidade mais que exacerbada, não migramos para a plena compreensão de instrumentos desse timbre de uma hora para outra.

Teoricamente – mas falando de forma bem direta –, podemos defini-lo como meio que customiza, segundo a vontade das partes, a linha de desenvolvimento do processo, numa espécie de substituição individualizada do rito legal pelo rito “contratual”.

Atraído para o plano tributário por uma série de normativos que tentam objetivar sua incidência nas causas fazendárias, o negócio jurídico processual tem sido constantemente aplicado pela União (à luz das Portarias da Procuradoria-Geral da Fazenda Nacional 360 e 742, ambas de 2018) e outras entidades, como o estado de São Paulo, que também tem seus normativos sobre o tema caminhando a pleno vapor (Portaria SUBGCTF 14/2021).

A despeito da existência desses normativos – ou até mesmo por sua presença –, muitas são as questões que seguem "incomodando" os usuários (ou potenciais usuários) do instituto, sobretudo quanto aos limites que o contornam em seu emprego prático.

Tomemos pé que esses incômodos não decorrem propriamente da "juventude" do negócio jurídico processual, mas da relativa incompreensão de seu perfil – daí a necessidade (mencionamos de início) de experimentação no mundo concreto; é ela que nos fará compreender o instituto.

A legislação processual geral não responde (e nem pode responder) as infindáveis perguntas que a vida real nos apresenta – geral que é, não é seu escopo desenhar denotativamente, a não ser que assim desejasse, os limites de um instituto como o negócio jurídico processual, cuja aplicação, observadas as diretrizes do sistema global, deve ser o mais alargado possível.

Os normativos fazendários, a seu turno, estão naturalmente muito mais afeitos à ideia de padronização de práticas internas (o que é sempre desejável) do que à definição do conteúdo, em si, dos negócios jurídicos processuais que seriam realizáveis pela fazenda em matéria tributária.

Resultado: nem em uma, nem em outra das camadas legislativas mencionadas, encontramos a solução para os tais "incômodos" a que nos referimos. E daí sobrevém, por derivação, uma outra questão ainda mais aflitiva, mas cujo enfrentamento é importante para que avancemos para a "boa prática": se não conhecemos os limites do instituto, como fazê-lo operativo? Usando outros termos: esse estado de coisas relativamente "aberto" não nos levaria a um potencial (e indesejável) desuso do negócio jurídico processual?

Nossa intenção, aqui, é confrontar, de cara, essas impressões "ruins" que a dúvida sobre os limites práticos do negócio jurídico processual (mormente o tributário) pode nos deixar, requalificando-as: não são "ruins"; são impressões que não devem ser tratadas como uma patologia, mas como algo "normal".

Tenhamos em mira, primeiro de tudo, que um instrumento que tem a missão de customizar (1) segundo as características do caso concreto e (2) a partir da consensual posição das partes integrantes desse mesmo caso, nunca poderia ser visto como algo absolutamente *prêt-a-porter*.

A customização, elemento ínsito ao negócio jurídico processual, se dá no óbvio plano da concretude, operando, portanto, sobre dimensão individualizada, em que as nuances, as particularidades, as marcas históricas de cada caso devem sempre falar mais alto. Tudo normal!

Radicalizando, alguém poderia cogitar: "então, tudo é possível!". Por certo que não; há de se identificar, sempre, um ponto em que a aplicabilidade do negócio jurídico processual cessa, mormente em ambiente fazendário. O fato, porém, é que esse ponto está inscrito em pedra, como regra taxativa, algoritmicamente aplicável.

Pois é (ou deve ser) justamente do cenário de customização procedimental que essas bordas devem ser identificadas, o que quer significar, em suma, duas coisas: (1) que os limites do negócio jurídico processual, inclusive e principalmente o fazendário, devem ser buscados no próprio caso, e (2) uma mesma convenção pode ser concretamente possível num caso, mas em outro não.

Pensemos no negócio jurídico processual sobre oferecimento de garantia; acresçamos um dado: o que se deseja é a formalização consensual da penhora sobre um ativo legalmente classificável como bem de família. Pode a fazenda "assumir" essa convenção?

Seguida a linha que vimos sustentando, diríamos: sim e não, depende do caso.

Se estamos falando de bem de família que serve de moradia apenas do devedor, poderíamos inferir que ele está abrindo mão da proteção legal em nome de uma vantagem que lhe é mais interessante (aspecto que poderia vir inserido, inclusive, como cláusula no negócio jurídico processual). Sem nenhum problema, portanto.

Agora, pensemos que, além do devedor, o mesmo imóvel serve de moradia para um núcleo familiar plural – cônjuge, filhos etc. O negócio jurídico processual, nessa situação, estaria dispondo sobre aspecto processual (penhora) fora dos limites legais (impenhorabilidade) – o que, em princípio, não seria um problema, afinal, o negócio jurídico processual serve para isso mesmo –, mas de modo a abranger mais do que o plano do processo concreto e suas partes: estariam sendo atingidos terceiros e a proteção legal que os recobre. Aqui, embora o conteúdo do negócio jurídico processual seja o mesmo, a cena oferecida pelo caso cria um limite, um impeditivo.

Evidentemente que a extensão subjetiva dos efeitos do negócio jurídico processual (hipótese descrita) não configura a única preocupação que devemos ter quando nos perguntamos sobre se é possível a inserção desse ou daquele tipo de convenção in concreto. Usamos esse ponto (da extensão subjetiva, repita-se) apenas como exemplo (fazendo-o genericamente, por óbvio) para poder reafirmar ao final: a falta de uma lista de critérios fechados, apontando para os limites do negócio jurídico processual não é um defeito do sistema, mas uma derivação do instrumento de que tratamos, a ser resolvida segundo os contornos que o caso posto revela.

E talvez aí esteja o melhor dos lados do negócio jurídico processual – assim como de outros tantos instrumentos que operam sob o signo da consensualidade: sua plasticidade. Enaltecemo-la!

9.9 O negócio processual na conformação do processo à vontade das partes

Juliana Furtado Costa Araujo

A pretensão resistida cuja solução há de ser conferida pelo Poder Judiciário segue um rito muito bem descrito pelo legislador. Isso é necessário para que todos os participantes da relação jurídica processual (autor, réu e juiz) tenham previsibilidade sobre a forma como o processo será conduzido. Quando o direito de fundo reflete temas tributários, na falta de um código de processo tributário, é o Código de Processo Civil de 2015 que desenha o arcabouço desse procedimento.

Dentro do espírito de cooperação e no ambiente de conciliação que reveste a recente legislação processual, esse rito descrito de forma geral e abstrata pode ser moldado segundo a vontade dos litigantes, a fim de garantir maior eficiência na solução do conflito.

Para esse fim, o instrumento que se destaca é o negócio jurídico processual, previsto no art. 190[540] do Código de

540. "Art. 190. Versando o processo sobre direitos que admitam autocomposição, é lícito às partes plenamente capazes estipular mudanças no procedimento para ajustá-lo às especificidades da causa e convencionar sobre os seus ônus, poderes, faculdades e deveres processuais, antes ou durante o processo.
Parágrafo único. De ofício ou a requerimento, o juiz controlará a validade das convenções previstas neste artigo, recusando-lhes aplicação somente nos casos de nulidade ou de inserção abusiva em contrato de adesão ou em que alguma parte se encontre em manifesta situação de vulnerabilidade."

Processo Civil/2015, verdadeira cláusula geral de negociação relativamente ao procedimento a ser observado pelas partes na resolução da controvérsia levada à apreciação jurisdicional.

Segundo esse dispositivo, nos processos que envolvam direitos passíveis de autocomposição, e desde que as partes sejam capazes, admitem-se: (1) ajustes no procedimento para adequá-lo às especificidades da causa; assim como (2) convenção a respeito dos ônus, poderes, faculdades e deveres processuais, podendo essa acomodação ser consolidada previamente à instalação do processo ou durante o seu curso.

As primeiras desconfianças acerca da aplicação desse instrumento em matéria tributária residiam em especial sobre ser, ou não, a autocomposição uma característica ínsita ao direito tributário.

No momento em que se consegue diferenciar a autocomposição, providência de natureza processual, da indisponibilidade, aspecto material de um dado direito, esse falso problema se resolve, uma vez que o negócio jurídico processual tem por foco racionalizar normas de procedimento, portanto, tem conteúdo eminentemente processual. Providência desse quilate nem de longe atrai qualquer discussão acerca da disponibilidade sobre a norma instituidora do tributo e, portanto, o direito de fundo que recheia o conflito disparador do processo tributário.

Não envolve o negócio jurídico processual, portanto, questão de disponibilidade pela Fazenda Pública acerca da controvérsia discutida. Ao contrário, as providências abarcadas por esse procedimento são esforços que visam a garantir o resultado útil ao processo.

Há outro ponto que precisamos ultrapassar para confirmar o cabimento e a utilidade do negócio jurídico processual no processo tributário: a indisponibilidade do crédito tributário é limitada à vontade do legislador. Isso significa que cabe a ele (legislador) estabelecer seus limites tendo sempre como pano de fundo o atendimento dos interesses da coletividade. A confirmação dessa assertiva pode ser reconhecida diante da atual regulamentação do art. 171[541] do Código Tributário Nacional pela Lei federal 13.988/2020, que permite transação em matéria tributária.

Superadas essas primeiras desconfianças acerca da aplicação do negócio jurídico processual em matéria tributária, o nosso olhar se volta para a regulamentação do instituto pela administração tributária federal.

Nesse ponto, o fisco federal preocupou-se em regulamentar a possiblidade de celebração de negócio jurídico processual no âmbito de cobrança da dívida ativa, tendo estabelecido por meio da Portaria da Procuradoria-Geral da Fazenda Nacional 742/2018 quatro hipóteses passíveis de negociação, como a calendarização da execução fiscal, o estabelecimento de plano de amortização de débito fiscal, aceitação, avaliação, substituição e liberação de garantias e o modo de constrição ou alienação de bens.

Mas não foi só para a cobrança da dívida ativa que as atenções se voltaram, tratou a União da possibilidade de negociação também nas ações antiexacionais, em que se permite por meio da Portaria da Procuradoria-Geral da Fazenda Nacional 360/2018 que as partes acordem sobre calendarização dos atos processuais, cumprimento de decisões judiciais, conferência e confecção de cálculos, interposição de recursos e sua desistência, inclusão de créditos em quadro geral de credores e prazos processuais.

Todas essas possibilidades apresentam largo conteúdo semântico, que se justifica, pois, quanto maior o espectro da

541. "Art. 171. A lei pode facultar, nas condições que estabeleça, aos sujeitos ativo e passivo da obrigação tributária celebrar transação que, mediante concessões mútuas, importe em determinação de litígio e consequente extinção de crédito tributário.
Parágrafo único. A lei indicará a autoridade competente para autorizar a transação em cada caso."

regulamentação, aumentam as chances de aceleração procedimental e, portanto, potencializam-se os leques de negociação.

Na verdade, os instrumentos normativos da Procuradoria-Geral da Fazenda Nacional são indicativos das possibilidades que podem ser seguidas, não limitando, no nosso entender, de forma taxativa o que pode vir a ser objeto de negociação. Tome-se como exemplo dessa assertiva o plano de amortização do débito fiscal que permite o diferimento do pagamento da dívida em até 120 prestações, aliado à apresentação de garantias.

Ousamos afirmar que nessa hipótese estamos diante de um negócio jurídico processual cuja atipicidade é sua tônica. Isso porque, para além de modificar o procedimento do litígio, imbrica na extinção do crédito tributário com o pagamento e esgotamento do prazo de diferimento acordado.

É uma mensagem clara de que a administração tributária federal pode avançar, utilizando-se da negociação para ir além da alteração de procedimentos relacionados ao processo.

Ao final, o negócio jurídico processual como uma espécie de customização das regras de procedimento mostra-se como o ponto de partida para uma relação de diálogo entre os atores da relação jurídica tributária, cujo objetivo final é a satisfação efetiva do direito material controvertido, razão maior para a qual o processo existe.

9.10 Prevenção de conflitos entre Fisco e contribuinte: a experiência capixaba

Mariana Castelo Branco Fabietti,
Camila Campos Vergueiro e Rodrigo Dalla Pria

As iniciativas estatais implementadas com vistas a evitar a instauração de conflitos entre sujeito passivo e

Fazenda Pública, a partir do desenrolar da atividade fiscalizatória, são cada vez mais comuns.

Não são poucos os entes políticos que têm se preocupado em editar normas especificamente voltadas a permitir aos contribuintes regularizarem suas operações antes de serem autuados. Tal expediente, sem dúvida, assume nítida natureza preventiva no que tange à instauração de conflitos entre os sujeitos de direito tributário, constituindo medida eficaz para solucionar a questão do grande volume do contencioso tributário que assola os tribunais (judiciais e administrativos) brasileiros.

Parece ser esse, justamente, o caso da Lei estadual capixaba 11.376/2021, que alterou a Lei estadual 7.000/2001, editada no bojo do projeto cooperação fiscal, implementado com o objetivo de estimular o cumprimento voluntário das obrigações tributárias pelos contribuintes e aumentar a eficiência fiscal do estado do Espírito Santo por meio do estabelecimento de um canal interativo em que são publicadas as inconsistências encontradas na base de dados da receita estadual para que os contribuintes tenham a possibilidade de regularizarem eventuais inconsistências fiscais de forma espontânea.[542]

Por intermédio desse sistema, a Secretaria de Fazenda do Estado do Espírito Santo alerta os contribuintes, por exemplo, acerca da existência de (1) débitos de ICMS declarados e não pagos, (2) divergências entre o faturamento declarado pelo sujeito passivo e as informações prestadas por operadoras de cartão de crédito, ou (3) documentos fiscais não escriturados.

A ideia nuclear é disponibilizar ao sujeito passivo informações que, até então, somente eram acessíveis à empresa durante a fiscalização, possibilitando a autorregularização antes do início do procedimento fiscalizatório.

Esse tipo de "alerta", vale destacar, não afasta o estado de espontaneidade do sujeito passivo, permitindo que ele

---

542. Disponível em: https://www.legisweb.com.br/noticia/?id=2670.

proceda à denúncia espontânea da infração e pague eventuais tributos devidos sem o acréscimo de multas, a teor do que prescreve expressamente o art. 132[543] da Lei 7.000/2001.

Verifica-se, assim, o esforço da administração em criar meios que garantam uma relação entre contribuinte e fisco que seja fundada na ideia de boa-fé, com o objetivo de implementar uma atividade fiscalizatória que tenha como pressuposto a transparência e a preservação dos direitos de ambos os sujeitos de direito tributário, cujo efeito imediato é a diminuição das autuações fiscais, o que contribui decisivamente para a redução do contencioso tributário.

O que corporifica a legislação capixaba no projeto cooperação fiscal é um inovador mecanismo de prevenção de conflitos entre contribuinte e fisco, mecanismo este que conspira em favor da tão a almejada consensualidade manifestada na codificação processual civil de 2015.

Tudo isso decorre da percepção que vem sendo cada vez maior entre os entes tributantes de que, em muitos casos, autuar sem que haja uma prévia oportunidade de regularização do contribuinte pode resultar em prejuízos maiores ao próprio interesse público.

---

543. "Art. 132. Para efeitos de excluir a espontaneidade de iniciativa do infrator, considera-se iniciado o procedimento fiscal com a lavratura de:
[...]
§ 1º Não se considera termo de início de fiscalização: [...]
II – a comunicação aos contribuintes para autorregularização de indícios de divergências ou inconsistências encontradas na base de dados da Sefaz, observado o disposto nos §§ 5º e 6º. (Redação do inciso dada pela Lei n. 11.376 de 31.08.2021)
§ 2º Para os fins do § 1º, havendo manifestação de interesse do sujeito passivo em sanar as irregularidades, o Fisco poderá converter as multas de caráter punitivo previstas nesta Lei em medida de ajuste de conduta, caso em que o respectivo valor poderá deixar de ser exigido, conforme dispuser o Regulamento.
[...]
§ 4º Não havendo manifestação do contribuinte, no prazo de 60 (sessenta) dias, contado da data de recebimento da solicitação ou da comunicação de que trata o § 1º, considerar-se-á iniciado o procedimento fiscal. (Redação do parágrafo dada pela Lei n. 11.376 de 31.08.2021)
§ 5º A comunicação de que trata o § 1º, II, exclusivamente nas hipóteses de indícios de divergências ou inconsistências encontradas na base de dados da Sefaz, deve ser promovida pelo Fisco antes do início de procedimento de fiscalização."

Trata-se de uma importante tomada de consciência acerca da amplitude da ideia de eficiência da máquina pública, a qual também se evidencia pela implementação de expedientes administrativos que partam da presunção de boa-fé do administrado. Em ambiente tributário, especificamente, essa tomada de consciência revela-se por meio de procedimentos que permitam ao sujeito passivo ter a chance de se autorregularizar, em especial em face da alta complexidade que caracteriza o sistema tributário brasileiro.

A transparência na divulgação de dados e informações para o sujeito passivo antes do início de um procedimento fiscalizatório constitui um bom exemplo de boa-fé e previsibilidade por parte da administração tributária. Trata-se, sem dúvida, de um grande avanço nas relações firmadas entre fisco e contribuinte, que corrobora para o aperfeiçoamento da gestão tributária das empresas em geral e do próprio fisco em particular.

Programas como o projeto cooperação fiscal implementado pelo estado do Espírito Santo, voltados à consecução de expedientes fiscais que privilegiem a autorregularização dos contribuintes, apontam para um futuro promissor para as relações entre os sujeitos de direito tributário, que doravante tendem a se basear na confiança e na boa-fé dos envolvidos, resultando, certamente, na diminuição do alto índice de conflituosidade fiscal com o qual convivemos.

9.11 Pedido de revisão de dívida inscrita e processo tributário

Esdras Boccato

Falar de processo tributário é pensar em conflito. Estado *versus* cidadão, Fisco *versus* contribuinte, Leviatã *versus* indivíduo. Um conflito que, para muitos, é inexorável ao arranjo social, porque seria decorrente da natureza das coisas. A difundida percepção de que tributo é norma de rejeição social é um bom exemplo disso. Estruturada que é no senso comum de que o Estado cobra mais tributos do que deveria, a tese de Ives Gandra da Silva Martins tem por indiscutível haver uma lei natural que rege as relações econômicas, a qual é agredida sempre que a lei positiva institui tributação que vá além do mínimo necessário ao funcionamento das funções estatais, seja lá qual for esse teto.

Numa acepção como essa, onde houver tributação, haverá um conflito em potencial, uma tensão permanecente a eclodir com fagulhas. E, por ser assim, a desembocadura do litígio terá no Poder Judiciário o *locus* primordial – se não, exclusivo –, dado o imaginário de que a administração tributária é essencialmente enviesada a cobrar sempre mais, e exigir a qualquer custo, sob qualquer pretexto. Se a tal voracidade arrecadatória estatal tem no que se convencionou chamar de Fisco seu representante ideal, não será em sua estrutura administrativa que os conflitos tributários serão preferencialmente resolvidos. Visto como um *jogo de cartas marcadas*, o exercício da autotutela (Súmula 473 do Supremo Tribunal Federal) a partir do direito de petição é visto com cinismo e desconfiança.

O processo tributário, com efeito, está sempre à mercê de uma visão antropológica de ser humano idealmente considerado e de uma concepção sociológica de como se dá o entrelaçamento indivíduo-coletividade. A litigiosidade entre Fazenda Pública e contribuinte será tanto mais presente quanto for o grau de relativismo com que se veja a natureza humana. Se, por exemplo, o ser humano é visto como autointeressado, ensimesmado em seus interesses, e refratário a normas que não lhe favorecem, a eclosão de conflitos com o Estado parece ser-lhe sempre iminente. E tanto mais será judicializada a litigiosidade quanto maior for o nível que se adote de liberalismo – tendo por ápice o *libertarianismo*, para cuja orientação a tributação redistributiva é tida por moralmente errada.[544] Afinal, sob essa vertente, só o Poder Judiciário poderia barrar o interesse estatal, calcada que está numa crença sacrossanta da imparcialidade judicial.

Por se apostar na superação desse antagonismo simplista que, não há muito tempo, foi institucionalizado o chamado "pedido de revisão de dívida inscrita (PRDI)" como alternativa à judicialização dos conflitos tributários. Normatizado pela Portaria da Procuradoria-Geral da Fazenda Nacional 33/2018, veio com o fim de aprimorar os mecanismos multiportas de controle de legalidade no processo de positivação da norma tributário. Veio, por isso, a cabo de demonstrar que a administração tributária também se obriga a rever seus atos quando maculados por ilegalidade, ao contrário do estereótipo a que se vê jungida sob uma ótica econômica antiestatal.

Não se trata de uma nova roupagem ao já conhecido pedido de revisão de débito inscrito em dívida ativa da União (art. 3º, § 1º, da Portaria SRF/PGFN 01/1999), coloquialmente chamado de *pedido de envelopamento*. Diferem-se, especialmente, nas hipóteses em que são admitidos, pois enquanto o antigo pedido de revisão de débito só o era com alegações de causas extintivas do crédito tributário ou suspensiva de sua exigibilidade ocorridas antes da remessa do débito à Procuradoria-Geral da Fazenda Nacional (art. 3º, inciso II, da Portaria SRF/PGFN 0/1999), o pedido de revisão de dívida inscrita é cabível também para que sejam alegadas matérias passíveis de revisão de ofício do lançamento (art. 149 do CTN), conforme prevê o art. 15, § 1º, da Portaria da Procuradoria-Geral da Fazenda Nacional

---

544. KYMLICKA, Wil., *Filosofia política contemporânea:* uma introdução. São Paulo: Martins Fontes, 2006. p. 151.

33/2018.[545] Com o pedido de revisão de débito inscrito em dívida ativa, parte considerável de toda matéria útil à defesa em que os embargos de devedor se escoram (art. 16, § 2º, Lei federal 6.830/1980) pode – e preferencialmente deve – ser apreciada ainda na esfera administrativa.

Pelo pedido de revisão de dívida inscrita, a alegação que mais leva ao Judiciário uma litigiosidade estéril pode ser apreciada e tratada: a de erro de fato nas informações constantes das declarações fiscais. Como se sabe, os créditos tributários cuja constituição esteja submetida ao lançamento por homologação (art. 150 do Código Tributário Nacional) surgem com a mera entrega das declarações fiscais (art. 5º, § 1º, do Decreto-lei 2.124/1984), sendo suficiente para a cobrança deles a apuração fiscal de não ter havido os pagamentos que nelas são mencionados (art. 5º, § 2º, do Decreto-lei 2.124/1984). Por isso, sem que o contribuinte alegue e demonstre ter havido erro no preenchimento dessas declarações, não há como a administração tributária rejeitar a confissão de dívida, pois não há previsão legal de um procedimento fiscalizatório às avessas. Ancorado na presunção legal, não raro o Fisco leva à inscrição créditos tributários sem que os fatos geradores informados nas declarações correspondam à realidade, já que tal verificação sempre será *a posteriori*.

Sem dúvida, essa é uma das grandes virtudes da inovação trazida com a instituição do pedido de revisão de dívida inscrita: viabilizar que, independentemente de postulação judicial, o contribuinte leve a conhecimento da

545. "Art. 15. [...] § 1º Admite-se o PRDI: I – ara alegação de pagamento, parcelamento, suspensão de exigibilidade por decisão judicial, compensação, retificação da declaração, preenchimento da declaração com erro, vício formal na constituição do crédito, decadência ou prescrição, quando ocorridos em momento anterior à inscrição em dívida ativa da União; II – para alegação das matérias descritas no art. 5º, § 1º, ocorridas antes ou após a inscrição em dívida ativa da União; III – para alegação de qualquer causa de extinção ou suspensão do crédito tributário ou não tributário, ocorridas antes ou após a inscrição em dívida ativa da União."

administração tributária um possível erro de fato capaz de, sendo provado e reconhecido, ocasionar a revisão do lançamento (art. 149, inciso IV, do Código Tributário Nacional) e o subsequente cancelamento da inscrição. Com isso, ou se evita a judicialização de lides aparentes – pois, se são estruturadas em ações cuja causa de pedir remota sequer podia ter sido apreciada pela Fazenda Pública antes de ser alegada, não necessariamente implicariam antagonismos de interesses – ou, pelo menos, as clarifica, porque já terá havido algum pronunciamento da administração tributária sobre o erro de fato.

Mais: apesar de o pedido de revisão de dívida inscrita não acarretar, *per si*, a suspensão de exigibilidade dos créditos tributários – para tanto, teria de haver previsão no art. 151 do Código Tributário Nacional a incluí-lo ao conceito de "reclamações e recursos, nos termos das leis reguladoras do processo tributário administrativo" (Superior Tribunal de Justiça, REsp 1.341.088/PR) –, foi previsto o prazo de 30 dias para que a unidade da Procuradoria-Geral da Fazenda Nacional proceda a sua análise, definindo-o (art. 17, § 1º, da Portaria PGFN 33/2018). Em sendo necessário subsídios de fato pela Receita Federal do Brasil – em especial, para os pedidos de revisão de débitos inscritos em dívida ativa alicerçados em fatos ocorridos antes da remessa do débito à inscrição –, também foi previsto o prazo de sessenta dias para que o órgão de origem se posicione conclusivamente (art. 17, § 3º, da referida Portaria 33/2018). E, em não havendo resposta nesse prazo, foi autorizado que o procurador da fazenda nacional proceda ao cancelamento da inscrição com base em um juízo de verossimilhança das alegações do contribuinte (art. 18, da mesma Portaria 33/2018), o que é absolutamente inovador quanto ao alcance do controle de legalidade da inscrição em dívida ativa (art. 2º, § 3º, Lei federal 6.830/1980), importando em evidente aperfeiçoamento do processo tributário.

Hoje, portanto, o contribuinte tem à sua disposição um instrumento eficaz de defesa de seus interesses que só agrega valor à legalidade da cobrança tributária e afasta lides temerárias postas à análise do Poder Judiciário. Com o pedido de revisão de dívida inscrita, ou a inscrição é baixada antes mesmo de instruir uma certidão de dívida ativa ajuizada em execução fiscal, ou o fundamento de sua validade é qualificado, a justificar – aí, sim – sua judicialização, caso o devedor permaneça em seu inconformismo. Nada disso, porém, será útil se mantida a interdição ideológica de se ver a administração tributária como pária da sociedade.

Todos ganham, novamente, se acreditarem na seriedade dos sistemas de controle de legalidade. Cabe à Procuradoria-Geral da Fazenda Nacional demonstrá-la, é fato. A aposta foi feita com a Portaria 33/2018. Agora é esperar que a realidade de imponha e o cinismo lhe ceda lugar.

9.12 PRDI: processo ou procedimento? Colocando pingo nos "is"

Paulo Cesar Conrado

Processo, sabe-se, é relação jurídica que formaliza o estado de litigiosidade derivado de outra relação – dita de fundo –, tendo por objetivo a dissolução daquele estado. No ambiente tributário, a questão a que ele (o processo) remete, quando menos por regra, diz respeito à exigibilidade da prestação de que cuida o art. 3º[546] do Código Tributário Nacional, tenha sido ela já posta ou estando por sê-lo.

Paralelamente a essas ideias preliminares, lembremos que o Direito Tributário, inserto que está no amplo

546. "Art. 3º Tributo é toda prestação pecuniária compulsória, em moeda ou cujo valor nela se possa exprimir, que não constitua sanção de ato ilícito, instituída em lei e cobrada mediante atividade administrativa plenamente vinculada."

contexto do Direito Administrativo, é naturalmente coalhado de vínculos operadores da atividade estatal. Esses vínculos, usualmente denominados de "procedimentos", não raro são confundidos com a primeira classe mencionada – a dos processos –, o que, de confusão inocente e sem grandes consequências, pode trazer significativos embaraços conceituais e pragmáticos.

É o que parece ocorrer com o procedimento administrativo de inscrição em Dívida Ativa da União desde quando introduzida no nosso sistema a Portaria da Procuradoria-Geral da Fazenda Nacional 33/2018.[547]

Referido diploma passou a outorgar ao sujeito passivo a possibilidade de ofertar, desde que notificado do ato de inscrição (o fruto do procedimento), o assim chamado PRDI – "pedido de revisão de débito inscrito em dívida ativa".

Pois é justamente de tal inovação que surge a questão que nos envolve às premissas antes abordadas: o pedido de revisão de débito inscrito em dívida ativa (1) é fase do procedimento de inscrição, significando uma sua extensão, ou (2) é processo, no sentido de exteriorizar formalmente um litígio, ou, por fim, (3) constitui um novo procedimento administrativo?

Já tratamos desse assunto em outras oportunidades, tendo-o feito, confessamos, sob o impacto de regras constantes da aludida portaria que, na intenção de descrever o funcionamento do pedido de revisão de débito inscrito em dívida ativa, utilizam vocabulário típico do ambiente da processualidade – recurso, provas, por exemplo.

Passado algum tempo e mesmo que isso possa parecer uma gangorra, cremos que é momento de voltar ao assunto,

547. Essa portaria regulamenta os arts. 20-B e 20-C da Lei 10.522/2002 e disciplina os procedimentos para o encaminhamento de débitos para fins de inscrição em dívida ativa da União, bem como estabelece os critérios para apresentação de pedidos de revisão de dívida inscrita, para oferta antecipada de bens e direitos à penhora e para o ajuizamento seletivo de execuções fiscais.

recolocando pingos em alguns "is" que talvez tenham ficado para trás.

Tomemos em conta, nessa linha e primeiro de tudo, que o pedido de revisão de débito inscrito em dívida ativa supõe, por lógica, o esgotamento do procedimento correlato – de inscrição, uma vez objetivamente relacionado a "débito inscrito".

Daí adviria a pergunta, absolutamente justificável: se o procedimento de inscrição se esgotou, por que a União abriria espaço para a deflagração de outro *iter*? Muitos dizem, à guisa de resposta: é o espírito cooperativo preordenado pelo Código de Processo Civil/2015 espraiando efeitos sobre a conduta da Fazenda Nacional; ou ainda: é a justa tentativa de evitar o aparelhamento de execução fiscal cujo crédito, por virtualmente ilegítimo, suscitaria potencial exceção de pré-executividade, algo evitável.

Sem recusar a correção dessas assertivas, queremos ir um pouco além e ajustar conceitualmente o significado desse novel *iter*, mormente porque, se o virmos como manifestação de processualidade, as consequências podem ser encaminhadas numa direção (a do art. 151[548] do Código Tributário Nacional é, talvez, a mais ruidosa). Por outro lado, se o tomarmos como procedimento, voltaríamos à indagação já feita: como entendê-lo sob essa rotulagem uma vez já esgotada a inscrição?

Pois é na terceira opção alhures referida que talvez se encontre a conciliação desse impasse: podemos (quiçá devemos) entender que de procedimento estamos tratando, porém, um novo, diferente do de inscrição, que reconhecidamente é conduzido de ofício e unilateralmente pela Administração. Esse "outro", diversamente, formaliza-se por

548. "Art. 151. Suspendem a exigibilidade do crédito tributário: [...]
III – as reclamações e os recursos, nos termos das leis reguladoras do processo tributário administrativo."

provocação do sujeito passivo (materializada pelo instrumento que se convencionou chamar de pedido de revisão de débito inscrito) e que seria lançada não propriamente na intenção de constituir o estado de litigiosidade (fato gerador de processualidade), mas sim de fazer reavaliável o ato-fruto do primeiro procedimento (o de inscrição, repita-se).

Esse novo procedimento, justamente porque procedimento, gera a produção de novo ato administrativo, confirmador ou infirmador da inscrição e que, no primeiro caso (de confirmação da inscrição, aclare-se), pode ser alvo de novo pedido (no fluxo de positivação do pedido de revisão de débito inscrito em dívida ativa tratado como "recurso"), disparador, a seu turno, de mais um ato administrativo (que, novamente, ou confirmará ou infirmará a inscrição).

Significa dizer: a inscrição do crédito tributário federal, supondo sua prévia constituição (com ou sem processualidade administrativa desenvolvida), passou a ser distribuída, com a Portaria da Procuradoria-Geral da Fazenda Nacional 33/2018, em até três diferentes procedimentos, todos independentes mas logicamente entrelaçados: o primeiro, tradicional, é unilateral e processável de ofício, desaguando na potencial inscrição; o segundo, dito revisivo, dar-se-ia por provocação do sujeito passivo, desembocando, de duas uma, ou na confirmação da inscrição precedente ou em sua infirmação; o terceiro, igualmente derivado da provocação do sujeito passivo (agora recursal), supõe, além de esgotado o primeiro procedimento, a confirmação da inscrição quando da reavaliação inaugural, terminando, ao cabo de tudo e mais uma vez, numa daquelas duas possibilidades já referidas, a confirmação ou a infirmação da inscrição.

Isso assinalado, concluiríamos, restaurando discussão sobre a qual já nos debruçamos, que a lógica da Portaria da Procuradoria-Geral da Fazenda Nacional 33/2018, no particular contexto do pedido de revisão de débito inscrito em dívida ativa, pode não ser relacionável, como um dia dissemos, ao campo da processualidade tributária, senão ao procedimental, o que eleva o crédito tributário federal a um nível de potencial complexidade em termos predecessores do ajuizamento da execução que não se vê em outras Fazendas – uma opção que poderia ser criticada em princípio, mas que, em rigor, pode e deve ser enaltecida, visto que, como ocorre com os ciclos mais complexos em geral, vantagens são obtidas, o que, no caso do pedido de revisão de débito inscrito em dívida ativa, é facilmente captável pela integração (cooper)ativa do sujeito passivo ao contexto, com a derivada possibilidade de eliminação de erros na inscrição inicial (unilateralmente realizada) e o natural abortamento de executivos fiscais descabidos.

9.13 A revisão de dívida inscrita e o controle de legalidade do crédito tributário federal

Juliana Furtado Costa Araujo

Dentro da dimensão objetiva do processo, o de execução fiscal direciona nosso olhar para a dívida ativa, conceito que engloba todo e qualquer valor legalmente devido à Fazenda Pública. O instrumento que a materializa é a certidão de dívida ativa, que, para além de quantificar o valor devido, funcionando como título executivo extrajudicial, cuja expedição é antecedida do controle de legalidade, ato dos mais importantes dentro da sistemática do processo de positivação que viabilizará, ao seu final, o recolhimento de créditos inadimplidos aos cofres públicos.

O controle de legalidade, que precede à formalização da certidão de dívida ativa, cuja previsão normativa consta do art. 2º, § 3º, da Lei federal 6.830/1980, é de competência do representante judicial da Fazenda Pública, cabendo na esfera federal à Procuradoria-Geral da Fazenda Nacional.

Assume importância porque potencializa a efetividade daquilo que será submetido à cobrança judicial executiva.

Com a chegada da Portaria da Procuradoria-Geral da Fazenda Nacional 33/2018, de unilateral, esse ato passou a ser potencialmente bilateral, ajustando-se ao disposto em seu art. 2º, preceito que estabelece que o controle de legalidade é direito do contribuinte e dever do procurador da Fazenda Nacional, cuja realização pode se dar a qualquer tempo, de ofício ou a requerimento da parte interessada.

Seja o crédito tributário constituído pela autoridade lançadora (lançamento de ofício) ou pelo contribuinte (lançamento por homologação), havendo participação dos sujeitos interessados na própria definição da sua natureza e montante, qualquer problema que afete sua liquidez e certeza ou o prosseguimento de sua cobrança impõe prévia correção ou extinção, a fim de reduzir litigiosidade futura mediante o não ajuizamento da ação executiva. Esse, em suma, o desejo revelado pelo normativo mencionado.

Um controle de legalidade com potencial bilateralidade certamente conversa com a postura que a administração tributária federal tem assumido, empenhando-se na instrumentalização de medidas extraprocessuais estimuladoras do pagamento dos créditos em aberto, visando a conferir maior efetividade à cobrança.

O protesto de dívidas, a inscrição no cadastro de inadimplentes de créditos federais (Cadin) e a averbação pré-executória são algumas dessas medidas catalogadas como meios de cobrança "indireta". Enfatizamos: o predicado "indireta" individualiza esses atos como estimuladores de pagamento e não impositores de sua satisfação, o último consagrado pela cobrança em si.

Ao lado desses mecanismos, de todo modo, torna-se imprescindível que os valores passíveis de cobrança se revelem líquidos, certos e exigíveis em sua potencialidade máxima, o que passa a exigir que a administração tributária também dirija seu olhar para o contribuinte, fornecendo-lhe meios que permitam sua participação na confirmação do crédito cuja execução está por vir.

Eis a potencial bilateralidade de que falamos.

Nesse contexto, está a Portaria da Procuradoria-Geral da Fazenda Nacional 33/2018 que, entre outras providências, conferiu ao contribuinte, em seu art. 6º, a possibilidade de apresentar, no prazo de 30 dias após a inscrição "preliminar" em dívida ativa, o pedido de revisão de dívida inscrita (PRDI).

Não que o pedido de revisão de dívida inscrita, ainda que sem essa nomenclatura agora oficializada, seja uma grande novidade, afinal o contribuinte sempre pode exercer seu direito de petição junto à administração tributária. É inegável, porém, que, a partir da Portaria da Procuradoria-Geral da Fazenda Nacional 33, passamos a ter uma atuação do contribuinte demarcada no tempo e que, se apresentada no prazo conferido, terá o efeito de sustar os atos de cobrança "indireta", exatamente porque a exigibilidade do crédito estará em xeque.

Para além da definição do momento em que o contribuinte poderá apontar inconsistências no débito, com afastamento de medidas de "cobrança indireta", o maior trunfo do pedido de revisão de dívida inscrita é dar efetividade ao controle de legalidade, por meio de concreta cooperação do contribuinte.

No momento em que ao contribuinte é dada a possibilidade de se insurgir contra a exigibilidade do crédito tributário, com suspensão das medidas estimuladoras do pagamento, levando à apreciação da autoridade administrativa todas as matérias elencadas no art. 15 da Portaria referida, quebra-se um paradigma até então existente, qual seja, o de que, após a inscrição em dívida ativa, o percurso natural do débito em aberto seria o ajuizamento da execução fiscal.

A confirmação da presunção de legalidade do débito, restrita que era ao controle de legalidade feito unilateralmente pela administração, bem como daquele inerente ao próprio processo constitutivo da obrigação tributária, passa a contar com a participação do sujeito passivo.

Essa bilateralidade consagrada em fase pré-processual deriva, sem dúvida, do aperfeiçoamento do sistema de cobrança do crédito tributário federal, já que a efetividade buscada pelo credor anda ao lado da necessidade de participação do sujeito passivo na definição do que deve ser exigido.

O grande vencedor, com tudo isso e ao final, é o processo de cobrança que espelhará com muito mais precisão o crédito devido, exaltando a segurança como requisito gerador da racionalidade do sistema.

9.14 Pedido de revisão de dívida inscrita e precedentes vinculantes

Nathalia Verônica Pires de Souza e Camila Campos Vergueiro

O Código Tributário Nacional, por veicular normas gerais atinentes à exigibilidade do crédito tributário, constitui o fundamento último de validade do pedido de revisão da dívida inscrita (PRDI), regulamentado pela Portaria da Procuradoria-Geral da Fazenda Nacional 33/2018, em especial quando, em seu art. 204, parágrafo único,[549] reconhece a relatividade da presunção de certeza e liquidez do débito inscrito em dívida ativa.

Nesse contexto, o pedido de revisão da dívida inscrita surge como um inovador mecanismo dialógico de controle

549. "Art. 204. A dívida regularmente inscrita goza da presunção de certeza e liquidez e tem o efeito de prova pré-constituída.
Parágrafo único. A presunção a que se refere este artigo é relativa e pode ser ilidida por prova inequívoca, a cargo do sujeito passivo ou do terceiro a que aproveite."

de legalidade no ciclo de concretização da exigência tributária, permitindo que o contribuinte se socorra diretamente da administração pública federal para opor-se à exigência do crédito tributário tal como posto na certidão de dívida ativa, sem que, para tanto, haja necessidade de arcar com custas processuais ou prévia prestação de garantia.

Diferentemente do que ocorre com o conhecido "pedido de envelopamento" – cujo procedimento era desconhecido do contribuinte e que, muitas vezes, sequer tem a oportunidade de ver apreciado seu requerimento –, o pedido de revisão da dívida inscrita tem seu procedimento meticulosamente regulado pela Portaria da Procuradoria-Geral da Fazenda Nacional 33/2018, que o define com refinamento, (1) fixando prazo de resposta – até 30 dias do primeiro dia útil seguinte ao seu protocolo –, e (2) indicando os fundamentos que nele podem ser alegados. Tais argumentos, por sua vez, podem estar vinculados a fatos e circunstâncias verificados antes ou depois da inscrição em dívida ativa.

Entre as matérias que, segundo a legislação, estão entre aquelas arguíveis via pedido de revisão da dívida inscrita estão o pagamento, a compensação, a retificação da declaração, a suspensão de exigibilidade do crédito tributário por decisão judicial, o erro no preenchimento da declaração, o vício formal na constituição do crédito, a decadência ou a prescrição.[550]

---

550. Portaria PGFN 33/2018:
"Art. 15. O pedido de revisão de dívida inscrita (PRDI) possibilita a reanálise, pela Procuradoria-Geral da Fazenda Nacional, dos requisitos de liquidez, certeza e exigibilidade dos débitos inscritos em dívida ativa da União, de natureza tributária ou não tributária.
§ 1º Admite-se o PRDI:
I – para alegação de pagamento, parcelamento, suspensão de exigibilidade por decisão judicial, compensação, retificação da declaração, preenchimento da declaração com erro, vício formal na constituição do crédito, decadência ou prescrição, quando ocorridos em momento anterior à inscrição em dívida ativa da União;
II – para alegação das matérias descritas no art. 5º, § 1º, ocorridas antes ou após a inscrição em dívida ativa da União;
III – para alegação de qualquer causa de extinção ou suspensão do crédito tributário ou não tributário, ocorridas antes ou após a inscrição em dívida ativa da União."

Além disso, de maneira inovadora e harmônica à novel legislação processual civil/2015, prevê-se também a possibilidade de suscitar a anulação total ou parcial do crédito tributário que tenha sido constituído com base em questão decidida favoravelmente ao contribuinte em recurso (especial ou extraordinário) de cunho repetitivo.

É o que se depreende da leitura conjugada dos enunciados do art. 15, § 1º, inciso II, e do art. 5º,[551] § 1º, incisos VIII e IX, da Portaria da Procuradoria-Geral da Fazenda Nacional 33/2018, somados, ainda, àqueles veiculados nos arts. 1.035 e 1.036 do Código de Processo Civil/2015.

Contudo, não podemos deixar de mencionar que, de acordo com o art. 5º, § 2º da Portaria da Procuradoria-Geral da Fazenda Nacional 33/2018,[552] a vinculação da decisão do pedido de revisão da dívida inscrita ao entendimento formado em recurso repetitivo está condicionada ao pronunciamento oficial do órgão federal acerca da dispensa de recorrer e contestar judicialmente os temas que versem a matéria objeto dos precedentes vinculativos, conforme previsto na Portaria da Procuradoria-Geral da Fazenda Nacional 502/2016.

---

art. 17. [...]
§ 1º O PRDI será analisado no prazo de 30 (trinta) dias contados do primeiro dia útil após o seu protocolo no e-CAC da PGFN."

551. "Art. 5º. [...]
§ 1º Não serão inscritos em dívida ativa da União: [...]
VIII – os débitos cuja constituição esteja fundada em matéria decidida de modo favorável ao contribuinte pelo Supremo Tribunal Federal, em sede de julgamento realizado nos termos dos artigos 1.035 e 1.036 da Lei n. 13.105, de 16 de março de 2015;
IX – os débitos cuja constituição esteja fundada em matérias decididas de modo favorável ao contribuinte pelo Superior Tribunal de Justiça em sede de julgamento realizado nos termos do 1.036 da Lei n. 13.105, de 16 de março de 2015, com exceção daquelas que ainda possam ser objeto de apreciação pelo Supremo Tribunal Federal."

552. "Art. 5º. [...]
§ 2º A aplicação do § 1º deste artigo deverá observar o disposto na Portaria PGFN n. 502, de 12 de maio de 2016, ficando a negativa de inscrição, nas hipóteses dos incisos VIII a XI do parágrafo anterior, condicionada à prévia inclusão do tema na lista de dispensa de contestar e recorrer, disponível no sítio da PGFN na internet."

Mesmo que a exigência de um pronunciamento regulamentar da Procuradoria-Geral da Fazenda Nacional para aplicação do paradigma vinculante seja criticável, porque dependente de iniciativa unilateral daquele órgão e o risco de inércia, há de se reconhecer que se está diante de amplo avanço, pois a inserção dessa regra evidencia a importância que, em âmbito federal, vem sendo dada ao controle de legalidade do crédito tributário realizado em regime dialógico, em que contribuinte e ente fiscal cooperam na formação da liquidez e certeza da exigência do crédito tributário antes do ajuizamento da execução fiscal, além de demonstrar manifesto esforço em prestigiar o sistema de precedentes instalado com o Código de Processo Civil/2015.

Providências desse jaez evitam, com eficiência, a judicialização de assuntos que já tenham transitado pelo poder judiciário e sido nele definidos, prestigiando a segurança jurídica e a isonomia na aplicação da lei.

9.15 A imparcialidade do julgador no contencioso administrativo tributário

Alana Gomes de Medeiros,
Débora Maria Teixeira Augusto Lima e Rodrigo Dalla Pria

Entre muitos dos temas que se mantêm controversos nas discussões acadêmicas está aquele atinente à imparcialidade do julgador, como algo possível de se alcançar, ou, parafraseando Quintana,[553] se é um atributo somente de Deus, único capaz de, numa disputa, abençoar exércitos inimigos ao mesmo tempo.

---

553. Disponível em: https://www.itatiaia.com.br/noticia/da-imparcialidade-de-mario-quintana.
"O homem – eternamente escravo de suas paixões pessoais – É absolutamente incapaz de imparcialidade. Só Deus é imparcial. Só Ele é que pode, por exemplo, Abençoar, ao mesmo tempo, As bandeiras de dois exércitos inimigos que vão entrar em luta...".

Conquanto a ideia de imparcialidade do julgador – como garantia de um julgamento proferido por juiz equidistante[554] –, em um estado democrático de direito, possa arecer natural a todo cidadão, seja ele jurista ou não, no âmbito do sistema jurídico, a aplicação deste primado reclama a existência de normas jurídicas que o estabeleçam e instrumentalizem.

Tomando por base a Constituição Federal de 1988, é possível construir o princípio da imparcialidade do julgador a partir da conjugação de pelo menos quatro dispositivos, quais sejam, incisos XXXVII, LIII, LIV e LV do art. 5º,[555] que vedam a existência de juiz ou tribunal de exceção, o julgamento por autoridade incompetente e determinam a observância do devido processo legal. Tais disposições visam impedir, ou ao menos dificultar, a emanação de provimentos jurisdicionais parciais e/ou arbitrários, sobretudo por meio de regras que disciplinam a fixação da autoridade julgadora, cuja competência deve ser previamente fixada à instalação de qualquer demanda.

Temos, assim, que a imparcialidade, da forma como colocada pelo texto constitucional, é inerente ao exercício da jurisdição, essa compreendida como atividade estatal voltada à composição de conflitos com observância do devido processo

---

554. BARROSO, Carlos Eduardo Ferraz de Mattos. *Teoria geral do processo e processo de conhecimento*. 14. ed. São Paulo: Saraiva, 2013. p. 24.

555.“Art. 5º Todos são iguais perante a lei, sem distinção de qualquer natureza, garantindo- se aos brasileiros e aos estrangeiros residentes no País a inviolabilidade do direito à vida, à liberdade, à igualdade, à segurança e à propriedade, nos termos seguintes: [...]
XXXVII – não haverá juízo ou tribunal de exceção;
LIII – ninguém será processado nem sentenciado senão pela autoridade competente;
LIV – ninguém será privado da liberdade ou de seus bens sem o devido processo legal;
LV – aos litigantes, em processo judicial ou administrativo, e aos acusados em geral são assegurados o contraditório e ampla defesa, com os meios e recursos a ela inerentes.”

legal.[556] Nesse sentido, ser imparcial significa que a jurisdição seja prestada de forma isonômica, equidistante e objetiva.

Admitindo-se que no contencioso administrativo tributário materializa verdadeiro exercício da jurisdição no âmbito do Poder Executivo,[557] no desempenho de função atípica, forçoso concluir pela plena aplicabilidade desse primado – o da imparcialidade – também à atividade dos julgadores administrativos tributários.

Nessa trilha, para a operacionalização do princípio da imparcialidade no âmbito da jurisdição administrativa tributária, é fundamental que se garanta a autonomia e a independência dos julgadores, o que pressupõe, de um lado, a inexistência de hierarquia entre os órgãos de lançamento e os de administração da justiça, consoante denominações de Alberto Xavier[558] e, de outro, o livre exercício da atividade judicante,[559] independente de pressões e expectativas externas, sejam elas políticas, sociais ou pessoais.

Muito embora os processos administrativos fiscais sejam instrumentos para a plena e justa efetivação do direito material tributário, na realidade do contencioso administrativo tributário brasileiro, o grande obstáculo à corporificação da imparcialidade nos parece ser a "cultura arrecadatória" que se disseminou entre os julgadores que relegam a segundo plano sua função institucional de controle de legalidade dos atos de lançamento.

Nesse contexto, a minimização das influências externas como forma de garantir a imparcialidade perpassa pela necessidade de edição de normas jurídicas que garantam

---

556. PRIA, Rodrigo Dalla. *Direito processual civil.* São Paulo: Noeses, 2020. p. 158.

557. CONRADO, Paulo Cesar. *Processo tributário.* 2. ed. São Paulo: Quartier Latin, 2007. p. 103.

558. XAVIER. Alberto. *Princípios do processo administrativo e judicial tributário.* Rio de Janeiro: Forense, 2005. p. 38

559. PRIA, Rodrigo Dalla. *Direito processual civil.* São Paulo: Noeses, 2020. p. 641.

o afastamento do julgador em casos de suspeição e impedimento, bem como determinem critérios adequados para seleção, manutenção e recondução dos julgadores administrativos tributários.[560]

Não se pode olvidar que a imparcialidade do julgador administrativo revela uma "via de mão dupla". E isso, porque depende não só da existência de garantias jurídicas que possibilitem o exercício isonômico, objetivo e equidistante da jurisdição, mas também da conduta do julgador administrativo, que deve sempre obedecer aos primados da legalidade, da impessoalidade, da moralidade, da publicidade e da eficiência, conforme anuncia o art. 37 da Constituição, que rege a atuação da administração pública em geral.

Por outras palavras, o sistema jurídico deve assegurar ao julgador administrativo tributário plenas condições de exercer sua atividade de forma imparcial, enquanto o julgador, em contrapartida, tem o dever de agir imparcialmente no exercício de seu munus.

Em face das atuais discussões legislativas desencadeadas com fins de uniformização e modernização dos modelos de contencioso administrativo tributário, temos por oportuno, e até urgente, pensar seriamente como os critérios de seleção dos julgadores podem ou não influenciar na implementação do princípio da imparcialidade.

A composição dos tribunais administrativos, em regra, se dá por meio da nomeação, em regime de paridade, de representantes dos contribuintes e de servidores fazendários.

Entretanto, a regra de composição paritária dos órgãos de julgamento administrativo não é adotada pela totalidade dos contenciosos administrativos tributários.

---

560. No âmbito estadual. Quanto ao âmbito municipal, devido ao imenso número de municípios espalhados pelo país, não há um estudo preciso que demonstre a forma de eleição dos julgadores. Porém, em sua grande maioria, é sabido que a escolha ocorre por indicação de representações classistas.

Tomemos, como exemplo, o que se dá no âmbito da Secretaria da Fazenda do estado do Pernambuco, cujos julgadores administrativos são eleitos mediante concurso público, de forma diversa dos demais entes da Federação.[561]

A sistemática pernambucana foi estabelecida por meio da Constituição Estadual, em seu art. 247,[562] posteriormente assegurada pela Lei estadual 15.683/2015, em seu art. 4º.

Aos concursados pernambucanos, indubitavelmente, são patentes as vantagens decorrentes de ocupar um cargo público, pois lhes garante (1) a prerrogativa da estabilidade (art. 41 da Constituição e art. 16,[563] VI, da Lei Complementar 107/2008[564]), (2) a movimentação somente mediante critérios objetivos fixados em lei,[565] e (3) a assistência judi-

---

561. "Art. 247. Os órgãos julgadores administrativos, com organização e funcionamento disciplinados em lei, serão integrados por titulares de cargos de provimento efetivo, estruturados em carreira, nomeados entre bacharéis em direito, aprovados em concurso público de provas e títulos.
Parágrafo único. Fica assegurada a participação, nos termos previstos em lei, de representação classista nos órgãos julgadores constituídos sob a forma colegiada, excetuados os que tenham competência exclusiva para o julgamento de processo administrativo-tributário."
A justificativa para a exclusão dos representantes classistas do Tate apresentada pelo governo do estado (contida na Mensagem n. 198/2000 enviada à Assembleia Legislativa) é no sentido de que:
"[...] a atividade de lançamento de tributos, plenamente vinculada à lei que a disciplina e o julgamento das lides administrativas desta natureza, têm caráter estritamente técnico, não comportando juízo axiológico ou de conveniência e oportunidade, não sendo conveniente, por conseguinte, a representação de classe na apreciação desses feitos, dada a ausência de discricionariedade. Ademais, a participação de representantes classistas em órgão de julgamento vem sendo objeto de reexame em todo o País".

562. "Art. 4º Os órgãos do Cate de que trata o art. 3º são compostos por titulares do cargo efetivo, privativo de bacharel em direito, de Jatte, providos por concurso público, e com o seu regime jurídico previsto nos termos da Lei Complementar n. 107, de 14 de abril de 2008."

563. "Art. 16. São garantias dos titulares de cargos do Goate: VI – perda do cargo apenas nas hipóteses previstas no art. 41 da Constituição da República; [...]."

564. "V – movimentação mediante critérios objetivos, nos termos do art. 15."

565. "VII – assistência judiciária provida pela Procuradoria Geral do Estado (PGE), mediante solicitação da autoridade fazendária competente, em razão de ato legalmente previsto, praticado no exercício de suas funções."

ciária provida pela Procuradoria Geral do Estado, caso seja acionado em razão da prática de ato legalmente previsto, no exercício de suas funções.[566]

Note-se que, em princípio, aquilo que teoricamente seria uma vantagem dos órgãos de julgamento compostos por julgadores concursados – a (suposta) equidistância –, acaba por comprometer uma das principais funções dos contenciosos administrativos tributários, qual seja: a legitimação dos atos impositivos tributários, que continuam a ser chancelados (ou não) por burocratas do Estado.

Algo completamente diferente ocorre com os tribunais administrativos tributários com representação paritária, nos quais os julgadores do Fisco (que são auditores de carreira), em sua trajetória profissional, perpassaram amiudamente por diversas operações dos contribuintes. Essa experiência lhes possibilita esclarecer determinados pontos cruciais ao efetivo controle de legalidade das cobranças postas em julgamento. Do mesmo modo, os julgadores indicados por representantes dos sujeitos passivos possuem, na maioria dos casos, expertise, formação e prática na área tributária.

Ora, entre as garantias do devido processo legal, presente na função jurisdicional atípica exercida (aqui) pelos tribunais administrativos tributários, está o direito de ser ouvido.[567]

Direito esse que exige a efetiva recepção pelo interlocutor do que está sendo dito pelo contribuinte para que se forme, de fato, a comunicação.

Representantes classistas e julgadores do Fisco emprestam seus ouvidos e, filtrando as informações e os argumentos apresentados, organizam-nos para entregar o direito ao

566. TOMÉ, Fabiana Del Padre. *A prova no direito tributário: de acordo com o Código de Processo Civil de 2015*. 4. ed. rev. e atual. São Paulo: Noeses, 2016. p. 273.

567. TOMÉ, Fabiana Del Padre. *A prova no direito tributário: de acordo com o Código de Processo Civil de 2015*. 4. ed. rev. e atual. São Paulo: Noeses, 2016. p. 317.

caso concreto, a fim de proporcionar uma boa qualidade aos julgamentos – marca dos tribunais administrativos.

Mas esse ato de julgar pressupõe uma valoração, ínsita à atividade interpretativa que é inerente e que atribui certa liberdade ao julgador na apreciação do caso que lhe é posto. Tratando-se de tribunais de composição paritária, no entanto, o campo de liberdade interpretativa do julgador é conformado e qualificado por experiência técnico-tributária precedente, ou seja, pelas vivências acumuladas ao longo de sua vida profissional, que sem dúvida alguma influenciam sua decisão e ampliam o espectro da intelectualidade do julgador na apreciação do que lhe é posto. É exatamente o que Fabiana Del Padre Tomé denomina "princípio da experiência em matéria probatória" que sustenta o uso pelo julgador das situações por ele vividas quando decide.

Essa margem de valoração, vale destacar, não interfere de modo algum na imparcialidade do julgador tributário, isto é, não lhe coloca de um ou outro lado na lide que se estabelece entre os sujeitos (ativo e passivo) tributários. A experiência colateral anterior do julgador não tem o condão de comprometer a equidistância que sua atual função lhe impõe, pelo contrário, experiência desse quilate somente contribui para uma melhor qualidade na análise do objeto sob julgamento – o ato de constituição do crédito tributário em si.

A escuta "diferenciada" do julgador de carreira ou classista com questões fiscais altamente técnicas, seja sob a óptica normativa, seja sob a perspectiva operacional, decorrente da sobredita experiência, lhe oferece ferramentas para lidar com a aplicação do direito ao caso concreto que podem faltar ao julgador concursado. Abrir mão dessa experiência implica em prejuízos à qualidade da prestação jurisdicional em ambiente administrativo.

Aliás, tudo o que se reclama atualmente do julgador togado (judicial) acerca da falta de experiência com questões tributárias, tem-se com os julgadores administrativos tributários que compõem os órgãos administrativos que adotam o regime paritário. O que falta a estes últimos quando comparados aos primeiros é, justamente, as garantias necessárias ao exercício independente da jurisdição, o que certamente dispensa o *status* de servidor público concursado.

Nesse contexto, e considerando a atual discussão legislativa sobre um modelo padrão de contencioso administrativo tributário, preocupa-nos o modo como as diferentes escutas poderão repercutir nas prestações jurisdicionais.

Em nosso sentir, as garantias adicionais das quais gozam os julgadores concursados devem sim ser vistas como tentativas para a implementação do princípio da imparcialidade.

Contudo, seria ingenuidade crer que tal fato é suficiente para atribuir um selo de "imparcialidade" ao julgador concursado se comparado aos julgadores representantes fiscais e classistas.

Não é o concurso, mas o conhecimento, a expertise e a vivência dos julgadores da carreira fiscal e representantes de entidades de classe os diferenciais do exercício de uma jurisdição administrativa imparcial.

9.16 A verdade material no processo administrativo fiscal

Ermelinda Marques Muller e Rodrigo Dalla Pria

A "verdade" é um tema que sempre se fez presente nas discussões filosóficas, constituindo- se, assim, num de seus problemas fundamentais. A discussão filosófica sobre o conceito de "verdade" deságua no Direito enquanto meio de pacificação social, desempenhando papel relevantíssimo na realização da justiça, a ser alcançada mediante respostas emanadas por decisões processuais exaradas tanto na seara administrativa como na seara judicial.

Nesse contexto, quer nos parecer não só importante, mas também oportuno tecer algumas considerações acerca da dimensão do conceito de "verdade", tal como operacionalizado pelas diferentes instâncias de resolução dos conflitos tributários, quais sejam: a instância judicial e a instância administrativa

No processo judicial civil, o juiz deve julgar com base no acervo probatório trazido aos autos pelas partes, não devendo imiscuir-se na produção das provas que serão utilizadas na formação de sua convicção, o que reduz sensivelmente sua participação na instrução do processo. A doutrina tradicional, nesse caso, costuma asseverar que o juiz deve pautar-se na observância da verdade formal ou processual, assim entendida como aquela que é apresentada e provada pelas partes, a qual pode refletir ou não a realidade dos fatos.

No que concerne ao processo administrativo fiscal, por outro lado, em razão de sua natureza peculiar – que se fundamenta, a um só tempo, nas ideias de autocontrole da legalidade dos atos da administração (dever de autotutela), contraditório e ampla defesa e do contraditório (art. 5º, LV, da Constituição Federal/1988), e nos princípios específicos que regem à administração pública (legalidade, impessoalidade, moralidade, publicidade eficiência) –, estamos a falar de um ambiente processual que está revestido de alta carga de informalidade e que tem forte natureza inquisitiva, no bojo do qual ao julgador são conferidos poderes instrutórios muito mais amplos, com vistas a obtenção de juízos cognitivos que reflitam a realidade dos fatos.

Vê-se que, no contencioso administrativo fiscal, a ideia de "verdade" se apresenta sob a forma normativa de um específico princípio, qual seja, o princípio da verdade material, preceito este que se vincula fortemente à ideia de ampla capacidade instrutória do julgador, e que alcança, em especial, casos de preclusão do prazo para a juntada de provas ao processo.

O art. 16, § 4º, do Decreto federal 70.235/1972, estabelece que as provas devem ser apresentadas juntamente com a impugnação, sob pena de preclusão, salvo se: (1) fique demonstrada a impossibilidade de sua apresentação oportuna, por motivo de força maior; (2) refira-se a fato ou a direito superveniente; (3) destine-se a contrapor fatos ou razões posteriormente trazidas aos autos.

Muitos são os contribuintes que deixam de observar tal prazo e, mesmo não se encontrando dentro das exceções estabelecidas, pugnam pelo conhecimento das provas apresentadas a destempo, fazendo-o sob o fundamento de que o processo administrativo fiscal é informado pelo princípio da verdade material.

Ao analisar tais casos, o Conselho Administrativo de Recursos Fiscais vem sopesando o conjunto de princípios informadores do processo administrativo fiscal, entre os quais está o indigitado princípio da verdade material, à luz das circunstâncias que são próprias a cada caso concreto. Disso resulta a prolação de decisões que ora aceitam a apresentação de provas pelo sujeito passivo em momento posterior ao previsto na lei, ora as refutam.

Temos como exemplo o caso da decisão proferida por meio do Acórdão 89101-002.871, de 06.06.2017, em que a Câmara Superior declarou a nulidade do Acórdão 1103-000.712, proferido pela 3ª Turma Ordinária da 1ª Câmara da Primeira Seção, por entender que houve preterição ao direito de defesa, ao não se analisar documentos, com força de desconstituir a presunção de omissão de receitas, apresentados por ocasião da interposição do recurso voluntário. Entenderam os conselheiros que a não análise da documentação apresentada, configurou a nulidade prevista no art. 12 da Lei federal 7.574, de 2011 (preterição do direito de defesa).

No mesmo sentido foi a decisão proferida por meio do Acórdão 9101-004.563 –1ª Turma, sessão de 3.12.2019 –, na qual a Câmara Superior de Recursos Fiscais deu provimento ao recurso especial do contribuinte, determinando o retorno do processo ao colegiado *a quo* para que analisasse as provas apresentadas quatro anos após a apresentação do recurso voluntário.

Nesse caso, o órgão de julgamento tributário adotou uma interpretação moderada do art. 16, § 4º, do Decreto federal 70.235/1972 e da disposição contida no art. 38 da Lei federal 9.784/1999 (lei que dispõe sobre o processo administrativo federal em geral), segundo a qual é admissível a apresentação de provas na fase instrutória, em momento anterior à prolação da decisão administrativa. Outro fundamento adotado no precedente foi o de que o processo administrativo "deve atender à formalidade moderada, com adequação entre os meios e os fins, assegurando-se aos contribuintes a produção de provas e, principalmente, resguardando-se o cumprimento à estrita legalidade, para que só sejam mantidos lançamentos tributários que efetivamente atendam a exigência legal".

Em sentido contrário seguiu a decisão proferida pela Câmara Superior de Recursos Fiscais por meio do Acórdão 9101-002.890 – 1ª Turma, de 07.07.2017 –, que reconheceu a preclusão do direito do sujeito passivo de acostar aos autos provas trazidas por ocasião do julgamento realizado pelo colegiado *a quo*, com a consequente anulação da decisão recorrida. Esta decisão foi exarada sob o fundamento de que as provas apresentadas extemporaneamente eram inéditas e não complementares, as quais estavam na posse do recorrente desde a lavratura do auto de infração, mas que não foram disponibilizadas para análise. Além disso, tais provas não teriam o objetivo de contrapor fatos novos ou a novas razões de decidir adotadas pela turma julgadora de primeira instância. Entendeu-se, portanto, que a análise de tais provas pelo colegiado, naquelas circunstâncias, feriria a disposição contida no art. 16, §§ 4º e 5º, por não se enquadrar em nenhuma das exceções ali previstas.

No mesmo sentido, seguiu o Acórdão 9101-004.638 – Câmara Superior de Recursos Fiscais/1ª Turma, de 15.01.2020.

É preciso reconhecer, nesse contexto, que a administração tributária tem o dever de se autotutelar (Súmula 473[568] do Supremo Tribunal Federal). Desse modo, ainda que o ônus de promover o desencadeamento do contencioso administrativo tributário seja, por expressa determinação legal, de atribuição exclusiva do sujeito passivo autuado, constitui interesse da administração tributária o controle da legalidade dos seus atos. Significa dizer, por outros termos, que ainda que não haja processo administrativo instaurado, a administração tem a obrigação de verificar se seus atos estão de acordo com os princípios que regem a administração pública, tal como previstos na Constituição ("princípios da administração pública" – art. 37 da Constituição Federal/1988).

Uma vez instaurado o processo administrativo fiscal, o controle da legalidade deve ser pautado pela observância irrestrita aos princípios constitucionais do devido processo legal, em especial o princípio do contraditório e da ampla defesa. É olhando para o dever legal que vem fixado pelo Decreto federal 70.235/1972, que se conclui que restarão eivados de nulidade os despachos e decisões proferidos com preterição do direito de defesa.

568. Súmula 473 do STF: "A administração pode anular seus próprios atos, quando eivados de vícios que os tornam ilegais, porque dêles não se originam direitos; ou revogá-los, por motivo de conveniência ou oportunidade, respeitados os direitos adquiridos, e ressalvada, em todos os casos, a apreciação judicial".

Assim, o processo administrativo fiscal busca dar higidez aos atos administrativos, daí ser razoável admitir-se um formalismo moderado, o qual se manifesta por meio da concessão de poderes instrutórios amplos aos julgadores, como impulsionar a produção de provas, determinar perícias e diligências e permitir a juntada de documentos que sejam relevantes para a demonstração da verdade dos fatos, mesmo que isso se dê fora dos prazos previstos na legislação. Tudo isso para que a decisão administrativa tributária reflita, com a maior exatidão possível, a verdade dos fatos tais como materializados no mundo fenomênico.

Essa ampla cognitividade que se atribui ao julgador administrativo tributário, e que se volta à busca pela "verdade dos fatos", é justamente o que a doutrina reconhece como conteúdo normativo do chamado princípio da verdade material, que decorre em boa medida da observância dos princípios do contraditório e da ampla defesa, mas principalmente do dever que tem a administração de rever seus próprios atos, no exercício do controle interno da legalidade.

9.17 Vinculação do Tribunal Administrativo e decisões transubjetivas do Supremo Tribunal Federal e Superior Tribunal de Justiça

Ramon Leandro Freitas Arnoni e Rodrigo Dalla Pria

O debate acerca da necessária racionalidade do sistema tributário nacional, tido por complexo, não envolve apenas a legislação tributária atinente aos tributos e seus respectivos deveres instrumentais, passando também pelo contencioso tributário judicial e administrativo.

Em busca desse desiderato no ambiente do contencioso administrativo, tramita no Senado Federal o projeto de Lei Complementar 124/2022, que visa a "dispor sobre normas gerais de prevenção de litígio, consensualidade e processo administrativo, em matéria tributária".[569]

Entre as disposições normativas desse projeto, destacamos o art. 194-B, que pretende vincular os pronunciamentos da administração tributária às decisões proferidas pelo Supremo Tribunal Federal e Superior Tribunal de Justiça, julgadas segundo o procedimento da repercussão geral ou repetitivo, respectivamente.

O presente estudo intenta discutir se o instrumento normativo utilizado (lei complementar) possui autoridade constitucional suficiente para atribuir efeito vinculante às decisões dos Tribunais Superiores a órgãos julgadores que não o Poder Judiciário.

Pois bem.

A Constituição Federal de 1988 não estabelece expressamente a forma de produção de leis sobre processo administrativo tributário, tão somente aponta que as normas de Direito Administrativo estão sujeitas à competência exclusiva dos entes federados no exercício de suas funções administrativas, como a de cobrar tributos consoante suas competências (ex.: arts. 149, 153, 155 e 156 da Constituição Federal/1988) e as atividades decorrentes, as normas de direito processual estão jungidas à competência exclusiva da União (art. 22, inciso I, da Constituição Federal/1988), as normas de Direito Tributário sujeitam-se à competência concorrente da União, dos Estados e do Distrito Federal (art. 24, inciso I, da Constituição Federal/1988) e as normas sobre procedimentos em matéria processual, igualmente estão sujeitas à competência concorrente da União, dos Estados e do Distrito Federal (art. 24, inciso XI, Constituição Federal/1988).

569. SENADO FEDERAL. Projeto de Lei Complementar 124, de 2022. Disponível em: https://www25.senado.leg.br/web/atividade/materias/-/materia/154736 . Acesso em: 11 jan. 2023.

Parece-nos que as normas de processo administrativo tributário não podem ser inseridas no âmbito exclusivo das normas de Direito Administrativo ou qualificadas como normas sobre procedimento em matéria processual e, muito menos, assumem natureza processual na acepção do art. 22, inciso I, da Constituição Federal/1988, estas últimas, conforme bem relembra Rodrigo Dalla Pria, porque tratam do que a doutrina chama de "direito judiciário".[570]

Reputamos que as normas de processo administrativo tributário assumem natureza tributária, portanto, sujeitas às regras dos arts. 24, inciso I, §§ 1º a 4º, e 146, inciso III, da Constituição Federal/1988, o que se coaduna com a atual estrutura normativa das diversas legislações dos entes federados, na medida em que inexistente na atualidade uma norma geral nacional editada pela União (art. 24, § 1º), o que legitima as leis estaduais em vigor sobre a matéria, (art. 24, § 3º).

Assim, o caminho da lei complementar nacional em matéria tributária escolhido para a proposta de Lei Complementar 124/2022 em trâmite no Senado Federal foi adequado, já que dispõe sobre normas gerais de prevenção de litígio, consensualidade e processo administrativo, em matéria tributária.

Ocorre que, esse projeto de lei complementar trata também de matéria constitucional, na medida em que projeta a imposição da eficácia vinculante às administrações tributárias as questões tributárias definidas na sistemática da repercussão geral e de recursos repetitivos.

A dúvida que se coloca, portanto, é se a lei complementar, ainda que admitida como apta a introduzir normas gerais de processo administrativo tributário, seria o instrumento normativo adequado para impor efeito vinculante às decisões dos Tribunais Superiores a outros órgãos

570. A referência é ao artigo 10.1 do Capítulo 10 do presente livro.

julgadores que não o Poder Judiciário? Entendemos que não.

Isso porque, o efeito vinculante para a administração pública direta e indireta, nas esferas federal, estadual e municipal às decisões do Supremo Tribunal Federal está definido no texto constitucional. A referência é ao art. 102, § 2º, ao art. 103-A.[571] E quanto às decisões do Superior Tribunal de Justiça, sequer há previsão constitucional de vinculação para a administração pública direta e indireta, nas esferas federal, estadual e municipal.

Soma-se a isso, o fato de que a proposta de art. 194-B[572] afronta princípio constitucional bastante sensível, qual seja, o da separação dos poderes, consubstanciado no art. 2º da Constituição Federal/1988 e posto como cláusula pétrea em seu art. 60, § 4º, inciso III, além de potencial ofensa à isonomia quanto aos jurisdicionados litigantes em outros ramos do direito.

Mas não só pelos dois motivos adrede referidos, as hipóteses constitucionais de imposição de efeito vinculante das decisões do Poder Judiciário à administração estabelecem procedimento próprio e especial, limitando os legitimados (art.

571. Sob uma perspectiva histórica da normatização, é possível perceber claramente que o legislador constituinte, nas hipóteses em que pretendeu impor à Administração (Poder Executivo) a vinculação às decisões do Poder Judiciário, o fez pela via de Emendas Constitucionais.

572. "Art. 194-B. O trânsito em julgado de controvérsia tributária decidida pelo Supremo Tribunal Federal, sob a sistemática da repercussão geral em matéria constitucional, ou pelo Superior Tribunal de Justiça, sob a sistemática dos recursos repetitivos em matéria infraconstitucional, favoravelmente a contribuintes ou responsáveis, terá eficácia vinculante para a Administração Tributária.
Parágrafo único. No prazo máximo de 90 (noventa) dias, a contar do trânsito em julgado, a Fazenda Pública, por parecer devidamente fundamentado e publicizado:
I – aplicará a orientação adotada pelo STF ou STJ em relação aos seus créditos tributários;
II – indicará os casos em que a Fazenda Pública, tanto na esfera administrativa quanto na judicial, deixará de impugnar pleitos de contribuintes ou responsáveis;
III – indicará os casos em que Fazenda Pública, tanto na esfera administrativa quanto na judicial, desistirá de impugnações ou recursos já formulados."

103 da Constituição Federal/1988), impondo quórum especial de 2/3 (art. 103-A) bem como instrumento adequado para controlar a inobservância da vinculação (reclamação), justamente porque mitigam a tripartição dos poderes tal como posta no texto constitucional, diferentemente do que ocorre com as decisões proferidas sob a sistemática da repercussão geral em matéria constitucional e dos recursos repetitivos em matéria de lei federal, vazias de um rito especializado.

Então, qual seria a solução?

Entre os possíveis caminhos, o primeiro, já delineado, é o de alteração da Constituição, a fim de manter intacta a divisão tripartite de Poderes da República.

Um segundo caminho, já adotado por alguns Tribunais Administrativos que julgam matéria tributária, é a previsão na lei do respectivo tribunal da necessidade incorporação das decisões do Supremo Tribunal Federal e Superior Tribunal Analítico proferidas sob o procedimento da repercussão geral e dos repetitivos.[573]

Um terceiro caminho possível para aderência das decisões pela administração fazendária é a adoção de súmulas vinculantes pelos tribunais administrativos que tratem das matérias já definidas pelos Tribunais Superiores julgadas em repercussão geral ou como repetitivo.[574]

Outra saída de ordem legislativa do ente tributante seria a criação de instância recursal com a atribuição para avaliar eventual incoerência entre a decisão administrativa e as decisões judiciais transubjetivas dos Tribunais Superiores.

---

573. Não se olvida que essa alternativa tem o inconveniente de remeter apenas à fase de controle de legalidade do lançamento, isto é, do contencioso administrativo, a aderência administrativa às decisões judiciais, não evitando, assim, os lançamentos dos créditos, pautados que são pela vinculação e legalidade estrita do art. 142 do CTN

574. Exemplo desta iniciativa foi a revisão da Súmula 10/2017 pelo Tribunal de Impostos e Taxas que aderiu à posição já consolidada dos tribunais sobre a limitação da taxa de juros a ser aplicada aos créditos tributários paulistas.

Para a etapa não litigiosa, seria pertinente a edição de atos normativos que tenham por objeto as matérias tratadas nas decisões dos tribunais superiores ou de pareceres vinculantes à administração, nos termos do art. 100,[575] incisos I e II, do Código Tributário Nacional.

9.18 Limites à cognoscibilidade no Processo Administrativo Tributário: tempestividade e preclusão

Rodrigo Octavio Franco Morgero e Galderise Fernandes Teles

O processo administrativo tributário constitui instrumento por meio do qual a ideia de interesse público apresenta-se sob a forma de controle de legalidade do ato administrativo fiscal. Tal assertiva, por si só, já justifica a admissão de uma maior flexibilidade procedimental e cognitiva do julgador tributário administrativo, algo que se revela, por exemplo, nos amplos poderes instrutórios atribuídos à autoridade julgadora.

Nesse contexto, a questão que se coloca é a seguinte: seria possível admitir-se, sob o pretexto de se privilegiar o autocontrole da legalidade tributária, o prosseguimento da impugnação ou do recurso administrativos intempestivos?

Diferentemente do que ocorre no âmbito instrutório, em que a invocação do interesse público para fins de autocontrole de legalidade dos atos administrativos ultrapassa os limites subjetivos das partes em conflito, no âmbito recursal o interesse defendido, indiscutivelmente,

---

575. "Art. 100. São normas complementares das leis, dos tratados e das convenções internacionais e dos decretos:
I – os atos normativos expedidos pelas autoridades administrativas;
II – as decisões dos órgãos singulares ou coletivos de jurisdição administrativa, a que a lei atribua eficácia normativa."

restringe-se à proteção da pretensão subjetiva invocada pelo sujeito recorrente, titular do interesse recursal.

Não se trata, obviamente, de se admitir a restrição ao direito constitucional à recorribilidade e ao duplo grau de jurisdição (art. 5º, LV, do Texto Constitucional),[576] mas sim de privilegiar a noção, também constitucional, de devido processo legal, que informa o regime jurídico próprio ao contencioso administrativo tributário.

Esse é, inclusive, o posicionamento de Rodrigo Dalla Pria, para quem "o direito à recorribilidade no processo administrativo-tributário, tal qual se dá no âmbito judicial, é pautado por prazos peremptoriamente preclusivos. Nesse tocante, diferentemente do que ocorre no plano cognitivo e instrutório, não há espaço para cogitarmos uma possível flexibilização procedimental capaz de suplantar, em nome do interesse público, eventual perda do prazo recursal".[577]

Tomando-se como tópico de análise a legislação que rege o processo administrativo tributário federal, tem-se que o Decreto 70.235/1972, diversamente do que ocorre no âmbito instrutório – onde julgador tributário possui um amplo campo de discricionariedade para fins de admissão de provas produzidas intempestivamente –, não prevê qualquer situação que justifique a flexibilização do fenômeno preclusivo que se verifica por ocasião do decurso do prazo para interposição de recurso.

O que se está a afirmar, portanto, é que a ideia de ampla cognição, que caracteriza o processo administrativo tributário, de forma alguma pode servir de pretexto ao afastamento dos preceitos próprios ao devido processo legal, em

576. "Art. 5º [...]
LV – aos litigantes, em processo judicial ou administrativo, e aos acusados em geral são assegurados o contraditório e ampla defesa, com os meios e recursos a ela inerentes."

577. *Direito processual tributário*. São Paulo: Noeses, 2020. p. 650.

especial aqueles atinentes aos limites temporais para a provocação (apresentação de defesa) ou reprovocação (interposição de recurso) do órgão de julgamento administrativo

No entanto, e sem prejuízo às premissas adrede estabelecidas, tem-se que, em algumas hipóteses excepcionais, a preclusão temporal decorrente da interposição intempestiva do recurso administrativo haverá de ser afastada. Estamos a falar, justamente, das hipóteses em que a questão invocada no recurso intempestivo constitua matéria de ordem pública, as quais extrapolam os interesses subjetivos da parte recorrente.

Na lição do autor Galderise Fernandes Teles, "nesses casos, ainda que constatada a intempestividade ou a inovação em matéria recursal, em virtude da eficiência, autotutela e interesse público a serem preservados no contencioso administrativo, identificado vício no lançamento fiscal, será imperiosa a admissibilidade para o reconhecimento, ainda que de ofício, de matéria de ordem pública".[578]

Com efeito, a afirmação supracitada pode causar estranheza e incômodo, sobretudo aos estudiosos da área processual. Afinal, perfeitamente compreensível e defensável o entendimento de que a tempestividade se reveste como verdadeiro elemento necessário para identificação de uma matéria de ordem pública, ou, ainda além, o requisito do ato temporal expressa o caráter denotativo que compõe a própria classe de matéria de ordem pública.

Por outro lado, e aqui certamente reside razão maior do presente escrito, crer nos parecer que a identificação – caracterização da classe referida – está necessariamente relacionada a uma ideia de utilidade processual e caráter do sistema normativo em análise. Nesse ponto, temos por

---

578. *Contencioso tributário: matérias de ordem pública no processo administrativo tributário*. Curitiba: Juruá, 2021. p. 168.

imperiosa a distinção do arquétipo que envolve o contencioso judicial e o contencioso administrativo tributário.

Esse último âmbito carrega em sua composição elementos próprios – específicos – que o distinguem do rigor processual verificado no contencioso judicial. Para confirmação de tal assertiva não precisamos de maiores esforços, basta a análise e a configuração da devida pujança semântica que deve ser atribuída aos princípios da autotutela, formalismo moderado e eficiência.

A junção desses valores tem o condão de conferir efetividade ao âmbito administrativo tributário, seara por excelência da correção de atos fadados ao insucesso no congestionado sistema de contencioso judicial, balizando questões como a própria tempestividade.[579]

Nesse contexto, forçoso concluir que, em regra, a ideia de ampla cognição que caracteriza a atividade jurisdicional atipicamente exercida pelos órgãos de contencioso administrativo tributário não tem o condão de, por si só, afastar a preclusão temporal decorrente da prática intempestiva de atos processuais, salvo nas circunstâncias em que as alegações recursais envolvam matéria de ordem pública, ocasião em que os interesses subjetivos das partes haverão de ser sobrepostos pelo dever de o julgador apreciar, de ofício, a questão impugnada.

---

579. Demonstrando o teor de flexibilização conferida no contencioso administrativo à questão temporal, importante registrar enunciado do Processo Administrativo Tributário de Minas Gerais e Pernambuco, respectivamente no seguinte sentido: "Art. 154 do RPTA c/c o art. 21 do Regimento Interno do CCMG, compete à Câmara de Julgamento decidir a Reclamação, de cuja decisão não cabe recurso, conforme dispõe o art. 170, também do RPTA (art. 181 da Lei 6.763/75).
A Câmara de Julgamento, após indeferir a Reclamação, poderá relevar a intempestividade da impugnação, se vislumbrar assistir à parte direito quanto ao mérito da questão, nos termos do parágrafo único do art. 154 do RPTA. Art. 15. A autoridade julgadora a quem estiver submetido o processo poderá, por meio de despacho fundamentado, publicado no *Diário Oficial do Estado*, prorrogar ou reabrir prazos, atendendo a motivo de alta relevância, causa fortuita, força maior ou de elemento cerceador do direito de defesa, devidamente comprovados".

9.19 Transação tributária, possibilidade de rescisão e decisões do Supremo Tribunal Federal

Lucas Silva Flores e Camila Campos Vergueiro

A transação em âmbito federal vem se tornando importante ferramenta de negociação que visa a facilitar o pagamento de dívidas fiscais, promover a recuperação de créditos públicos e combater litígios prolongados.

Há um consenso de que a transação promoveu avanços significativos na relação entre fisco e contribuinte, deixando no passado a perspectiva de que os interesses envolvidos se colocam em posição oposta, por permitir um diálogo mais intenso entre eles, proporcionar transparência e lealdade nessa relação.

Neste artigo, objetiva-se explorar o impacto de decisões do Supremo Tribunal Federal em face de acordos de transação já celebrados, especialmente em razão do entendimento manifestado nos julgamentos dos Recursos Extraordinários 949.297[580] e 955.227,[581] que reconheceram o efeito *erga omnes* e prospectivo do entendimento em controle de constitucionalidade.

Em suma, as perguntas que se pretende responder no presente artigo são: em um cenário de jurisprudência oscilante e casuística, os termos da transação submetem-se a eventual decisão do Supremo Tribunal Federal que reconheça a invalidade de um tributo? Nessa hipótese

580. Tema 881 de Repercussão Geral, em que se analisou "*Limites da coisa julgada em matéria tributária, notadamente diante de julgamento, em controle concentrado pelo Supremo Tribunal Federal, que declara a constitucionalidade de tributo anteriormente considerado inconstitucional, na via do controle incidental, por decisão transitada em julgado*".

581. Tema 885 de Repercussão Geral, em que se analisou: "*Efeitos das decisões do Supremo Tribunal Federal em controle difuso de constitucionalidade sobre a coisa julgada formada nas relações tributárias de trato continuado*".

(invalidade do tributo), o contribuinte pode deixar de arcar com o pagamento tal como posto no termo de transação?

Nesse contexto, é necessário ter em mente que, muito embora a transação tributária decorra de um ato de vontade das partes, o contribuinte, para viabilizar o acordo com a Procuradoria-Geral da Fazenda Nacional, deve dispensar, ao menos em parte (esse ponto será mais bem tratado na sequência) o seu direito de questionar a exigência tributária, determinando a Lei federal a renúncia[582] ao direito de fundo da lide, presente e futuro.

Mas tomemos a hipótese sugerida na primeira questão adrede referida: o Supremo Tribunal Federal reconhece *a posteriori* a invalidade de determinada norma tributária, a qual foi objeto da renúncia para a formalização da transação. Seria possível identificar, nessa específica situação, a partir da decisão do Supremo Tribunal Federal, que a vontade das partes firmada no termo de transação se mantém intacta? Quer nos parecer que não, pois, como muito bem aponta Carla de Lourdes Gonçalves:[583]

"[...] a confissão em relação ao montante do crédito tributário e a renúncia do direito de discutir a sua legalidade somente podem ser mantidas se houver também a manutenção das condições iniciais em que elas foram efetivas. Se a situação mudar, com a eliminação da presunção de

582. "Art. 3º A proposta de transação deverá expor os meios para a extinção dos créditos nela contemplados e estará condicionada, no mínimo, à assunção pelo devedor dos compromissos de:
[...]
V – renunciar a quaisquer alegações de direito, atuais ou futuras, sobre as quais se fundem ações judiciais, inclusive as coletivas, ou recursos que tenham por objeto os créditos incluídos na transação, por meio de requerimento de extinção do respectivo processo com resolução de mérito, nos termos da alínea c do inciso III do caput do art. 487 da Lei n. 13.105, de 16 de março de 2015 (Código de Processo Civil)."

583. GONÇALVES, Carla de Lourdes. Rescisão da transação individual diante da declaração de inconstitucionalidade pelo STF. *In*: CONRADO, Paulo Cesar (coord.); ARAUJO, Juliana Furtado Costa (coord.). *Transação tributária na prática da Lei n. 13.988/2020*. 2 ed. rev., atual. e ampl. São Paulo: Thomson Reuters Brasil, 2022.

legalidade da norma que embasava a obrigação originária, a pretensão para o reconhecimento dos vícios de legalidade derivado dos efeitos da decisão *erga omnes* não estará abrangida nos limites da renúncia".

Esse critério apontado como apto para avaliar o impacto da decisão do Supremo Tribunal Federal na renúncia exigida para concretização da transação, não é mera tergiversação doutrinária, ao contrário, ainda que sob a perspectiva do parcelamento, já foi enfrentado pelo Superior Tribunal de Justiça quando analisou o alcance da confissão de dívida no REsp 1.133.027 e os efeitos do pagamento de crédito prescrito em matéria tributária no agravo interno no agravo interno no agravo em REsp 1.343.161.

No primeiro julgado, o Superior Tribunal de Justiça firmou entendimento de que eventual confissão de dívida do contribuinte representa reconhecimento de fatos ocorridos e não do direito aplicável ao caso. Isso significa que a matéria jurídica pode ser objeto de controvérsia no poder judiciário caso se demonstre prejuízo ao ato originário.[584]

Pautado nesse fundamento, no segundo julgado, o Superior Tribunal de Justiça reiterou sua posição no sentido de que crédito tributário prescrito não pode ser objeto de parcelamento, uma vez que, em matéria tributária, a prescrição macula a própria obrigação tributária porque faz ruir o vínculo jurídico entre fisco e contribuinte, diante do que dispõe o inciso V do art. 156[585] do Código Tributário

---

584. Tema Repetitivo 375, STJ: "A confissão da dívida não inibe o questionamento judicial da obrigação tributária, no que se refere aos seus aspectos jurídicos. Quanto aos aspectos fáticos sobre os quais incide a norma tributária, a regra é que não se pode rever judicialmente a confissão de dívida efetuada com o escopo de obter parcelamento de débitos tributários. No entanto, como na situação presente, a matéria de fato constante de confissão de dívida pode ser invalidada quando ocorre defeito causador de nulidade do ato jurídico (*v.g.*, erro, dolo, simulação e fraude)".

585. "Art. 156. Extinguem o crédito tributário: [...]
V – a prescrição e a decadência."

Nacional, e não somente a pretensão ao exercício do direito de ação como ocorre nas relações cíveis.

Do conjunto do que até aqui foi escrito, não se escapa à conclusão de que, havendo revisitação do contexto jurídico em que foi firmado o termo de transação por decisão do Supremo Tribunal Federal em controle de constitucionalidade é possível que seja reavaliado o acordo de transação pelo poder judiciário para afastar a partir dessa decisão o cumprimento de seus termos e, consequentemente, o dever de pagamento, bem como as demais cláusulas.

O que se está aqui a reconhecer é que a decisão de inconstitucionalidade do Supremo Tribunal Federal dotada de efeito *erga omnes* porque afasta a exigência do tributo, naturalmente, exclui qualquer obrigação assumida que tenha por base a mesma lei tributária declarada inconstitucional, incluída aí a transação.

Ainda que se refira a cumprimento de sentença que reconhece o dever de pagar quantia certa, o § 12 do art. 525 do Código de Processo Civil/2015 é porto seguro para justificar a inexigibilidade da obrigação posta no termo de transação cujo fundamento legal foi declarado inconstitucional pelo Supremo Tribunal Federal.

Mas não só por isso, parece-nos que após a manifestação do Supremo Tribunal Federal no sentido da cessação dos efeitos de coisa julgada formada em favor do contribuinte quando pronunciado entendimento distinto posterior, é plenamente cabível a conclusão de que os acordos de transação devem sofrer os impactos da decisão do Supremo Tribunal Federal.

CAPÍTULO 10
TENDÊNCIAS PARA O CONTENCIOSO TRIBUTÁRIO

10.1 Reforma do contencioso administrativo tributário (parte 1)

Rodrigo Dalla Pria

O Senado e o Supremo Tribunal Federal, com o objetivo de buscar soluções para o aperfeiçoamento do vigente modelo de solução de conflitos tributários, editaram a Portaria conjunta 01/2022, por meio da qual foi nomeada Comissão de Juristas especialmente constituída com vistas à elaboração de propostas legislativas voltadas à modernização do plexo normativo a que costumamos denominar "sistema processual tributário".

Diante disso, parece-nos oportuna a análise das diferentes propostas de reforma do contencioso tributário cogitadas e discutidas no âmbito da comissão de reforma recém instituída. Por mera conveniência, trataremos das questões atinentes ao contencioso administrativo tributário.

Segundo foi possível apreender das exposições feitas por ocasião da primeira audiência pública da qual participaram juristas com larga experiência prática e acadêmica no âmbito do contencioso tributário, uma das medidas que contam com maior aderência diz com a necessidade de edição de uma lei nacional voltada à instituição de um "regime geral de contencioso administrativo tributário", diploma que veicularia "normas gerais" a serem observadas por todos os entes políticos tributantes.

A despeito do amplo acordo acerca da necessidade de uma "lei geral de processo administrativo tributário", não existe o mesmo consenso acerca dos fundamentos constitucionais e, principalmente, da amplitude material da competência da União para legislar sobre o assunto.

É que o texto constitucional não contém dispositivo específico destinado a estabelecer e delimitar a competência de cada ente político tributante para legislar acerca de processo administrativo-tributário, havendo dúvidas, inclusive, acerca da natureza jurídica das normas sobre processo administrativo tributário, isto é, se são regras de "direito administrativo", de "direito processual" ou de "direito tributário".

Parece-nos razoável, todavia, deduzir que as normas sobre "processo administrativo tributário" não sejam preceitos de direito processual no sentido prescrito no art. 22, inciso I,[586] da Constituição Federal/1988, o qual se volta a regular a atividade exercida no âmbito daquilo que, historicamente, vem sendo chamado de "direito judiciário", estando reservada à União a prerrogativa exclusiva para legislar sobre o assunto. Também não parecem ser típicas regras de direito administrativo, o que significaria conceder a cada um dos entes políticos tributantes a mais absoluta exclusividade para legislar sobre a matéria.

Sendo o processo administrativo tributário a instância na qual os entes políticos exercem o autocontrole da legalidade da atividade impositiva, não fica difícil concluir que as regras que regem os contenciosos administrativos fiscais constituem típicas normas de desempenho da competência administrativa tributária, pois reguladoras do modo de aplicação do direito material tributário quando realizada sob o pretexto da conflituosidade, razão pela qual, por expressa determinação constitucional (art. 5º, incisos LIV, LV e LXXVIII[587]), devem observar o esquema dialético (contraditório) característico do processo jurisdicional.

Que fique muito bem esclarecido, nesse tocante, que a circunstância – admitida por nós desde sempre – de a atividade exercida pelos órgãos de contencioso administrativo tributário ser atipicamente jurisdicional não infirma a conclusão de que, sob a óptica da repartição das competências legislativas constitucionais, as regras sobre processo

586. "Art. 22. Compete privativamente à União legislar sobre:
I – direito civil, comercial, penal, processual, eleitoral, agrário, marítimo, aeronáutico, espacial e do trabalho."

587. "Art. 5º. [...]
LIV – ninguém será privado da liberdade ou de seus bens sem o devido processo legal;
LV – aos litigantes, em processo judicial ou administrativo, e aos acusados em geral são assegurados o contraditório e ampla defesa, com os meios e recursos a ela inerentes;
LXXVIII – a todos, no âmbito judicial e administrativo, são assegurados a razoável duração do processo e os meios que garantam a celeridade de sua tramitação."

administrativo tributário constituírem verdadeiras "regras de direito tributário".

Sob tal perspectiva, talvez seja mais correto falarmos em "direito tributário processual administrativo" do que, propriamente, em "direito processual administrativo tributário", o que nem de longe induz qualquer necessidade de deixar de utilizar a primeira expressão, consagrada que é pela dogmática especializada.

Diante disso, a competência para dispor sobre "direito tributário processual" é estabelecida pelas regras veiculadas nos arts. 24, inciso I, §§ 1º a 4º,[588] e 146, inciso III,[589] da Constituição Federal/1988, que atribuem poder legiferante concorrente aos entes políticos para dispor sobre matéria de tributos, incluídas, neste escaninho, as regras atinentes ao controle interno da atividade impositiva, isto é, normas sobre processo administrativo tributário.

São os mesmos dispositivos constitucionais acima referidos que reservam à União a prerrogativa de fixar, por lei complementar, normas gerais sobre processo administrativo tributário, competência que, desafortunadamente, nunca foi levada a cabo.[590] Por essa razão, o que se tem,

---

588. "Art. 24. Compete à União, aos Estados e ao Distrito Federal legislar concorrentemente sobre:
I – direito tributário, financeiro, penitenciário, econômico e urbanístico;
§ 1º No âmbito da legislação concorrente, a competência da União limitar-se-á a estabelecer normas gerais.
§ 2º A competência da União para legislar sobre normas gerais não exclui a competência suplementar dos Estados.
§ 3º Inexistindo lei federal sobre normas gerais, os Estados exercerão a competência legislativa plena, para atender a suas peculiaridades.
§ 4º A superveniência de lei federal sobre normas gerais suspende a eficácia da lei estadual, no que lhe for contrário."

589. "Art. 146. Cabe à lei complementar: [...]
III – estabelecer normas gerais em matéria de legislação tributária, especialmente sobre:

590. Tramita no Congresso o projeto de Lei Complementar 381/2014, que tem por objetivo fixar normas gerais sobre processo administrativo fiscal aplicáveis a todos

desde sempre, é uma verdadeira torre de babel normativa, em que cada entre federativo dispõe de plena liberdade para legislar concorrentemente acerca da matéria.

Essa contingência dificulta análise minuciosa do contencioso administrativo tributário tal qual positivado nas diversas legislações que regulam o processo administrativo fiscal no âmbito dos diferentes entes políticos, algo que somente se torna plausível quando o foco temático da abordagem está direcionado a um específico ente político tributante.

De toda sorte, isso não nos impede de identificar alguns padrões institucionais que se repetem nas legislações oriundas dos diferentes entes federados, os quais certamente decorrem da influência exercida pela longeva experiência construída no âmbito do contencioso administrativo tributário federal, cujo início nos remete aos Conselhos de Contribuintes surgidos a partir da década de 1930.

Numa análise superficial das legislações que disciplinam os processos administrativos tributários no âmbito dos Estados, é possível traçar um panorama geral acerca dos diversos modelos adotados, o qual nos revela padrões normativos comuns adotados pelos respectivos órgãos. Assim é que: (i) 88% dos órgãos de contencioso administrativo tributário estão diretamente subordinados aos Secretários de Fazenda estaduais; (ii) 96% deles não dispõem de carreiras específicas de julgador tributário; (iii) em 75% dos casos, a representação dos interesses fiscais é realizada por membros da Procuradoria-Geral do Estado; (iv) em 89% das cortes administrativas, os procuradores do Estado não têm a prerrogativa de participar do contencioso administrativo na condição de julgadores; e, por fim, (v) 96% dos contenciosos administrativos tributários contam com

os entes políticos tributantes, o que reduziria significativamente a dificuldade que se tem atualmente de sistematizar e padronizar o processo administrativo tributário em âmbito nacional.

a participação de representantes do sujeito passivo, conquanto (vi) em somente em 77% deles essa participação é paritária.

Assim, se a sistematização dos dados atinentes aos contenciosos administrativos tributários estaduais e municipais constitui tarefa árdua e hercúlea, a identificação de padrões normativos comuns entre eles pode ser capaz de revelar aquilo que fora exitoso na experiência histórica de cada qual e, também, aquilo que vem se mostrando ineficaz e problemático.

Esses dados, quer nos parecer, constituem um excelente ponto de partida para a elaboração de uma proposta de positivação de um regime geral de processo administrativo tributário que seja nacionalmente eficaz, seja no que tange à estrita observância e respeito às cláusulas do devido processo legal (constitucional) administrativo, seja na promoção da desejada eficiência fiscal.

Evita-se, assim, a ilusão – e a armadilha – de que uma "revolução" legislativa, que despreze a experiência histórica nacional de um século para privilegiar soluções mágicas, inspiradas inclusive em modelos alienígenas, seja capaz de pôr fim aos problemas e gargalos do contencioso administrativo tributário, os quais decorrem muito mais de problemas oriundos do sistema material tributário do que, propriamente, dos regimes processuais de solução de lides fiscais vigentes.

É que nesse específico contexto que, nos artigos que a este se seguirem, procuraremos tratar, de forma mais detida, sobre essa experiência secular e, consequentemente, apontar soluções viáveis para o aperfeiçoamento do processo tributário, administrativo e judicial.

10.2 Reforma do contencioso administrativo tributário (parte 2)

Rodrigo Dalla Pria

Sob o pretexto de colaborar com as discussões acerca da reforma do sistema de contencioso tributário brasileiro, no artigo 10.1 deste Capítulo, iniciamos nosso percurso pela desejada intenção de uniformização das regras sobre processo administrativo tributário por meio da edição de "lei nacional" que veicule normas gerais sobre a matéria.

Ali, reconhecemos não só a viabilidade, mas também a conveniência de uma lei nacional voltada a estabelecer "normas gerais sobre processo administrativo tributário" que seja capaz de racionalizar, em torno de um modelo básico de contencioso, a torre de babel normativa vigente.

Ressaltamos, ainda naquela oportunidade, que a competência para legislar sobre "direito tributário processual" resta estabelecida pelos arts. 24, inciso I, §§ 1º a 4º, e 146, inciso III, da Constituição Federal/1988, que (1) atribuem poder legiferante concorrente aos entes políticos para dispor sobre processo administrativo tributário, (2) mas reservam à União a competência para fixar, por lei complementar, normas gerais sobre a mesma matéria, competência esta que, aliás, jamais foi exercida.

A necessidade de edição de lei complementar para tal finalidade, vale reforçar, impõe-se, sob pena de insubmissão dos demais entes tributantes aos preceitos gerais que vierem a ser, eventualmente, veiculados por lei ordinária federal. Devemos compreender, nesse tocante, que a competência privativa da União para legislar sobre direito processual, tal como prevista no art. 22, inciso I, da Constituição Federal/1988 – e que nos será muito útil, logo adiante, para traçar os limites materiais de um eventual regime geral de contencioso administrativo tributário – não legitima a invocação da lei ordinária como instrumento apto a veicular normas gerais sobre processo administrativo tributário.

Não estamos a falar, insistimos, de regras gerais sobre "direito processual tributário", mas sim de normas gerais sobre "direito tributário processual". Afirmar o contrário, significaria admitir algo que foge à razoabilidade, isto é, que todas as legislações locais (estaduais e municipais) até hoje editadas sobre contencioso administrativo tributário são, na essência, inconstitucionais, dada a invasão de um campo material que é privativo da União.

Dito isso, devemos também considerar que eventual superveniência de lei complementar federal que finalmente veicule as tão ansiadas "normas gerais sobre processo administrativo tributário" terá como efeito primário vincular os demais entes políticos àquilo que for objeto de regulação (ver § 4º do art. 24 da Constituição Federal/1988), implicando a necessária revisão das legislações locais, que até o momento reinam no vácuo deixado em razão da ausência de legislação nacional.

É nesse específico ponto que ressurge a questão, tão debatida na Dogmática histórica do Direito Tributário, da abrangência do conceito de "normas gerais de Direito Tributário", agora especialmente direcionada para o âmbito do contencioso administrativo. A indagação a ser feita é a seguinte: admitindo-se a possibilidade de edição, por lei complementar federal, de "normas gerais sobre processo administrativo tributário", quais os limites materiais dessa competência legiferante da União?

A resposta, longe de ser simples, não se resolve pela mera adoção de uma das duas teorias dogmaticamente concorrentes (dicotômica ou tricotômica) acerca do alcance do conceito de "normas gerais de Direito Tributário", pois as regras sobre contencioso administrativo tributário podem muito bem ser definidas como típicas limitações ao poder de tributar – preenchendo, assim, os critérios exigidos pelos adeptos da teoria dicotômica –, ou simplesmente serem tomadas como normas sobre "lançamento e crédito tributários", aos moldes do que preconizam os seguidores da chamada teoria tricotômica.

A despeito das dificuldades, cremos que haja no próprio texto constitucional uma rota segura para a solução do problema, solução esta que pressupõe, no entanto, a admissão de uma premissa teórica desde sempre por nós adotada, segundo a qual a atividade exercida pelos órgãos de contencioso administrativo tributário, conquanto seja subjetivamente (organicamente) administrativa é, sob o ponto de vista funcional, atipicamente jurisdicional, pois exercida sob o pretexto da resolução de conflitos estabelecidos entre os sujeitos de direito tributário.

Com efeito, uma das consequências diretas dessa tomada de posição diz com a necessidade de reconhecermos que o regime jurídico próprio ao processo administrativo tributário é o mesmo do processo judicial, qual seja: aquele fundado na ideia de devido processo legal, contraditório e ampla defesa. Em outras palavras, atribuir aos tribunais administrativos a condição de órgãos atipicamente jurisdicionais atrai para eles a inafastável obrigação de observar o modelo constitucional de processo (civil).

Pois bem. No contexto das regras que compõem os diversos regimes de contencioso, incluído o administrativo tributário, é possível identificar, de um lado, aquelas que têm típica natureza de "normas sobre processo", pois dizem com o estabelecimento de direitos e deveres subjetivo-processuais diretamente relacionados às garantias próprias ao modelo constitucional de processo. De outro lado, tem-se aquelas (regras) que consubstanciam "normas sobre procedimento", pois voltadas a estabelecer a forma pela qual os mencionados direitos e deveres subjetivo-processuais são exercidos.

Assim, uma coisa é a norma legal que estabelece o direito (faculdade) de o sujeito passivo impugnar o lançamento (direito de defesa) e recorrer da decisão (duplo grau de jurisdição) que negou acolhimento à sua defesa (típicas normas de processo); outra coisa é a regra que estabelece a forma por meio da qual o protocolo da defesa e do recurso será realizada ou mesmo o ambiente processual (eletrônico ou físico) no qual os atos processuais deverão ser efetivados (típicas normas de procedimento).

A dualidade processo/procedimento, quer nos parecer, constitui uma excelente medida daquilo que podemos chamar de "norma geral" sobre processo administrativo tributário, restando bem evidente que, sob a óptica constitucional, a importância e a abrangência das chamadas "normas sobre processo" é muito maior do que aquelas atinentes às "normas sobre procedimento", a ponto de, no âmbito da atividade (tipicamente) jurisdicional exercida pelos órgãos do Poder Judiciário, a Constituição Federal atribuir exclusivamente à União a competência para legislar sobre processo (art. 22, inciso I, da Constituição Federal/1988), restando aos estados a competência para editar regras sobre procedimento em matéria processual (art. 24, inciso XI,[591] da Constituição Federal/1988).

Nessa medida, são as "normas sobre processo" que dão o tom daquilo que é fundamental aos sujeitos litigantes. E isso, por óbvio, não só no processo civil comum, mas também no contencioso administrativo tributário, de sorte a ser esse, em nosso sentir, o principal (mas não o único) conteúdo a ser normatizado pelo diploma complementar de

591. "Art. 24. Compete à União, aos Estados e ao Distrito Federal legislar concorrentemente sobre: [...]
XI – procedimentos em matéria processual."

abrangência nacional que se pretende editar sob a insígnia "norma geral sobre processo administrativo tributário".

Dito isso, cabe-nos ainda identificar com maior precisão o que viriam a ser, em termos conteudísticos, as tais "normas de processo" que poderiam/deveriam compor um diploma nacional sobre contencioso administrativo tributário, bastando, para tanto, reportarmo-nos aos preceitos normativos que compõem o modelo constitucional de processo.

Nesse contexto, toda e qualquer norma que tiver por finalidade última viabilizar o exercício das garantias constitucionais processuais será, na essência, uma típica "norma sobre processo".

Trazendo tais ideias para o plano concreto, as regras que dispõem sobre a natureza jurídico-institucional do órgão de julgamento, bem como sobre a forma e os critérios de seleção dos julgadores tributários, por exemplo, por se vincularem aos princípios constitucionais do juiz natural e da imparcialidade, constituem típicas "normas sobre processo", gerais por natureza.

Já as regras que estabelecem os tipos de defesa e recursos postos à disposição das partes, seus respectivos prazos e efeitos, bem como as instâncias do contencioso administrativo a serem percorridas materializam o núcleo dos direitos (constitucionais) à ampla defesa e ao duplo grau de jurisdição.

Dispositivos voltados ao estabelecimento da plena igualdade entre as partes litigantes no processo administrativo (paridade de armas), bem como aqueles que garantam a prevalência do princípio da presunção de inocência do acusado tributário, vinculam-se à noção constitucional de contraditório.

O mesmo pode ser dito acerca das regras que impõem obrigações e limites à atividade cognitiva dos julgadores tributários, e que se voltam à promoção do direito constitucional à efetiva prestação da tutela jurisdicional, tais como (1) o dever de apreciar toda a matéria debatida e fundamentar todas as decisões; (2) o dever de observar (e se curvar aos) os precedentes judiciais representativos de controvérsia; e (3) o poder de apreciar questões e provas a qualquer tempo.

Por fim, regras que eventualmente estabeleçam prazos para prolação de decisões e encerramento dos processos administrativos podem ser tidas, também, como típicas "regras sobre processo", por se vincularem à noção, também constitucional, de duração razoável do processo.

O rol de matérias processuais enumeradas, longe de esgotar o campo de autuação de uma possível/eventual lei complementar destinada a estabelecer normas gerais sobre processo administrativo tributário, presta-se, tão somente, a demonstrar que o critério utilizado (normas sobre processo versus normas sobre procedimento) para a segregação de tais conteúdos constitui um "norte" seguro para que o legislador complementar federal possa manter-se nos limites de sua competência constitucional.

É preciso advertir, no entanto, que mesmo em relação às questões procedimentais propriamente ditas há um considerável espaço para a edição de "normas gerais", que se destinariam a uniformizar os ritos próprios aos regimes de contencioso administrativo tributário dos diferentes entes políticos tributantes.

Aliás, é o próprio Código de Processo Civil, diploma veiculador de normas gerais por excelência, que, com expressa autorização do art. 24, inciso I, § 1º,[592] da CF, contém um vasto repertório de "normas sobre procedimento", circunstância esta que se mostra plenamente justificável, pois a diversidade de ritos fatalmente acarretaria um nível

592. "Art. 24. [...]
§ 1º No âmbito da legislação concorrente, a competência da União limitar-se-á a estabelecer normas gerais."

de complexidade normativa que comprometeria o acesso à justiça e a efetividade da jurisdição. Ora, é justamente essa complexidade, geradora de ineficiência administrativa e inefetividade processual, que a edição de um diploma legal veiculador de normas gerais pretende evitar. Seria impensável, por exemplo, que a ação anulatória de débito fiscal (procedimento comum) ou ação de consignação em pagamento (procedimento especial) fossem processadas por ritos distintos nas Justiças Federal e Estadual e, no âmbito desta última, de forma diferente em cada Estado.

O fato é que, em alguns casos, é muito difícil – ou até impossível – separar o "direito subjetivo processual", veiculado por meio de "normas sobre processo", da forma por meio da qual ele (direito subjetivo) é concretamente exercido ("regras sobre procedimento"), o que obriga o "legislador geral" a tratar, concomitantemente, de ambas as matérias.

10.3 Reforma do contencioso administrativo tributário (parte 3)

Rodrigo Dalla Pria

Para encerrar os artigos dedicados à delimitação dos contornos de uma possível reforma do contencioso administrativo tributário, enfrentaremos, por agora, um ponto fulcral para que se atinja o fortalecimento institucional dos órgãos julgadores administrativos tributários.

Um dos poucos aspectos comuns a todos esses órgãos é a vinculação institucional aos núcleos orgânicos de administração tributária das pessoas políticas tributantes (Ministério da Economia/Fazenda, Secretarias da Fazenda/ Finanças). Mais que isso: os órgãos julgadores administrativos integram a própria a estrutura hierárquica das administrações tributárias, o que parece natural, de certa forma, especialmente se tivermos em perspectiva a circunstância de serem eles, os contenciosos administrativos, instâncias de autocontrole da atividade impositiva.

Nada obstante, essa estreita relação que se estabelece entre os núcleos orgânicos de julgamento e arrecadação resulta numa indesejável porosidade dos primeiros para com os segundos, expondo demasiadamente os órgãos e julgadores administrativos tributários às instabilidades e pressões relacionadas às contingências político-fiscais e econômicas a que as administrações tributárias são submetidas.

É exatamente por isso que a questão relativa à autonomia institucional dos órgãos administrativos de julgamento, bem como aquela atinente à independência funcional do julgador tributário, é tão sensível e delicada, merecendo especial atenção do legislador.

Nesse tocante, é preciso insistir no fato de os órgãos de contencioso administrativo tributário não terem compromisso algum com metas de arrecadação fiscal estabelecidas segundo as necessidades de cada governo, mas tão somente com metas e objetivos que digam com a satisfatória administração da justiça tributária. Estamos a falar de típicos "órgãos de Estado" e não de meros "órgãos de governo", cuja eficiência deve ser medida, exclusivamente, pela correção jurídica dos seus pronunciamentos decisórios.

Por conta disso, a relação que se estabelece entre os órgãos da administração tributária responsáveis pelos procedimentos de cobrança e arrecadação e aqueles voltados ao controle da legalidade dos referidos atos nunca poderia ser uma relação de viés hierárquico, sob pena de comprometimento da necessária independência dos julgadores tributários.

É justamente nesse ponto que vem à tona um atributo institucional absolutamente indispensável ao bom e satisfatório funcionamento dos contenciosos administrativos, qual seja, a autonomia e a solidez institucional dos órgãos e tribunais administrativos tributários.

É o princípio da autonomia da atividade administrativa judicante que impõe aos órgãos do contencioso administrativo tributário uma estruturação por meio de regras institucionais estáveis, que garantam o livre exercício da atividade judicante, mesmo em face de expectativas político-fiscais por vezes antagônicas à regular administração da justiça tributária.

Essa segurança institucional deve se iniciar pela fixação de critérios objetivos de escolha, manutenção e recondução dos julgadores tributários, inclusive daqueles que ocuparão posição de proeminência (presidentes e vice-presidentes). Esses critérios devem ser fixados em lei (em sentido formal) e, na medida do possível, estar relacionados a aspectos objetivos que reflitam o mérito moral, intelectual e funcional do julgador tributário.

Além disso, os julgadores tributários devem gozar de condições de trabalho equânimes, que garantam remuneração isonômica e estrutura funcional adequada para a satisfatória realização de seu *munus*.

Não estamos a falar aqui de algo que equivalha, em termos de garantias individuais, à vitaliciedade, à inamovibilidade e à irredutibilidade de vencimentos de que gozam os julgadores judiciais, mas de um arcabouço jurídico-institucional mínimo capaz de blindar os órgãos de julgamento e os próprios julgadores administrativos tributários das contingências políticas momentâneas potencialmente comprometedoras de suas autonomias.

Essa autonomia, por sua vez, não pode dar causa a um estado de proteção absoluto, que não exija do julgador tributário a necessária contrapartida funcional. Daí a necessidade do estabelecimento de controles quantitativos e qualitativos da atividade judicante, realizados a partir de critérios objetivos que também deverão, por óbvio, estar veiculados em lei formal, com vistas a evitar que a avaliação de desempenho do julgador tributário fique à mercê de pressões arrecadatórias.

Diante disso, acreditamos fortemente que o modelo institucional mais adequado aos órgãos de contencioso administrativo tributário é o da autarquia de regime/natureza especial, vinculada ao órgão político de administração tributária (Ministério da Economia/Fazenda e Secretarias de Fazenda/Finanças estaduais, distritais e municipais), à semelhança do que se dá, por exemplo, com a Agência Nacional de Vigilância Sanitária (Anvisa) – autarquia de regime especial vinculada ao Ministério da Saúde – e, mais recentemente, com o Banco Central – autarquia de regime especial vinculado ao Ministério da Economia.

A adoção desse modelo, no entanto, depende de expressa autorização legislativa concedida por intermédio de lei complementar da União, o que nos remete ao espoco material das chamadas normas gerais de processo administrativo tributário, sobre a qual falamos nos artigos que a este antecederam.

É preciso advertir, por fim, que autonomia e independência constituem garantias jurídico-institucionais voltadas a proteger o julgador tributário de pressões e influências indevidas que possam viciar sua vontade. Tais atributos, todavia, nada têm a ver com os diferentes regimes jurídicos de seleção de julgadores tributários e de composição dos órgãos judicantes adotados pelos contenciosos administrativo-tributários dos inúmeros entes tributantes.

Significa dizer, por outros termos, que a solução para questão da autonomia dos órgãos de julgamento administrativo-tributários não passa – ao menos não necessariamente – pela substituição do regime de composição paritária por um sistema de escolha de julgadores realizado por meio de concurso público de provas e títulos.

Aliás, não é incomum depararmo-nos com plexos orgânicos estatais constituídos, exclusivamente, por servidores concursados – plenos de estabilidade funcional – que não estão imunes à influência hierárquica decorrente de contingências políticas e ideológicas momentâneas. Também é de conhecimento de todos a dificuldade que se tem de impor ao servidor público concursado um regime quantitativo e qualitativo de cumprimento de metas que, no caso específico dos órgãos de julgamento, resultem em maior celeridade e efetividade do processo administrativo tributário.

Nesse sentido, o modelo de composição paritária utilizado pela maioria dos tribunais administrativos tributários – cuja característica fundamental está em selecionar os julgadores entre candidatos indicados por entidades representativas de ambos os sujeitos de direito tributário, e em idêntica proporção –, quando implementado a partir de critérios legais objetivos que privilegiem a capacitação técnica e a idoneidade moral do candidato, longe de comprometer a independência da autoridade julgadora e a autonomia do órgão judicante, tende a reforçar o compromisso do Estado com o autocontrole da atividade impositiva e com a concreta realização da "justiça tributária".

Trata-se, não há dúvidas, de um sistema (o paritário) que é naturalmente vocacionado à implementação de algumas das finalidades que, segundo leciona Odete Medauar, são fundamentais a todo e qualquer processo administrativo, tais como: (1) o melhor conteúdo das decisões administrativas, pois além de proporcionar aos sujeitos de direito tributário a oportunidade de produção de provas e argumentos em regime de total isonomia, submete as questões controvertidas ao julgo de autoridades que conhecem, no plano da experiência, as particularidades e as mazelas a que submete o jurisdicionado fiscal; (2) a maior eficácia das decisões administrativas, visto que os pronunciamentos exarados por órgãos administrativos judicantes compostos por representantes de ambos os sujeitos de direito tributário são mais suscetíveis de aceitação e cumprimento espontâneos por seus destinatários; (3) a legitimação do poder impositivo, pois, tratando-se o processo jurisdicional de uma técnica de controle do arbítrio decisório, a participação de representantes de ambos os interessados na atividade de formação da decisão que vier a confirmar ou rechaçar determinada pretensão fiscal tende a garantir que o "poder de tributar" seja exercido segundo suas finalidades constitucionais; (4) a aproximação entre administração e cidadãos, tendo em vista o fato de o modelo paritário pressupor, necessariamente, um regime de colaboração decisória entre os dois sujeitos de direito tributário, rompendo-se a dualidade "fisco *versus* contribuinte" e compatibilizando a atividade impositiva à noção fundamental de interesse público; e (5) facilitar o controle da administração, pois a participação de representantes de ambas as partes interessadas no processo de formação do crédito tributário constitui um facilitador ao controle da atividade impositiva pela sociedade, pelo Poder Judiciário e, ainda, pelos órgãos de fiscalização que integram a própria administração pública (corregedorias, tribunais de contas etc.).[593]

10.4 Contencioso administrativo tributário: entre agonia, ceticismo e esperança

Luiz Cláudio Nogueira de Souza e Rodrigo Dalla Pria

Em 23 de fevereiro foi celebrado o ato conjunto 1/2022 entre os presidentes do Senado e do Supremo Tribunal Federal, instituindo comissão de juristas para elaboração de

593. "As várias finalidades apresentam-se cumulativas, sem se excluírem. Além do mais, formam um conjunto entrelaçado, com vínculos recíprocos, embora sejam expostas de modo separado, por exigências de sistematização científica" (MEDAUAR, Odete. *Processualidade no direito administrativo*, p. 62-69).

anteprojeto legislativo com vistas à modernização dos processos administrativo e tributário nacional.

Na sua exposição de motivos, o ato aponta o poder público como um dos maiores litigantes judiciais do país, conforme dados constantes do anuário "Justiça em números" elaborado pelo Conselho Nacional de Justiça,[594] sugerindo como principal causa a existência de distintas regras de natureza processual-administrativa entre os diferentes entes políticos, o que daria azo ao surgimento de teses divergentes sobre matérias de mesma índole e, por sua vez, ensejaria a proliferação dos conflitos judiciais envolvendo o poder público.

No que se refere ao processo administrativo-fiscal, a iniciativa, a despeito de portar alto teor de racionalidade, mobiliza aquilo que a partir do filósofo Friedrich Nietzsche[595] denomina-se de "economia dos afetos", aflorando naqueles mais interessados e impactados pelo tema um conjunto de sentimentos que vão desde afecções agonizantes, passando por uma espécie de desconfiança cética até alcançar inebriantes manifestações de fé e esperança.

Dado que o tema tem algum apelo emocional, pensamos ser mais profícuo tecer notas a respeito a partir da perspectiva dos afetos, valendo, para tanto, do que vamos denominar, aqui, de *páthos* da agonia, *páthos* do ceticismo e *páthos* da esperança.

O *páthos* da agonia decorre do estado da arte em que se encontra o modelo de processo administrativo-fiscal atualmente vigente no país, se é que se pode considerá-lo como algo parecido com um modelo.

Com efeito, o quadro é aflitivo e insustentável!

594. Disponível em: https://www.cnj.jus.br/pesquisas-judiciarias/justica-em-numeros/. Acesso em: 4 maio 2022.

595. Cf. A genealogia da moral e Além do bem e do mal.

E não poderia ser diferente, pois ao se deter somente nos exemplos da União, dos Estados, do Distrito Federal e dos municípios das capitais, contabiliza-se cerca de 55 legislações diferentes, versando, em tese, sobre a mesma matéria jurídica – processo tributário administrativo-fiscal. Cada uma delas contendo regras processuais e procedimentais próprias, positivadas, na melhor das hipóteses, ao gosto do poder legislativo local, quando isso não é feito por ato normativo emanado do poder executivo da respectiva unidade federada.

O avançado estado patológico que acomete atualmente o contencioso administrativo- tributário foi diagnosticado, também, em números no relatório divulgado pelo Instituto de Ensino e Pesquisa (Insper), denominado Contencioso Tributário no Brasil (2020, referência 2019),[596] revelando que o contencioso tributário brasileiro em discussão nas esferas administrativa e judicial, considerando os três níveis de governos (União, Estados e Municípios), alcançou a cifra de 5,44 trilhões de reais em 2019, o que equivale a 75% do produto interno bruto (PIB) nacional. Desse montante, 74%, ou seja, 4,01 trilhões de reais, estão sendo tratados na esfera judicial e o restante, 26% ou 1,43 trilhões de reais, encontra-se para solução em âmbito administrativo.

Reconhecemos como causa principal de tais conflitos o elevado grau de complexidade que alcançou o sistema tributário brasileiro, documentada no relatório do Banco Mundial denominado "Doing Business" (Medindo a Regulamentação do Ambiente de Negócios),[597] que traz um retrato do sistema tributário nacional e de seus reflexos no ambiente de negócio, informando o tempo gasto, em horas

596. Insper: Contencioso tributário no Brasil 2020, referência 2019. Disponível em: https://www.insper.edu.br/wp-content/uploads/2021/01/Contencioso_tributario_relatorio2020_vf10.pdf. Acesso em: 5 jan. 2022.

597. Banco Mundial: Doing Business 2020 (Medindo a Regulamentação do Ambiente de Negócios). Disponível em: Doing Business em Brasil – Doing Business – Grupo Banco Mundial. Acesso em: 5 jan. 2022.

por ano, para se pagar tributos.[598] Segundo esse relatório, no Brasil gasta-se, em média, 1.501 horas/ano para o cumprimento das obrigações tributária. À guisa de comparação, em países da América Latina & Caribe esse tempo é de 317,1 horas/ano. Nos países da OCDE[599] (de renda elevada), esse tempo é de 158,8 horas/ano. Com essa marca, o Brasil ocupa a posição 184 no *ranking*, em que foram avaliadas 190 economias (países).

Essa torre de babel que se tornou o sistema tributário brasileiro é o responsável principal pela proliferação de conflitos de natureza tributária, decorrentes, fundamentalmente, do inadimplemento involuntário das complexas obrigações tributárias acessórias. Soma-se a isso a anacrônica verticalidade da relação entre Fisco e contribuinte ainda imperante no Brasil, caracterizada, sobremodo, por falta de confiança e excesso de burocracia assentadas numa espécie de "princípio da má-fé presumida".

Em face disso, instaurou-se verdadeiro círculo vicioso no âmbito do microssistema jurídico processual-tributário, em que à constituição administrativa do crédito tributário segue-se, por via de regra, a sua subsequente não satisfação, ensejando a proliferação de litígios nessa esfera, os quais, por sua vez e em decorrência das tentativas frustradas de resolução, desaguam no Poder Judiciário. É como se, após a constituição do crédito tributário e a instauração do litígio, a administração tributária, à moda Pilatos, lavasse as mãos, delegando ao Judiciário a impossível tarefa de resolver o insolucionável.

598. A metodologia aplicada para elaboração do referido relatório considera o tempo gasto para 1) preparar, 2) declarar e 3) pagar os tributos. No caso do Brasil, a aferição considerou a tempo necessário para preparar, declarar e pagar os três principais tipos de impostos e contribuições: o imposto sobre o rendimento corporativo (IRPJ), o ICMS (ou impostos sobre as vendas e sobre a circulação de bens e serviços) e os tributos sobre o trabalho (incluindo impostos e contribuições sociais sobre os salários).

599. Organização para a Cooperação e Desenvolvimento Econômico.

Esse quadro indica o estado de gravidade do paciente, requerendo, per se, terapia intensiva, urgente e eficaz, o que nos permite lançar luz na iniciativa constante do ato conjunto 01/2022.

Ocorre que esse diagnóstico aflora o *páthos* do ceticismo, caracterizado por um estado psicológico de desconfiança em relação aos meios terapêuticos tradicionalmente empregados em patologias dessa natureza. Quando muito, e com base no "princípio da caridade", somos acometidos por uma espécie de *epoché* cética, mantendo-nos, por meio de uma suspensão de juízos, aquele estado de ataraxia tão necessário à imperturbabilidade da alma. É que, infelizmente, a nossa história põe em dúvida a eficácia de tais iniciativas terapêuticas!

Com efeito, não é a primeira vez que autoridades legislativas lançam mão de comissão constituída por notáveis, para, de modo técnico-racional, endereçar reformas na estrutura do sistema jurídico nacional. No caso do subsistema jurídico-tributário, esse tipo de terapia tem sido recorrente, pois inúmeras inciativas foram tomadas desde a Constituição de 1988 com o objetivo de se empreender a famigerada e necessária reforma tributária nacional: seja no âmbito do direito material, seja no do direito processual. Cita-se, como exemplo, a Comissão Executiva da Reforma Fiscal composta por 50 especialistas, que foi instituída no governo Collor, ainda no início da década de 90. Depois dela, muitas outras vieram, dando sequência a uma série de malogradas tentativas em se fazer uma reforma estruturante no sistema tributário nacional e no contencioso administrativo tributário.

Isso não implica concluir que o problema esteja nas comissões e nos notáveis que as compõem. Pelo contrário, os especialistas ou juristas são sempre nomes de destaque e de reconhecida reputação nas suas respectivas áreas do saber. O problema, ao que tudo indica, reside nos autores da encomenda ou naqueles que, de fato, são os responsáveis por aplicar ou ministrar o remédio, pois, quase sempre, os trabalhos muito bem elaborados pelas comissões de notáveis não conseguem, uma vez prontos, vencer a tão esperada tramitação legislativa, acabando, ao fim e ao cabo, em alguma prateleira ou gaveta do Congresso Nacional. Ou seja, a terapia é ineficaz não porque o *pharmakon* é ineficiente ou não foi adequadamente elaborado, mas sim porque, uma vez tendo sido elaborado, não consegue ser concretizada.

De todo modo, e como já dizia Aristóteles, é da natureza do homem desperto sonhar com a esperança de algo novo. Até mesmo porque, parafraseando Ariano Suassuna,[600] ninguém suportaria viver eternamente em estado de agonia ou em constante estado de descrença, ainda que cética, sendo salutar e saudável nutrir a alma daquela velha e boa esperança realista, sem, contudo, deixar-se contaminar pela tolice otimista.

É nesse sentido que podemos falar em *páthos* da esperança. Com efeito, há razões sólidas para almejarmos por uma reforma do contencioso administrativo tributário brasileiro, nutrindo bons sentimentos em relação à inciativa contida no ato conjunto 1/2022.

Uma delas diz respeito aos esforços que vêm sendo empreendidos com sucesso no sentido de reduzir litígios na esfera judicial, tendo como pilar a desconstrução da velha ideologia de que o Estado-Juiz é o único capaz de "dizer a lei" e solucionar conflitos. A esse respeito, cita-se a Resolução 125/2010 do Conselho Nacional de Justiça, que instituiu a "Política Judiciária Nacional de tratamento adequado dos conflitos de interesses no âmbito do Poder Judiciário",

600. Disponível em: https://www.pensador.com/frases_de_ariano_suassuna/: "Não sou nem otimista, nem pessimista. Os otimistas são ingênuos, e os pessimistas amargos. Sou um realista esperançoso. Sou um homem da esperança. Sei que é para um futuro muito longínquo. Sonho com o dia em que o sol de Deus vai espalhar justiça pelo mundo todo".

servindo de fonte de inspiração para o Código de Processo Civil/2015), o qual, em seu art. 3º, § 2º, exorta a solução consensual de conflitos, preconizando, em seu art. 3º, § 3º, que juízes, advogados, defensores públicos e membros do Ministério Público, inclusive no curso do processo judicial, estimulem "a conciliação, a mediação e outros métodos de solução consensual de conflitos", não se olvidando ainda o dever que têm de cooperar intrainstitucionalmente.

A outra razão, e talvez a mais importante, é que o próprio constituinte tratou de criar as condições para a instituição de um modelo nacional único e, em certa medida, uniforme de "direito tributário processual administrativo", sem que isso implique transigir com a autonomia legiferante e, por seu turno, com a competência tributária de cada ente político.

Não estamos a falar, com isso, em tentativas, ainda que bem-intencionadas, de uniformização e simplificação do contencioso administrativo tributário por iniciativa da União, engendrada a partir do exercício de sua competência legislativa privativa, prevista no art. 22, I, da Constituição Federal/1988. Isso porque, o fundamento de validade constitucional para uma possível uniformização e simplificação do contencioso administrativo-tributário encontra-se no art. 24, I e §§ 1º a 4º, combinado com o art. 146, todos do Texto Constitucional.

Assim, poderá a União, no exercício da competência concorrente de que trata o art. 24, I, §§ 1º a 4º, da Constituição Federal/1988, editar normas gerais em matéria de direito tributário processual administrativo, sem que isso signifique obliterar a competência dos demais entes políticos, exercida em caráter suplementar. Essas normas gerais, por sua vez, terão de ser encartadas formalmente em Lei Complementar Nacional, nos termos do disposto no art. 146 da Constituição Federal/1988, por conter matéria versando sobre conflitos de competência, limitações constitucionais ao poder de tributar ou até mesmo sobre normas gerais relativas à obrigação, lançamento e créditos tributários, na medida em que estas matérias se relacionam com o direito tributário processual administrativo.

Dúvidas poderiam surgir em face dos precisos limites materiais dessa lei complementar nacional tratando de direito tributário processual administrativo. Por exemplo, a congregação do contencioso administrativo tributário em estrutura organizacional única (um único órgão de contencioso para todos os entes) ou até mesmo por nível de governo (uma para a União, uma para todos os Estados e uma para todos os Municípios) é tema sobre o qual não se tem consenso. O mesmo nível de incerteza poderia surgir quanto a uma possível estruturação de carreira pública específica para o contencioso administrativo.

Também quanto ao processo de compreensão, interpretação e aplicação da legislação tributária pelo julgador administrativo, não se tem muita clareza acerca dos limites materiais a serem impostos ao ato decisório quando se trata da apreciação de inconstitucionalidades.

De todo modo, tais dúvidas são daquele tipo que nos levam a tropeçar em gravetos, paralisando qualquer iniciativa, por mais razoável que seja. Assim, não podem e não devem ser postas como pré-condição para a elaboração de uma Lei Complementar Nacional tratando de normas gerais de direito tributário processual administrativo. Dizemos isso com a certeza de que, ante o triste quadro em que se encontra o contencioso administrativo fiscal brasileiro, uma simples incursão naquilo que se considera o núcleo duro do direito processual brasileiro (devido processo legal, contraditório e ampla defesa) já seria um importante passo nessa empreitada.

Com base nisso, já seria possível, por exemplo, uma uniformização de prazos recursais, de ritos e procedimentos, bem como a obrigatória observância do duplo grau de jurisdição administrativa, de maior autonomia orgânica para os órgãos do contencioso, em especial quanto à irrevogabilidade de decisões definitivas e contrárias à Fazenda Pública etc. Ou seja, um simples concerto ou harmonização no trivial já seria um passo admirável.

Para além disso, parece ser plenamente possível e louvável que uma Lei Complementar Nacional sobre direito tributário processual administrativo institua, de imediato, mecanismos com o objetivo de dar respostas satisfatórias àquilo que, hoje, é o maior problema do contencioso tributário, que é o seu alto grau de litigiosidade, conforme expresso em números linhas acima.

A esse respeito, o ato conjunto 1/2022 foi muito feliz ao trazer como diretriz a orientar os trabalhos da comissão de notáveis a observância de "parâmetros para a autocomposição extrajudicial com vistas à redução de litígios".

Assim, pensamos ser perfeitamente factível que o anteprojeto de lei encomendado traga a possibilidade de composição e prevenção de litígios com base em métodos processuais alternativos, admitindo o uso de meios consensuais na esfera administrativo-tributária, tais como a mediação e a conciliação, a exemplo daquilo que já existe no processo judicial (Código de Processo Civil/2015, art. 3º, §§ 2º e 3º). Assim como a velha ideologia do Estado-Juiz como o único apto a resolver conflitos judiciais foi flexibilizada pelo Código Processual de 2015, não vemos razão para que a velha ideologia de inflexível higidez do ambiente atribuída ao Judiciário, para resolver conflito que envolva ato administrativo do lançamento tributário, seja mantida a qualquer custo.

Uma forma de prevenção de litígios administrativo-tributários seria a lei complementar instituir, de maneira uniforme, procedimentos e prazos a serem observados por todos os entes políticos, a fim de possibilitar, de modo isonômico, a autorregularização por parte dos contribuintes antes da lavratura de autos de infração por faltas decorrentes de descumprimento de deveres instrumentais, a exemplo do que já existe em legislações extravagantes de alguns entes políticos.[601] Dado que hoje os Fiscos detêm quase todas as informações fiscais dos seus contribuintes, não faz mais sentido lavrar auto de infração e aplicar sanções pesadas, sem antes oportunizar a autorregularização em ambiente de consensualidade.

Outra forma de reduzir litígios na esfera administrativo-tributária seria instituir a obrigatoriedade de os órgãos do contencioso administrativo e seus respectivos julgadores observarem minimamente os precedentes firmados pelas Cortes Superiores de Justiça, mormente o Supremo Tribunal Federal e Superior Tribunal de Justiça, diante do tema tributário. Já que também não faz muito sentido insistir em teses administrativas contrárias a entendimentos consolidados no Judiciário.

Além do que, essa obrigatoriedade forçaria uma modernização das legislações tributárias, que muitas vezes se tornam anacrônicas e contrárias a precedentes que vão se firmando no Supremo Tribunal Federal e Superior Tribunal de Justiça, mas, infelizmente, continuam sendo aplicadas pelos agentes do fisco e chanceladas pelos julgadores administrativos.

Essas são apenas algumas sugestões para a tão esperada e alentada lei complementar nacional tratando de simplificação e uniformização de contencioso administrativo tributário, motivadas que são por aquele *páthos* da esperança.

---

601. Cita-se, a título de exemplo, o programa instituído pelo Estado de São Paulo por meio da Lei Complementar 1.320/2018, denominado de "Nos Conformes", que tem como um de seus objetivos a autorregularização fiscal. No mesmo sentido caminharam os Estado de Alagoas, que criou, por meio da Lei 8.085/18, o programa "Contribuinte Arretado", e o Estado do Ceará, que instituiu, por meio da Lei 17.087/2019, o programa "Contribuinte Pai D'egua", ambos com o objetivo de estimular a autorregularização tributária. O Estado do Espírito Santo, por meio da Lei 11.376/2021, redefiniu o programa "Cooperação Fiscal", cujo objetivo principal também é a prevenção de litígios por meio da autorregularização. Em nível federal, a Receita Federal do Brasil, após a Consulta Pública 04/2018, institui, por meio da Portaria 5/2021, o "Programa Regional de Conformidade Tributária e Aduaneira" com os mesmos propósitos.

De todo modo, nutrimos a mais convicta certeza de que muitas outras possibilidades serão pensadas e sugeridas pela comissão instituída pelo ato conjunto 01/2022, pois, conforme nos ensinou o mestre Suassuna, é salutar e saudável nutrir a alma daquela velha e boa esperança realista, dado que ninguém suporta viver em estado de agonia ou descrença.

10.5 Filtros de conteúdo para o processo administrativo tributário

Paulo Cesar Conrado

Como no judicial, também o processo administrativo sofre com o paradoxo da ampla acessibilidade *versus* o volume daí resultante – e, por derivação, a ampliação do tempo para sua solução.

Há, por certo, oscilações – a ideia de inafastabilidade, no plano judicial, é sabidamente mais intensa que em nível administrativo; há recortes (temporais, por exemplo) que fazem o acesso à jurisdição administrativa mais estreito etc.

A lógica, em sua essência é a mesma, porém: historicamente, operamos com a dominante interpretação (por momentânea conveniência, para alguns; por convicção intransponível, para outros) de que é desejo constitucional que a jurisdição, quer a administrativa, quer a convencionalmente exercida pelo Judiciário, seja amplamente acessí(á)vel, aspecto que selaria uma das faces do Estado de Direito, sobretudo no pós-ditadura [revalidamos, com essa breve observação, nossa particular convicção de que o percurso histórico, marcadamente o que foi vivido pelos grandes autores que fizeram as bases do Direito Público brasileiro, diz muito sobre a interpretação que carregamos sobre certos institutos, mesmo que não conheçamos ou que não tenhamos vivido a passagem de uma para outra dessas frações da história jurídica nacional (antecedente e posterior à Constituição Federal de 1988)].

Podemos (ou melhor, devemos) reconhecer, no entanto, que o processo de amadurecimento democrático a que nos submetemos, passados mais de trinta anos, talvez já seja suficiente para nos colocar numa posição menos "absolutista" quanto ao "tamanho" que seguiremos dando à ideia de inafastabilidade de jurisdição – uma reflexão que nos agita a todos no ambiente tributário judicial e que deve ser transposta, da mesma forma, para o administrativo.

Mas não queremos falar, aqui, de acessibilidade no plano formal, senão material, de conteúdo, numa perspectiva que poderia colaborar para a minimização do problema de estoque processual e de tempo de duração, por conseguinte.

Em tempos como os atuais, em que tanto falamos – às vezes, inapropriadamente – de "precedente", sabemos que certos temas podem e devem ser desde logo tomados como jurisdicionalmente acertados.

Sem entrar no debate (para nós estéril) sobre se essa premissa vale para o intercâmbio de "precedentes" do Judiciário para o plano do processo administrativo [mas já admitindo que, se o que nos faceia é decisão de caráter vinculante (premissa, pensamos, para a manutenção da unidade do sistema), existiria, sim, essa intercambialidade], é preciso inferir: há um campo da experiência jurisdicional que, na medida de sua evolução, vai tornando certos temas alheios a debate (o tema em si, frisemos, não as particularidades fáticas do caso), daí sobrevindo uma espécie de camada apta a reter a formação de processos "novos" sobre bases temáticas "velhas".

Essa espécie de raciocínio – plenamente viável com as peças normativas de que dispomos hoje – constituiria um tipo de juízo de delibação prévio, com caráter conteudístico e não meramente formal, podendo significar um bom caminho na solução do problema a que antes nos referíamos – do volume de processos e do derivado alongamento em seu tempo de duração.

Essa providência foi inicialmente pensada, em nível judicial, já há tempos, especificamente em 2006, com a introdução do art. 285-A[602] no Código de Processo Civil então vigente (o de 1973). Se não foi escandalosamente aplicado em ambiente tributário, dada a formatação não tão interessante das hipóteses ali vertidas, o fato é que esse passo histórico não pode ser esquecido: não é nova a preocupação de nosso sistema processual com o estabelecimento de um filtro preliminar de natureza conteudística-material.

Plantada naquela ocasião, a ideia avançou várias casas no "jogo" da operatividade prática com o Código Processual de 2015, diploma que a reescreveu de modo a assentar, agora sim, hipóteses muito bem delineadas. O fez em seu art. 332, disposição cuja leitura vale muito à pena refazer:

"Art. 332. Nas causas que dispensem a fase instrutória, o juiz, independentemente da citação do réu, julgará liminarmente improcedente o pedido que contrariar:

I – enunciado de súmula do Supremo Tribunal Federal ou do Superior Tribunal de Justiça;

II – acórdão proferido pelo Supremo Tribunal Federal ou pelo Superior Tribunal de Justiça em julgamento de recursos repetitivos;

---

602. "Art. 285-A. Quando a matéria controvertida for unicamente de direito e no juízo já houver sido proferida sentença de total improcedência em outros casos idênticos, poderá ser dispensada a citação e proferida sentença, reproduzindo-se o teor da anteriormente prolatada.
§ 1º Se o autor apelar, é facultado ao juiz decidir, no prazo de 5 (cinco) dias, não manter a sentença e determinar o prosseguimento da ação.
§ 2º Caso seja mantida a sentença, será ordenada a citação do réu para responder ao recurso."

III – entendimento firmado em incidente de resolução de demandas repetitivas ou de assunção de competência;

IV – enunciado de súmula de tribunal de justiça sobre direito local.

§ 1º O juiz também poderá julgar liminarmente improcedente o pedido se verificar, desde logo, a ocorrência de decadência ou de prescrição.

§ 2º Não interposta a apelação, o réu será intimado do trânsito em julgado da sentença, nos termos do art. 241.

§ 3º Interposta a apelação, o juiz poderá retratar-se em 5 (cinco) dias.

§ 4º Se houver retratação, o juiz determinará o prosseguimento do processo, com a citação do réu, e, se não houver retratação, determinará a citação do réu para apresentar contrarrazões, no prazo de 15 (quinze) dias".

Pensando em nível pragmático, é nosso particular interesse realçar o tanto que esse dispositivo pode funcionar, sobretudo quando lidos com atenção os incisos de seu caput, como importante filtro processual – não por aspectos formais, insistamos, mas pela eventual inconsistência do mérito articulado, uma decorrência que há de (ou deveria) ser vista como natural, para sistemas que prestigiam a força de determinados atos decisórios (caso em que o Brasil se coloca).

No âmbito federal, o assunto já gravitava sobre nossas cabeças antes mesmo da introdução do art. 285-A no Código de Processo Civil de 1973, em razão da Lei federal 10.522/2002, cujo art. 19, em sua redação original,[603] autoriza(va) a Procuradoria-Geral da Fazenda Nacional a deixar de interpor recurso ou a desistir do interposto, desde que inexista outro fundamento relevante, na hipótese de

603. "Art. 19. Fica a Procuradoria-Geral da Fazenda Nacional autorizada a não interpor recurso ou a desistir do que tenha sido interposto, desde que inexista outro fundamento relevante, na hipótese de a decisão versar sobre: [...]."

a decisão "recorrenda" versasse sobre matérias que, por exemplo, estivessem pacificadas no Supremo Tribunal Federal ou no Superior Tribunal de Justiça.

O dispositivo em questão ganhou (e segue ganhando) renovada redação, mas sempre mantida a mesma lógica – válida tanto para a atuação da Procuradoria-Geral da Fazenda Nacional, como para a da Receita, sobretudo no que se refere à constituição do crédito tributário –, a saber, de que os "precedentes" impactam (ou podem impactar) positivamente, como filtros de mérito, retendo a formação de novas lides tributárias (aí incluídas, realcemos, as administrativas), assim como o desenvolvimento das que já se instauraram.

Em termos práticos, sem prejuízo do que se contém na Lei federal 10.522/2002, a operação de que falamos poderia ser perfeitamente desenvolvida pelos julgadores administrativos em geral (não só no plano federal) à conta do art. 332[604] do Código de Processo Civil/2015, dada a aplicabilidade preconizada pelo art. 15[605] do mesmo *codex*, vale dizer, proposta "demanda" administrativa fundada em tese vencida por decisão tal qual as descritas nos incisos do dispositivo, seria possível o julgamento liminar de mérito do caso, medida que, a um só tempo, (1) tenderia a colocar as jurisdições de que falamos (a judicial e a administrativa) em desejável harmonia, (2) romperia o uso do processo

---

604. "Art. 332. Nas causas que dispensem a fase instrutória, o juiz, independentemente da citação do réu, julgará liminarmente improcedente o pedido que contrariar:
I – enunciado de súmula do Supremo Tribunal Federal ou do Superior Tribunal de Justiça;
II – acórdão proferido pelo Supremo Tribunal Federal ou pelo Superior Tribunal de Justiça em julgamento de recursos repetitivos;
III – entendimento firmado em incidente de resolução de demandas repetitivas ou de assunção de competência;
IV – enunciado de súmula de tribunal de justiça sobre direito local."

605. "Art. 15. Na ausência de normas que regulem processos eleitorais, trabalhistas ou administrativos, as disposições deste Código lhes serão aplicadas supletiva e subsidiariamente."

administrativo apenas para fins de adiamento, (3) sem imprimir, a par dessas "vantagens", um rompimento com o devido processo legal, dado o encaminhamento preconizado nos §§ 4º e 5º, preceitos que, além de garantirem a óbvia recorribilidade da decisão (que no caso de um órgão colegiado seria preferencialmente emitida, porque liminar, pelo relator), ainda asseguram o anômalo emprego pelo mesmo julgador, do juízo de retratação – a ser naturalmente utilizado quando constatado que o julgamento liminar se deu fora da pressuposta adequação do caso presente com caso "precedente".

10.6 Projetos de leis do processo tributário e o contencioso judicial tributário

Fernanda Donnabella Camano e Camila Campos Vergueiro

Da leitura dos projetos de leis elaborados pela Comissão de Juristas[606] é possível vislumbrar algumas tendências para o contencioso tributário.

Mais do que o exame do conteúdo das proposições em si, as propostas revelam sintomas de problemas vivenciados por quem é afetado pelo conflito tributário e, a partir delas (propostas e proposições), desenvolveremos uma série de artigos apresentando as perspectivas antevistas.

O objetivo deste texto não é analisar criticamente as propostas normativas apresentadas em cada um dos nove projetos de leis[607] voltados à temática do processo tributário,

606. Ato Conjunto 1/2022 do Senado Federal e do Supremo Tribunal Federal.

607. A referência é ao:
- PL 2.481/2022 – altera a lei federal 9.784/1999;
- PLP 124/2022 – altera o Código Tributário Nacional;
- PLP 125/2022 – institui o código de defesa dos contribuintes;
- PL 2.483/2022 – altera o processo administrativo tributário federal – revoga o decreto federal 70.235/1972;

mas mirar o conjunto indicativo dos possíveis cenários que se desdobrarão sobre o contencioso tributário.

Muito embora os projetos de leis sejam temáticos e, normativamente, individualizados, há um fio condutor que os une: a ideia de redução da judicialização e de solução consensual do litígio tributário. Objetivos esses presentes em todos eles, seja naquele referente às alterações do Código Tributário Nacional, em que se propõem programas de conformidade fiscal e facilitação da autorregularização do contribuinte, seja nos dedicados à mediação e à arbitragem, ou no que trata da consulta tributária, ao disciplinar a vinculação da resposta a todos os contribuintes, ainda que não consulentes, que se enquadrem nas mesmas situações fáticas e jurídicas.

Seria possível afirmar que a força centrípeta dos projetos de leis permeia três tópicos: (1) o sistema de precedentes, (2) o consenso substitutivo do conflito nas relações entre fisco e contribuinte e (3) a adoção de mecanismos[608] administrativos de cobrança do crédito tributário.

Bom destacar que esse tripé já foi consolidado na ordem jurídica antes de ser contemplado pelos projetos de leis, muito embora em atos normativos esparsos de determinados entes tributantes, portanto, não dotados da sistematização tal como apresentada nos que resultaram do

---

– PL 2.484/2022 – dispõe sobre o processo de consulta sobre a aplicação da legislação tributária federal e aduaneira;
– PL 2.485/2022 – institui a mediação tributária federal;
– PL 2.486/2022 – institui a arbitragem tributária e aduaneira federal;
– PL 2.488/2022 – altera o processo de cobrança do crédito tributário – revoga a lei de execução fiscal; e
– PL 2.490/2022 – trata da lei orgânica do Conselho Administrativo de Recursos Fiscais (Carf).

608. Opta-se por utilizar a expressão mecanismo porque em ambiente administrativo delineiam-se tanto soluções de natureza procedimental, como o pedido de revisão de débito inscrito em dívida ativa (PRDI), como processuais por supor a instalação de um conflito que convoca uma resposta jurisdicional, como o processo administrativo tributário.

trabalho da comissão, e de forma geral no Código de Processo Civil/2015.

Com relação ao primeiro tema, o Código de Processo Civil/2015 promoveu a aquisição definitiva dos precedentes a serem observados pelo Poder Judiciário, a exemplo do art. 927,[609] para garantir a estabilidade e a uniformidade do direito. Esse objetivo já se anunciava no ordenamento desde a reforma do Judiciário consolidada na Emenda Constitucional 45/2004, limitadamente para decisões do Supremo Tribunal Federal, com a integração ao ordenamento da súmula vinculante, do julgamento com repercussão geral da matéria, da vinculação da decisão em controle de constitucionalidade em ação direta, e alterações recorrentes que foram promovidas no Código de Processo Civil/1973.

No plano federal, a Lei 10.522/2002 determinou que a administração pública observasse tais pronunciamentos, inclusive para casos similares (e não idênticos, conforme alteração da Lei federal 13.874/2019), materializada também na Portaria da Procuradoria-Geral da Fazenda Nacional 502/2016, que estabeleceu a dispensa da Fazenda Nacional de litigar quando couber a "extensão a tema não especificamente abrangido pelos precedentes". Esse regramento é reiterado, por exemplo, com a projeção de acréscimo do art. 194-B[610] ao Código Tributário Nacional

609. "Art. 927. Os juízes e os tribunais observarão:
I – as decisões do Supremo Tribunal Federal em controle concentrado de constitucionalidade;
II – os enunciados de súmula vinculante;
III – os acórdãos em incidente de assunção de competência ou de resolução de demandas repetitivas e em julgamento de recursos extraordinário e especial repetitivos;
IV – os enunciados das súmulas do Supremo Tribunal Federal em matéria constitucional e do Superior Tribunal de Justiça em matéria infraconstitucional;
V – a orientação do plenário ou do órgão especial aos quais estiverem vinculados."

610. "Art. 194-B. O trânsito em julgado de controvérsia tributária decidida pelo Supremo Tribunal Federal, sob a sistemática da repercussão geral em matéria constitucional, ou pelo Superior Tribunal de Justiça, sob a sistemática dos recursos repetitivos em matéria infraconstitucional, favoravelmente a contribuintes ou responsáveis, terá eficácia vinculante para a administração tributária."

– atribuindo-se-lhe a natureza de norma geral em matéria tributária – e, ainda, no art. 40[611] do projeto legislativo sobre o processo administrativo tributário federal.[612]

Quanto ao segundo pilar (consensualidade), é possível verificar que a maioria das proposições compilam regras existentes em atos normativos editados pela Procuradoria-Geral da Fazenda Nacional a partir de 2016, além de prever a transação nos moldes da Lei federal 13.988/2020. Essa afirmação se verifica no projeto de alteração do Código Tributário Nacional com as sugestões de modificação no art. 171 que passará a prever as modalidades de transação tributária na cobrança e no contencioso (inclusive de pequeno valor), com base nas mesmas premissas contidas nas Portarias da Procuradoria-Geral da Fazenda Nacional 6.757/2022 e Ministério da Economia 247/2020. A ideia de substituir o conflito pelo consenso aparece também nos projetos de leis sobre mediação e arbitragem.

Por fim, a terceira temática (cobrança administrativa) merece atenção – pelos impactos que deveria provocar, desde já, nos contribuintes – e que diz respeito ao deslocamento dos atos de cobrança do crédito tributário, no

---

611. "Art. 40. No âmbito do processo administrativo tributário, têm efeito vinculante, inclusive para as Delegacias de Julgamento da Secretaria Especial da Receita Federal do Brasil:
I – decisões reiteradas e uniformes do Conselho Administrativo de Recursos Fiscais consubstanciadas em súmulas;
II – resoluções do Pleno da Câmara Superior de Recursos Fiscais;
III – súmulas vinculantes do Supremo Tribunal Federal, nos termos do art. 103-A da Constituição Federal (CF);
IV – decisões transitadas em julgado do Supremo Tribunal Federal ou do Superior Tribunal de Justiça, proferidas na sistemática da repercussão geral ou dos recursos repetitivos, na forma dos arts. 927 e 928 e 1036 a 1041 do Código de Processo Civil;
V – decisões transitadas em julgado, proferidas pelo Supremo Tribunal Federal, nas ações diretas de inconstitucionalidade e nas ações declaratórias de constitucionalidade (art. 102, § 2º, CF); e
VI – decisões transitadas em julgado do Supremo Tribunal Federal em sede de controle difuso que tenham declarado inconstitucionalidade de dispositivo legal, quando a execução deste tiver sido suspensa por resolução do Senado Federal (art. 52, X, da CF)."

612. O mesmo se verifica no projeto que altera a Lei 9.784/1999.

sentido de expropriação patrimonial, do Poder Judiciário para a administração.

Nesses termos, o projeto de lei de execução fiscal prevê que antes da propositura do processo executivo as fazendas públicas deverão utilizar do diálogo na tentativa de compor eventual conflito, sob pena de indeferimento da inicial – § 3º do art. 6º[613] do projeto.

Ainda, o projeto da "nova" lei de execução fiscal incorporou prescrições da Portaria da Procuradoria-Geral da Fazenda Nacional 33/2018 ao estipular a possibilidade de apresentação de pedido de revisão de débito inscrito em dívida ativa (PRDI) antes da propositura da execução fiscal, medida que relega à administração fazendária a missão de resolver o conflito e impedir seu escoamento para o Judiciário, assegurada a manutenção da regularidade fiscal do contribuinte.

Verifica-se, pois, que a expropriação do patrimônio do contribuinte pelo Poder Judiciário revela-se amesquinhada, como "última alternativa". Aparenta-nos nítido o objetivo de reduzir a necessidade de intervenção do Poder Judiciário, mas não a eliminar, até porque constitucionalmente impossível à luz do inciso XXXV[614] do seu art. 5º.

Neste cenário reputamos consagrar-se como tendências: uma vez que os precedentes objetivam equalizar todos os contribuintes em igualdade de condições identificamos a primeira delas, qual seja, a "coletivização" das discussões a exigir mecanismos de "tecnologização"[615] para a aplicação

613. "Art. 6º. [...]
§ 3º As Fazendas Públicas deverão, sobretudo antes da propositura da execução fiscal, utilizar métodos de autocomposição e consensualidade previstos na Lei, com vistas a permitir a regularização do débito inscrito, sob pena de indeferimento da inicial."

614. "Art. 5º [...]
XXXV – a lei não excluirá da apreciação do Poder Judiciário lesão ou ameaça a direito."

615. Expressão cunhada por Paulo Conrado, em *Execução fiscal*, 5. ed., São Paulo: Noeses, 2021.

do que restar consolidado no julgamento de precedentes; já a segunda é a da "consensualidade" da relação entre Fisco e contribuintes com a menor interferência do Poder Judiciário, especialmente no ambiente de expropriação do patrimônio perfazendo a terceira tendência, a da "administrativização" da cobrança.

Dessas três, a que certamente exortará análise detida não é a que impõe a força dos precedentes ou a crescente substituição do conflito pelo consenso, que, de certo modo, já estão "aculturadas" pelos operadores do direito, mas a do significativo deslocamento da cobrança do crédito tributário do Poder Judiciário para a administração.

Tal tendência transmite o "recado" de que os ambientes administrativos de cobrança hoje existentes devem ser apropriados desde logo na rotina dos contribuintes, de modo que possam se utilizar em maior medida dos instrumentos de defesa neles contidos. Por sua vez, esta mesma advertência deve ser absorvida pelo próprio fisco cuidando para que os meios por ele criados tenham efetividade, tornando essa via palatável para o contribuinte.

O que se dá é a necessidade de as três tendências assinaladas serem internalizadas e praticadas, desde já, tanto pelos contribuintes como pela administração, antes da eventual aprovação dos projetos de leis, até para que se possa contribuir com seu aprimoramento a partir de dados da realidade, caso seja necessário.

10.7 Responsabilização tributária nos projetos de lei do contencioso judicial tributário

Fernanda Donnabella Camano e Camila Campos Vergueiro

Em continuidade à pretensão de análise de proposições normativas para aprimoramento do processo tributário judicial, no presente artigo abordaremos como recebe tratamento a questão da responsabilização de terceiros, comparando suas proposições ao Projeto de Lei 1.599/2022 da Câmara dos Deputados, de autoria do NEF/FGV/Direito/SP que trata da cobrança da dívida ativa da Fazenda e, ainda, ao Projeto de Lei Complementar (PLP) 17/2022, do deputado federal Felipe Rigoni, recentemente aprovado pela Câmara dos Deputados, instituindo o código de defesa do contribuinte.

Trata-se aqui de hipótese em que não houve a constituição do crédito tributário em face de terceiro, tampouco esse terceiro consta da certidão de dívida ativa ou integra o polo passivo da execução fiscal primitivamente, porém é ele convocado para adimplir o crédito tributário exigido de modo original em face do devedor-contribuinte (executado).

Quando a Fazenda Pública pretende que o terceiro arque com a dívida tributária, por via de regra, utiliza o art. 135, III,[616] do Código Tributário Nacional para responsabilizar o terceiro – "sócio-gerente" ou "pessoa com poder de administração" – a fim de integrá-lo ao polo passivo da execução fiscal porque agiu com ilicitude na gestão da pessoa jurídica.

Sem ingressar nos diversos fundamentos que poderão ser invocados pelo fisco, é importante reter que se trata de responsabilidade tributária fundada nas regras do Código Tributário Nacional, cuja causa geradora é um ato ilícito.[617]

Se na situação dantes referida a intenção é atribuir a condição de sujeito passivo da obrigação tributária, portanto, de devedor na execução fiscal, há cenário em que

---

616. "Art. 135. São pessoalmente responsáveis pelos créditos correspondentes a obrigações tributárias resultantes de atos praticados com excesso de poderes ou infração de lei, contrato social ou estatutos:
III – os diretores, gerentes ou representantes de pessoas jurídicas de direito privado."

617. A reiteração do destaque à ilicitude como causa que gera a atribuição da responsabilidade decorre do fato de que a responsabilidade, tal como posta no art. 121, II, do CTN, pode decorrer também de ato lícito, como são exemplos as hipóteses de responsabilidade por sucessão empresarial ou por interesse comum – arts. 133, I e 124, I.

a Fazenda Pública pretenderá alcançar tão somente o patrimônio daquele terceiro enquanto sujeito integrante do mesmo grupo econômico ("grupo de fato", por exemplo), hipótese em que a causa geradora é a ocorrência de atos ilícitos, mas cujo fundamento articulado é o art. 50 do Código Civil. Nessa situação, apenas seus bens submeter-se-ão ao processo expropriatório. São dois os requisitos materiais[618] para tanto: (1) desvio de finalidade, quando a pessoa jurídica utiliza da empresa para prejudicar terceiros/ atingir objetivos distantes de seu objeto social, e (2) confusão patrimonial, verificável quando há "impossibilidade de fixação dos limites divisores dos patrimônios das pessoas jurídicas envolvidas, seus sócios e acionistas".

Vê-se que a distinção não é meramente teórica a respeito deste ou daquele enquadramento jurídico, mas vai além: os efeitos práticos sustentam a distinção. Na responsabilidade tributária, o modo de integrar o terceiro é o redirecionamento da execução fiscal para trazê-lo ao polo passivo. Assim, as restrições impostas a ele terceiro serão as mesmas que irão atingir o devedor originário como, por exemplo, a impossibilidade de obter certidão de regularidade fiscal. Aqui o terceiro assume a condição de parte, verdadeiro devedor do processo executivo fiscal.

Tratando-se de responsabilização patrimonial, o terceiro não é convocado para integrar a execução fiscal na condição jurídica de devedor, mas tão somente terá comprometido seu patrimônio para o pagamento do crédito tributário exigido. Para esse caso, o art. 790, VII,[619] do Código de Processo Civil/2015 prescreve instrumento processual por meio do qual o patrimônio do terceiro será afetado para pagamento da dívida do efetivo devedor-executado: pela

618.Conforme lições de Juliana Furtado, Paulo Conrado e Camila Vergueiro, em *Responsabilidade tributária*, São Paulo: Thomson Reuters RT, 2017, p. 157.

619. "Art. 790. São sujeitos à execução os bens: [...]
VII – do responsável, nos casos de desconsideração da personalidade jurídica."

via incidente de desconsideração da personalidade jurídica (IDPJ), veículo para apuração dos atos ilícitos que justifiquem a tomada do patrimônio para pagamento de dívida de terceiro, assegurando irremediavelmente o contraditório e a ampla defesa.

Esses apontamentos eram essenciais para que pudéssemos analisar os projetos de leis de processo tributário que tratam dessa temática. Passemos a eles.

Pois bem.

O Projeto de Lei 2.488/2022 referente à lei de execução fiscal, elaborado pela Comissão de Juristas, em seu art. 39[620] autoriza o redirecionamento e a responsabilização patrimonial com fundamento no art. 50 do Código Civil, mas afasta a necessidade de utilização do incidente de desconsideração para ambas as hipóteses (o § 5º[621] daquele dispositivo determina a inaplicabilidade à execução fiscal dos arts. 133 a 137 do Código Processual de 2015).

Previsão essa que caminha na *contramão* do que projetou o Código de Processo Civil/2015 quando instituiu o incidente de desconsideração de personalidade jurídica, que foi a de assegurar em sua máxima potência o direito ao contraditório e à ampla defesa especialmente daqueles sujeitos que não compõem a relação material geradora do conflito e são convocados para responder com seus bens pela dívida.

Diferentemente estabelece o Projeto de Lei 1.599/2022, de autoria do NEF/FGV/Direito/SP que, em seu art. 10, expressamente determina que a apuração de "responsabilidade patrimonial de terceiros que não se ajustem às hipóteses

---

620. "Art. 39. A Fazenda Pública exequente poderá requerer o redirecionamento da execução aos responsáveis não incluídos na certidão de dívida ativa, para o reconhecimento da responsabilidade de terceiros, inclusive em decorrência do abuso de personalidade jurídica."

621. "§ 5º Não se aplica à execução fiscal o incidente previsto nos arts. 133 a 137 da Lei n. 13.105, de 16 de março de 2015 (Código de Processo Civil)."

de legitimidade passiva definidas nesta lei" deve se dar em incidente autônomo, nos termos dos arts. 133 a 136 do CPC.

Mesmo caminho do Projeto de Lei 1.599/2022 (do NEF/FGV/Direito/SP) segue o Projeto de Lei Complementar (PLP 17/2022) do código de defesa dos contribuintes, de autoria do deputado federal Felipe Rigoni, recém aprovado na Câmara dos Deputados (sessão de 08.11.2022), o qual assegura o incidente de desconsideração da personalidade jurídica como veículo para identificação de grupo econômico e responsabilização patrimonial pela dívida de terceiro.

Não podemos perder de vista que os enunciados normativos assinalados neste texto foram projetados para o ambiente jurisdicional (em que há execução fiscal ajuizada), no entanto, o Projeto de Lei de Execução Fiscal 2.488/2022, elaborado pela Comissão de Juristas, traz um capítulo específico intitulado "Da cobrança extrajudicial da dívida ativa" e seu art. 18[622] propõe o estabelecimento de instrumento administrativo para apuração de responsabilidade de terceiro, tanto a tributária, como a patrimonial, por débito inscrito em dívida ativa (ajuizado ou não), na hipótese de indícios de ilicitude por parte do contribuinte.

Vê-se, destarte, que, quanto a este específico ponto, referido projeto materializa não só a tendência apontada no texto anterior de "administrativização" da cobrança, mas, também, a do Código de Processo Civil/2015 de assegurar ao particular meio processual próprio garantidor do contraditório e da ampla defesa prévio à expropriação de seu patrimônio.

---

622. "Art. 18. Sem prejuízo da utilização das medidas judiciais para recuperação e acautelamento dos créditos inscritos, se houver indícios da prática de ato ilícito previsto na legislação tributária, civil e empresarial como causa de responsabilidade de terceiros por parte do contribuinte, sócios, administradores, pessoas relacionadas e demais responsáveis, a Fazenda Pública credora poderá, a seu exclusivo critério, instaurar procedimento administrativo para apuração de responsabilidade por débito inscrito em dívida ativa, ajuizado ou não, observadas, no que couber, as normas que regem o processo administrativo no âmbito da Administração Pública correspondente e garantido o direito ao prévio contraditório."

Esse cenário projetado e díspare no tratamento da "forma de apuração" da responsabilidade tributária *versus* responsabilidade patrimonial de terceiros configura uma oportunidade para a reflexão da comunidade jurídica sobre o tema para que, independentemente da solução a ser implementada normativamente – relembremos: estamos tratando de projetos de lei –, possa derivar de um estágio maduro de debate fomentado a partir do que está posto normativamente no Código de Processo Civil/2015 e o que se projeta para uma solução dos conflitos tributários com efetividade.